貴族院関係者談話筆記

尚友倶楽部
小林　和幸　編

芙蓉書房出版

貴族院最終日（昭和22〈1947〉年5月2日）に、議事堂前において貴族院議員全員で撮影した記念写真
（『尚友倶楽部所蔵貴族院・研究会写真集』）

刊行にあたって

現行憲法の下で帝国議会は国会となり、貴族院は参議院へ引き継がれた。尚友倶楽部（前身・研究会、尚友会）は、明治以来、貴族院の選出母体として重要な役割を果たしてきたが、戦後は純公益法人の一環として、日本近現代史料集の刊行を続けてきている。昭和四十六年刊行の『貴族院の会派研究会史・附尚友倶楽部の歩み』を第一号として、現在まで十二冊の「尚友報告書」を発表した。平成三年刊行の『青票白票』を第一号とする「尚友叢書」は現在五十一冊、「尚友ブックレット」は三十九冊となり、近現代史の学会に大きく寄与している。

このたび、平成二年に刊行した尚友報告書『その頃を語る—旧貴族院議員懐旧談集—』（協賛　霞会館）に掲載した談話筆記に加え、後日刊行予定とされていたものを加え、尚友叢書『貴族院関係者談話筆記』としてここに完成、刊行の運びとなった。

本書の刊行にあたり、談話者のご家族・霞会館からはご快諾を賜った。小林和幸青山学院大学教授には解説・全体の調整を行って頂いた。宮内庁書陵部宮内公文書館研究員毛利拓臣氏は新規談話の注釈・経歴に協力頂いた。尚友倶楽部からは藤澤恵美子が携わった。

上記のごとく多くの方々のお力を得て本書は刊行に至ることができた。ここに深謝するとともに、本書が近代日本史研究に寄与することを心から願う次第である。

令和六（二〇二四）年八月

一般社団法人 尚友倶楽部
理事長　牧野　忠由

貴族院関係者談話筆記　目次

《侯爵議員》

《伯爵議員》

《子爵議員》

凡例

一、本書は、尚友倶楽部編『その頃を語る―旧貴族院議員懐旧談集』（平成二年九月刊）に掲載されたものに、尚友倶楽部で保存されていた談話記録を加えて、刊行するものである（「解説」参照）。

二、各談話者の経歴ならびに注は、前掲『その頃を語る―旧貴族院議員懐旧談集』掲載分については、刊行時に作成されたものを原則としてそのまま使用し、新しく掲載した談話記録については、毛利拓臣（宮内庁書陵部宮内公文書館）が作成して付している。

三、毛利拓臣による経歴、注の主要な出典は、『国史大辞典』全一五巻（吉川弘文館）、『議会制度百年史　衆議院議員名鑑』（大蔵省印刷局）、『議会制度百年史　貴族院・参議院議員名鑑』（同）、霞会館編『火曜会所属公正会所属貴族院議員録』、高柳光寿監修『寛政重修諸家譜』第五巻（続群書類従完成会）、野島貞一郎編『緑風会八十年史』（緑風会史編纂委員会）、伊藤道人編『現代人物事典』（朝日新聞社）、霞会館諸家資料調査委員会編『昭和新修華族家系大成』上・下（吉川弘文館）、秦郁彦編『日本陸海軍総合事典　第二版』（東京大学出版会）、福川秀樹編『日本陸海軍人名辞典』（芙蓉書房出版）、秦郁彦編『日本官僚制総合事典』（東京大学出版会）、臼井勝美・高村直助・鳥海靖・由井正臣編『日本近現代人名辞典』（吉川弘文館）、日本工業倶楽部編『日本の実業家』（日外アソシエーツ）、日外アソシエーツ編『二〇世紀日本人名辞典』（日外アソシエーツ）、竹内誠・深井雅海編『日本近世人名辞典』（吉川弘文館）、岩波書店辞典編集部編『岩波世界人名大辞典』全二巻（岩波書店）、秦郁彦編『日本近現代人物履歴事典　第二版』（東京大学出版会）などである。

四、各談話記録中には、今日の視点からは不適切な表現が存在する場合があるが、歴史資料としての性格を尊重して、原則としてそのまま採録している。

五、本書掲載の談話記録について、著作権継承者から掲載許諾を得ているが、一部著作権継承者へご連絡がつかない方がおられるので、権利者の方はご連絡いただきたい。

公爵議員

岩倉具榮　談

火曜会、憲法審議での発言、岩倉家に関して

岩倉具榮《いわくらともひで》　公爵　火曜会　旧公卿（村上源家）

議員在職／昭和九年二月～昭和二二年五月

経歴／明治三七年二月生　東京帝国大学法科大学卒　内務省社会局　宮内省帝室林野局各嘱託　司法省委員　済生会参事　十五銀行監査役　法政大学教授　太平洋協会理事　岩倉鉄道学校総長　昭和五三年一一月没

聞き手　水野勝邦　花房孝太郎

昭和五二年九月二七日

於　霞会館

水野　岩倉さん、今日は有難うございます。議員になられたのは何時でしたか。覚えていらっしゃいますか。

岩倉　私が議員になったのは昭和九年でした。世襲議員でしたので、満三十歳になると資格があるのですね。自動的に出まして、それから昭和二十二年の貴族院消滅まで火曜会に所属していました。

水野　昭和九年からというと、長い経験で、もう古いことですけれど、想い出しながらお話し下さい。

※　※

岩倉　委員長によくえらばれましてね。映画法*1の委員などやったことがあります。委員長報告*2は副委員長と相談して原稿を書きましてそれを報告しましたが、貴族院の性格上政府の意を受けたものでしたね。最後は憲法委員*3になりまして、尚友倶楽部刊行の「貴族院における日本国憲法審議」の二七八頁にこのときのことが出ています。これは質問というより賛成討論です。

水野　その時の岩倉さんは、天皇のことについて質問*4されていますね。「天皇は権力の象徴ではなくて権威としての存在だった」と、こういわれておられます。「ところが、今度の戦争で軍部と官僚の横暴がこういう結果を生んでしまったんで、憲法そのものが悪いとは自分は思わない」というように考えていらっしゃったようですね。

岩倉　明治憲法については欠点があるから改正するのではない。天皇制を守るべき我々が悪かったことによるのだから、罪は謝さねばならない。

英米両国の憲法は長い間の苦心によってできた。今度の憲法は敗戦の混乱の中で早急にできるのであるから、不完全なもので、これを十分承知して新憲法の運用に意を注がねばならない。その意味での一新のためになるものとして賛成すると云ったんです*5。

水野　いいことをおっしゃいましたね。この時のことは大分古いことになりますが、今お話のように、占領下において急いでつくらされたということで、かなり憲法そのものに不充分な点があることをお認めになったのですか。

岩倉　不完全なものでっていってますね。それを十分承知して新憲法の運用に意を注がねばならない。その意味での一新のためになるものとして賛成するってんですけれど。気持ちの上では占領下に急いで作られたもので、決して満足したわけではありません。

水野　この点については私どもが後になって考えまして、たしかに占領下という特殊な状態の下で無理に急いでつくりあげたということでやむをえないが、しかし、それはどこまでも非常の中でつくったので、ある時期が来たらつくり直すか、今の憲法を暫定憲法というようにすべきであったという風に我々は考えておりますが、岩倉さんはいかがですか。

岩倉　私もそれと同じ考えです。

水野　それが、貴族院の速記録をみますと、強く表現されていなかったのが残念です。佐々木惣一、田所美治、沢田牛麿、そういう方々がかなり言っておられるのだが、最後まで言い通してはおられませんでした。

岩倉　前記「貴族院における日本国憲法審議」には続けて次のように記されています。

「賛成討論は、岩倉公爵一人で終わり、火曜会所属の他の委員の発言はなく、極めて物足りないものであった。しかし、賛成でも反対でも総司令部の了解を得る必要があったから、委員は形式的発言をしなかったと思う。この後に橋本副委員長（橋本実斐）が条文の整理を委員長に一任する動議を出した。これは一般通念からはあり得ないことだが、ここにも最終的には総司令部の承認をとらねばならず、その際の整理（実は修正を含む）を一任することを許ったものである。これで特別委員会の任務は終了し、安倍委員長（安倍能成）の挨拶があって散会した」と。

水野　ですから、この大切な重要な法案の一つである憲法に対して討論の時、火曜会からは岩倉さんだけしか発言がなかったという結果になりました。これはその時どういう状況だったのでしょうか。

岩倉　大体、質問がなかったですね。

水野　あの場合、いやだといえず、反対ともいえず、そうかといって結構だとほめることもできなかった。非常に苦しい時の委員会であった、とそう言えるわけですね。

岩倉　発言は自由にできなかった。云いたくても云えず、云うことは制限を受けて、形は自分で云っているけれども力におされて動いただけだったのですね。その空気は今も思い出しますが、ね。

水野　もう少し今のお話をしてみたいのですが、火曜会からは岩倉さんとそれから広島の浅野（長武）さんが出ていらっしゃいました。そして火曜会としての考えをまとめたものを岩倉さんなりがお話になる段取りでございましたか。それとも岩倉さんがその場で自分のお考えで述べられたものなのですか。

岩倉　この発言は火曜会でとりまとめたものではなく、自分一個の考えから出たものでした。火曜会としては積極的に云おうという態度はなく、かえって浅野さんや私が言い出したので心配していました。

小原　非常に消極的だったんですね。

※　※

水野　今度は火曜会のことをうかがいますが、火曜会と申しますのは、性格的には、政治団体というべきですか。それとももっとやわらかい意味の……。

岩倉　火曜会は政党というよりむしろ社交的団体でした。中心は近衛さん、細川護立さんあたりでしたが、近衛さんはあまり出て来られませんでした。私は若手でしたが、相談にのってくれるというか、相談しながら動いたということも特にありませんでした。

水野　そこが研究会と全く違いますね。

岩倉　又、公爵議員と侯爵議員の差を感じたことはなく、公爵の中での序列、例えば五摂家*6は特別というようなこともありませんでしたね。

水野　いいおつき合いでしたね。それで色んな議会における連絡が必要になって参りますが、その場合はどういう風に連絡されましたか。

岩倉　火曜会には事務の人というのも特におりませんでした。連絡事項は議会の方から書類が来ていました。

水野　古い話でご迷惑かも知れませんが、今になるともっとはっきりしておく必要があったと思うことが多々あります。時が経つにつれて、貴族院は一体どういうものだったかということが恐らくわからなくなると思います。それで新聞記事が判断の材料になることもある。しかし報道が必ずしも正しいとはいえない。又、国会に参りましても貴族院の資料は表面に残るような議事録はありましても、その間の交渉とかいうことは分かりません。火曜会と研究会との関係、それから公正会との関係などが記録や資料として殆どえられないのです。

岩倉　火曜会、研究会．公正会は別々な存在だったんではなかったんでしょうか。

水野　俗な表現でいうと火曜会は一目おかれていたと言えましょう。研究会はきらわれていた存在だと思います。

岩倉　なんと言っても研究会が大きな力だということは感じていましたね。

花房　戦争中に東條内閣打倒を考えられた坊城（俊賢）さんのお話に、岩倉さんのお名前も出たと思いますが、何か、議員の立場として打開を考えられたことはございますか。

岩倉　戦争中は東條さんのやり方には反対でしたが、口には云い出せませんでした。今から思うと木戸さんにでも進言すればよかったと思っています。後のまつりですが。

水野　議会のお話はこの位にして、岩倉家のことをうかがいたいですね。岩倉さんは具視のお孫さんですか。

岩倉　いえ、曾孫です。私の家、岩倉は、具視のあとが具定といいまして明治二十三年に議員になっています。宮内省につとめて宮内大臣になりまして、次の具張が病身で私がついだのです。十一歳で襲爵しています。位は満二十歳で従五位になりました。

小原　従五位から始まるんですが、公爵は昇位が早いんですよ。男爵が一番遅いんです。七年位かかります。それでだんだん差がついていって相当の年配になるとうんと差が出来ちゃうんです。

岩倉　私も正三位までまいりました。

花房　子爵では従五位から正五位は早いのですが、従四位になるのが遅いんですよ。

水野　よく分かりました。年限が違うんですね。花房君は何位ですか。

花房　従四位です。

水野　私達はよく知らないんですが、明治天皇が維新後にご内帑金を下される制度になったときいておりましたが。

岩倉　あれは公卿華族にだけです。ところがはじめ岩倉と三條さんは頂かなかったです。それで歳費を頂くようになったのはずっとあとです。子爵の人が昭和五、六年頃、月に一五〇円ということを聞きましたが、公爵は年に四千五百円位だったと思います。これは戦争が終わるまでありました。

水野　岩倉さん、その頃は議員だけしておられたのですか。

岩倉　議員になる前は帝室林野局の嘱託で下っぱの仕事をしていました。そのうち司法省委員になりましたが、世襲議員はうかつに動けずでした。

花房　ここに岩倉様のご経歴が出ておりますが、「昭和二年内務省嘱託、爾後帝室林野局嘱託に任ぜられ、司法省委員に挙げらる。現に経済関係罰則調査委員会委員たり」となっております。これは昭和二十二年四月発行の貴族院要覧に出ておりますものです。

※　※

水野　で、戦争になってから、空襲その他の被害はどうでしたか。

岩倉　空襲でも南平坂上の家は焼けませんでした。

水野　ところで岩倉さん、京都には先々代、先代の方がずい分ご関係があると思いますが、何か向こうに記念館みたいなものがありますか。

岩倉　京都の岩倉というところに家と文庫が残っていたので「岩倉公旧蹟保存会」という財団法人にしています。大久保さんが会長です。なかなか経営が大変なのですが、昭和の初めに方々から寄付をいただいて、基金が当時の金で五万円だったと思います。その後五十万円になりましたが、それじゃ何もできません。番人が住んでいますけれど。

水野　岩倉さんはずっと議員から社会人として続いて活躍されている、大事な存在ですね。

花房　現在ご健在でいられます公爵議員であった方は五名様ですか。岩倉様が社会的にお働き、桂広太郎君は自分で会社を経営、三条実春さんが平安神宮、島津忠承さんが赤十字社長とか、国際的な関係でお働きになっており、二條弼基さんが技術屋さんですが、現在伊勢大神宮。ですから五名の皆様ともお働きということです。

水野　岩倉さんは議員の経歴からいって大事な文化財ですね。この間、当時の貴族院の書記官が、ここに来ました時に話が出まして、当時の議員の方々の発言は非常に大事だと言っていました。色んな批評はあるけれども、日本の国を案じておられるのが発言の中からくみとれる、そういうものは非常に貴重な資料だと言っていました。

本日はありがとうございました。

＊注記

1　映画法第七四回帝国議会において成立（昭和一四年）

映画の製作配給の許可事業制、製作者の登録制度、製作、上映の制限、選励制度、外国映画の上映制限、諮問機関を設ける、等映画の統制をはかった法案

2　岩倉議員特別委員会委員長報告事項例

第七〇回議会　肥料取締法中改正法律案

鉄道敷設方中改正法律案

地方鉄道補助法中改正法律案

第七三回議会　日満司法事務共助法案

民法中改正法律案　他二件

社会事業法案　外二件

職業紹介法改正法律案
入営者職業保障法中改正法律案
第七四回議会　北海道土功組合法中改正法律案
恩給法中改正法律案
映画法案　外一件
第七六回議会　委員会等、整理等ニ関スル法律案
第八二回議会　道府県会議員等ノ任期延長ニ関スル法律案
第九〇回議会　貴族院令第一号、第三号、第五号及第六号ノ議員ノ任期延長ニ関スル勅令
第九一回議会　内閣法案可決スベキモノナリトノ議決

3　帝国憲法改正案特別委員会　委員長　安倍能成、副委員長　伯爵　橋本実斐

公岩倉具榮　侯細川護立　侯中山輔親　侯浅野長武　伯橋本実斐　伯後藤一蔵　三土忠造　子大河内暉耕　大谷正男　男白根松介　子織田信恒　子高橋是賢　子三島通陽　子松平親義　山田三良　平塚広義　牧野英一　佐々木惣一　松村真一郎　男今園国貞　村上恭一　男飯田精太郎　霜山精一　下条康麿　川村武治　岩田宙造　安倍能成　高柳賢三　南原繁　男松田正之　男中御門経民　男渡辺修二　男松平斉光　田所美治　野村嘉六　沢田牛麿　松本学　宮沢俊義　結城安次　滝川儀作　小山完治　長谷川万次郎　山本勇造　浅井清　渡辺甚吉　以上

4　第九〇回帝国議会貴族院第一一回憲法改正特別委員会（昭和二一年九月一二日）

岩倉具榮（公・火曜）発言（要旨）

①天皇と国民との関係は家長と家族との象徴的関係にあたる。天皇は権力ではなく権威を以て国民を愛撫される。それが今次の敗戦には、軍部、官僚の跋扈という病的現象を起した。これをなくすためには、天皇と国民の相互関係を科学的に確立しなければならない。非科学的であるが為めに封建的な時代錯誤的な思想が横行し、反民主主義国だとの誤解を受けたのである。

②旧式の主権論を廃し、新しい時代に相応した主権の概念を構想する必要がある。

金森国務大臣答弁（要旨）

①貴重なる天皇のご特質はこの憲法の第一条の外にある。これを国民の広い精神生活の中に育てて行きたい。

②この憲法にも日本特有の主権の考えが存在していると思う。前文においても第一条にも階級闘争を思わせる所はない。

5　第九〇回帝国議会貴族院、第二四回特別委員会（昭和二一年一〇月三日）

岩倉具榮（公・火曜）賛成討論（要旨）

①明治憲法に欠点があるから改正するのではない。守るべき我々が悪かったことによるのだから、罪は謝さねばならない。

②英米両国の憲法は長い間の苦心によってできた。今この憲法は敗戦後の混乱の中で早急にできるのであるから不完全なもので、これを十分承知して新憲法の運用に意を注がねばならない。以上の苦言を呈して賛同する。

安倍委員長

修正を決定した点を除き、衆議院送付に係る帝国憲法改正案の採決を行う。

（賛成起立者多数）

6　近衛、九条、二条、一条、鷹司　以上五家

島津忠承　談

火曜会の活動、日本赤十字社の戦中・戦後

島津忠承《しまつただつぐ》　公爵　火曜会

旧鹿児島藩主分家

議員在職／昭和八年五月～昭和二二年五月

経歴／明治三六年五月生　京都帝国大学法学部卒　日本赤十字社社長　社会事業調査会・中央社会事業委員会各委員　東京慈恵会理事　結核予防会会長　国際連合難民高等弁務官駐日名誉代表　平成二年八月没

聞き手　花房孝太郎　水野勝邦　小原謙太郎
　　　桂広太郎・池田宣政　同席

昭和五二年九月一三日

於　霞会館

水野　本日は公爵議員の島津さんから伺いたいと思います。島津さんは貴族院議員でおられながら、同時に赤十字社でご活躍なさいましたね。

島津　私は昭和五年に京大を出て、その年の五月から赤十字社に入りました。

水野　まだ三十歳になってなかったんですね。

島津　そうだな、そして昭和八年の誕生日で三十歳になり世襲議員の資格が出来て、貴族院議員となったのです。

水野　それでは貴族院と赤十字社を両立できない場合どういう風にされたのでしょうか。うかがいたいですな。

島津　その頃、議会は十二月の二十日すぎに開会され三月初めには終るので両立させられたのですが、どちらかというと赤十字社の方を一生懸命にやっていましたね。国会議事堂がまだ日比谷にあった頃です。（昭和十一年十一月現在の議事堂落成）その当時貴族院改革があり、帰ろうとしたら秋元（春朝）さんに部屋に閉じ込められた思い出があります。この部屋から出てはいけない、と云われたのです。桂さんは？

桂　その頃は学業中で論文を書いている最中で、火曜会の会合もあまり出ていませんでした。出るようになったのは大東亜戦争が始まり出した頃からですね。

島津　貴族院改革問題は、日比谷の頃ですよ。私は秋元さんのご子息と友達でしょう。秋元議員から見れば子供みたいなものだ。しかし当時は赤十字の方を一生懸命やっており、申し訳ないが、貴族院議員としては十分に職責を果たさなかったと思います。

水野　火曜会の幹事というのは、何か幹事制度が出来ていたんですか。

島津　火曜会では私のすぐ上がいないのです。すぐ上の松平康昌さんとか、佐佐木行忠さんとかとは十年違うんです。それで私がボヤボヤしていたので「坊や」「坊や」と呼ばれていました。小使いか幹事か分からない役で、宴会のアレンジをさせられたり、貴族院改革のときには新聞発表をさせられました。あの時は華族会館に新聞記者が集まっており、そこでメモを読みあげさせられたのですが、後で新聞記者から、手がブルブルふるえていましたよ、と云われました。又、上の方から、宴会に出ろといわれて「私は約束があるから出られません」というと「近衛さんも出るんだけど」といわれ「それでは何とかして伺いましょう」となってしまうんです。

水野　若くて、それにできたから使われたんですよ。

島津　それから特別委員会の委員長を何回かやりました。委員長は大体、火曜会の人がやるんです。私は赤十字社にいた関係で厚生省関係の委員会が主でした。委員長報告をやると勅選の方が質問される。それでビクビクしていました。ときにはいやがらせをやられるので困りました。

一つ記憶に残っているのは、国民体力管理法案をやった時ですが、その管理法案というのはおかしいというので、国民体力法案に改めて、体力手帳というのを出しました。体力を検査するのですが、病気の予防にもなるんです。やはり戦力増強で軍隊の強化にもなるんでしょう。握力とか、投擲力なんかも測るんです。何歳からだったかな、十幾つからでしたか。

この体力法案は改正法案が出て、床次さんの息子さんが厚生省の課長だか主査だかをやっておられて、局長がこれは床次君が初めて手がけた改正案だから、何が何でも通してもらわないと困るんだ、と云われました。この改正案は、体力手帳を渡す検査の年齢を、一年か二年引きあげる案だったと思います。当時の国民病の結核予防の見地からも、もう少し早目に体力検査が必要だということでした。

いろいろありましたが、よく覚えているのはその位ですね。

※　※

水野　戦時中はどうでしたか、軍部に嫌な思いをさせられたとかありませんか。

島津　昭和十一年、二・二六事件の頃には国会会期中でした。その朝、赤十字社に行ったが情報が分からない。華族会館にいったら何か分かるかも知れないというので、車を運転して虎ノ門から内務省の方にいったら、機関銃がこちらを向いていたので、すぐUターンして会館にいきました。そこに木戸さんがおられました。木戸さんは当時内府秘書官長でしたか、二人で昼食をして、そのときは何事もなく赤十字社にもどりましたが、赤十字社の前も戦車が来たりしていて遅くまでとめられて十二時頃帰宅しました。翌日、華族会館に電話を入れたら、受付の返事がおかしい。はっきり言わないのです。その時すでに会館が占拠されていたんです。

二・二六の首謀者の一人が幼年学校の同期生だったから、もし私が行っていたら丁度いいというのでつかまって、陛下にあわせろ位云われたのではないかと思いますよ。

※　※

島津　しかし、私はどちらかというと軍のお手伝いしていたわけですよ。私は昭和十五年赤十字社の副社長になりましたが、外事部長も兼務していたので戦争中は捕虜の関係の仕事にたずさわっていました。日本兵の捕虜はないということになっていましたが、何百人か捕虜になっているのが、赤十字のルートを通して入って来ているんです。名前は国の捕虜情報局には入っていたはずです。

又、こちら側も捕虜を収容したら、赤十字は捕虜救恤委員を作らなければならない。私はその委員長をしていて、敵の捕虜とか抑留者の世話をしていました。ですから、立場の逆の人からは島津は利敵行為をしていると云われました。外国からは救援物資をドンドン送って来るのですが、日本軍としては捕虜を認めていないので、捕虜には救援物資を送るなといわれた。抑留者へは交換船で静岡のお茶とか送ったのですが。ジュネーブの赤十字から派遣されている豪州駐在から、捕虜にはどうするんだと聞いてきましたが、元来日本では抑留者は沢山いるけれど捕虜はいないことになっている。そこで、情報局長に照会したところ「捕虜は確かにいる、しかしその人たちには気の毒だが日本軍としてこれを認めるわけにはいかない。だから救援物資は送るな」といわれました。「捕虜救恤委員長の名のもとに送りますから了解して下さい」と云ったら良いとも悪いとも云わないので、勝手に送りました。そんなことをしていたので貴族院議員としての本務の方がおろそかになっていました。

水野　捕虜交換の問題は又うかがう必要がありますな。

花房　島津さんは赤十字社の副社長になられてその後、社会事業調査会、中央社会事業委員会、大蔵省の各委員、あとは独国のフランクフルト・アム・アイン開催社会事業国際会議へ日本赤十字社委員として参加されたとあります。

島津　私が日赤の社長になったのは昭和二十年、その前の社長は徳川圀順さんでした。家達（徳川）さんがカナダで病気になられて帰国療養されておられたが亡くなられて、おあとが圀順さんでした。終戦のときは社長室で圀順さんと勅語をうかがって、すっかり気がぬけてしまいました。その翌日、本社に出たら、スイスの赤十字国際委員会の駐日代表が疎開先の軽井沢からすぐ帰って来ていて、収容所の捕虜の送還について話し合いました。それが十六日から始まったので何時終戦になったか分からなかった。戦争が終わったんだからもう捕虜じゃないわけですよね。でも収容所にいるので、スイスの代表とその交渉に出るんですが、日本人は僕一人なんですよ。

池田　終戦後は凡てＧＨＱの命令で動くのでどうしようもなかった。

水野　議会もそうでした。憲法改正に伴う国内法を全部改めなければならなかったのです。それに新憲法公布の日も決められているでしょう。その間に凡てを成立させなければならない。非常に無理な追いこみでしたね。（昭和二十一年五月七日議会召集　十一月三日憲法公布）

島津　赤十字社の定款改正を、憲法改正と同じ様に、米国から云われたのは二十一年の初めだったと思います。私は殆ど毎日、明治ビルの司令部に呼び出されていました。そこは戦犯かなにかを調べるところでした。定款改正をつきつけられたときは、まだ天皇制がどうなるか分からないときでしたが、改正案の第一條に、「日本国民の博愛精神の象徴として日本国天皇を総裁に推戴する」というのがあったのです。それをみてびっくりしました。アメリカは天皇を認めるんだなと思いました。それまでは閑院宮が総裁で、亡くなられてからは高松宮でした。当時の首相は吉田茂さん、監督官庁は陸海軍がなくなって厚生省になったので、厚生大臣に聞いて宮内庁とも協議しました。そして協議の結果、赤十字には照憲皇太后基金というものがあるということからも、やはり我国では皇后陛下になっていただく方がよいと、皇后陛下を名誉総裁に推戴したのです。それまでも皇后陛下は毎年赤十字の総会に行啓になっていましたが、これは最高の保護者ということで総裁というようなことではなかったのでした。

天皇を総裁にというＧＨＱの意図にはドキッとしましたが、うれしかった。しかし当時いろいろな分野の人がＧＨＱの人と会っているとき何回か同席しましたが、「天皇は退位なさるべきだ」と答えている人もいましたよ。

戦後私が、始めてアメリカ将校に接したのはマッカーサー進駐の二日位後でした。自動小銃を肩にかけた二世の通訳兼護衛の大尉でした。「日赤は進駐軍に協力するか」ときかれ、当時は敗戦国だから勿論「協力します」と答えたら「出来るだけ助けてやるから何が欲しい」というんです。金が欲しいと云ったら、大尉さん困っていました。それからジープで帰る際、ジープに乗せてくれといったら芝公園をひと廻りしてくれました。その後、丸の内の司令部に挨拶に行ったところ、少佐の人が受付まで出てきてすぐ部屋まで通されました。日本だったらそう簡単にはいかないでしょうが、その少佐が最初に言ったのは「ジープの乗り心地はどうだったか」という言葉で、その後横浜の司会部でも同じことを言われました。みんな報告されていたんですね。こんな具合で日赤は進駐軍とはうまくいきました。またよく彼等は私の家にも遊びに来ました。家の中の様子をよくみていたのだと思いましたが、高等科一年のとき、森荘三郎先生から習ったLabor of American Democracyという本を書棚にみつけて、あなた方はアメリカンデモクラシイを習っていたのか、と持っていきました。

小原　当時は進駐軍の将校がよく来ましたね。あれは何となく様子を見てたんですね。

※　※

水野　あなたは中国に交歓のためにいかれたんじゃなかったですか？

島津　あれはずっとあと、八年位たってからです。

戦後、一番最初に外国へ出たのは昭和二十三年にストックホルムの国際会議です。ハワイに行ったら、日本人ははじめてだと云われました。ハワイは戦前にもヨーロッパの途中一度寄っていますが、そのときの方が対日感情は悪かったと思います。戦後はアメリカに何回かいきましたが、ジャップという言葉はきかれませんでした。日本人というのはすばらしい能力の持ち主だとよく向うの人からきかされましたよ。そんな訳で戦後は赤十字の方で飛び歩いていて議会では余りお役に立たず申し訳なく思っています。

水野　島津さんは国際人として大変活躍されましたね。

＊注記

1　貴族院改革　昭和一一年（五月一二日）広田内閣において一条実孝議員外一五名により、貴族院機構の改正に関する建議案が提出された。改革案には火曜会が最も積極的であった。広田内閣のあと近衛内閣において貴族院改革推進された。

2　委員会の審査は秘密会であり、報道関係者の傍聴も許されなかったため、貴族院では委員会担当職員が委員会開会中に筆記したものを要約し、委員会終了後記者発表していた。

3　島津議員特別委員会委員長報告事項

第六八回議会　労働省災害扶助法中改正法律案
第七〇回議会　海外移住組合聯合会ニ対スル政府貸付金、出資等ニ関スル法律案
第七三回議会　担保附社債信託法中改正法律案
第七五回議会　大正一一年法律第五二号中改正法律案
第七六回議会　郵便貯金法中改正法律案
〃　健康保険法中改正法律案
〃　国民労務手帳法案外一件
第七九回議会　国民体力法中改正法律案外四件
第八一回議会　北海道鉄道株式会社所属鉄道外十一鉄道買収ノ為公債発行ニ関スル法律案外五件
〃　昭和一八年度一般会計歳出ノ財源ニ充テル為公債発行ニ関スル改正法律案外五件

〃　樺太内地行政一元化ニ伴フ樺太庁特別会計ト他ノ会計トノ関渉ニ関スル法律案外五件

4　国民体力管理法案　第七九議会改正成立

国民体力の向上をはかり、国の伸張の根本をつちかうことを趣旨とした。貴族院委員会において、「管理」という言葉が不適当である、対象を未成年以上にも及ぼす、管理医の報酬などについて質疑討論が行われた。

5　昭和一一年二月二六日　清原少尉の率いる近衛第一中隊と機関銃隊が華族会館に侵入、三日間占拠した。原田熊雄男爵に面会、西園寺公への取り継ぎを計画していた様である。尚、衆議院には反乱軍の将校が、宿舎として使用するかも知れないといって来たが（使用せず）、貴族院の方には、何にも云って来なかった。「玉座ガアルコト故、御迷惑ハ掛ケマイト思イマス。」とは、戒厳司令部の判断であった。

二條弼基　談

火曜会の役割、ＴＶの研究、憲法改正、堂上会、伊勢神宮

二條弼基《にじようたねもと》　公爵　火曜会

旧公卿（摂家）

議員在職／昭和一五年六月～昭和二二年五月

経歴／明治四三年六月生　東北帝国大学理学部　同工学部卒　電気試験所研究員　郵政省電波局電波監視長　松下電器㈱　神宮司庁大宮司　昭和六〇年八月没

聞き手　花房孝太郎　水野勝邦　小原謙太郎

昭和五三年五月二九日

於　霞会館

花房　今回はご所属の火曜会のことからうかがいたいと思います。

水野　火曜会という団体のあり方が非常にわかり難いんです。二条さんは昭和十五年にでられましたね。

二条　私は昭和十五年三十歳で貴族院に出まして火曜会に所属しました。その時は逓信省の役人で電気試験所の技師としてテレビジョンを研究しておりました。ですからＴＶに関しては私は日本の研究の草分けの一人で、後にＴＶ学会の名誉会員にして頂き、賞も頂きました。その頃、貴族院からはお金をもらっていませんでしたので、チンピラ技師だったせいもありましょうが、兼任ができたのですね。籍はずっと逓信省で給料ももらっていました。火曜会には細川護立さん、中御門（経恭）さんなど、大御所がおられました。私は若かったので、こわかったですね。

水野　こわいという感覚は分かりますが、それは職名や何かからでございますか。

二条　職名もなにもないんですね。火曜会会員でね。火曜会というのはあの議事堂の中に入ってただ坐っているだけなんです。何も言ってはいけないんです。それから何かの委員長の選挙の時に必ず火曜会員が座長になるんです。私も何遍かやりました。それは委員会を構成するために委員長を決めるんですが、そのときまず坐るのは火曜会の人で、委員会の委員長が決まると自分の席に戻ります。こうして特別委員会ができます。

水野　そういう特別委員会ができますね。その前に全般のいわゆる法案の審議か何かで特に火曜会の方々のお集りみたいなことはなさいましたか？

二条　なにもなかったですね。私は火曜会で一度叱られたことがあるんです。私はその頃逓信省の技師としてＴＶの研究をしていたんですが、昭和十六年にさしとめをくったんです。ＴＶの研究をしてはいかん、軍の研究に協力しろと言われ、やめておったんです。そういう時に貴族院で通信委員会という逓信関係の委員会がありました。その席で、当時の電波管理委員会っていうのか、そういう関係の政府委員に対して、「TVの研究は必要だからやらないか」といったんです。そうしたら「やりましょう」という返事でした。

その晩ラジオを聞いていたら、NHKがラジオで「国会で二条何とかいう人が質問したら、政府がTVをやるとか、いつれやりましょうとかということを言った」と放送しているんです。後で中御門さんから「お前、火曜会の者はそんな席で発言してはいけない。ただジッとフンぞりかえっていればいいんだ」とお小言がありました。六角（英通）さんと同じ席でしたが、後、もう一遍何か労働問題で発言してそのときもおこられました。しかし、TVの研究ということは日本のためによかったと今でも思っています。そうでなかったらずい分おくれてしまったでしょう*1。

まあ火曜会というところは、そういうふうに余り発言しちゃいけない、ただ黙って坐っていればいいんです。その代り、一文もお金は頂かないんですから。互選の方はたしか三千円位出たと思うんですが、世襲議員は出ないんです。

小原　皆あの品位を保つためですね。しかし大臣かなにかになったときは火曜会議員でもいくらか出たと思っていますが。

水野　貴族院がなくなりましてから逓信省に戻られたんですか。

二条　いや籍はずっと逓信省にあり、給料ももらってました。当時は電々公社になりましたから、電話の普及とか、マイクロウェーブとか、無線の関係の研究をずっとしていました。

小原　何か議決のとき青票を出せとか御相談になったことはありますか。

二條　火曜会では議決を決めるときに、青票（反対）を出せとか白票（賛成）を出せとか、そういう相談はありませんでした。反対なんてしたことなかったんじゃないですか。あの頃は大体研究会が決めてきたことはウンといおうという方だったと思います。

水野　研究会のことが出ましたが、研究会と火曜会は仲が良かったか、悪かったか、いかが判断なさいますか。

二條　研究会と公正会はいろいろとやっていた様ですが、火曜会というのは超然としていたと思います。政治色はゼロですね。

水野　あの議会の中に交渉委員会、各派交渉委員会*2というのがありましたが、あれには？

二條　誰かそれに出てたんでしょうが、私等は若いからね、だけどよくそういう通信とか電波とかいう委員会に出してくれたなと思います。

水野　先ほど中御門さんや細川さんが出ましたが、まだ他にはどんな方が……。

二條　島津忠承さんですね。私はいつもあの方の後にくっついているような感じでしたからね。それから桂（広太郎）さん、岩倉（具栄）さん。

水野　近衛さんがいらっしゃった時代はどうでした？

二條　近衛さんの時には私は全然で、近衛さんのお顔もみていないのです。議会では総理でいらしたが、火曜会にはほとんど出ていらっしゃらなかった。しかし、席はありましたね。

小原　その空気わかりますね。公正会の方でもそういう空気があったんですが、公正会ではもう少し意見が強いですから。とにかく何かという時に勝手な行動をとらないで一つの方針でやるようにと、議決か何かの時には大体打ち合わせて……反対でもすると次の時に出られないのです。

二條　火曜会の方は世襲だから全然関係ありませんでした。

花房　火曜会は世襲議員で公侯爵がなられるんですが、ということは他の研究会や公正会に対しての一つのチェックポイントとして存在した、と考えてよろしいんではないでしょうか。昭和二年十一月に公侯爵の社交団体として出来て、それから政治団体となった時は、研究会、公正会の動きをにらんでおられたということではないんですか？

二條　にらむなんてことは何もしていません。精神的な一つの存在とでもいうんでしょうか。

水野　私ども子爵からみて、公侯爵には敬意を払います。そういう意味で火曜会は一段上の団体とみていました。議長、副議長も火曜会からお出になっていましたし、そういう貴族院の構成からいって公侯爵というものは一番権威のある存在であったんです。

二條　議長が火曜会で副議長が研究会ですかね。

水野　必ずしもそうではないのですが。佐佐木（行忠）さんみたいな方は副議長でしたね（第七一回—第八四回、第八五回）。

二條　伯爵であって議長になられたのは松平頼寿さんです（副議長第六五回—第七〇回、議長第七一回—第七四回、第七五回—第八五回）。

水野　火曜会の事務所はございませんですか。

二條　華族会館の中にあってやってたんじゃないんですか。

花房　関係の書類に、火曜会の事務所は華族会館内と記されております。

水野　それがあったのかなかったのか具体的につかめてないんですよ。

小原　結局、専従の職員はいなくて、華族会館の事務員がお手伝いしてたんではないでしょうかね。

二條　人数からいって四十何名位ですからね。

水野　議会のない間、火曜会の会員なるが故のお付き合いはございませんでしたか。

二條　議会のない間の火曜会のお付合いとしては、今の東京タワーの横の紅葉館が根城でした。あそこは他にいって遊ばないように、新橋とか築地とは違う、公認の場所だったんです。研究会の方もいらしてましたよ。明治時代に岩倉さんかな、華族さんが遊んで困るんであいうものをこしらえたのです。その頃の宴会の費用がたしか昭和十一、三年頃で一人二十円でした。終戦になってからは紫紅会というのを作りました。紫が公爵の色、紅が侯爵の色で、今でもときどき集まっております。公が十六軒か十八軒で侯が三十何軒位ですが、その中で十二、三人位は集まるでしょうか。

※　※

水野　貴族院の仕事として大きいのは憲法改正ですが、この時二條さんは？

二條　憲法改正は貴族院の仕事として一番最後で大きいものです。あのとき金森（徳次郎）さんが一生懸命憲法原案を擁護し、説明しておられました。最後には皆立たされ賛成させられました*3。しかし、あの憲法は占領下に出来た憲法ですからやはり独立と共に改正されなくてはいけないでしょう。

水野　改正の機会を失しましたね。

二條　いつになったらそうなるのですかね。

水野　ただ今、若い人達が反対って力を入れているのは徴兵制度の復活を問題にしているんで、それだけなんでしょう。日本の国は日本の行き方があったんですが、独立出来た時に改正すべきでしたね。

小原　だんだん古くなる程意味が分からなくなるんですよ。国民全体のもりあげがうすれてくるんでしょう。

水野　平和憲法というのはいいんですが、出来た沿革が占領下でしょう。それを改正しなくちゃいけないと私は思うんです。

二條　しかし、貴族院の存在は意義があったと思います。あの時の勅選議員というのは少くとも良識の集まりでした。それが今の参議院では、衆議院と同じでダメですね。

水野　参議院に替る時に、それは論じあったのですが、ＧＨＱの言い分は「公選」でなければいけないということが絶対で、だから推薦団体があってはいけないんです。それから貴族院議員を何人か残すということも出したんですが、それもダメ、今日になって参議院の意義がなくなったのもその結果だということです*4。

小原　我々はあの時はまだ四十代でございましたから世襲の方もあの大隈（信幸）さんなんか出られましたけれど、五十にもならないものがやめちゃいかんというので私も全国区から立候補したんです。全国から激励の葉書も来ましたけれど、落ちたんです。皆、出て守ろうって気持ちはあったんですけれどね。

※　※

水野　二條さんは京都のお出ですが、京都の方の動きについてはなにか。

二條　政治的には付き合いはないんです。

水野　研究会では京都が一つのグループになっていて、その中から選んで何人かは京都から出すという内輪の話はありました。選挙母体の尚友会に京都支部がグループになって残っております。

二條　火曜会に属するような人は京都にはいないんです。公侯爵はみんな東京ですから。わずかのお公家さんが東京にいくのがいやだと京都に残られたんですが、冷泉さんは向こうに残られた。宮さんでは久邇宮さんが残られただけで全部こちらにいらっしゃった。だから京都の火曜会というのはありませんが、公家の会はあります。「堂上会」というのがあり、京都の分館に、年一、二回集まっています。私が会長で三条さんが支部長です。亡くなられた綾小路さんが大本の世話役で柳原さんとか壬生さんとか。

水野 その運営は明治天皇から頂いたものでやっておられたんですか?

二條 明治天皇から頂いたけれど、元金は頂いていないんです。宮内省がもっていて、その利子を堂上といわれる者が毎年頂くんです。公侯爵が年に四五〇〇円、伯爵が三〇〇〇円、子爵が一八〇〇円、子爵までで、お寺の関係の男爵とか、奈良貴族は入っていません。公侯爵が四五〇〇円ですが、貴族院の歳費より多いですよ。

それで終戦のときに没収されようとしたとき、これは宮内省のものではない堂上のものだというので、綾小路さん方の努力で前もって分けていただいてしまったんです。分けられない株券やその他のものを綾小路さんがご生大事に守ってそれを運営されてふやして頂いたんです。それによって今堂上会は運営されています。本当に今日までよく守られたと思います。橋本さんとか梅渓さんは、その頃の生き証人で、会長は鷹司さんがやっておられ、亡くなられてから私に代わりました。甘露寺さんは最高顧問のようなお立場です。

私は今神社界に入っておりますが、終戦時はGHQから神道指令(昭和二十年十二月十五日、国教と神道の分離指令発せられる)というのが出て神道界がずい分いじめられました。神道追放です。伊勢神宮の裏の森を全部切ろうとした人もいるんです。しかし、すぐに気づいた人がいて国立公園にしたんです。そうすると切れないんで、それで伊勢神宮の森は残ったんです。その一人がTBSの会長の今道さん

（今道潤三）。今も伊勢神宮の相談委員をお願いしています。それと今、神社界が願っていることは「一世一元」ということ、天皇ご一代、昭和なら昭和という元号がなくなっちゃいかんというのです。それから靖国神社の国家護持。もう一つ、大嘗祭というご大典の時の宮中の儀式が法律化されていないことです。大嘗祭というのは天皇陛下がご践祚された時に天照大神様の御霊代をご自分のお体にお宿しになる祭です。それが前の皇室典範にちゃんとあったんですが、今はないんです。そうすると今の皇太子がご即位された時に、それをやらなかったならば、もう天皇様じゃなくなっちゃうんですね。大嘗祭というのはご一生に一回だけの大変なものなのです。

水野　今は法律化されてないから、しなくてもいいという解釈も出ちゃうわけですね。

二條　そうするとそれなら天皇じゃないじゃないかということにもなる。やはり伊勢という処は皇室のご先祖がお祭りしてあるところと共に国民の心のふるさとでもあると思います。終戦時にはぶっつぶそうとしてあの橋を渡ってジープが中まで入って来たこともあったんです。しかし、今は、あそこは残すべきだ、やはり伊勢神宮は守るべきである、という空気が非常に強くなって来ましたね。神社神道というものは昔からの日本人のお祭りですからね。それで次のご遷宮の準備を始めていますが、木曾からの材料の準備などをね。

花房　徳川宗敬さんが九州の人吉の上流のところに土地を買われて、将来の準備をされたということですが。

二條　それは二百年後の備えです。簡単に計算しても何百億って費用がかかるんです。この前徳川さんがされたときも五〇億か六〇億位でしたかしたそうですがそのお金が集まったんです。だからその中から二〇〇年後のためにあの森を買われたんです。この次はちょっと計算しても一〇倍かかりますよ。

そのお金を如何にして集めるかというのですが、この間今道さんに相談したら、「そんなこと今から心配するな、その頃になったらちゃんと集まるよ」と言われた。多分集まるでしょうがね。

花房 この次は昭和六十何年になりますか。

二條 昭和六十八年です（平成五年）。

水野 伊勢神宮には外国の人もお詣りにみえますが、どんな印象をもつでしょうか。

二條 伊勢神宮というところは、外国人も真剣な気持ちにさせますね。あのトインビーも伊勢に来てはじめて凡ての宗教の根元的な感じを得たということを書いてましたよ。

花房 他の神社に参詣した時と、あそこに入って五十鈴川を渡ってお詣りする時の気分は全然違いますね。

二條 他の神社はその村のお祭りですが、揮勢だけはやはり天皇陛下のご先祖がお祭りしてあるんで、気持ちは全然違いますよね。その気持がなくなったら日本はもう終りですね、ということをこの頃感じています。

水野 エリザベス女王がみえたときは？

二條 エリザベス女王の時はウェストミンスター寺院と一部の仏教徒が反対したんです。天皇陛下は向こうに行かれた時ちゃんとお詣りをしておられるんですが。今でもバチカンの方なんかみえますよ。それからアメリカでも大分日本の神道を見直して、日本人を理解しようと思ったら、神道を勉強しなくちゃだめだという人達がふえて来ました。今、アメリカでは神社はハワイにしかありません。ハワイ神宮ね。それでカリフォルニアに神社をつくろうという動きもあります。神社神道ってものはもっと大らかな、本当の自然の神様であるってことを理解しはじめた人がいるんですよ。

水野　アメリカが入って来た時は逆に国家主義の権化のように思ってたんですがね。でも段々そうでないことが分かって来たのですね。

二條　世界平和の本当の中心、神様は太陽だから伊勢も太陽ですからね。

※　※

花房　二條さんのお手許に貴族院関係の資料が残っていたら見せて頂きたいのですが。

二條　私は貴族院関係の資料はすっかり焼いてしまいましたが、昭和二十二年に御真影を頂きましたね。大変よいお写真でそれだけは大切にしております。

花房　ところで二條さんのお名前はあれは「タネ」とお読みするんですか。私は「ヒロモト」さんと読んでましたが。

二條　私の名前の弼は「タネ」と読みまして補弼の弼です。陛下をお助けする責任がある名前なんです。「タネ」とはなかなか読みにくいのですが、私の戸籍謄本をとりますと「タネ」と仮名がふってあります。

花房　あれは仮名をふってお届けになると、いつも仮名をつけてないといけないんですね。本日はどうもありがとうございました。

＊注記

1　二條議員特別委員会委員歴（昭和一六、七年頃）

第七六回議会　日本発送電株式会社法特別委員会　治安維持法特別委員会

第七七回議会　昭和九年法律第二九号中改正法律案特別委員会

2　各会派が代表者を選任、議会運営、議事事項等について協議した。当初は非公式であったが、後に自然公認の形となり議長が召集、副議長、書記長出席、議長一任事項の質問に応じるなど強い活動となった。

3　「…次いで第三読会を開き、第二読会議決の通り三分の二以上の多数をもって可決された。起立採決のため、反対者の数及び氏名は明らかではなかったが、それはきわめて少数であったことは一般に確認されたところであった」（衆議院・参議院『議会制度七十年史』帝国議会史、下、昭和三七年、一〇八八頁）。

4　参議院議員選挙法の基本事項として、国民代表であること、公選であること、任期は六年で、三年ごとに半数を改正すること、解散がないこと、等が提出された。

桂廣太郎
池田宣政
談

火曜会の運営、委員会活動、十四会の東条倒閣、憲法改正特別委員会委員長

桂廣太郎《かつらこうたろう》　公爵　火曜会
議員在職／昭和一三年一月～昭和二二年五月
経歴／明治四一年一月生　東京帝国大学医学部卒　薬学博士　東京帝国大学医学部薬学科副手　国民体力審議会　内閣・厚生省・国土計画審議会各委員　桂化学㈱取締役社長
池田宣政《いけだのぶまさ》　侯爵　火曜会　旧岡山藩主家
議員在職／昭和九年六月～昭和二二年五月
経歴／明治三七年七月生　学習院高等科修　欧米視察　農林省・農商務省各委員　厚生省行政委員　昭和六三年一月没

聞き手　花房孝太郎・水野勝邦・小原謙太郎
島津忠承　同席
昭和五二年九月一三日
於　霞会館

水野　今日は元公侯爵の方々にお集まり頂きました。公侯爵の会派火曜会のことなどを中心にお話をうかがいたいと思います。

池田さん、火曜会の方は世襲議員ということですが、そうすると三十歳になると自動的に議員になられるわけですね。その場合、我々子爵や男爵は選挙に当選して初めて議員になるのですが、そこがずいぶん分違う訳ですね。それで仕事をもっていらっしゃったか、あるいは自分は政治には興味がないんだがという場合と、あるいは三十歳になったら自分は議員として議会に出て仕事をしたいという意志を強くもっているか、そのへんは実際どうだったのですか。

池田　それはね、当時は軍人と宮内官の方は議員の資格をおもちだったけれど、議会にはお出にならなかった訳です。あれは規則があったのかな*1。

桂　それはやっぱり宮内官は政治に関係できないでしょう。又軍人でもそうでしょう。

池田　だから、それこそ当時で言えば、前田（利為）侯あたりは退役されてから出られたんですね。島津忠重さんもそうだった。予備になられてからだ。

水野　そうなると、資格はあたえられているけれども義務というか責任はないのですね。

池田　だけど議会の開院式にはみえたね、たしか軍服じゃなくてみえた様に思うが。

桂　三十歳で議員になった人達は而立会というのがあったでしょう。三十にしてたつということです。酒井（忠正）さんなんかも入っておられたと思います。伯爵は互選ですがね。我々は手当は何も頂いてなかったんだが戦争の中頃になってから歳費のようなものを頂くようになったと思います。

水野　ですから議員になっても積極性のない方もあるわけですね。そうすると火曜会という団体には入る義務があったのですか？

池田　いや入ってなかった方もありましたよ。例えば久我（通顕）さんなんてのは入っていなかった。火曜会とは何か記録はありますか。

花房　それは昭和二年の十一月に公侯爵議員の社交団体として結成され、政治会派としての火曜会は昭和三年三月十四日に二十六議員によって結成されたのであります。華族会館がその連絡場所になっております。

水野　その時は佐佐木行忠さんが中心だったようですね。

桂　松平康昌侯は？

池田　康昌侯はあの時は宮内官だったでしょう。だから表には出られなかった。

水野　火曜会というのは自由団体というか政治的な力はもたなかったんですね。

池田　そうだったと思いますよ。

水野　その点では研究会とは非常に違うんです。しかし貴族院における会派としては立派に存在していたんですね。しかしその組織というか構成は全然分からないんですよ。会費制度にでもなっていたんですか。

池田　火曜会の運営ですか、基金なんてものはなかったしね。

水野　事務所はどこでしたか。

池田　それは後で霞山会館に一部屋借りていました。

水野　それは大分あとでしょう。近衛さんが中心の頃でしょう。その前はどうしていたんですか。

池田　華族会館に事務所があったでしょう。

水野　それまではわかっていますが、華族会館にそんな部屋があったんでしょうか。

池田　いや部屋までは借りてなかった。

桂　事務室はね、何か共通であったように憶えている。

池田　あそこの職員の誰かに頼んでいたのではなかったかな。だから議会でも始まると連絡や何かをその職員がやっていた。それは忠承（島津）君が知っていますよ。忠承君の前は確か中山（輔親）さんだったと思う。

桂　中山さんはよく知っていらっしゃると思いますよ。

※　※

池田　それから先輩の方がおられても、まだお部屋住まいか何かで議会にはお出ましにならない方が…黒田（長禮）さんにしても後から委員としてお出ましになったでしょう。浅野さんも長之さんはずっと後だ。長勲さんが永かったからね。

水野　あゝ長勲さんね、あの方は長命だったんですよ。それでおあとが議員に出られる時期が遅れたんですよ。

池田　我々長勲さんにお逢いしたことがあったね。

水野　それは議会人としてですか。

池田　いや、広島からたまたまご上京になった時で何のためか知らないが。

桂　御大典の時にね。僕が一番終わりだったからその次でしたか、又新年の参賀の時とかでした。

水野　ハム公の最後があなたで、候侯《ソウロー》の最初が浅野さんという訳ですね。立派な方でしょう。

桂　内容まで知らないけれど、少くとも立派な方でしたよ。体格も良い方でね。

池田　いかにも殿様然としておられましたよ。

桂　大炊御門（経輝）君が僕と同じ位です。火曜会というのは研究会とか公正会とかいうようないわゆる政治家めいた雰囲気はなかった。ただ人数は多かったし、研究会と公正会の真中にいて全くcasting voteの意味があって割と利害関係をもった方が少なかったですよ。だから公正なことが言えたんだと思いますよ。

それから委員長とか、何かやる時にむつかしい問題は公正会とか研究会で、そうではないいわゆる名誉委員長だったんですね。随分委員長をやらされました*2。

池田　こっちもそうゆうことあるよ。忠承君が幹事していてね。それで秋元（春朝）君につかまって帰してくれないんだ。こっちにいろ！　とか言われて困ったことがあった。

小原　報告などしておられたお姿想い出しますよ。眼に浮かびます。

桂　どちらかというと厚生省とか商工省の関係で、それも余りむつかしくない問題の時やりました。

水野　じゃ池田さんも委員長をやった覚えがありますね。

池田　三遍やりました*3。それで終いに訳が分からなくなって、こんなに残ってしまって困るんで秋元さんに大蔵省にいってうまいことやって頂いて報告したことがあった。

※　※

水野　桂さんは厚生省関係が多かったでしょう。

桂　厚生省とか商工省技術院とか。あの委員というのができたでしょう。

水野　あの小委員。

桂　いや、各省委員*4ですよ。その時に厚生省委員をやったり商工省委員をやったりしました。

池田　農林省委員もあった。中御門さんなんか出たでしょう。何か麦の関係で*5。それからあの鈴木一*6さんが農林委員会で何かやっておられたのを覚えていますよ。

水野　僕もね。委員会の時の想い出というのを考えているんだけれど、もうすっかり忘れてしまった。予算委員会というのが一番内容があったんでしょう。

桂　僕は決算委員会で委員長報告をやりましたよ。事務局で報告を書いてくれてそれを覚えてやったんです。そのうちに、段々にメモをとり、自分でやりました。委員長になって本会議ではずい分やりました。

池田　ハムの方は人数が割合に少なかったし、人偏（侯）の方が多かった。だからハムの方は当たる率が多かった。

桂　しょっちゅう引っぱり出されました。

池田　それでやはり人数が火曜会は割合に多かったから、大きい委員会でも何人か出るハメになるんだ。

水野　その割合がね、人数が少ないから多く当りますよ。

池田　多く当るってね。全体の率から言って出る機会が多くあった*7。

※　※

水野　予算委員会のお話もう少しうかがいたいんですが。

桂　やはり感銘したのはね、あの中山太一という多額納税議員の方が、予算委員会で「桂首相は日露戦争をやった時に、その終り処をちゃんと考えて、どこで終らせどうゆうことで講和をやるか、ということをスケジュールをたてて戦争を始めたんだ」と、東條さんに「あなたはそうゆうあれがないんじゃないか。そういうことでやらなければいけないのではないか」と質問したんです。僕は当時ペイペイだったが、それをきちんとして頂けば大東亜戦争でも結末はこんなみじめなことはなかったんではないかと思いますよ。だけれど又、早めに終結していたら軍部がまだきっと蔓延していただろうと、徹底的にここまでつぶしてしまって立直ったから或いはよかったかもしれないと思います*8。

花房 今、東條さんのことが出ましたが、先日坊城（俊賢）さんのお話をうかがった折、東條内閣のお話が出ましてね。その時に島津さんと桂さんのお名前が出ていました。と申しますのは坊城さんが議員に就任された時、十四会というのをつくられ大いにやられた仕事に、東條内閣をこのままやらせておいたら駄目になる、だから東條をやめさせようと言うので主だった方を口説いたんだが、侯爵議員でご活躍願ったのが島津さんと桂さんだと言われました。ご記憶ありますか。

桂 覚えていますよ。あの時は明石（元長）さんが中心だったでしょう。そして水谷川（忠麿）さん*9とか坊城さんとか村田（保定）さんとか中御門（経民）さんとかで、僕は島津さんにくっついて出ていただけですが。

水野 島津さん、戦争の末期になってもうこんなことをしていたら日本は大変なことになるから何とか解決する方向に我々議員として働きかけたい、ということを僕に言って来たことがあるんですが、覚えていますか。

島津 （じっと考えて無言）

桂 迫水（久常）さんなんかも加っておられたんでしょう。

花房 八條（隆正）さんのお名前も出ました。

水野 今の中山太一氏の予算委員会の話は覚えていますよ、一寸記憶がうすれていますが。

桂 なんで皆があれについて真面目に聞いてくれなかったかを残念に思っています。

水野　今うかがえばそうゆう風に言えますね。

桂　逆説的にはここまでつぶしたから、よかったと言えるかも知れないと思っていますが。

※　※

小原　当時の軍部は大した勢いでしたからね、本当に。

桂　それを僕憤慨したのはね、貴族院中に召集されたんです。議会が始まっていたから開会中ですね。その時に陸軍から召集令状が来た。僕は陛下から貴族院議員として議会に召集されていたんでしょう。それなのに何で陛下のお名前で召集令状が出たのか。そんなことを言っていたって、当時は仕様がないでしょう。で技術のあれがあったもので井上（三郎）さんか大島（陸太郎）さん、次官でしたかに話をしてそんな関係で帰してくれました。

水野　貴族院議員は召集はないと聞いていましたが。

桂　そんなことできない筈ですよ。

小原　全然拘束はない筈ですよ。

桂　井上さんに相談したら大島さんに相談してともかく一遍いってから帰してもらえと。不思議ですよ。同一人が両方に召集される筈はないんですからね。だけど偉い人で何か言っておどかされた場合もあるんですよ。

島津　軍人は現役の人は国会へ出られなかった。軍属は出られたのかな。

※　※

水野　終戦後になると例の日本国憲法の話になって来るんだ。あれね。火曜会からどうして委員長を出して下さらないのかということが研究会としては不満だったんですよ。そのことをうかがいたいな。

島津　日本国憲法を国会で審議した時のことですね。

水野　ええ国会で成立させましたでしょう。旧憲法の改正という形で。あの時の委員長は同成会の安倍能成ですよ。

島津　学習院院長ですね。

水野　我々としてはあれは最大の法案であるし、火曜会は貴族院を代表している立場にあるのだから公侯爵の中から委員長を受けて頂きたいということだったのです。その時のことを覚えておられませんか。あれは、火曜会からは浅野（長武）さん、後は誰だったかな。キミ公は岩倉具栄さん。で委員長を受けて頂くことについての下相談で、貴族院に各派交渉委員会というのがあって我々も出ていたんです。交渉委員会が開かれて話合いの中で委員長を内定しておくわけです。それで正式には議長指名が選挙によって決めるということですから。それで公侯爵からは受け手がないということになってしまったんです。

花房　公爵では火曜会にかなりおられますよ。

水野　岩倉さんでしょう。

花房　岩倉具栄さん、一條さんは入っていないでしょう。火曜会に入っていても委員として入っていなくては委員長にはなれないんですよ。委員としてのメンバーはたしかにお二人でしたよ。

水野　鷹司さんは。

花房　入っておられません。

水野　徳川家正さんは。

花房　あの方は議長です。ちょっといろいろ調べてみないとはっきりしませんな*10。

島津　今の憲法の成立は昭和二十一年でしたね。
花房　昭和二十一年十月六日成立。十一月三日公布、昭和二十二年五月三日施行です。華族制度が廃止された日で、貴族院解消が五月二日です。
池田　凡てがGHQの命令で動くんで終戦後はどうにもならなかった。仕様がなかった。
小原　議会もそうでしたね。GHQから返事がない限り動けなかったんですから。
水野　今の改正とは比較にはならない。大変な法案でしたよ。憲法改正に伴う国内法を全部改めなければならなかったのです。それを新憲法公布の日を決められているでしょう。その間に全てを成立させなければならない。非常に無理な追込みでした。非常な負担でした＊11。

※　※

水野　それはおいて、火曜会のことをもう少し知りたいんだが、近衛さんなんかとおつきあいになっていたんでしょう。僕達は余りおつき合いがないんで。松平康昌さんなんかが中心だったのですが、あいう解かりのいい方がおられましたね。考えてみれば火曜会の方がいいところがあったと思いますよ。
池田　誰かが外国にいかれるというので火曜会で送別会をするという時なんか、十六代さん（徳川家達公）なんか皆さん待っているのに相撲にいかれて、それがハネなけりゃ来られないんで困ったよ。大隈侯爵なんかはセッカチで早くからみえているんだ。中御門さんなんか何か言っていてね。
水野　中御門さんは口は悪いけれど、人間はいいんじゃないんですか。
桂　毎月築地で集まっていたのはどこだったかしら。
池田　あゝあれは、ほんの有志だけでしょう。清藤とかなんとか言った。
水野　それは若い連中が集ってたのですか。

池田　そうじゃないんだ。何しろ中御門さんがモテないもので何とか逃げようと言うんだけれどいかさないんだ。終りには井上三郎さんなんかみえた。
水野　あの方が出ておられたんですか。
桂　僕は大体議会に出たのは大東亜戦争が始まってからで、それまでは火曜会の会合も出たんだけれど何だかお婆さんの芸者をつかまえて一生懸命シャベっていたが面白くなかったな。
水野　じゃ十六代様もいらっしゃいましたか、その頃は。
池田　一條（実孝）さんとか、西郷（従徳）さんがみえて、市丸がおしゃくしたとか。
水野　一條さんは面白い方だった。気分のいい方だったな。中御門さんは専門的にはどうゆう方でしたか。
桂　何か理科系の方らしく、それだもので僕は割合にお話しました。尤も僕はヘイヘイと言っていましたがね。
池田　物知りでしたね。
桂　それで何かと引きたてて下さった。商工省関係だとか、委員会とか。
水野　中心になった場所は華族会館だったのですか。集まる時は議事の打ち合わせとか。
桂　何か親睦会的なことばかりでしたね。議会の控室では色々出ましたけどね。
水野　紅葉館、あれは料理屋なんですか。ずい分と利用されたでしょう。
小原　料理屋でしょう。芸者も入りましたけれど、あそこにもいるんですよ。
池田　而立会なんかをあそこでやっていたでしょう。
桂　明石とかがやっていた。そうゆうのは行ったことありましたよ。月に三回位ありましたよ。

水野　そのへんが火曜会と研究会とちがうな。研究会はね。あの控室なんかで話合いなんかとても出来なかったな。

島津　何か委員長報告をすると勅選の方が質問される。それでビクビクしていたんですよ。何かいやがらせやられるんで困りましたよ。

水野　僕達は研究会でしょう。ずい分神経使いましたよ。会合や何かの流れについていかなければならない。そういう気苦労がありましたよ。

桂　研究会には政治家が沢山いすぎたんですよ。火曜会にはいわゆる政治家らしいのはいなかった。

水野　でもね、貴族院としては火曜会の存在というのはいい意味にとりますね。

桂　僕もそう思いますよ。なくってはいけなかったんですよ。公正会とか研究会が勝手な真似をしない様にという存在だったんですね。もめそうなむつかしい大きい委員会は、研究会か公正会がやっていた。

※　※

花房　東條内閣ぶっつぶしのお話はどうですか。

桂　ぶっつぶしってとこまでは僕らのところにはなかったけれど勉強会みたいなものはよくありましたよ。

島津　何年頃かしら。

花房　昭和十七～八年頃だそうです。

桂　明石君なんかが中心で坊城さん、村田さんという処、それに水谷川さん。

水野　水谷川さんはかなり偉大な存在になっていましたね。近衛さんには直接やらないで水谷川さんにまとめさせて、水谷川さんを通じて近衛さんに腹を決めさせようとしたんですが、これは明石の案だと思います。

池田　何とか言う事務職員がいたね。火曜会に。磯村じゃないかな。

桂　そんな名前の人いましたね。あれは華族会館の人でしょう。手伝っていたんじゃないですか。何か会合の通知とかをやっていたんでしょう。会費とか。

水野　何かそうゆう通知もっておられませんか。

池田　ないな。火曜会関係では余りそうゆう資料的なものはなかったと思いますよ。

水野　研究会は議会が終る度に、百何十頁の議事経過報告というのをつくりまして、毎回出していました。大変な手間をかけました。それが全部ないんですよ。僕は五、六冊もっていますが。

桂　終戦後、明石はよく家へやって来てこれから広田さんのところにいくんだが、腹がへったから食事させてくれと来ました。

花房　明石さんは一年先輩ですが、学習院で弁論会なんかによく出たことを覚えていますが、しゃべることが好きでしたね。

桂　一寸さっき話が出たんだけれど、あれ高杉晋作みたいな感じじゃないかな。

水野　ＮＨＫの火神というのを見ていますが、あの位の真剣さが今日ほしいと思いますね。

花房　本日はご多忙の中ありがとうございました。

＊注記

1　貴族院議員の兼職兼官に関する規定

一、衆議院議員：憲法三六条により禁止
二、枢密顧問官：明治二三年以来の慣行により禁止・但し公侯爵議員は可
三、特定の宮内各部局に勤務する宮内官：明治二三年宮内省達二号以来禁止
・但し公侯爵議員と勅選議員は可（但し、議場に出席しない慣例）
・特定の宮内各部局とは
侍従職　式部職　皇太后宮職　皇后宮職　東宮職（大膳職）（主殿寮）　主馬寮（主猟寮）　帝室会計審査局　皇族家職　（）内は昭和五年皇室令一〇号により削除さる。
四、現役の陸海軍軍人：原則として禁止
a　皇族議員、公侯爵議員は可（但し、議場に出席しない慣例）
b　伯子男爵被選議員は明治二二年の勅令一二五号「陸海軍将校分限令」五条以来禁止
c　勅選議員は規定無し（但し、海軍については、明治二四年勅令七九号「海軍将校分限令」六条より、明治四四年の勅令一七号「海軍高等武官准士官服役令」八条までの期間、禁止）
d　学士院議員は規定無し
e　多額議員は明治二二年勅令七九号「貴族院多額納税者議員互選規則」五条以来、禁止
注1　以上全般における兼職兼官可とは禁止規定がないという意味である。兼職兼官の実例は皇族議員と公侯爵議員に関して多く存在する。勅選議員と学士院議員についての実例は皆無か稀少と推定される。
2　四の現役軍人の範囲は陸海軍により時期により変動があり、一定しない。
（貴族院制度調査資料）他

2　桂議員特別委員会委員長報告事項例

第七五回議会　昭和一三年度第一予備金支出ノ件（承諾ヲ求ムル件）外六件
第九〇回議会　農林中央金庫法ヲ一部改正スル法律案
第九二回議会　農林中央金庫法中改正法律案
　　　　　　　産業設備営団法中改正法律案
　　　　　　　石炭配給統制法中改正法律案
3　池田議員特別委員会委員長報告事項例
第七六回議会　昭和九年度第一予備金支出ノ件（承諾ヲ求ムル件）外六件
　　　　　　　大正一三年法律第二四号中改正法律案外二件
第七九回議会　兵役法中改正法律案外二件
　　　　　　　無盡法中改正法律案
4　各省委員、昭和一七年六月設立、一九年六月廃止、議員と行政機関の協力体制強化の為に設けられた。内閣、内務省、大蔵省など十四省に貴族院から八〇名、衆議院から二四名。（一八年には貴族院から九五名、衆議院から二六〇名、各界四九名）
5　中御門議員と池田議員が出席の委員会で麦の問題に類似しているのは、第七六回議会、昭和一六年二月請願委員会における味噌、醬油の原料獲得についての討議。
6　第八六回議会（昭和二〇年）予算委員会第五分科会委員池田他に坊城、栗林、向山議員ら、政府委員として鈴木一農商省山林局長出席。
二月五日　山林関係の緊急増産生産物輸送、木製飛行機などについて質疑
二月七日　戦時森林資源造成法案審議

鈴木　一（すずきはじめ）　男爵　明治三四年一一月生　農林省山林局長　侍従次長

7　貴族院には常任委員（予算、請願決算、資格懲罰）と特別委員とある。昭和一七年度の貴族院及び研究会内の委員状況は次のようになっている。

◎常任委員各派割当表

◎特別委員各派割当表

各派＼常任委員数	會員数	豫算	請願決算	資格懲罰	特別委員数				
		六三名	四五名	九名	九名	一五名	一八名	二五名	二七名
火曜	四五	七	五	一	一	二	二	三	三
研究	一六三	二七	一九	四	四	六	八	一一	一一
公正	六七	一一	八	一	一	三	三	四	五
同和	三二	五	四	一	一	一	二	二	二
交友	三一	五	三	一	一	一	一	二	二
同成	二五	四	三	一	一	一	一	二	二
無所属	二三	四	三	〇	〇	一	一	一	二
計	三八六	六三	四五	九	九	一五	一八	二五	二七

◎常任委員研究會内割當表

◎特別委員研究會内割當表

常任委員数	委員数	種別會員数	侯爵	伯爵	子爵	勅選	多額	計
			一	一八	六五	四八	三二	一六四
豫算	六三名	二七名	○	三	一一	八	五	二七
請願決算	四五名	一九名	○	二	七	六	四	一九
資格懲罰	九名	四名	○	○	二	一	一	四
特別委員数	九名	四名	○	○	二	一	一	四
	一五名	六名	○	一	二	二	一	六
	一八名	八名	○	一	三	二	二	八
	二五名	一一名	○	一	五	三	二	一一
	二七名	一一名	○	一	五	三	二	一一

8　中山太一議員のこの内容の質問は速記録には見当らない。第八六回議会（昭和二〇年二月）には予算委員会で盛かんに質疑（二月二日、五日、六日、三月二四日）している。その内二月二日は小磯内閣に対して質問してお

り、その際、中山は自ら「速記中止」を求め発言しているが、この時の予算委員に桂は含まれていない。なお、水野勝邦『貴族院の会派研究会史』昭和編（芙蓉書房出版、二〇一九年復刻、二三三頁）には、東条首相に中山太一がこうした「質疑を行ったことは忘れられない」と記されている。

9 水谷川忠麿は近衛篤麿四男、文麿の弟

10 憲法改正特別委員会、火曜会所属委員

公・岩倉具栄、侯・細川護立、侯・中山輔親、侯・浅野長武

11 昭和二一年五月　七日　第九〇回帝国議会召集

六月二〇日　帝国議会に帝国憲法法改正案提出

六月二五日　衆議院本会議に上程

六月二八日　衆議院憲法改正特別委員会成立

八月二一日　衆議院憲法改正特別委員会で修正可決

八月二四日　衆議院本会議憲法改正案可決

八月二六日　貴族院本会議に上程

八月三一日　貴族院憲法改正特別委員会成立

一〇月　三日　第二回特別委員会にて衆議院修正の原案可決

一〇月　五日　貴族院本会議

一〇月　五日　貴族院本会議採決（可決成立）

一〇月　七日　衆議院本会議貴族院より回付の憲法改正案同意

一〇月一一日　閣議決定

一〇月一二日　第九〇回臨時帝国議会閉院式
一〇月一七日　極東委員会の憲法再検討政策
一〇月二九日　枢密院憲法改正案可決
一一月　三日　日本国憲法発布

侯爵議員

池田徳眞　談

曾祖父池田慶徳、祖父徳川慶喜と私

池田徳眞《いけだのりざね》　旧侯爵家　旧因幡鳥取藩主家

議員在職なし

明治三七（一九〇四）～平成五（一九九三）年。鳥取池田家第一七代当主。徳川慶喜五男仲博の長男として生まれる。妻美知子は、明治期から大正期の陸軍軍人であり、貴族院議員（子爵）の朽木綱貞二女。昭和六年に東京帝国大学文学部言語学科を卒業すると、翌年からイギリスのオックスフォード大学に留学。著書に、『イギリス見聞記』（研究社出版、一九五二年）、『日の丸アワー――対米謀略放送物語――』（中央公論新社、一九七九年）、『プロパガンダ戦史』（中央公論新社、一九八一年）などがある。

聞き手　三島義温・上田和子

昭和六三年一〇月一七日

於　尚友倶楽部

池田　きょうは、尚友倶楽部の三島理事と、亡くなられました水野勝邦さんのお嬢さんの和子さんと三人で、池田の家の話――主として、池田慶徳＊1、徳川慶喜についてお話ししろということでございます。そこで仮に題を「池田慶徳、徳川慶喜と私」と付けました。

複雑なのでございますが、慶徳と慶喜はお二人とも、水戸の徳川斉昭＊2の子供でございまして、たくさん子供がおりますので、一貫番号を付けました。慶徳が五郎丸、慶喜が七郎丸でございます。それであるにかかわらず、私の父は慶喜の子でございまして、私の母は慶徳の孫にあたります。でございますから、徳川慶喜は私の祖父でございますし、池田慶徳は私の曾祖父になるのでございます。

第一話に入ります。池田の家は、鳥取と岡山とに二家ございます。私どもは鳥取のほうでございますけれども、どこに行きましても、「どうして二家あるんだ？」「どっちが本家なんだ？」と、いつも話がございますので、ちょっと複雑でございますから、申し上げておきます。

池田の家は、大垣の北の美濃でございます。いま揖斐鉄道という鉄道がございまして、その駅を三つ四つ行ったところに、いまは池田町という町がございますが、本当は池田郡で、町は前にはございませんでした。どうもそこが発祥の地のようでございます。

岡山の池田宣政君＊3が今年亡くなりましたが、彼と私は十五日違いで生まれたものでございますから、「一度ご先祖のところに一緒に行こうじゃないか」ということで、行ったんでございます。それで、「池田だから、きっと池と田んぼがあるに違いない」ってまいりましたら、驚きましたことに、一目で見ましても池が四、五〇ございますし、あとは田んぼでございます。「なるほど、これだけ池と田んぼがたくさんあれば、他に名前は付けられなかったに違いない」と(笑)、二人で笑いましたんでございます。

なぜ、二家になってしまいましたかというと、とんでもない時代――秀吉と家康の時代でございますから、池田輝政*4が奥さんを二人持つことになったのでございます。その第二の奥さんが徳川家康の次女でございまして、監督の「督」の字を書きまして、督姫*5と俗に申しております。九つのときに小田原の北条に嫁いだのでございますが、だんだん秀吉が偉くなったので、家康が北条に向かって、「一度、秀吉のところにご挨拶に行け」と、こう申したわけですが、「織田信長の草履取りをしていたやつのところに、なぜ私が行って挨拶しなければならないのかわからない」と言って、頑固でどうしても行かない。それで仕方がないので、もともと小田原攻めで有名な小田原攻めになってしまう。それで小田原の北条をつぶしてしまうわけですが、それはしようがないんですよ。家康が懇々と、「天下は変わったんだ。なにしろ征夷大将軍でもあるし太閤でもある。それは行かなきゃいかん」と言うのだけれども、どうしても行かない。それで、仕方がないから小田原攻め。そして、小田原城が滅びます前日、督姫と督姫の主人――すなわち跡取りが出てまいりました。それで、主人は高野山にやられて翌年、どうも死んだようでございます。それから、女の子が一人いたと思いますが、これも、どうも亡くなってしまったようです。

それで、みんな小田原後家と申すのでございますが、その小田原後家さんはまだ二十歳なんですね。ですから、それから二、三年は経ったのだと思いますが、徳川家康というのは、あいつはいい奴だと目を付けましたら、なんでもちょっと唾を付けて、何か関係を付けなきゃならないと。池田輝政というのは良いと。しかし、もう豊臣秀吉の家来に決まっておりますから、秀吉のところに参りまして、「ご承知の通り、小田原から私の娘が帰ってまいりましたが、あれをひとつ池田輝政に娶わせてと思いますが、お許しをいただけましょうか？」と、やったんですな。そしたら秀吉が、知っていると思うんですが、

「ああ、それは結構だ」と、こう言っちゃった。この二人が言えば、もうそうならざるを得ない。それで奥さんが二人できてしまいました。それで、前のほうの池田が岡山の池田で、後のほうが我々の鳥取の池田になったわけでございます。まあ、随分と無茶苦茶なことをしたものだと思います。

三島 その前のというのは、輝政の息子……

池田 輝政にこれだけ子供があった。

三島 そのはじめのほうのあれが岡山の。

池田 いまの岡山の。

三島 それから、督姫のほうの二代後が、これは全部、督姫のあれじゃないわけでしょう。

池田 子孫です。

三島 全部、督姫じゃないでしょう。他にもお妾はたくさんおったわけでしょう。

池田 いや、そんなにあれでもないようですよ。

上田 最初の奥様は……

池田 よく存じません。

三島 中川清秀の……

池田 中川さんとおっしゃいましたか、それで帰ってしまいになった。それはそうですよね。奥さんが二人とくれば、どういう細かい手続きがあったか存じませんけど、離縁して帰ってしまった。まあ、無茶苦茶な話でございます。

それで、なにしろ天下が徳川になりましたものですから、放っておくと、どうしたってこっちが分家になるものですから、分家になっちゃいけないということで、こちらのほうに「輝」を付けたんでございます。私は次男なので付いておりませんが、私の兄は「テルタダ」と申します。みんな「輝」を付けまして、向こうに「政」を付けた。

上田　輝政の「輝」で、岡山のほうが「政」を。

池田　ずっといままで。まあ、私は次男坊なので付きませんが。

それから石高は、岡山のほうが三一万五〇〇〇石で、こちらは三二万五〇〇〇石にした。一万石多ければ、まさか分家とは言わないだろうと。分家と言われますから、言われないように一所懸命やったわけですね。そうして、私どものほうを岡山にして、向こうを鳥取にした。

上田　そうすると、最初は徳眞様のほうが岡山にいらっしゃったと。

池田　はい。国替えになったんですね。これはどなたでもご承知の、有名な荒木又右衛門の敵討ちの結果*6、罰で国替えさせられたんです。それは当然の罰です。その事情を申し上げますが、そのため、初代と二代については岡山に墓がございます。ついでに申し上げておきますが、これが鳥取の資料なものでございますから、鳥取の資料では、初代、二代はみんな岡山ですから、切ってしまっています。

上田　三代目からなんですか。

池田　三代目から勘定しているんです。だから、何代と書かれても、きちんと合っていないことがよくあるんです。それはそういう理由でございますけれども、私も最近はこの鳥取のに従いませんと、いろんな書類がございますから。

では、なぜそんなことになったかと申しますと、岡山の二代目が亡くなったとき、まだ子が三つだったんですね。その子が生まれたときに岡山でお祝いをした席で、河合又五郎が渡辺数馬の弟を殺して逃げてしまった。

三島　誰が殺したんですか。

池田　河合又五郎が渡辺数馬の弟を。ですから、これをみんな敵討ちとおっしゃるけれども、本当は敵討ちじゃない。敵討ちというのは、上のものの仇を下のものが討つ。弟の仇を兄さんが討つということは、敵討ちじゃないんです。荒木又右衛門は、殺された渡辺数馬の姉の亭主ですから。それは助太刀だからよろしいですけど、どう考えたって敵討ちの格好にはなっていない。

それで、河合又五郎を麹町の旗本が匿いまして、来るなら来てごらんと。ところがね、どうもこの二番目のは気性が荒かったらしいんですね。俺は東照神君の孫だって。それは確かにそうですが、あんな生意気なことをしていいはずがないといって兵隊を出して、それで、襲撃しようとしているらしいということになったわけですよ。

三島　何を襲撃するんですか。

池田　旗本の屋敷を。それで、まだできたばかりの徳川の家をつぶすわけにはいかないと。しかし、大名が江戸に軍隊を出して旗本を襲撃したとしたら、これはもう、とても家が残るはずがない。それで家老と連絡を取ったらしいんですね。あれはなんとかいいました、あの老中ね。それで、お医者がとうとう決心をしてお見舞いに行くんですが、それがどうも毒殺したらしいんです。

三島　誰を？

池田　池田の二代目*7の殿様を。だって、殺さなきゃしようがないでしょう。

三島　だけど、まだ襲撃はしてないんでしょう。

池田　襲撃したらもう、殺したってなんだってそれは駄目でしょう。旗本というのは親衛隊でしょう。それを大名の軍隊が江戸に出ていって攻めたら……

三島　もう攻めたんですか。

池田　いや、攻めない。

三島　攻めようとした。

池田　ええ。そうしたらたいへんだということで始終、連絡を取って、お前のところの殿様が決心したらすぐ知らせろと。それで、その毒殺したお医者様もわかっているんですが、うちの記録では毒殺されたとは書いてないでございましょうね。けれど、清水虎雄さんなんかがよくお話しになりますが、それは事実でよくわかっているんです。行った人は、半井通仙という医者です。これも、もちろん伝説ですけれども。

三島　これが毒殺した医者ですね。

池田　医者です。それで、毒殺をして人を殺せば、もはや医者ではないと。昔の方は義理堅くていらっしゃるから、帰りの籠の中で同じ毒を飲んで死んでくださったと。それは我々としては、本当にその後、たいへんなことですね。お名前もわかっているんですよ。これはだけど、ストーリーで話にはなっていますが、嘘かどうか、どうもこれは本当らしい。まあ、嘘らしいことは世の中にたくさんございますけどね。

三島　毒殺された人はどの人ですか。

池田　忠雄です。そのとき光仲＊8は三歳でしたから、三歳の者に岡山という大事なところは任せておけないということで、国を替えろと言われまして、それで鳥取の殿様に。それは罰なんです。学習院の倉敷先生というのは鳥取の方でしょう。鳥取に倉敷なんてところはありませんが、家老も家来もみんな移ったんですね。それが一六三二年でございます。ご承知の通り、家康は一六一六年、シェークスピアの一週間前、四月一七日に死んでおります。ですから、幕府にとっては、家康が死んでから約一六年経った頃に起こった、ひとつの大事件でございます。もし襲撃していたら、まあ、途中まで出たのか知りませんけれども、そんな大名が残るはずがない。おそらく御家を改易にしなきゃならないですからね。

上田 その方は直系の嫡男でいらしたわけですね。

池田 この二人は督姫の子でございます。

上田 こちらも督姫の……

池田 こちらは次男です。

上田 次男がこういうふうに。

池田 はい。

三島 これは次男ですか。

池田 次男が跡を取ったんです。

三島 しかし、先ほど「輝」という字が付くと言われたでしょう。これは「輝」が……。

池田 付いていませんね。

三島 これは「輝」が付くんだけど、これもあまり付きませんね。

池田 そうですね。全部に付いてはいませんよ。

三島 輝政は付きますね。

池田 まあ、いろいろ……。

上田 系図もここであれでございますか。こちらがこうなって……。

池田 ここからが督姫で、ここから系図が……。そして、輝政の血がのびておりますでしょう。これは、小牧山・長久手で徳川を攻めて戦死しています。それで、ここまでしかわからないんです。

三島　上は。

池田　ええ。これから上は、池田君と私の話だから確かに嘘かもしれませんけど、「山があって、祠があって、あの辺で山賊をやっていやがって、夜になるとこの辺におりてきたに違いない」なんて話していましたけどね（笑）。

上田　豪族だったのではございましょうけどね。

池田　豪族ね。ひとつには、徳川家康を攻めてしまったでしょう。家康と戦って負けているんですからね。

三島　長久手の……。

池田　長久手。だから、維新まで両家は全然、世話してないんです。信輝*9なんて、どこかいましたかね……。

上田　岡山のほうはでございますか。

池田　岡山も鳥取も、何もしない。

三島　両方が。

池田　両方とも。だってそれは、家康——東照神君に向けた野郎でしょう。だから、知らん顔をしていた。

三島　何を知らん顔していたんですか。

池田　何をって、世話しないんですよ。

上田　じゃあ、督姫だけはこちらへ来られた。

池田　督姫から後。だから、我々は督姫から後については知っているんですよ。

三島　いや、その世話をしないというのは……。

池田　たとえば、お寺があるでしょう。お寺に金なんか一文も出していないし、供養も何もしていないんですよ。だって、これは輝政の親父ですからね。

三島　この人に対しての供養をしないということですか。この人だけですね。

池田　輝政様から。だから、明治になってから慌てて両家でやったわけですよね。碑を建てたり、みんなやったわけです。だけど、ここはそういう関係でございます。

三島　岡山から鳥取に移されたと。これはもう、そういうふうなことをしていたから、悪いんだからしようがありませんね。しかし、鳥取から岡山に移されたほうの池田家は、悪いことをしていないわけでしょう。それなのに、割くって一緒に移されちゃったわけでしょう。

池田　いや、だけど、当時は岡山のほうが鳥取よりよかったですからね。ただ、鳥取藩は鳥取全県なんです。それから、土佐の山之内がそうですね。毛利さんのところでしたか、あっちのほうにないことはないけれども、全県の大名というのは、北のほうにはどこにも……。前田はどうでしょうかね。たとえば、南部なんかも三県にまたがっているけれども、全県ではもちろんない。

上田　石高は鳥取のほうがちょっと多かったんですか。

池田　後々まで三二万五千石で変わっておりません。

ここで第一話を終わりまして、第二話もしてしまいましたけれども、国替えになった伊賀上野の仇討ちは、国替えが一六三二年で、仇討ちが一六三四年でございます。

それで、この話は、よく嘘がたくさんあるのでございますが、あまり複雑になるから申し上げないっりでおりましたけれども、毒饅頭という事件があるんですよ。その毒饅頭事件について簡単に申し上げます。督姫というのは、気の強い婆だったらしいです。池田は二家要らないと言って、岡山のこれを殺そうとしたという事件です。これについては何も記録はございません。噂だけです。しかし、ストーリーはよくできているんですよ。毒饅頭を食わせようとして、督姫がいて、長男がいて、忠継*10がうちの初代でございますね。いま、「なぜ子供がないのか」とおっしゃいましたが、いたんですよ。そしましたら、お女中が気を利かせて、ここに毒と書いて、それで、こうやってスーッと。最初は掌に書いて、こうやって向こうに見えないようにご本人に。ところが、これを忠継が見ちゃったんですよ。それで忠継は、おふくろはこんな乱暴なことをするって、その毒饅頭を自分が食っちゃった。それで、ばあさんもそれを食った。その理由は、史実にもそれは何もありませんが、督姫と長男の二人は一日違いで死んでいるんです。長男の死はあまりに若いでしょう。だから、世間でそういう話を作ったのだと思います。

三島　督姫はなんで死んだんですか。

池田　それは、昔のことだからわからないけれども、一日違いで死んでるんですよ。

三島　忠継は毒饅頭を食べて死んだと。

池田　いやいや、そう言われているということですよ。それで、督姫もびっくりして自分も食ったので、一日違いで死んだのだと。

上田　でも、一日違いは変ですね。

池田　これは作り話ですから、どこの歴史書にも載りませんけど、そういう噂があると。

三島　でも一日違いは確か。

池田　それだけは確かです。まあ、そんなことが昔はあるわけですね。

これで第二話が終わりまして、後ほど申し上げますけれども、第三話で、幕末に一度、池田の血統が途絶えてしまいます。慶徳の奥さんも池田の分家でございますし、その前もあれなんですが、その前の前田さんからいいましたら、たいへん早く絶えてしまったので、どこからか池田の血筋を持ってこなければならないということで、私の母の母でございますが、婆を鍋島からつれてまいります。ここで言えば八代でございますが、治道＊11というのがいて、そこで血筋をつないだのでございますが、その話は後で出てまいります。

それでは、第四話でございます。京都では時代祭というお祭りがございまして、そのいちばん先頭に出てくるのを山国隊《やまくに》と申しますが、それがこの山国隊《さんごく》なのでございます。確か「さんごくたい」と皆さんおっしゃると思いますが、「やまくにたい」でも同じことですね。これは、徳川の末期に出てきた、丹波にある勤皇ゲリラで、二〇〇人くらいいたことがあるんですが、いろんな隊があっていろいろなことをしたようです。鳥取に関係がございますのは、生野銀山を襲撃した三六人の山国隊＊12です。それで徳川の軍勢に追っかけられまして、鳥取藩に逃げこんで、鵜殿＊13という家老の家に行ったんでございます。

このお話は、私が記憶している以外には、あまり皆さまお話しにならないんですが、私が十くらいまでのときに、麻布一番町の私の家に松田のおはずさんという、ご主人は確か東京市長をされたと聞いていますが、間違っているかもしれませんけれども、そう伺っております。その方が、鵜殿の娘なんですね。それで、その三六人が追われて鳥取に来たときに、鵜殿の家の大広間にいたと。そのとき松田のおはずさんは、六つか七つのお嬢ちゃんだったそうです。

ところが、その三六人は、鎧を脱がない、刀は離さない。というのは、鳥取が「そんなものは来ません」と言ってくれるか、「来ました」と言って攻めてくるかわからないものですから、朝昼晩何があっても、寝ていてもなんでも、刀は置いてあるし、鎧は着たまま。松田おはずさんの話によると、可愛いお嬢ちゃんだったので、「お嬢ちゃんいらっしゃい、お嬢ちゃんいらっしゃい」って。ところが、みんなすることがないから、刀の手入れをしているので、抜いているんですよ。「お嬢ちゃんいらっしゃい」というのは結構だけれど、みんな刀をギラギラギラギラ抜いて持っているわけでしょう。はじめはなかなかそばに行けないんだけど、だんだんわかってきて、子供はいいらしいっていうんでね、可愛がっていただいたんだけど、すごくびっくりしたと。

それで、鳥取藩は「そんなものは来ません」と言ったそうです。というのは、慶喜と慶徳ですから、こっちは慶徳なんですね。兄弟でしょう。だから、鳥取藩の立場も髄分、難しかったんでしょうが、そのときははねたんです。それで役人が来ても、「そんなものは来ません」と言って助けた。その助けた中で有名におなりになったのは、北垣国道*14という、後に京都のインクラインを造った方ですね。それから北海道長官になられてね。それで、いまは大体売ってしまいましたが、北海道の帯広の先に池田という牧場があって、あの町は、国道さんのお薦めで池田が持つようになった。だから、情けは人のためならずで、大分あれで食べたんですからね。

それから原さんは、上野の彰義隊のときは原六郎*15ですね。あと、済んでから外国へ行った男が、国家は軍隊だけ強くても駄目だ、経済というものがあるということで、今度は経済家に変わって、横浜正金銀行の頭取を明治二〇年代になさった方があるんですよ。そのおかげで親父がね……親父は大久保利武*16さんと一緒なものですから、うちも結構たくさん持っていたんですが、親父は大久保利武さんのおかげで監査役になります。大久保利武さんが知恵を巡らしまして、宮内省に話をして、宮内省で横浜正金銀行の株を三六万株持ってらした。それで、その三六万株の代表として親父が。これもやっぱり、情けは人のためならずですよ。

上田　どなたかそういう思想の持ち主がいらしたんでしょうかね。国学者とか……。

池田　あの中にですか。山国隊はそうじゃなくて、忠臣蔵の大石内蔵之助*17も丹波でしょう。丹波に行ってご覧になってください。汽車で通るとよくわかるんですが、こう道があるけど、みんな山が隔てているんですよ。敵が来たぞといったら、山を越えればいいんですよ。だから、ゲリラの巣には……。

上田　でも、池田藩の中で、それをお売りにならなかったというのは……。

池田　池田藩ですか。それはどうして決めたのか。その問題は少し後になって出るんですが、まあ、いろいろそういうところもたくさん問題があるんですね。

三島　山国隊っていうのは確か、国学者の平田篤胤*18とか、あの系統か何かのあれじゃないですか。

池田　それもありましょうし、慶徳の話が後に出ますが、慶徳は非常に学問が好きなんです。

池田　国学者をおつけになった。それでね、これも後で申し上げようと思っておりましたが、後になって信夫恕軒*19というのがついているんです。それで、信夫恕軒さんの孫なんかと僕は同級です。左翼がかって彼は自殺しますが、ナイトウヨリヒロ*20なんかと大親友で、我々も一所懸命、止めたんです。

三島　学習院ですか。

池田　学習院ですが、子供のときからじゃない。そういう意味では、これまた親父から聞いた、とても面白い話があるんですが……。

三島　その松田おはずさんのお話は、直にお聞きになったことですか。

池田　僕がね。新年には始終来るでしょう。それで、新年にもうなんべんも聞いたから、僕は間違いなく覚えております。

三島　原六郎さんは彰義隊とかいうお話でしたね。彰義隊の征伐に行かれたんですか。

池田　ごめんなさい、征伐です。それで、六郎さんのお孫さんかな。女の子ばかり四人だったから、お孫さんだ。会員の松井外交官、松井アキラの奥さんが六郎の孫です＊21。

三島　そうですか。

池田　そうですよ。ブリッジ見えます。お互いに知ってはいるけどね。もう少しエキストラを加えれば、僕に耶蘇教を教えたのは、その原の奥さんです＊22。

三島　誰ですか？

池田　原六郎の。これは二度目ですけどね。同志社を出て、明治時代、お聞きおよびかもしれませんが、奈良に土倉《どくら》という有名な家があるんですが、そこのお嬢さんです。

三島　高飛びの選手か何かでオリンピックで出たことがありますね。

池田　そうですか。それで、僕に耶蘇教と米を研ぐことを最初に教えてくれたのは、この話は僕のときになると出てくるんですが、いまのお婆さんは明治二年生まれです。それで四年生まれが、外務大臣をなさった内田康哉さんの奥さん＊23で、その直系ではございませんけど、お跡取りが、この間お亡くなりになった内田……。

三島　コウセイさんですね。

池田　彼がそうなんですよ。だから、彼と原のお婆さんの話は始終出ますし、北垣とか、まあ、いろいろあります。

北垣国道の息子*[24]が、南洋開発みたいなことをやっていて、親父のところによく来ると。それで、親父が亡くなったら原六郎が来た。それは、北垣国道の未亡人が親父のところに来て、「本当に困ってしまいました」と。そこで原六郎が国道の息子に、「今後、俺の言うことはお父さんが言うことと思え」と。そしたら、国道の息子のアサヒというのが、「何を言うか。お前の言うことを親父の言うことに思えなんて、そんなこと思えるもんか。金持ちとなりゃあ、たまろくで汚くなる」って、仏間でやったっていうんですよ。それで、お母さんがね、ワーッって。京都で二人、二升か三升か飲んで酔っぱらって出てきたら、グデングデンのやつを狙って絡んできたので、「ばかやろう、こんなに酔っぱらっているやつに喧嘩をふっかけるやつがあるか。俺が喧嘩してやる」って、それで吹っ飛ばした。そしたら剃刀を持ってきてね、北垣アサヒがここから切れた。そしたらお母さんは、医者に行くでも、どこに行くでもなく、縛ってね、うんうんうなって家で寝ていたって。まあ、あの時代にはめちゃくちゃな野郎がいるんですね。だけど、原六郎に、「お前の言うことなんか親父の言うことと思えるか。金持ちとなりゃあ、たまろくで汚くなる」なんて仏間でやったとか、いろいろとそういうお話が残っておりますが、山国隊が勇ましいことは確かですね。これは面白いお話だと思いますよ。

それから、池田慶徳、慶喜、私と出しましたが、池田慶徳は、天保八年七月の一三日に、同じく慶喜が天保八年九月二八日生れでございます。それで、慶喜のお母さんは、有栖川から参りました先妻の吉子*[25]でございまして、慶徳の母は松波春子*[26]と言います。

それで、いまの世とは違いますけれども、水戸の斉昭、すなわち烈公と言われるのは、考えが目茶苦茶に変わっていて、子供が確か四四人あって、男は二二人です。どうしてそんなにできたのかというのは、私も子供のときに面白半分で聞きましたが、夜はちゃんと奥様のところに帰ると。しかし、朝には政務をして、午後には昼寝をすると。そこにお春さん、お夏さん、お秋さん、お冬さんというのが順番に、というふうなことを誰か僕に吹き込んだやつがおります。それで五郎丸の母、すなわち慶徳の母は、松波春子と申します。

そこで一貫番号を付けまして、一郎丸、二郎丸、三郎丸という、それはそれでいいんですけど、一〇を過ぎて困ってしまった。そこで、余ったものですから、余一丸、余二丸、余三丸と。慶喜の弟でパリのあれに行きました……。

上田　昭武*27。

池田　昭武は余八丸でございますから、一八でございます。それで、いよいよ二〇が来て、いよいよ困りましたところ、二十二麿《ハタフタマロ》、二十二一麿《ハタフタヒトマロ》、二十二二麿《ハタフタフタマロ》と、それで終わりでございます。だから、親父の従兄弟なんてものは……。

三島　ハタフタ？

池田　ハタフタ。

三島　ハタフタのハタは二十歳の二十ですか。

池田　そうそう。

三島　フタはなんですか。ハタフタというと、ダブりますね。

池田　二十一麿《ハタヒトマロ》、二十二麿《ハタフタマロ》。

三島　じゃないんですか。

池田　そうかもしれないね（笑）。お調べくださいよ。
上田　二十一麿《ハタヒトマロ》でございますね。
池田　二十一麿、二十二麿、かもしれませんよ。
三島　それなら、うん。ハタフタではダブるから。
池田　フタがダブるから、ハタっていうのは二十歳ですもんね。そうかもしれません。どうもそのほうが正しいですね。まあ、そういうふうでございまして、男は間違いなく二二人でございます。
三島　そうすると、女も二二人。
池田　女も確か二二人。四四人というのは、うろ覚えで聞かされているんですけど。考えとしては、俺みたいな偉いやっを作って、日本の国のために、この国難のときに働かせるんだと言うんですから、話が違うんですな。非常に若いときから勤皇の……勤皇キチガイなんて書ったら、これは悪いかもしれませんが。それで、あいつは徳川の中でも勤皇が強いからということで、有栖川の熾仁親王のお嬢様をおやりになったんでございます。
その後、文明夫人*28と後に言っておりましたが、九五まで生きて……。
三島　文明夫人というのは、称号みたいなものですよね。
池田　称号みたいなもので、みんなが俗にね。
ご承知のように、隅田川の吾妻橋を渡って左に行ったビール会社の先、源森川のところが水戸徳川の下屋敷でしたから、そこにいたんですね。男の子は、一郎丸、二郎丸、三郎丸、七郎丸だけが、文明夫人の子供でございます。しかし、いま申しました数でございますからひどい話で、私の家内の母と私の母なんかも、ヤオマツと申しましたか、ビール会社のすぐそばに、川に面して料理屋がありますが、そこに子々孫々一緒に九五までおりましたからね。

三島 どなたが九五ですか。

池田 文明夫人。ですから、熾仁親王なんて言っても、熾仁親王と慶喜とは縁続きなんです。

上田 義理の。

池田 でございますから、父と話をしておりましても非常に困りますのは、慶喜が言うと、慶喜の同年の兄ですが、慶徳のことは、私の父に向かって、「お前のお祖父様はね」と言うんですが、それもよく知っていないと、話が片っ端から違っちゃうようなことでございます。

それで、もうひとつ間に入れておきます。先ほど、池田の家は血筋がなくなってしまったと申しましたが、慶徳が困りまして、自分の奥さんにも子供がないので、これでは池田の家は血筋がないじゃないかと。そこで、昔、娘がいった先がどこかにないかと探しましたところ、鍋島と島津の、直正さん＊29のほうにいっていると。本家ではございません。それで、鍋島に一二の娘がいたものですから、慶徳の息子の輝知＊30——私の祖父ですが、輝知のひとつ下なもんですから、それで連れてきちゃったのが、私の祖母さんでございます。

三島 ちょっと待ってください。直正さんと鍋島幸子さんってみえたわけですね。それとどういう関係ですか。

池田 八代の治道の娘が二人おりまして、一人が鍋島に行き、一人が島津に行ったんです。そこで考えまして、娘さん、現物がなくちゃいけませんから、鍋島に嫁に行った娘の孫が、一二歳の私の婆でございます。それで鍋島から連れてきた。

ここの会員の三宅君のお祖父さんが、私の母のすぐ上の兄さんです。あっ、鍋島直大でございますよ。

鍋島直正に子が六人おりまして、トップが松平慈貞院と申しまして、川越の松平に行きました。二番目が細川*[31]で、細川護立さんの母です。それから、三番目が直大*[32]で、直虎*[33]が三宅のお祖父さんです。それから男がもう一人いて、いちばん下が幸子なんですが、この幸子という名前じゃないんです。永久の永に信子ですが、鍋島閑叟公の母が池田から行きまして、それが幸子という名なもんですから*[34]、祖母さんの名前をもらって池田へ帰還してきたわけです。そこでやっとつながっているのでございます。

そういうふうなことございますから、たとえば三宅さんのお祖父さん――直虎様ですが、大きな原宿の家に案内なんか請わないで僕が祖母さんと一緒にいると、ガラッと開けて、「あっ、ばあさん、まだ生きてたか！」「なにっ！　じいさん、まだくたばらないの」って、これがご親友のご挨拶なんですね。なかなかユーモアのある方でした。それにしては、その息子さん――三宅のお父さんは謹厳実直で、そういうユーモアはあまりない方でしたね。

三島　三宅のお父さんというと。

池田　ナンドチョウ様。

三島　朝香宮ですか。

池田　いや、鍋島のナンドチョウと言うんです。

三島　あっ、三宅さん。

池田　ここの三宅。

三島　直虎さん。

池田　そうです。尚友倶楽部の改革についてなんて、水野君が見せてくれたら、鍋島直虎って。

上田　そうでございましたね。

池田　あれあれ。あれがこの祖母ちゃんの親友の兄ちゃん。いくつ違うか知らないけど、愉快でね、ユーモアのある方でした。それから、直大は鹿鳴館なもんですから、祖母さんが始終、鹿鳴館でね。

上田　お出になって。

池田　それで洋服なんかありましたけど、残念ながらみんな焼けちゃいました。

先頃、霞会館に入ったら前の書記長が、「池田さん、この電話ちょっと聞いてみて」って。人が入ってきたのに、いきなりこの電話を聞けって、何の用だと思ったら、「ちょっと伺いますが、明治一七年四月に鹿鳴館でダンスパーティーがございました。その明治一七年一一月三日、天長節でダンスパーティーを行いました。そのときのボーイは一体どんな服装をしていましたか」って。それで広橋さんに――うちの祖母の姪なんですけど、梨本宮の妃殿下ね*35。あれは祖母さんと六つしか違わない。姪といっても本当に近いんですよ。それで広橋さんのところに電話をかけたら、「私は明治一五年に生まれて、そのとき二つですから、知っているはずがないでしょう」って（笑）。でも、ＮＨＫはそれで承知しないんですよ。「いいからお会いしたい」って。それで、とうとう僕も同席してお会いしたんですよ。

そしたらね、そのとき私は初めて知ったんですが、天皇皇后両陛下は鍋島邸――いまの総理大臣官邸に、ご一緒にはいらっしゃらない。天皇がいらっしゃった翌日、皇后がいらっしゃるんです。天皇は偉いんだから、皇后なんかと一緒には行かれない。だから、たいへんなんですよ。芸人から何から全部二日。

三島　確か、歌舞伎をご覧にいれたでしょう。市川団十郎か何かが。あれは鍋島邸ですか。そうじゃなくて、あれは伊藤博文とか、そこら辺ですね。

池田 だと思いますがね。鍋島邸かどうかは聞いていません。

三島 確か、鍋島邸にも行幸されたんですよね。

池田 はい。芸人はたいへんだったんですよ。明治天皇が「これは皇后にも見せてやっておくれ」とおっしゃるものだから。でも、それもはじめからちゃんと全部、二日約束したんですって。ただ、憲法発布のときは、皇后が「特別に出していただきたい。これは日本の国のたいへんなことらしいから、どんな端っこでもいいから、この目で見させていただきたい」と、そういうふうにお願いになったら、「そうか、それは特別のことだからよかろう」って、ずっと横にいらっしゃった。

上田 その覚えがございますね。

池田 覚えがあるでしょう。

三島 錦絵か何か。

池田 錦絵があるでしょう。それは、あのときの考えでは、とても異例なことなんですね。

三島 いまでも国会ではそうですもんね。英国はみんな見えるでしょう。

池田 なるほど、それもそうですね。

まあ、そういうふうなことで、だんだん先の話になりますけれども、慶喜と慶徳というのは、目茶苦茶に性格が違うんです。慶徳のほうは、非常な文化人で学問の才能があります。それで、この長男でございますね。祖母——幸子の主人、輝知と申しますけど、なにしろこれはね、答えは知っているんですよ。よく知っているんですけど、「お祖母ちゃま、お祖父ちゃまはお祖母ちゃまのことを何とお呼びになったの？」って。「マイディアっておっしゃった」と。それが「ディア」じゃなくて「マイデア」なんだ(笑)。こっちは知っているんですよ。子供のときになんべんでも聞くと、お祖母ちゃんもまたなんべんでも言うから覚えているんですよ。

それから、祖母ちゃんが「イディアロンタンク」とか言いまして、これが「しばらくお目にかかれませんでした」ってことなんですよ。

三島　なんですか。

池田　フランス語も習っていたんですよ。

三島　それはフランス語ですか。

池田　我々の学識では比べ物になりはしない。その熱心さね。三一で死ぬんですよ。膀胱ガンだったと聞きましたけどね。だけどね、ここから天井に近いくらいに、フルスカップ*36にフランス人が講義するんです。それで、フランス語でドアペナールというのは刑法ですね。書いたものが残っていましたが、大体焼けてしまいました。ただ、ボアソナール*37というのは、司法省に来た彼だろうと思うんですよ。それがペラペラペラペラ喋るでしょう。それをターッと書いてるんです。それで、フランス語が読めるのかと思うと、字になっていないんですよ。だけど、アンダーラインが引いてありますから、あれは後で読めるんでしょうね。

三島　それをご覧になりました。

池田　ええ。それがね、こんなにたくさんあったのに焼けてしまって、これくらい残っているんです。

上田　どこにあるんですか。

池田　鳥取にやってしまったかもしれない。この人はたいへんな秀才ですよ。そして、それがどこに出てきたかと思ったら、僕の兄貴に出てきた。学習院ですけど、学校っていうところには一番と二番しかない。三番以下には、どこの学校に行ってもなったことがないですね。ここの理事長は兄貴と同級でいらっしゃるでしょう。
三島 そうですか。
池田 だからね、僕がひどく割食っちゃったんですよ。お前の兄貴は秀才だって。
三島 お兄さんのお名前はなんとおっしゃったんですか。
池田 輝理《テルタダ》です。
三島 これには載ってないですね。
池田 そうですね。
三島 この後にあるわけですか。
池田 いやいや、そうじゃないです。結核のため一八で亡くなりましたから、当主になっておりませんので。
三島 「テルタダ」というのは……。
池田 理由の「理」の字です。ここの同級生の方はみんな、「テルリ」とおっしゃいます。「池田テルリ」とお聞きになれば分かります。それで、姉が水戸にいるでしょう。だから、お前の姉さんは偉い。あとのお前は駄目だっていうことになって、ひどく割食っちゃってね。
三島 ここに載っていますね。
池田 輝理はね……。しかし、まあ、ああいう人間がいるんですね。それで、土方与志さん＊38がやっていましたが、メーテルリンクの『青い鳥』＊39なんかを学習院でやってね。あんなことが好きなんですな。ことによるとそんな方面にいったのかもしれませんけどね。
三島 あっ、そうか。それだから、やっぱり池田さんの頭の中には、そういう遺伝が入っていますよ。

池田　いや、僕は慶喜側なんですよ。だけど、晩年はそっちのほうへね。

真面目な話、僕の弟は「兄貴は元来、文学が嫌いだし、兄貴に文章が書けるはずない」って。そしたら、湯川博士がノーベル賞をおもらいになったときにそこにいたものですからね。戦後四年のことですから、誰も行く人がいないでしょう。それで、高田市太郎＊40さん――いまの相模原の支店長に頼まれまして、僕は初めてアメリカに行くんですよ。でも、いくら僕の心臓が強くても、高田市太郎にアメリカのことを書いて送る勇気はなかったんです。そしたら、あんなことが起きて、『その日の湯川博士』＊41ということで一一月三日のことが……。

三島　ノーベル賞のときですか。

池田　ノーベル賞。それで、帰ってから一万円もらいましたよ。そしたら弟曰く、「あれは、高田のいっちゃんが書いたんでね、兄貴にあんな文章は書けっこねえっ」て。

三島　それは、池田さんがアメリカに行っておられたときに、湯川秀樹がノーベル賞をもらったので、『その日の湯川博士』というのを池田さんがお書きになって、それが新聞に載ったんですか。

池田　新聞に載ったんですよ。

三島　毎日新聞に。

池田　毎日にね。昭和四九年の一一月三日ですから、東京では一一月一〇日の新聞に載っているんです。僕はコピーを持っていますよ。そしたら弟が、僕には書けないって。だから、僕がこういうものを書くようになったのは、第二の人生なんですが、幾分は……。

三島　血がやっぱりね。

上田　お嬢様がそうでらっしゃいますね。

池田　もう少し言いますと、慶喜と慶徳ではまるで違うという、たいへん面白い話はこれからです。第七話からになります。第一に、私は慶喜と慶徳の顔を見ているんですよ。慶喜は大正二年ですが、慶徳は明治一〇年八月三日です。親父がその年の八月二八日に生まれているんですから、僕が見るはずがないでしょう。ところが、見ちゃったんですよ。それは、関東大震災で隅田公園を造ると。それで、隅田公園の言問いのいちばん端が、うちのお墓に触ったんですよ。そこに慶徳の墓があったんです。

三島　言問橋を後で造ったときですね。

池田　いやいや、橋じゃない、隅田公園。土手。あれは、ここへ行って曲がったここまででしょう。ここにあったんです。

それで、興福寺というのは向こうの奥のほうが多くて、川から離れているところが残ったんです。それで、岸だけは取られまして、掘ったわけです。そしたら、慶徳は京都で八月三日に、つまり夏に亡くなったものですから、それで、白蝋になってちゃんと残っていました。髭が一センチ五ミリくらい、死んでからも伸びるもんですね。慶喜もですが、あまり大柄な人ではなかったですね。

それから、後でお話ししますけど、慶喜のほうは、私は九歳で葬列の中を歩いたんです。僕が最年少でした。姉は車に乗ったし、兄は病気だったし、弟も車に乗っていたので、僕は参列で歩いた。この話はまた後で出ます。

そういうふうなことで、白蝋になっていたと。

上田　ちょっとごめんなさい。大震災のときに隅田川を……。

池田　大震災の後、隅田川の向こうに隅田公園というのを造ったんです。まあ、いまそんなことができるかどうか分かりませんが、お墓だってなんだって、みんな除けと。

上田　その公園を造るために、お墓を。

池田　細かく申し上げますと、二三基掘りました。江戸で奥様が子供を生んで死ねば、みんなそこですからね。それで、その内の一三、四を鳥取に持っていって、両親の墓の前でついでにみんなお悔やみしてね。それで、慶徳からは多磨墓地に埋葬されていますが、まあ、そんなことをさせられたんです。

三島　「コウフクジ」というのは、どういう字ですか。

池田　興津の「興」という字と福です。いま新年に七ヵ所寺を回るといいなんていう、その中に入ってます。

三島　七福神。いや、あれは七福神じゃないんだ。

池田　なんとかっていうのがありますね。それで、そろそろ大事なところですが。

三島　これがね、途中で切れるといけないと思って見ているんですが、まだ回っていますから、まだありますね。まあ、切れたら、そのときにまたひとつあれしますから。

池田　それでね、これだけお話ししても、他にも記録が残っていることもたくさんあるのでございましょうが、これから申し上げますところは、私しか知らないこと、すなわち、父が私に言い残しておきたいと思って言った言葉でございます。その最大なものが、第八話でございますが、兄が一八で死にましたものですから、私が一五で跡取りになりました。父は私に……(テープ反転)

三島　どうぞ続けてください。

池田　慶喜の上京と授爵、それから慶喜の葬式、相済みまして、それで、昭和三年の一一月三〇日、父が原宿の池田の家に渋沢老子爵をお招きいたしまして、「維新のときにヨーロッパに行かれた話を伺うように」と申しました。これについては、たいへん良いことをしてくれたと私は思っております。これは渋沢子爵が、昭和四年元旦に数え年九〇になりになる直前でございまして、お出でになったのが、渋沢老子爵*42、お婿さんの明石照男*43さん、お孫さんで養子になられた渋沢敬三*44さんの三方。こちら側が、父、それから私、一歳下の朽木の弟、七歳下の荒尾の弟と、これだけでございました。こういう形になりますと、老子爵と真っ正面が私でございまして、右に弟がおり、左に弟がいて、父は横で伺っているので、私が主役なものでございますから、まあ、一所懸命に伺わないわけにはいかない。忘れてはたいへんだと思って伺ったのでございます。いま考えてみますと、残りの六人はどなたもいらっしゃいませんですから、私一人しか知らないことでございます。

先ほど申し上げました通り、慶喜の弟の徳川昭武——一八番目の男の子だった余八丸に随行して行かれたと。これは、江戸城から派遣されて行かれたわけでございます。それで、ときどきいろいろなところで語られておりますが、二人の世話役が付いて、一人は役人で、一人は財界の人だったと。片方は、ヘランド*45というんですか、フランス語ですからエラールとでも言うんですかね。それで、よく渋沢さんが後におっしゃった言葉ですけれども、「役人と財界人が君と僕というふうに対等で話しているのが、非常に日本から行ってびっくりした。国家というのはこうならないといかんのかなと思った」と。ただ、あまり言われておりませんが、ヴィクトル・ユゴー*46の家に招かれたそうです。

三島　ユゴーはまだ生きていたんですか。

池田　生きていたそうです。そして郊外に行ったそうです。そしたら、渋沢さんが主に付いて…まあ、他にもお供がいたけれども、二人が主になって行ったそうです。そしたらヴィクトル・ユゴーが、「日本から来られたというのは、随分遠くからご苦労であった」と。そこまではいいんだけれども、何か見せるものがあるらしくて、「ちょっとこっちへ」と。それから庭へ出たところ、庭には大きな森があって、どんどんヴィクトル・ユゴーが入っていく。何を見せる気だろうと思ったところが、鳥の声を聞かせようと思ったんですな。それで、あの鳥はなんていう鳥だ、この鳥はなんという鳥だって一所懸命、説明してくれるんだけれども、そのときの渋沢老子爵のお言葉が、「私どもはパリに鳥の声を聞こうと思って来たのではございません。なんの鳥がどんな声を出したって、ひとつも面白くなかった」と。昭武が一五、六歳くらいで、渋沢老子爵が二七歳でございますね。これは、あまり他でもおっしゃっておりません。まあ、変わったエピソードかと思います。

それから、今度はベルギーに行かれたと。そしたら、なんて王様でしたか*47、我々も若い頃のことですから、いまから六〇年くらい前に切手にあった、髭をたくさん生やした王様だそうです。その髭のある王様にお会いしたと。そしたら、ベルギーの王様がいきなりなんとおっしゃったかといったら、「日本から来てご苦労様。これからの国家は鉄と石炭がなければ駄目である。日本に鉄と石炭はあるのか?」とおっしゃった。そのとき渋沢老子爵は、「私が直感的に感じたのは、なんと卑しい王様だろうかと思った。会った途端に、いうに事欠いて、鉄と石炭があるかと言ったので、まあ、この国の王様は卑しいと思った」と言うんですよ。それが第一です。

第二に、「よく考えてみたら、日本に鉄と石炭があるんだかないんだか私は全然知らなかった」と。それでね、私はデュッセルドルフにいるときに、ビエジからナムールの、あそこら辺のぼた山を見て歩きまして、「ははあ、この辺を見物してああ言ったんだな」と思ってね。それで、王様ともあろうものがいきなりね、鉄と石炭の話をしたというので、たいへんそれはびっくりしたというお話をなさっておりました。

それからイタリアに行かれまして、独立の獅子の軍人であるガリバルディ*48にはお会いにならなかった。サルディニアの総理大臣で、イタリア全土をまとめたカヴール*49には会ったと。それで、カヴールの印象について何かおっしゃったかもしれませんが、私の記憶に残るようなものは伺っておりません。主に行かれたのはそのときらしくて、いろんな問題があったのでしょうけれども、あれでございました。

今度は、先ほど申しましたかどうか知りませんが、渋沢さんは、「あまり徳川慶喜は好きな人ではない。物事が一貫してできない人だ」と。「大政奉還したら引っ込んだらいいじゃないか。鳥羽伏見の戦いと言うんだから戦争をしたらいいじゃないか。途中、軍艦で江戸へ帰っちゃったのは何事だ」と、そう思って帰ってきたそうです。だけれども、日本に帰ってきたら、このとき二七歳ですから、当時の日本からどんな通信が行ったのか、それも怪しいもので、「自分は少し若くて、間違ってものを見たのではないかと思っている」と後におっしゃるんですけれども、しかし事実としては、お帰りになってすぐに静岡にいる慶喜に会いにはいらっしゃらない。

慶喜は、後には代官屋敷に永住するんですが、その前に一年半くらい、静岡の駅の、それこそまだ駅の内と言いたいくらいな、大阪より前に宝台院《ホウダイイン》というところ…「ホウタイイン」かもしれませんが、そこにおったそうです。そこに、あれは一〇ヵ月後か一年後かよく存じませんが、そこに一年半くらい慶喜はいたのでしょうか。それで一〇ヵ月くらいして、行かなきゃいけないなと思って行かれたと言うんですね。

そのときのことですけれども、宝台院*50に行ったら、二間ある二の間なんですが、唐紙が閉まっていて、割合に幅が狭くて、奥行きが二間くらいで、横は少し広かったけれども、二間半あったでしょうか。そこへあれしたら、唐紙をガラッと開けて慶喜が入ってきたというんです。なにせ江戸城で将軍様としておられたので、それは誰でもだろうけど、ちょっとびっくりして、「これはなんとしたことでございましょうか」と言って頭を下げた。そしたら、「渋沢、愚痴は聞きたくない。ヨーロッパの情勢はどうだ?」と、すぐ言われたそうです。それでね、もちろん慶喜は、自分のしたことについて言い訳するような人ではないから、そう言ったと。それから自分の答えることをあれしたんだと。

それでだんだんと、実は明治維新というのは、我々の想像していたこととは違って、たいへんな、どうなるかわからないような出来事だったのだということを知って、それでだんだん慶喜も理解されるようになって、ご承知の通り『徳川慶喜公伝』というものを、付録がついて八冊ですか、渋沢さんが編纂なさり、そして、その出版も全部ご自分でなさるということに立ち至る。

はじめに慶喜に向かって、「いま起きている維新ということは、後から見たらたいへんなことだから、なんとかこれは残さなければいけません。慶喜公の伝記を書きましょう」と言ったら、「嫌だ」とはじめは拒まれて、あまり進まなかったと。けれど、それでもこれは必要が確かにあるのだというので妥協して、「ご生前には絶対に発表しない。亡くなってからにするから、原稿だけ作ることをお許しねがいたい」と。「それはよろしい」と言うので、七冊のうちの一冊くらいは、慶喜ができあがったものを読んでいるそうです。

それで、慶喜公とはおっしゃいませんで、お名前をお呼びになるときには、興山公と。これは号でございますが、興山公《コウザンコウ》とおっしゃいます。

それから一年半くらいしてからでございますか、代官屋敷に移りまして、それは後に浮月《フゲツ》という料理屋になって、いまもごく一部、料理屋が残っております。そうして明治二〇年頃までそこにおったんでございますが、鉄道が開通することになったら、誠に線路に近いものですから、浅間神社のほうに移りまして、そして二〇年。それから三五年に、この授爵いたします前、三〇年頃ですか、三二、三年頃ですか、東京へ出てきたんだと思います。いま私も年を取って考えてみますと、静岡に閉じ込められて、ゴルフコースもないので本当に苦労しただろうと思っていますが、そんなことを言っているときではなかったようでございます。

父が、渋沢子爵をそういう目的でお招きし、且つお話を伺っておけと言ったことは、なかなか偉いことをしてくれたんだと思います。この後、私の祖父の輝知、それから父の仲博*51等の話も少しあるのでございますけれども、最後に父から聞きました話を二つばかり付け加えておきます。

ひとつは、父は勝海舟*52に会っております。それで、私どもは興味がありますから、勝海舟ってどんな人？」と聞きましたら、「うーん、まあね、偉そうな人だ」と。実は一度しか会っておりません。氷川のところに行って会っていると。そしたら、「さっき山縣*53の奴が来たけれども、あいつの言うことはどうもなっとらん。一昨日は伊藤博文が来たが、あいつもまるでなっとらん」と。「なっとらんばかりで、これはお偉い人だなと思った」と言うんですが、まあ、幾分そういう質の方かもしれませんね。なにしろ当時、山縣さんとか伊藤さんと言えば、国家の中枢にいる偉い人だとみんな思っているのに、散々なことでね。

これは天下公知のことでございますけれども、子爵をやろうと思ったら、勝海舟は不満なんですね。それで、「私は人並みのものと思いしに五尺に足らぬ子爵なり」とか歌って、怒ってる怒ってるということで、仕方がないから伯爵をやったと（笑）。

それで、勝海舟のところには、父のいちばん下の弟が養子にいって、勝海舟のいちばん下の孫と……いちばん下ではございませんね。ただ孫と結婚して、それでいま残っております。

最後に、子爵で河田景与＊54という人がおりまして、これは鳥取の維新のときですけれども、これまた勤皇ゲリラどころではありません。勤皇実戦隊で、非常に剣道がたつ人でした。先ほどのお話にもありましたけれども、鳥取藩で重役どもに、もしくは家老ですか、「お前は一体どっちに付くのだ。朝廷に付くのか、幕府に付くのか」と。それに対して、「そんなことをはっきり維新になる前に言えるものではないんだ」と、少し曖昧なことを言うと、腕がたつものですから、片っ端から殺してしまう。さっきちょっとご質問がございましたけれども、三六人の山国隊の人が入ったのは、河田景与なんかがいたら、ノーと言ったら殺してしまう。捕まえると言ったら殺してしまう。そういう勢いだと。

そういうことで、たいへん腕のたつ人でございまして、父が一四のときに池田に養子に来たのでございますが、この河田さんが剣道の塾をしておりました。いまの青山一丁目、ツインビルがある場所でございます。そこの二階に上がって、老子爵の部屋と、こちらに父が住んでいる部屋と、それから廊下があったそうですが、老子爵が亡くなった後、その廊下に幽霊が始終出るということで、家を転売、転売しているうちに、とうとう壊してしまった。父も、「あれくらい人を殺しては、幽霊の一人や二人は始終出るだろうよ」と申しておりました。

三島　河田景与という人は、鳥取藩士ですか。

池田　藩士です。それで子爵をいただいたわけですが、ハルオという甥がいたけれども、「あん畜生は死んでも俺の跡にしない」とおっしゃっていたそうです。それで、いろんなことがございまして、かわった女をつがえているんですが、日露戦争の頃、とうとうみんな絶えてしまう。息子は兵隊になったけれども、馬に蹴られて、それがもとで死ぬとか。それで、とうとうハルオが跡を継ぎますが、これも駄目で、とうとう子爵家がつぶれてしまいました。これもおやじに言わせれば、「あれくらい人を殺せば、祟りが来るに決まっているよ」なんて冗談を言っておりました。そういうふうなことで、まあ、これは悲劇でございます。

原宿の私の家の下に海軍館*55ができまして、その開所式に父が行きました。そしたら、帰ってまいりまして、「いやあ、きょうは珍しい方に会っちゃったんだ」と。「どういう方ですか?」と言ったら、「高橋三吉大将だ」と。もちろん、軍事参事官でお見えになった。そうしたところが、ツカツカツカと父のところにいらして、「お久しぶりでございます」と、お辞儀をなさった。見るけれども、高橋三吉*56という人も知らないし、縦から見ても横から見てもこの方は知らない。びっくりして、「はあ……」と言ったら、「河田の塾で、撃剣を教えていただきました」って。父が一六で、その方が一〇くらい。それでね、「そういえば、貧相な高橋っていうのがいたいた！　あれが大将かと思った」と。しかし、まあ、覚えていただいていて、この河田の塾なんていうのも鳥取のあれですけれども、とうとうみんな絶えてしまって、何も跡もございません。

最後に、藩史のことだけ申し上げておきましょう。父が一四で養子にまいりました。明治二四年ですけど、三〇年頃から藩史編纂をやろうということで、原宿で貸家を一つつぶして藩史編纂をいたしました。それで、戦争のときまでに大体、原稿ができましたが、出版には至らず、鳥取へ持ってまいりました。そうしたところ、鳥取の図書館にあって、大火でちょっと火は入ったんですが、幸い焼け残って、石破知事*57が、大きな七巻、それから八巻で、鳥取藩史というものができました。学者の方は、藩史はそう高く評価しないのだけれども、明治三〇年に集めた、それを作った資料については、かけがえのない貴いもので、各藩のうちでも、めったにこんなにたくさん立派に残っているものはない。それで、やっぱり父も水戸の血筋でございますから、すぐそんな気を起こすのでございましょう。それがもとになりまして今度、池田慶徳の伝記ができる。それで、いま藩史を全部印刷しまして、しかもコピーを作って、誰でも自由に読めるようにしております。だから、県の博物館の地下を全部使って、確か八〇坪くらいございましょうか。それで、いま自由にどなたでも見られるようになっております。

私もよく考えますと、父は家を建てたりいろいろなことをいたしましたけれども、いまそういうものは何も残っておりません。しかし、やっぱりこの鳥取藩史だけは光り輝いておると。人間が一生の内、何をしたらいいかということも、いろいろこれでわかるように思います。

きょうは、池田慶徳と徳川慶喜に焦点を合わせて申し上げまして、その後のことは、また機会がございましたら申し上げたいと思います。

三島　長時間ありがとうございました。

上田　お疲れになりましたでしょう。お茶でも。

三島　一時からほとんど四時近いですから、三時間近く（笑）。

＊注記

1　天保八（一八三七）年～明治一〇（一八七七）年。水戸藩主徳川斉昭の五男。徳川慶喜の異母兄。嘉永三年、池田慶栄の跡を継いで因幡鳥取藩藩主となる（一二代）。農政改革、軍制改革、人材登用など安政の藩政改革を進めた。明治維新期には、尊王・敬幕両立の藩論統一に務め、大政奉還論を唱えた。鳥羽伏見の戦いにおいては、勅命によって伏見を守り、戊辰戦争には、関東・奥羽に藩兵を派兵し、平定に貢献した。明治五年に家督を息子輝知に譲ったのちは、華族会館創立を目指した。

2　寛政一二（一八〇〇）年～万延元（一八六〇）年。常陸国水戸藩主。夫人は、有栖川宮織仁親王女吉子（登美宮)。

3　池田宣政。明治三七(一九〇四)年~昭和六三(一九八八)年。侯爵。昭和九年~昭和二二年五月、貴族院議員(火曜会)大正九年三月襲爵。池田詮政三男。学習院高等科修業、のち昭和一八年以降、農林省、農商省各委員、厚生省行政委員等を歴任。この間、大正一四年欧米各国を視察。

4　永禄七年(一五六四)~慶長一八年(一六一三)。安土桃山時代の武将。池田恒興(信輝)の次男。父に従って当初織田信長に仕え、信長没後は豊臣秀吉に仕える。天正一五(一五八七)年、九州征討に従軍したのち、羽柴姓を賜り、翌年から豊臣の姓を名乗ることも許された。関ケ原の戦いでは、東軍として功を上げ、播磨五二万石の領主に封ぜられ、播磨姫路の城に移った。弟の長吉も鳥取城主に封ぜられ、因幡四郡の内六万石を領した。正室は、中川瀬兵衛清秀の娘(大義院)、継室には北条氏直の未亡人で徳川家康の息女督姫(良正院)を迎えている。

5　督姫。名は富子。天正三(一五七五)年~慶長二〇(一六一五)年。天正一一年に北条氏直に嫁し、一九年に氏直が死去したため、徳川家へもどす。のち文禄三年、池田輝政に再嫁し、五男二女をもうける。

6　江戸時代の剣術家である荒木又右衛門が、寛永一一(一六三四)年、妻みねの弟である岡山藩士渡辺数馬の敵討ちに助太刀したことを指す。「伊賀越えの敵討」で有名。みねの弟であり、数馬の弟でもある源大夫を殺害した仇敵河合又五郎を敵討すべく、伊賀上野鍵屋の辻に迎え討ち、果たした。その後、荒木、渡辺は伊賀の領主である藤堂家の保護下にあったが、のち鳥取池田家に帰参。

7　池田忠雄カ。

8　池田光仲。寛永七(一六三〇)年~元禄六(一六九三)。父は池田忠雄。寛永九年、父の死にともない三歳で家督を継ぎ、備前国岡山より因幡国鳥取に移封させられ、三二万石を領す。

9　池田信輝。恒興。天文五(一五三六)年~天正一二(一五八四)年。母養徳院が織田信長の乳母となったことから、幼少より信長に仕える星崎城攻略の際に武功をたてる。その後も多くの功をたて、摂津花隈城を攻略したことにより、摂津に領地を与えられた。本能寺の変後は、豊臣秀吉方につき、明智光秀を破ったのち、美濃大垣城主となる。長久手の戦いにおいて徳川軍に敗れ、天正一二年に戦死。

10 慶長四（一五九九）年～慶長二〇（一六一五）年。池田輝政の次男。母は督姫。家康の寵愛をうけ、五歳のとき備前一国二八万石をあたえられ、初代岡山藩主となる。こののち、播磨三郡一〇万石を異母兄の利隆より分与され、三九万石を領した。

11 明和三（一七六六）年～寛政一〇（一七九八）年。池田重寛の三男。天明四年正月、一〇代将軍徳川家治の御前において元服し、相模と称す。同七年に関東および伊豆国の河川普請に貢献し、褒章。

12 京都府山国地方において組織された農兵集団。鳥羽・伏見の戦いを契機に農兵集団として本格的に組織されるに至り、関東・東北地方を転戦した。山国隊に関しては、水口民次郎『丹波山国隊史』（山国護国神社、一九六六年）に詳しい。

13 鵜殿氏。本姓藤原氏。中将実方を祖とし、その孫湛増が紀伊熊野の別当となったことで、熊野鵜殿村に定住したことを契機として鵜殿姓を名乗ったという。

14 天保七（一八三六）年～大正五（一九一六）年。男爵。貴族院議員（明治三二年～同四五年）。但馬国生まれ。尊攘派志士平野国臣らの但馬生野で倒幕を目的とした挙兵計画（「生野の変」）に参加。その後、戊辰戦争の際、鳥取藩兵として幕府軍の追討に戦功をあげ、明治八年から元老院少書記官となる。明治一四年以後、京都府知事に就任。内務次官、北海道庁長官、拓殖務次官などを歴任。晩年は、枢密顧問官維新史料編纂会委員なども務めた。

15 原六郎。天保一三（一八四二）年～昭和八（一九三三）年。但馬国生まれ。文久二（一八六二）年に但馬農兵を組織し、翌年「生野の変」に参加。その後は各地に潜伏し、原六郎と変名して長州入りして遊撃隊に加わる。第二次長州征討の際には幕府軍と交戦し、戊辰戦争では山国隊を率いた。明治二（一八六九）年親兵第三中隊司令官、同三年陸軍大尉。同四年から渡米してエール大学で経済学を学び、同八年渡英してキングス＝カレッジに銀行論を学ぶ。帰国後は鳥取第百国立銀行を設立して頭取となり、一六年に横浜正金銀行頭取に就任。松方正義とともに経営不振の同銀行の経営再建を果たした。その後、北越鉄道、帝国ホテルなどの社長を歴任。

16 大久保利武。大久保利通の三男。内務省官僚、鳥取県、大分県、埼玉県知事、農商務省商工局長、大阪府知事。昭和三年貴族院議員。

17 大石良雄。江戸時代前期の武士。万治二（一六五九）年～元禄一六（一七〇三）年。播磨赤穂藩家老。伊藤仁斎に儒学、山鹿素行に兵学を学ぶ。元禄一四年、藩主浅野長矩が吉良義央を斬りつけ切腹、領地召し上げとなったため、京都山科に移る。翌年、江戸の吉良邸討ち入りのために同志四六名を集め仇討ちを果たす。仇討ち後、切腹。

18 安永五（一七七六）年～天保一四（一八四三）年。江戸時代後期の国学者。

19 天保六（一八三五）年～明治四三（一九一〇）年。幕末・明治時代の漢学者。鳥取藩士。父正淳は藩医。海保漁村・芳野金陵・大槻磐渓に師事。東京本所に奇文欣賞塾を開き、子弟を教授。明治三年内国勧業博覧会事務局に出仕し、のち東京師範学校、東京大学に出講。東京大学を辞職後は、攻玉社、東京専門学校、曹洞宗各宗大学林に教え、三重県中学教諭に就任。平生より赤穂義士を景仰した。

20 内藤頼博ヵ。明治四一（一九〇八）年～平成一二（二〇〇五）年。裁判官。父の内藤頼輔は高遠藩主の子孫で旧子爵。学習院を経て一九三一年に東京帝国大学法学部卒業。翌年より予備判事に任官。司法省が裁判所に優越していることに反発し、丁野暁春らと「さつき会」をつくり、行政権から真に独立した裁判官の確立を目指した。戦後、東久邇宮内閣・幣原内閣で司法相であった岩田宙造に請われて司法省に入り、戦後司法制度改革の任に当たった。その後、最高裁秘書課長、東京家庭裁判所所長などを歴任し、昭和六二年～平成五年まで学習院院長。

21 松井明。明治四一（一九〇八）年～平成六（一九九四）年。外交官。昭和六年東京帝国大学法学部卒。在学中に高等試験外交科試験に合格し、翌年外務省入省。戦前期は情報局などに勤め、戦後は、情報部渉外課長、総務局総務課長などを歴任。昭和二五年からは総理大臣秘書官、翌年には講和会議全権随員となる。天皇・マッカーサー会談の記録である「松井メモ」の作成者。昭和二八年には、当時の皇太子訪英の随員。妻の以都子は、原六郎の養子である原邦造の三女である。

22 原富子。実業家土倉庄三郎の長女。明治一三年、庄三郎次男竜二郎、三男三郎、甥愛造を同志社専門学校に入学させて以来、庄三郎と同志社社長新島襄との交流が始まる。のち、同志社大学設立計画には、庄三郎の多大な後援があった。富子も同志社女学校に進学し、在学中の明治二一年二月、新島襄司会のもと、原六郎と挙式を挙げた。夫婦揃って信仰深い生活を送った。明治四四年同志社女子大学（同志社女学校大学部）の設立準備委員も務める。

23 内田政。土倉庄三郎二女。明治四（一八七一）年～昭和二一（一九四六）年。同志社女学校本科卒業。のち京都看病婦学校で教鞭をとる。明治二三年私費で渡米、フィラデルフィアの語学学校及びブリンマー大学で学び、B・Aを取得して帰国。明治三二年内田康哉と結婚。富子と同様に明治四四年同志社女子大学（同志社女学校大学部）設立準備委員に就任。

24 北垣国道三男、北垣（池田）旭。

25 徳川吉子（登美宮）。文明夫人。文化元（一八〇四）年～明治二六（一八九三）年。有栖川宮織仁親王の第一二王女。天保二年常陸水戸藩主徳川斉昭と結婚。

26 徳川斉昭側室。池田慶徳生母。

27 徳川昭武。嘉永六（一八五三）年～明治四三（一九一〇）年。斉昭の一八男。慶応二年より慶喜の名代としてパリ万国博覧会に参加し、西欧諸国を親善訪問。明治元年に帰国後は水戸藩主となり、のち水戸藩知事。明治一六年、家督を養子篤敬に譲り隠居。

28 徳川吉子。

29 鍋島直正。文化一一（一八一四）年～明治四（一八七一）年。肥前佐賀藩主。佐賀藩江戸藩邸に生まれる。父は佐賀藩主鍋島斉直。母は鳥取藩主池田治道の三女幸姫（幸子）。佐賀藩の藩政改革を進め、西洋技術の導入にも積極的であった。幕末期には、公武合体、雄藩連合を目指すが、佐幕か勤王か、態度を明確にせず、自藩の富強を図った。明治元年二月には維新政府への協力姿勢を示し、戊辰戦争にあっては、軍事的側面で維新政府に貢献した。

30 池田慶徳息、池田輝知。万延元（一八六〇）年～明治二三（一八九〇）年。明治五年、襲爵して侯爵。夫人の幸子は鍋島直正九女。文久元（一八六一）年～昭和二（一九二七）年。

31 細川護久夫人、細川（鍋島）宏子。

32 鍋島直大。弘化三（一八四六）年～大正一〇（一九二一）年。旧佐賀藩主。侯爵。貴族院議員（明治二三年～大正一〇年）。明治元年以降議定職外国事務局権輔、横浜裁判所副総督、外国官副知事、イスパニア国和親貿易条約取結全権委員、佐賀藩知事、イタリア駐箚特命全権公使などを歴任。そのほかにも、元老院議官兼式部頭、式部長官、宮中顧問官などを務めた。

33 鍋島直亮養子。鍋島直正六男。安政三（一八五七）年～大正一四（一九二五）年。子爵。明治六年に英国留学。貴族院議員（明治二三年～大正一四年、研究会）

34 鍋島直正の母幸子は、池田治道三女。島津斉彬の母、弥姫の妹。

35 梨本宮守正、伊都子夫妻の娘規子。規子は、広橋真光夫人。伊都子は、鍋島直大二女。池田徳真の祖母は、鍋島直正九女。直正は直大の父。

36 フールスキャップヵ。筆記用紙の一種。

37 ボアソナード。一八二五年～一九一〇年。フランスの法学者。パリ大学で古典学・法律学を研究し、卒業後はグルノーブル大学、パリ大学で助教授を務めた。明治六（一八七三）年、明治政府の要請に応え来日。日本の法典編纂や法学教育に尽力した。

38 明治三一（一八九八）年～昭和三四（一九五九）年。本名は土方久敬。大正、昭和期の演出家、俳優、社会運動家。大正一一年、東京帝国大学国文科卒。伯爵であり陸軍砲兵大尉であった久明と夫人愛子の間に生まれ、少年時代より演劇創作に取り組む。のちベルリン大学に留学。同大学において表現主義演劇とメイエルホリドの洗礼をうける。大正一三年小山内薫と築地小劇場を創設。翌年には国民文芸賞受賞。昭和九年第一回ソ連作家大会で演説したことにより爵位を返上。同一二年、パリに亡命。昭和一六年に帰国すると同時に逮捕され、終戦まで獄中生活を送る。戦後には日本共産党に入党し、新協劇団、東京芸術劇場などの演出を担当し、日ソ文化連絡協会会長、舞台芸術学院副校長などを歴任した。

39 モーリス・メーテルリンク作『青い鳥』。一九〇八年に発表された童話劇。

40 明治三一（一八九八）年～昭和六三（一九八八）年。ジャーナリスト。アメリカワシントン大学を出て、毎日新聞社に入社。アメリカ、イギリスをはじめ一〇数か国に特派員として在勤。ニューヨーク支局長、渉外部長、欧米部長、編集局次長、編集局顧問などを歴任。著書に『二つのベトナム』(毎日新聞社、一九六六年）などがある。

41 一九四九年一一月一〇日、毎日新聞東京朝刊二面に「ノーベル賞受賞その日の湯川博士」と題して「ニューヨークにて　池田徳真」の署名が入った記事がある。文中に「昭和四九年の一一月三日」とあるが「一九四九年の一一月三日」の誤り。

42 渋沢栄一。天保一一（一八四〇）年～昭和六（一九三一）年。明治・大正・昭和期の実業家。貴族院議員（明治二三年～明治二四年）。明治元年、静岡に日本最初の株式会社である商法会所を創設。明治二年からは官界に入り、租税正、大蔵少丞、大蔵少輔などを歴任。明治六年に退官し、再び実業界に転じる。その後第一国立銀行を設立、頭取を務め、五〇〇余りの会社を設立経営。東京会議所会頭などを務める。慶応三年には、慶喜の弟昭武に随行して渡欧し、西欧の近代的産業設備や経済制度を学ぶ。

43 明治一四（一八八一）年～昭和三一（一九五六）年。明治、大正、昭和期の銀行家。貴族院議員（昭和二〇年～昭和二一年）。岡山県に生まれ、明治三九年東京帝国大学法科大学政治学科卒。渋沢栄一の知遇を得て第一銀行に入行。大阪、京都、本店の副支配人、支配人を務める。昭和七年に副頭取、同一〇年に頭取に就任した。昭和一八年に三井銀行との合併により帝国銀行会長に就任し、同二〇年退任。渋沢栄一五女愛と結婚し、渋沢倉庫社長、渋沢同族取締役などを兼任。戦後は、経団連、日経連の顧問も務めた。

44 明治二九（一八九六）年～昭和三八（一九六三）年。子爵。貴族院議員（昭和二〇年～昭和二一年、研究会）。渋沢栄一の長男篤二と妻敦子との間に生まれる。大正一〇年東京帝国大学経済学部卒。同年横浜正金銀行に入行。東京、ロンドンの各支店に勤務。同一四年第一銀行にうつり、翌年取締役、昭和七年常務、同一六年に副頭取を務める。翌年からは日本銀行副総裁に就任。昭和一九年第一六代日本銀行総裁に就任した。戦後直後の幣原内閣で蔵相を務めるも、翌年公職追放。同二六年に追放解除となってからは、国際電信電話会社初代社長、ＩＯＣ国内委員会議長、文化放送会長、日本国際商業会議所会頭などを歴任。また、民俗学・生物学への造詣も深く、アチック・ミューゼアム・ソサエティ（のち、常民文化研究所）を創立。自身も日本民族学協会会長、日本人類学会会長を務めた。

45 フリュリ・エラール（**Flury Herard**）一八三六年～一九一三年。パリ出身。フランス人銀行家。フリュリ・エラール銀行を経営。日本名誉総領事として、徳川昭武一行の世話をすると同時に、渋沢栄一にフランス経済・経営の仕組みや実務について教えた。

46 一八〇二年～一八八五年。フランスの詩人、作家、画家。フランス・ロマン主義を代表する文学者。一八二四年ころからノディエのサロンに通いミュッセらと交友を深め、ロマン主義文学運動を指導者と目されるようになる。代表作に『レ・ミゼラブル』などがある。

47 ベルギー国王レオポルド二世。

48 一八〇七年～一八八二年。イタリアの革命運動家。第一帝政下のニース（一八一四年サルディーニャ王国に復帰）に生まれ、ジェノヴァ蜂起に加わるが失敗し、欠席裁判で死刑判決を受ける。のちイタリアに戻り、サヴォイア王家を中心としてイタリアの統一を図ることを目的とするイタリア国民協会に加わり、対オーストリア第二次独立戦争に義勇兵を率いて活躍。カヴールと対立し、義勇兵を率いて両シチリア王国を崩壊へと導くが、ローマ攻撃はサルディーニャ王国軍に阻まれ、その後も義勇軍をたびたび組織する。晩年は、カプレーラ島で回想記や小説を執筆した。

49 一八一〇年~一八六一年。イタリアの政治家。サルディーニャ王国の開明貴族で、青年期は軍事アカデミーに所属。自由貿易、産業振興などを唱え、ピエモンテを貴族的軍事社会から自由主義的社会へと転換させた。のちにガリバルディらの民主派運動と対抗しつつ、住民投票によりイタリア諸国を順次サルディーニャ王国に統合し、国家統一を果たしたのちは、イタリア王国の初代首相となった。

50 現、静岡県静岡市葵区常磐町。徳川家康側室お愛の方(西郷の局)の菩提寺。徳川慶喜が謹慎を解かれるまで宝台院に起居した。

51 池田仲博。明治一〇(一八七七)年~昭和二三(一九四八)年。徳川慶喜五男。侯爵。貴族院議員(明治三五年~昭和二一年、火曜会)。陸軍士官学校を卒業したのち、明治三二年、陸軍歩兵少尉となり、のち中尉昇進。陸軍幼年学校生徒隊中隊付などを歴任。

52 文政六(一八二三)年~明治三二(一八九九)年。ペリー来航の際に『海防意見書』を幕府に提出し、目付海防掛に就任。明治新政府成立後は、参議兼海軍卿を務めた以外は、正式な官職に就くことなく、徳川家の後見人格として、当主家達や隠居の慶喜、旧幕臣たちの面倒をみた。

53 山県有朋。

54 文政一一(一八二八)年~明治三〇(一八九七)年。因幡鳥取藩士。子爵。貴族院議員(明治二三年~明治二五年)。伏見留守居役として尊攘を唱え、佐幕を唱える藩の重臣たちを襲撃。戊辰戦争の際には、東山道先鋒総督府参謀・東征大総督府下参謀として緒戦を戦う。のち、鳥取県権令。明治一一年から元老院議官となり同二〇年子爵を授けられた。

55 昭和一二(一九三七)年に東郷神社の隣接地(渋谷区原宿三丁目)に海軍関係資料を展示する目的で建設された。もとは池田侯爵家の敷地で、戦後に日本社会事業大学の校舎として使用された。同大学の清瀬市への移転にともなって解体されたようである。
56 海軍大将。明治一五（一八八二）年～昭和四一（一九六六）年。東京出身。海軍兵学校卒二八期。軍令部第二班長、連合艦隊兼第一艦隊参謀長、第二艦隊首席参謀を経て、連合艦隊兼第一艦隊司令長官を務める。昭和一一年に海軍大将。同年軍事参議官。
57 石破二朗。明治四一（一九〇八）年～昭和五六（一九八一）年。東京帝国大学法学部法律学科英法科を卒業したのち、昭和七年に内務省入省。北海道庁拓殖部長、警察部保安課長などを戦前に務め、戦後は、建設省事務次官、日本道路公団設立委員などを歴任。昭和三三年から昭和四九年まで鳥取県知事を務めた。

黒田長禮　記

火曜会、委員長指名のこと

黒田長禮《くろだながみつ》　侯爵

旧福岡藩主家　火曜会

議員在職／昭和一四年一〇月～昭和二二年五月

経歴／明治二二年一一月生　大正四年東京帝国大学理科大学卒　同大学院修　理学博士

資源科学研究所嘱託　国際鳥類保護委員会　第四回太平洋学術会議各代表　史蹟名勝天然

記念物調査会考査員　狩猟調査会　日本鳥類学会名誉会頭　昭和五三年四月没

私は五十歳の時、先代を失い（昭和十四年八月十四日）、後に襲爵し、同時に貴族院議員となったのです。そして終戦後同院がなくなると同時に議員でなくなりました。その間僅かに七年、この間は平凡な一議員でしたが火曜会の一人でした。ある時、小委員会の委員に選ばれ、少数の他の委員の方々と同席しましたが、その時私が未熟であるのにかかわらず、その委員会で私は無理やりに委員長に指名されました。委員の一人に某伯爵がおられたのを覚えています。そして此委員会も数回で終るのでした。その時私の叔父に当る故島津忠重公も亦、別の委員長であり、本日最後の「決をとる」から傍聴して私自身のときの役にたたせたらよいと誠に親切な言葉であり、私は直ちに一人で傍聴し、後に自分が「決をとる」ときに役立たせ、少しも狼狽しませんでした。これは今でも有難く遥かに御礼の気持ちでいます。その報告に当り私は委員長*1として初めて貴族院本会議の演壇に立ったのでした。下を見ると公侯爵席には、故一條公（実孝）只一人が泰然とおられた。元来公侯爵の方々は世襲議員であるので、かようなときは代表がただ一人出られるのです。その次の列からは伯子男が皆選挙による方々で全部が出席されていました。その中央に私のよく知る伯爵がおられ、私の方を仰ぎ見ながらニコニコと笑っておられた。このときの議長は故松平頼寿伯でありました。

その後別の委員に選ばれたときは委員長が故徳川家正公であり、或る時、貴族院の長い廊下を二人前後して歩いていたら、あの小柄な書記官長（小林次郎）さんに出会った。そのときの官長さんのいうには、まるで徳川家達議長と黒田長成副議長（私の先代）とが丁度かように廊下をご一緒に歩いておられた。全くご先代方を思い出すようですねといって笑われました。

火曜会が消えて新たに元の公侯爵の人々が入った現在の紫紅会は、故浅野長武（侯爵）の発起により名付けられ、それは紫は公爵の、紅は侯爵の大礼服の襟章の色と腕章の色とによったのであります。

貴族院関係の書類は東京最後の爆撃の夜に家と共に焼失してしまいました。

私は政治家ではなく、東大を出た動物学者（主として鳥学と哺乳動物学）の一人ですから、貴族院に関する意見は全く書くことが出来ません。老齢ではありますが、短期間の単なる世襲議員でしたから悪しからずご了察願います。

＊注記

1　黒田議員特別委員会委員長報告事項
第七五回議会　昭和一五年三月一六日　東北興業株式会社法中改正法律案

久我通顕 談

火曜会から交友倶楽部へ、政友会議員との交流、久我通久のこと

久我通顕《こがみちあき》　侯爵　交友倶楽部

旧公卿（清華）

議員在職／昭和一一年一二月～昭和二二年五月

経歴／明治三六年一〇月生　國學院大学国文科卒　内務省委員　昭和五七年一一月没

聞き手　花房孝太郎　水野勝邦

昭和五三年七月二五日

於　霞会館

水野　あなたは、昭和十一年貴族院に出られたんで、長い議員歴でいられる。それで一応火曜会に入られて、確か途中で出られて交友倶楽部に入られたんでしょう。それは、どういうわけなんですか。

久我　親父（久我常通）がね。お前の好きな処に行けといったんでね。

水野　そりゃまた偉いな。それでね、あなたが侯爵になられたのは？あれは先代が亡くなられないと継げませんよね。

久我　親父が隠居したんでなったんだ。

水野　あゝ。ご隠居ですか。それでですか。あなたが議員に出られる前後っていいますか、やはり火曜会の方々とお付合いあったんでしょう。

久我　そりゃ余りないですよ。

水野　それは、どういうわけですか。

久我　親父が火曜会だから入れってんで入ったんだが島津なんてのがえばってた。

水野　何しろ火曜会でも上の人はえばってましたね。

久我　そう。余り口を利くなってね。それで、私はね中島知久平＊1さんの紹介で政友会に入った。

水野　でも、中島知久平さんは衆議院でしょう。それで政友会でしょう。そうするとあなたは貴族院議員であるが政友会の会員ですか。

久我　そう会員です。火曜会から相当文句が出たよ。

水野　そうでしょうよ。そりゃ大変なことだ。でも、そりゃえらいな。えらいですよ。だが、それは珍らしいケースですね。でも、あれですか、議員に出られるその頃は何か仕事をしていらしたんですか。

久我　いや、何もしてない。しかし会社にはいた。初め衆議院に頼もうかといったんだ。それで名古屋の辻寛一*2さんね、衆議院議員のね。その人にあって名古屋から出ようと思ったんだ。

水野 その辻さんの後に入られたんですか。

久我 その辻さんとは今でも付き合ってます。辻さんは名古屋の何とか新聞の顧問か何かしてる。

水野 そうすると、今のね。政友会に入られたし又政友会としての政治活動に入られたのは？

久我 川島正次郎*3が盛んに応援してくれたんだ。

水野 川島さんは同じ位の年配ですね。

久我 同い年ですよ。で、一緒に全国をまわった。

水野 ふうん。いや、面白い生き方ですね。そうですか。

久我 貴族院は余り知らないんだが衆議院はよく知ってますよ。

水野 そりゃ珍らしいな。あの交友倶楽部というのは、あれはね。やはり政友系ですね。それで、あれは勅選議員が有力で、それに多額議員が何人か入ってたんですね。でそこに久我さんが入られた。

久我 私、それで議員の仕事についたんだ。

水野 それは、何んな仕事ですか。

久我 確か文部省かの顧問になったんだ。一年間ね。

水野 で、川島さんとのお付合いはずっと続いてましたか。

久我 あいつと一緒に地方を歩いたよ。

水野 国会になってからも川島さんは非常に有力な存在だ。あなたも一緒にやったんですか。

久我 島津忠承、西郷吉之助なんかが一緒だ。

花房 吉之助さんは私の一年上ですから従吾さんでしょう。

久我　いや、従吾は違う。あれは軍人だ。

水野　で、貴族院が昭和二十二年に廃止になりまして、それから後は、お付合いは続いておりますか。

久我　余りないですね。でも、ちょいちょい来ますけど。

水野　皆さんのお名前がよく解らなかったが大体、今ので解りました。

久我　火曜会ってのはうるさかった。侯爵じゃ黒田長成とか、佐佐木行忠とかうるさかったよ。俺が火曜会をやめたんで随分、文句が出た。親父は一人一党主義だ、昔から。それで好きな処へ行けってのですぐやめた。

水野　そうね。火曜会には一年いなかったんですね。

久我　俺の下に政友会の院外団がいた。あの長野県の院外団。赤羽なんて人がチョイチョイ来て始終相談してたんだ。それで交友倶楽部が空いてるから来いというんだ。それで中島知久平、前田米蔵＊4なんかが応援してくれた。

水野　いや。相当なもんだな。あの頃としては貴族院では大変な事件ですよ。

久我　あの頃ね。第一ホテルに部屋を借りていた。三階の三百何号室だ。

水野　で、あなたは最後まで、その方針を貫いたわけですね。えらいよ。

久我　交友倶楽部におじいさんがいた。

水野　おじいさんて誰だろう。

久我　何とか女学校の。

水野　あゝ。川村竹治だ。

久我　それから岡何とかいう人、皆、俺をひいきにしてくれた。

水野　それ岡喜七郎でしょう。
久我　あいつは皆、俺の仲間だ。
水野　岡喜七郎に川村竹治ね。それから誰ですか。あの竹越与三郎知りませんか。これも頭いいでしょう。私は長いことお付合しましたがね。立派な人が沢山いたわけだ。その中であなたがえばってたんですか。いいね。そりゃ大したもんだ。
久我　中島知久平さんの何かがいたんだ。たしか秘書だ。
水野　知久平さんは衆議院だから入らない。
久我　いや子分か何かで、会員で。
水野　多額に誰かいましたね。今、私の知ってる人ではね。岩田三史、中野敏雄、それに諸橋ね。諸橋久太郎は知ってるでしょう。私は彼よく知ってるんだ。
水野　それから、あの竹下豊次知りませんか。あれ勅選ですよ。で、今、名前があがったけど一体、誰がその頃の中心になってたんですか。あなたですか。交友倶楽部の中心は。
久我　それは川村竹治だ。
水野　そうですか。それから私の知ってるのは当時日石社長の橋本圭三郎。
久我　ありゃ、えばってたな。
水野　ありゃ、うるさいからね。であれですか、交友倶楽部というのは、系統からゆくと政友系ですね。それで、政治の方針や何かで、どういう風に見たらいいのでしょう。まあ、政府を支持するという形ですか。
久我　そうね。

水野　いや、有難うございました。

※　※

久我　交友倶楽部で将棋の強いのがいたな。
水野　そうですか。だけどあなたは大学は國學院ですね。その国文を出たんでしょう。だけど、その頃は国文でなくて政治が好きだったんですか。
久我　そうだね。大体学校の先生になるんですが、つまらんよ。でも先生を七年やった。
水野　そう、やってたんですか。で何処へ行ったんですか。
久我　女学校だよ。あの大塚の向うにあった高女だ。校長は高橋ってんだ。
水野　そうですか。まあ、こんなところでいいかな。処でね、あの議員の頃の何か持っていらっしゃらないかな。お宅にしまってないですか。何か。
久我　持ってないね。
水野　もう三十年余になるでしょう。でね。
久我　俺は勲章は四等だ。
水野　それ支那事変のでしょう。割合に早かったですね。それでそのまま続けて勲章が出れば勲二等だね。それからあなたは字がうまいね、あれは大学でやったんですか。
久我　いや、祖父さんに教わったんだ。ツウキュウ（通久）＊5だ。
水野　あの方は、天保十年頃に生れておられるんだ、非常に立派な方ですね。軍人ですか。
久我　いや、軍人ではない。
水野　元老院か何か。宗秩寮総裁にもなられてるな。

久我　あの、祖父さんは山県さんが嫌いだった。

水野　そこまでの話になったんで、このお祖父さんがあなたの字の稽古をみて下さったんですか。

久我　えゝ。始終みてくれた。小さい字が嫌いだつた。大きな字で紙も大きいのを使ってた。何でも、でっかいのが好きだったな。

水野　で、その祖父さんの話になるが、あのお宅は清華家*6ですね。清華ってのはね。八軒いや九軒しかないんだ。それで、あなたの処が一番上ですね。そうでしょ。そりゃ、一体どんなような存在なんですか。公家のことはわからないんですがね、京都の御所に出入りする上の資格ですか。

久我　いや。そりゃちがうな。

水野　私はね。清華という家が九軒なら九軒。これが皇室との繋がりはどういうのかがわからないんです。お祖父さんなんかどうされてましたか。

久我　そりゃ聞いてないな。

水野　で、その頃のお屋敷は京都でしたか。

久我　いや、東京だ。

水野　じゃ、明治天皇と一緒に東京に来られちゃったんですか。

久我　うん。牛込に来たんだ。牛込には四、五十年いたよ。その後、烏山に引越した。あの頃一千坪位あったが売ってしまった。

水野　それで、そちらのご先代はツネミチですか。

久我　イヤ、ミチツネだ、通久です。

水野　その方はあれですか、公家さんという立場でなくてもう社会人だったんですか。

久我　そう。
水野　今の清華の家であって久我という家は、皇室とも繋がりが深いんではないの。
久我　そうらしいね。いいとこに行ってないね。岩倉みたいなんだ。一族だ。具栄は俺と一緒だ。同級なんだ。
水野　具栄さんは初等科からいっしょでしょう。議員に出る頃のあの方どうでした。
久我　余り知らないね。兎に角おとなしかったよ。
水野　君はおとなしくなかったらしいね。
久我　うん。

※　※

水野　議員の頃ね。会合は何処でなさってましたか。あの交友倶楽部の事務所は何処にありましたか。
久我　今の虎の門の近くだ。
水野　あの頃、議会は内幸町にあったがあの近くにあったんですか。
久我　いや、虎の門の近くだよ。
水野　会合は割合に多かったですか。
久我　余りなかったね、会合がよくあったのは政友会だ。
水野　私共は研究会でしたが、随分、政友会との間で入れというのと入っちゃいけないというのともめましたよ。
花房　昭和十一年、議員になられたのが三十歳ですか。
久我　いやも少し早い、確か二十七歳位だ。

水野　その頃は二十五歳以上で襲爵すると議員になれた。
花房　そのお若い頃議員さんとして何か面白いお話があるでしょう。
久我　ないよ。
水野　あるでしょう。
花房　もう、そろそろ白状されてもいいでしょうが。
久我　酒は一升位は飲んでたね。
花房　だから、それに繋がる面白いお話あるでしょう。奥様こゝにおられないんだから……。
久我　中川って料亭があった。あすこはよく行ったな。
水野　研究会はね、築地の金田中でした。
花房　もう固いお話は終ったんですから、二十七歳の議員さんとしてのやわらかい方のお話あるでしょう。
久我　ないよ。あの頃パスもらってた、それで朝鮮に行った。二週間位行ってたよ。
花房　じゃ、キーさん関係で何か。
久我　ないよ、悪いことしてないもん。
水野　まあ、もういじめるのやめよう。この辺でどうですか。どうぞ、お元気でやって下さい。
花房　じゃ、終らせて頂きましょう。お暑い折長い時間どうも有難う存じました。

＊注記

1　中島知久平　群馬県第一区選出　政友会

明治一七年一月生　海軍大尉、中島飛行機㈱創立者、商工政務次官、鉄道大臣（第一次近衛内閣）、軍需大臣、商工大臣（東久邇宮内閣）　昭和二四年一〇月二九日没

2　辻　寛一　愛知県第一区選出　自由民主党
明治三八年生　防衛政務次官、民主自由党総務、中日電機工業㈱社長

3　川島正次郎　千葉県第一区選出　政友会のち自由民主党
明治二三年七月生　東京日日新聞社記者、国務大臣（第二次鳩山内閣）、自治庁長官、行政管理庁長官

4　前田米蔵　東京都第五区選出　政友会のち自民党
明治一五年二月生　法制局長官（田中内閣）、商工大臣（犬養内閣）、鉄道大臣（廣田内閣）、内閣参議（第一次近衛内閣）、鉄道大臣（平沼内閣）、運輸通信大臣（小磯内閣）　昭和二九年三月一八日没

5　久我通久　侯爵
公家　清華家　村上源家
天保一二年一一月生　大正一四年一月没
権大納言、元老院議官、宮中顧問官、東京府知事、宗秩寮総裁

6　清華家　大炊御門、花山院、菊亭、久我、西園寺、三條、醍醐、徳大寺、廣幡　以上九家

久我議員特別委員会委員長報告事項例
第七一回議会　農村国債整理資金特別融通及損失補償法案特別委員会
第七六回議会　国民貯蓄法特別委員会特別委員会委員
第七九回議会　船舶保護法中改正法律案特別委員会委員
第九二回議会　華族世襲財産法を廃止する法律案特別委員会委員

中山輔親　記

近衛公との関係、火曜会結成の事情、五・一五事件、傷痍軍人工場、
東条内閣から終戦、戦後の貴族院

中山輔親《なかやますけちか》　侯爵　火曜会

旧公卿（花上院家）

議員在職／大正八年一二月～昭和二二年五月

火曜会会員／昭和三年三月入会～昭和二二年五月解消

経歴／明治二七年一一月生　東京帝国大学経済学部修　商工省参与、内閣　軍需省各委員

昭和二一年永年在籍議員として表彰　昭和五五年四月没

大正八年十一月満二五歳（大正一四年改正以前、大正一四年改正で満三〇歳以上）の貴族院最年少者として議会に出席したが、法案審議に必要な良識を備える為め東大の恩師新渡戸農学博士、穂積法学博士及び高松工学博士等に事情を述べ格別の指導を受け、一方当時の総理大臣原氏や新人代議士と云われた星島二郎氏*1に接する機会が多かったので、政治の現実や理想を学ぶことが出来たのは他の人より幸福であったと思う。後日判ったことだが近衛公も京大教授の指導をうけたり、元老西園寺公に接近し政治の実体を学ばれたので偶然の一致と思う。此外徳川義親侯は文科と理科の大学卒、又佐佐木侯（行忠）は京大卒後東大の門を叩きその視野の拡大に努められたといわれる。

さて、当時の世襲議員の情況は軍人官吏年齢等の理由で出席しない人が半数以上あり、近衛公、細川侯（護立）等約十名程が無所属控室を使用し一條公（実孝）外数名が研究会にいた*2。従って近衛公始め我々は公報以外議事の進行予定等を知ることが出来ず非常に不便であった。然し、私は自己の勉強に専念していたので重要議案のある日以外は出席しなかった。そして星島代議士、片山哲氏等と貴族院改革、普通選挙、婦人参政権等の新しい研究をしていた所、大正九年青山一丁目の拙宅へ近衛公来訪、貴族院の改革殊に無所属控室の現状に不満を述べられ大正二年京大在学中、元老西園寺公を訪問したことを話され今後時々意見交換に来たいと云うことであった（近衛公が西園寺公を訪問したのは老公が違勅、護憲問題で世間から非難された時で、近衛公が世間の非難は間違いであると云ったので老公は大いに喜ばれたと云う）。

其後度々来訪されたが、或時近衛公は貴族院を背景として政治家になる考であると云われたので、私は性格上政治家にはならないが近衛公のご希望実現には協力を惜しまない。然し政治家には莫大な金が必要で五摂家の二条家先代も破産に瀕したことはご承知と思うが其の用意が有るやと聞いた。彼は二回の売立で日本郵船株二千株買いその配当収入があるからと（当時の貴族院の年俸二〇〇〇円）それならよい、と云うことになった。すると君も公卿出身だから西園寺公に逢うたらどうか、先日木戸侯も老公に面接したからと、然し私は一応又の機会にと断った、と云うのは当時私は度々官邸で原総理に面談したが英国留学中のご養子が私と同年配の所から我子のように親切にされ、貴族院改革の為め英国議会を実地研究しなさい、駐英日本大使館の顧問という資格で行けばと云われていたので、近衛公の折角の好意を受けられなかった。

其次に来訪された近衛公は二条厚基公も我々と同じ公卿出身だから一緒に会談したいので日本橋美食倶楽部で集合しようと云う事で、三人は度々此処で会談した結果、今後三人一致の行動をとる約束が出来た。

ところが大正十一年近衛公は来訪され郵船株が暴落し配当も減少して困った、そこで君の協力を得たいのだ。実は目白の邸宅二万坪弱の内三〇〇〇坪を母堂の為め残し他を分譲して資産を作りたいが、自分一人では具合が悪いから、君の処も大分広いから一緒に分譲してくれないかとのこと、依って一緒に同一不動産業者を通じて公開することにした。かくて近衛公は一時原宿に仮寓され別に議会の近所に二〇〇坪の土地を買って新築した。

さて、当時貴族院は大体政府寄りの研究会に対し公正会其他が野党的立場をとり両者の対立が激しく、研究会を退会した勅選議員約一〇名*3が一時我々の無所属控室に入り大変賑やかだったが、大正十年十二月この控室に第二無所属会を設け翌十一年八月細川侯、佐佐木侯之に参加し反研究会の色濃い倶楽部となった。之に対し近衛公は同年九月来訪、二条公と三人で研究会に入り研究会の内部に同志を作る方がよい。寄らば大樹の陰と云うからと云われ私は直ちに賛意を表した。二条公は近衛公より年長で二三日遅れて承諾された。そこで直ちに研究会の実力者水野直子爵邸に行き入会を申込んだ処非常に喜ばれ、大正十一年九月十七日正式入会、私と近衛公は酒井忠正伯や水野子の御宅を再三訪問し又水野子爵も拙宅に度々来られ意思の疎通を図った。

かくて、近衛公は研究会の筆頭常務や相談役や貴族院の全院委員長となり、水野子爵も近衛公の紹介で西園寺公を再三訪問された、がそれ以上進まず同志獲得も思うように行かず、遂に昭和二年近衛公来訪、今のままではロボットとして利用されるだけで同志も得られぬから此際研究会を退会したい、又無所属倶楽部も勅選組と細川侯とうまくいっていないようだから細川侯等と一緒になって世襲議員丈で交渉団体を作り、之を土台として政治活動をしたいと極めて緊張の顔で、君の意見を聞き度いとのことであった。私は先づ今迄貴族院改革の一つとして伯子男の各爵が夫々全員一致で行動することは不自然故改めよと云って来たので、採決は自由とし、交渉団体の資格を得る為めの集会でなければいけない、と云うや近衛公は勿論そうだと、更に私は研究会を出たり入たりした様に此度の新しい会が気に入らないから又出ると云うことでは近衛公の政治生命に汚点がつくと思うから、二三日考えたいと申した。かくて二日後近衛公と逢って①新会派の幹事は二条公と細川侯とする事、②二条公は性格穏和だから中御門侯（経恭）を入れて補強する事、③佐佐木侯には潤滑油の役をしてもらう為め入ってもらう、④其上に近衛が立って舵をとればよいと提案したら、近衛公は全面的に賛成された。近衛公は直に佐佐木侯を通じて細川侯等を、又中御門侯を介して研究会所属の一条公、廣幡侯（忠隆）、四條侯（隆徳）等を勧誘し大体の見込がついた。近衛公は珍らしく早朝来訪され又一つ頼みに来た、と云ふのは内諾丈では心配なので署名簿を造ろうと思ったが云い出し難いことなので、先づ君に署名してもらい之を突破口として他の人に署名してもらおうと思うのでと云われ、尤もと思い快く僭越乍ら近衛公の用意した署名簿に署名したら大変喜んで帰られた。

　ところが、此署名簿が完成したので二条公がそれを私の処へ届けるからと、九月十一日近衛公から電話があったが、二条公は華族会館から青山の拙宅に来る途中気分悪しくなり、拙宅に寄らず六丁目のご自宅に帰る自動車中で脳溢血で死去されると云う、全く思も寄らぬ不幸なことが起こったのであった。近衛公は直に弔問して未亡人の落ちつきを待って署名簿を受取り拙宅に来られた。私は署名簿を見て廿二名の署名から二条公のを除かねばならないですねと哀惜の念胸一杯で言葉につまった。更に気を取り直し二條公の分迄頑張ろうと近衛公を励ました所、近衛公は君には色々御世話になったが今後もよろしく頼むと云われたので、近衛公も余り夜更しせず体を大切にと互いに堅く握手して別れた。

　かくて昭和二年十一月十二日近衛公、一條公、四條侯、廣幡侯、中御門侯と私の六名が研究会を退会し、十一月廿九日（火曜日）社交団体として公爵五人、侯爵十六人が火曜会を作り、翌昭和三年一月廿五日議会交渉団体となり*4、近衛公、細川侯、中御門侯を幹事としてここに目出度く火曜会が出来、昭和二十二年五月二日貴族院の終る迄続き、其後浅野侯（長武）の提案で大禮服の衿の色、紫と紅とを併せて紫紅会と云う倶楽部が出来て旧公爵、旧侯爵が全部会員と云うことになった。かくして近衛公は火曜会を基盤として昭和六年一月副議長、昭和八年六月議長と順調に就任されたので陰乍ら私は喜んだのである。

　唯付記したいことは、昭和四年二月田中内閣に対し「内閣総理大臣の措置に関する決議案」が提出された時、火曜会廿六名に対し同案に賛成するよう中御門侯を先頭に強要する事態*5が生じたので、前述のように強要すべきでなく自由採決にすべきであると主張して、決議案其ものよりも之に対処する議員としての根本理念から反対だと強く説明した。側に近衛公、細川侯等が居たけれど一言も云わなかったのには失望した。結局採決に当っては小村欣一侯（外務省局長で当時の新聞では外務省の逸材と云われた人）及私等数名は反対に廻ったのである。今でも貴族院改革論を貫いたことを喜んで居るけれども、又一方で私に政治性の無いことの結果かも知れないと思っている。

次に昭和十一年三月四日岡田内閣が総辞職するや、西園寺公は元老として近衛公を推挙されたので、公は一応考慮の上奉答申上げることとして、永田町の自宅に帰り組閣人事を熟考したが、決定に至らず、使者を私の家に出して私見を求められたので、近衛公は未だ若く四十六歳であるから、此際充分の用意が無いのならご辞退を申上げ次の機会を待つ可きであると答えて置いた。そして此度は見送られたのであったが、私としては当時西園寺公は年齢已に八十八歳であり果たして元老として正しい判断が出来たであろうか、私としては近衛公を貴族院議長として置きたかったのである。

以上に依り火曜会は最初近衛公の為めに設けられたが、此のことは佐佐木侯と私とだけのこととして一般的には公侯爵の政治団体となっていたのだ。近衛公は実に政治好きで料亭でも決して歌舞音曲に耳を傾けることなく、某議員が誰と面接するとか某議員が何と云ったとか、政治の話許りなので芸者等もつまらないとよく云ったものであるが、前述した大正二年の西園寺公邸訪問が結局彼の一生を支配し、昭和二十二年暮自決するに至った、誠に人の出会いの恐しさを感じさせる。

同じ火曜会幹部の細川公は後日近衛家と縁組されたが決して近衛公に引きずられること無く、三十何年の議員生活に於て決して責任ある地位に就かず、常に野党的批判をして楽しみながら文化財の収集に人生をかけた人であった。

又中御門侯は議会第一の毒舌家の為め誰からも敬遠されたが、半面親切な面もあった。議員生活の外は三井倶楽部等に出入して三井情報を話して自慢していた。

又一條公は元海軍大佐、磊落の人で、火曜会のことは君達にまかせるからよろしくやって下さいと、一言半句も苦情は云わなかった。

又学者肌の人では山階侯（芳麿）、大久保侯（利謙）、黒田侯（長禮）、桂公（広太郎）等居られ、山階侯の鳥類研究は世界的に有名である。黒田侯も亦鳥類研究をされ両侯とも真面目な方だが、黒田侯は酒が入ると黒田節をよく歌われた。当時録音していたら今日殿様の黒田節と珍重されたと思う。又桂公は薬学博士で私と話が合うとみえ、全国の工場をよく両人で視察したものである。

◎五・一五事件から第二次大戦に突入まで

火曜会の出来た昭和二年は銀行恐慌で景気が悪く、社会状勢も益々不穏となり、浜口首相の狙撃を始め井上準之助、團琢磨の暗殺事件等過激な右翼の犯行が相ついだが、昭和七年五月十五日犬養首相が官邸で三上中尉等軍人に射殺されるに至り、事態は極めて重大となったのである。そこで私は貴族院の責任は院内許りで無く、院外にもあると決心し院外活動をするに至ったのである。即ち明治天皇は陸海軍が昔の武家となることを大変ご心配になり、軍人は政治に干与すべからずとの有名な勅語を下され、又華族の子弟は宜しく軍人たる可しと勅語を賜わり、更に公卿華族に対して其子弟は軍人となり内部より軍人の政治干与を許さぬよう努めよと、徳大寺侍従長や私の祖父*6に度々御沙汰あり、鷹司、一條、徳大寺、醍醐、柳原、町尻等の公卿華族から軍人が出て*7、私の叔父も士官学校で落馬廃人となり、私自ら幼年学校を受験、体格で不合格、漸く私の次男が海軍将校となったが時巳に遅しと云う訳です。かくの如き事情から五・一五事件を徹底調査した処、未だ沢山の同志が軍隊に居り再発の恐れ充分なので、結局皇室に依って抑えねばならぬ時が来ると判断し、秩父宮、東久邇宮、賀陽宮に拝眉し、過激青年将校を説得され明治天皇の御思召に背く事無き様にして戴き度き旨申上げると同時に、近衛公にも右の旨申入れたが、近衛公も心配はしているが皇室に依って収めねばならぬ事態にはなるまいとあまり重視していなかった。

◎トヨタ自動車傷疲軍人工場に関係す

私の友人トヨタ自動車社長豊田喜一郎氏は或日神奈川県平塚の傷痍軍人工場へ私を案内した。之はフォードの傷痍軍人工場に倣って約三〇〇人の傷痍軍人を集め、敷地三万坪に瀟洒な工場を建てピストンを造っていた。豊田氏は此会社の社長も兼任し、負傷の程度に応じて設計した機械が設けてあったが、支那事変が拡大したので親会社の方が多忙となって余りこちらを見ることが出来なくなり、傷痍軍人を集めることを手伝った元憲兵少将の持田氏を専務としたが、此人物独断経営をして巳に二百余萬円の赤字を出し、監督官庁の陸軍省、商工省も困ったが何分相手が憲兵の親分の一人であるので豊田社長に注意する許りで、困った豊田社長は私と交代して専務を抑えて欲しいと今迄再三申出があったが、私は個々の企業に関係しない主義なので堅く断ってきた。此日も双方で押問答をしている時、偶々其処へ車椅子に乗った両太股から切断した上片腕しか無い人と、此車を押している全盲に近い人との二人コンビの従業員が社長に報告に来た。其姿を見た私は非常なショックを受け、此のような犠牲となった人の生活がかかっている工場を見過しては申訳ないと決心し、社長を引受けてしまった。誠に偶然の出来事であった。早速赤字の責任を求めて専務の退任を申渡し、トヨタ本社から適任者を得て其後任とし大改革を行った処、僅か一年半で赤字は解消し以来黒字経営となった。之は恐れられた憲兵少将を更迭する勇気と経営の熱意が然らしめたもので大したことではないのだが、陸軍省で大評判となり後日私の将来に色々のことが起ったのである。

◎東洋高圧視察

昭和十六年初夏桂公爵より電話「情報に依れば東洋高圧で石炭から石油をとる研究をしている。中御門侯を誘って視察しないか」と。勿論承諾、三人で直に出かけた、中御門侯を誘ったのは同侯の夫人が三井家出(中御門夫人慶子《のり》は三井高棟長女)だから極秘の所でも視察出来ると考えたからで、大牟田の三井倶楽部に泊り工場長を説得して監督官の退出した後試験工場を見ることとなった。試験工場は高三十米、幅一〇〇米の膨大なもので最終工程では普通の家庭で見る水道管と同じ太さの管から石油が出ていた。あの大設備からこの位の石油では一日かかっても飛行機一台を飛ばすことも出来ない。工場長も未だですと言い(今日でも日米で研究しているが、成功していない)、三人ともがっかりした。

さて後日日本が英米に対し戦争を決定する重大会議に於て、石炭から石油をとる研究が成功し、北海道、九州に工場を設け石油を日本で製造することが出来ると報告されている(木戸内大臣、岸国務大臣肯定)。何故誤報が行われたのか*8。

一方近衛公は昭和十二年六月、外務大臣に宇垣大将を起用して第一次内閣を作ったが支那出兵となり一年半で辞職、次で昭和十五年(此年西園寺公九十二歳で死去)、星野直樹氏等満州組の協力を得て第二次内閣を作ったが戦線は拡大する許りで苦悩の末総辞職、そして昭和十六年第三次近衛内閣を作り海軍を以て陸軍を抑えんとして失敗し、僅か三ケ月で総辞職をした。実は近衛公は私と交友が始まった頃から不眠の為め睡眠薬を常用されていたので中毒患者にならぬよう注意したこともあったが、自殺する迄常用していたと云うことである。恐らく彼は日に日に彼の意志と違った方向に行く政治の流れに耐えられず、かく睡眠薬に頼って眠ったものと思う。

以上の如く支那事変は刻々拡大して、過激な青年将校は大陸に派遣される者が多くなり、内地の部隊には予備役の将校が応召していたので、此方面の心配よりむしろ陸軍幹部の主戦派即東條一派の動向に注意せねばならなくなった。

◎東條内閣成立から貴族院解消迄

第三次近衛内閣崩壊し、昭和十六年十月十七日東條大将に内閣組織を命ぜらる。

私は近所の木戸侯爵邸を訪ね東條内閣では戦争に突入する恐あり、成可く早く退陣をさせて欲しいと云うや、彼は東條内閣だからといって戦争になるとは思わない、又東條に決したのは重臣会議で自分ではない、然し君が東條を不適当と思うなら貴衆両院で反東條の気運を作ってくれれば自分も考慮しよう、と依って必ず退陣せしめんと決心す。其翌夕麹町憲兵分隊長中佐来訪、宮中より帰って来る東條大将を官邸応接室で迎えたところ、大将は実は本日御召を戴きこれは陛下より海軍と仲よくやれとお叱りを受けるものと思って居た所、お前内閣を作れとの意外のお言葉で面喰って夢中で帰った、との報告を私にした。後日聞く所では重臣会議で近衛公は陸軍が組閣に消極的の為め東久邇宮を推したが、内大臣は之に反対したと云う。

果せる哉十二月八日英米に対する戦争が始った。予言の的中したのを悲しむと同時に私は次の事を思った。嘗て日露戦争止むなしと御前会議で内定した際、伊藤公は金子堅太郎氏を招き、同氏が米国留学中大統領ルーズベルト氏と同窓であった仲なので直に米国に行き大統領に面談し、日本はロシヤと戦うことになったが何分にも世界一の陸軍国を相手とするので適当の時に仲裁をして欲しいと申込ましめ、其結果ポーツマス条約となったことは一般に知られて居ることであるが、此度は支那大陸出兵のまま英米を相手とするので仲裁者が見当たらない。重臣は何を考えているのか不安であった。乍然戦況は頗る好調で、ハワイ空襲に続いて二月十五日シンガポール占領となり貴族院でも各派共同で陸海軍に対する感謝決議を行い、徳川圀順公が其主旨説明に当った。即皇軍の輝しい勝利を称えた後、此度は持たざる国独伊も日本も緒戦で輝しい勝利を収めたが、長期戦となると持てる国英米が最後の勝利を得た第一次大戦の例があるから、充分適当の考慮をし今回の勝利を有終のものとしなければならぬと結んだ。恐らく当時公開の席上で云い得る限界と思う。貴族院では度々決議案が可決されたが此決議が一番貴族院史上特筆大書されてよいものだと思うし、提案原稿があれば貴重な資料と思う*9。控室で中御門侯は耳うちして、三井財閥では此際満州国承認と北支那に於ける我権益確保の交換条件としてシンガポール及南方占領地を返還し、和平をすべきであると云っていると。だが東條総理は勝利に酔える如く大河内子爵（輝耕）を睥睨していた姿が私の席からよく見えた*10。

其翌日夜、丸ノ内会館で陽蹄会開かる（陽蹄会と云う会は賀陽宮を中心とし時々専門家を招き講話を聞き食事をする五十余年の歴史あるもので、会長には内田信也氏、賀屋興宣氏がなったこともある）。此時も参謀本部田中少将、軍令部福留少将の両作戦部長の労を犒う為めのもので、短時間乍ら両少将出席、偶々私が両部長の間に着席したので先づ福留部長に聞いた所「大きな男が居眠りしていたので子供が其急所を蹴飛ばしたから大男が怒って大手を振って向って来たので、尋常に戦っては子供の負けはきまっているから、いかにしても土俵際で打棄るより手が無いので、是からが大変で緒戦の勝利には酔えない」と。又一方陸軍の田中部長は「全く天佑神助の一語に尽きるのです、何しろ当方から作戦指示の電報を打っても其処は一週間前に攻略して更に前進している有様で何の役にも立たなかったぐらいです」と。私は両部長の話を吟味すると陸軍の方の天佑神助は偶然の賜物としか思えず、海軍の方の士俵際作戦は本土の水際作戦を意味するとせば開戦当初から覚悟していたと思われるのである。一方私は翌年南方へ行く用事が出来、シンガポールで旧知の武藤中将に田中作戦部長の天佑神助の話をした所全く其通りだと次の如く話をされた。即ち開戦と同時に急南下した山下軍団は、シンガポール郊外で漸く先遣隊と合流し総攻撃した処、各隊から銃砲弾薬の補給の催促矢の如く来たが補給部隊ははるか後方で間に合わない。此儘では僅か二時間位の戦争しか出来ないから敵が逆襲すれば全滅の外なく今夜白兵戦の外より手が無いと思っていた処、幸にも敵は白旗を掲げたので翌日入城した処、驚いたことに武器砲弾の山が行けども尽きないので、馬上の参謀長武藤中将は冷や汗一杯で全く天佑神助を深く感じたと云う。

四月初名古屋へ行く汽車の中で侯爵醍醐海軍少将に逢った。彼は「ハワイで沈んだ敵艦は浅い処だから直に引上げられて製艦速度が日本より大変速いから沢山の軍艦が出来ると思う。出来る丈早く終戦にして欲しい」と。之が私と彼との最後であった。彼は侯爵仲間で典型的武人であった。同月中旬火曜会の前田侯爵（利為）がボルネオ軍司令官に任命され徳川頼貞侯と二人で歓送会を開いたが、前田侯は大変喜ばれ元気に行ってくる、ボルネオに遊びに来て下さいと青山の拙宅の前迄送られ固く握手し別れた。之が後日飛行機事故で永久の別れとなるとは思もよらなかった。僅か二週間の間に侯爵仲間の将官二人と永久に別れるとは不思議に思わざるを得ない。しかも醍醐侯爵が終戦後比島の刑場の露と消えた原因が、彼がボルネオ海軍司令官在任中の出来事であった。かくの如く火曜会所属の陸海軍将官が同じくボルネオ関係で戦死された。誠に不思議のご運命である。ご冥福を祈るのみ。

四月十八日突然Ｂ17東京空襲、我庭からも低空飛行の黒色Ｂ17を見る。友人の陸軍兵務局長田中少将より見舞の電話本格的防空壕を作れと注意あり、四月二十日、東久邇宮防衛総司令官を司令部にお訪ねし、六時間に亘りお話をする。私は速に和平を主張し、殊に一刻も早く支那大陸の戦闘中止論を申上ぐ。殿下はB17を追撃出来る飛行機は防衛司令部に僅か二機しか無く、無防備に近い事、又此儘では敗戦必至である、其場合天皇制と国家の独立丈は守りたいがと泣いて話され、蒋介石を通して和平を考えたが其連絡はすべて東條側に探知され駄目になった。誠に残念だと云われ、兎に角和平に全力を尽し最後のご奉公をお誓いして帰った。然るに六月五日ミッドウェー沖で我航空戦隊の主力が米艦隊の迎撃に壊滅的打撃を受け、一方陸軍も八月七日ガダルカナル島戦で転戦の止む無きに至り、開戦僅か半年余で戦線縮少を迫られるに至った。

昭和十七年六月各省に常任委員を設けられ、私と大島（陸太郎）子爵、向山（均）男爵の三人、企画院の委員となる。他省と違い秘密厳守励行、各省の優秀官僚（例、大蔵省の迫水、鉄道省の堀木等）が常に出席、軍需品の増産、情報の交換が活発に議論され、私の自動車工業についての経験が大に役立ち、之等官僚との交友も深く地方出張も多かった。兎に角企画院の審議は真剣であった。

ところが昭和十八年十月五日、突然私は両陛下及皇太后の御見舞品を持って原田陸軍病院長と共に総理専用の飛行機でスマトラへ行くこととなった。これは私の義弟に当る賀陽恒憲王＊11の長男邦寿王がスマトラでチブスに罹り危篤になった為めである。途中寺内南方総司令官、武藤近衛第二師団長と合流し北スマトラのブラスタギー村の野戦病院に到着、原田中将の診察の結果一同協議、原田中将は此際チブスに罹り全快した兵士の血を輸血する以外手なしと主張、之に対し軍医の一部から皇族の体に一般人の血を輸血する事は恐れ多いでは無いかと。そこで私は其様な勘酌はいらない、責任は私が持つと云うことで輸血がどんどん行われ絶望と云われたのが奇蹟的に快復に向った。かくして滞在三週間で安心してよいことになったので寺内軍司令官の案内でトバ湖とメダン北方の油田を見ることが出来た。トバ湖は淡路島の大きさがあり、それより出る水は数百万キロワットの電力を生むことが出来ると云われ、南方軍の夢の一であり、又メダン油田の輸送管からは一万トン級のタンカーは一昼夜で満船となり、戦争開始から暫くの間はピストン輸送をしたが、現在は三〇〇〇トン級の小型タンカーが僅かに月二回位であると、私が南方へ来る途中比島付近で米潜水艦の浮上しているのを見た記憶から大部分潜水艦にやられたものと思う。結局輸送距離が長過ぎるのだ。此点でも例の御前会議での発言に錯誤があったと思う。

私の南方出張中十一月一日、商工省と企画院と合併し軍需省となり、両省の委員四十余名は其儘軍需省常任委員となり、私は此常任委員会の主席委員の外、三木武夫、川島正次郎の両氏と共に連絡員をし、更に別に内閣常任委員をすることになった。然し余り委員の数が多く、実のある会議にはならなかった。唯川島、三木両氏の希望でトヨタ自動車を名古屋一泊で案内したりした。又政府側役人に岸、椎名の両君が居たので此五人丈でよく会合をしたが、戦後之等の人が総理や大臣になられたのは思ひもよらぬ事であった。又当時学生も役所や工場に勤労奉仕する時代であったので、次女に頼まれ女子学習院の生徒六名を文書課に奉仕させたが、大変其態度が好評であった。これ等の女学生も今やお母様おばあ様になって先日クラス会で当時の思出を語り合って私によろしくとのこと。月日の経つのは速いのに驚く。

ところが戦局益々悪化、南方の孤島で玉砕相継ぎ、私の末弟も恐らくこの頃聯隊全滅で戦死したと思われるが、兎に角容易ならぬ事態に付東久邇宮、賀陽宮を訪ね最後のご決意をお願いした上、私は目白の近衛邸を訪ねた。既に内大臣秘書官長松平侯（康昌）が来ていて三人で話合った。近衛公は今日和平を主張するには玉砕するより勇気が要る、今岡田啓介氏と相談し辞職勧告をする考であるというので、私は辞職丈では駄目で其次に東久邇宮内閣を作り軍部を抑えて和平を講ぜねばいけないというや、松平侯は中座し近衛公は之を見送った。そして戻った近衛公は今君の運転手が憲兵私服と話をして居たが大丈夫かと私の身を案じて云われたので大丈夫、宮家の車をわざと使ったのである、私は和平の為め命をかけているので、近衛公も確乎たる決心を以てやって欲しいと云って別れた。然し東條総理は岡田啓介氏との面会を断り、内田信也氏、岸氏、両大臣が閣議で弱気を吐いたとして辞職を求められたが、両大臣とも一蓮托生を主張し単独辞職を拒み総辞職を主張していたので、岸氏を官邸に訪ね是非総辞職をすすめ、彼も快諾した。そこで赤松総理大臣秘書官に電話し、総理への面会を求めたが都合が悪いというので、辞職して国家の守備につき玉砕して天下に謝罪して欲しいといい電話を切る。かくて改造に失敗した東條総理は七月十八日木戸内大臣の助言により総辞職をした。昭和十六年十月十七日東條内閣が出来た時から其辞職を要望しつづけて漸く実現の日が来たのである。然し其翌日東久邇宮をお訪ねして大いに驚いた。或夜憲兵司令官から皇族重臣にクーデターの恐れがあるから動かぬようにと脅迫がましい電話があり、近衛公は軽井沢に、岡田啓介氏は近県に姿を消し、内田信也氏からは電話で次の内閣は東久邇宮にはいかないが自重して欲しい、と重臣情報を伝えて来た。殿下も私も唖然たる許り、殿下は一日遅れれば沢山の将兵が死に、和平条件が悪くなる許りだと目に涙しておられ、お顔を見ることが出来ずただ暫く見守りましょうと申上げ退邸した。遂に小磯内閣が出来、東條色を一掃しつつ、ソ連を通じて和平を計画した。が、私は落胆した為めか発熱、就床一ヶ月に亘ったが、此間に私が支那大陸へ行く事態が進んでいた。

◎上海で蒋介石総統の密使と会見

陸軍省は内閣更迭とともに北支軍の腐敗を粛清し、軍司令官以下幹部を更迭し、東條色を一掃せんと密かに計画した。其矢先華北自動車社長竹内中将が列車爆破で死去し至急後任を決定せねばならなかった。華北自動車は満州では日産自動車を、北支ではトヨタ自動車を使用すると決定した国策に従って出来た資本金三〇〇〇万円の会社で、天津工場で二〇〇人の日本人が六〇〇〇人の支那人を指導して自動車の組立修理をする公的会社であった。そこで陸軍省整備局長は豊田社長を招き、整備局全員の要望で中山侯を後継者にしたいから協力して欲しいと云われ、私の病気全快を待って二人から熱心に要請された。私は勿論断ったが結局現地を見てから決定することとなった。豊田社長は義弟に当る飯田トヨタ取締役を案内役とし、又上海に居る西川豊田紡績社長に対し私の滞在中遺漏なきよう準備を命じた。陸軍省が私を推した背景は平塚傷病兵工場再建のとき、憲兵少将の専務を退けた事由によると思われる。

十一月五日飯田重役とともに上海に到着、西川氏の出迎を受けキャセイホテル五階に泊った。西川氏は戦前から上海に住み、上海第一の納税者、在留日本人の代表者で、其乗用車も日本で見られぬ新年度の米国製自動車で重慶より来たものであった。彼の一面を物語っている様である。然し北京への飛行機は一週間遅れるとのことで西川氏に一週間の世話を任せた（此所で見聞したことは南方シンガポールや北支で見聞したことと比較して、別の機会に書くつもりでここでは次のことだけを書くこととする）。西川氏宅で飯田重役の退席を求めて、西川氏は上京する度に東久邇宮にお逢いしているが、一刻も早く和平する必要があるので、是非蒋介石総統の密使に面会して欲しいと唐突ながら重大な話が出た。勿論承諾。翌日西川氏と三階建の赤煉瓦の建物に入った。三階は百畳敷位の広さの応接室で、中央に小机と二脚の椅子があるのみのガランとした部屋で、西川氏は支那で重要な話をするときは他人に聞かれぬ為めこのようにするのでお茶も出ませんと。そこへ人品賎しからぬ五十年配の人が背広で現われ、王と申しますと流暢な日本語で話しかけて来た。私も中山と自己紹介して椅子に坐した（王氏は明大出身、日本語はよく出来、浙江財閥の一人で宋美齢夫人の一族である）。西川氏退席二人丈の話始まる。先ず私はご承知の通りの戦況で一刻も早く和平をしたいので、或は総統に仲介役をお願ひしたいと思う。勿論其ときは支那に於ける軍事行動は一切中止する、と胸襟を開いて話した。彼は、東久邇宮や私が内地で東條退陣に努力した委しい情報を得ている位よく日本の事情に通じていた。そして私のいう東洋の安定は日本と支那との同盟にあることに全面賛成で、日支が戦っていることが根本的に間違っている。以前には日本の有志は支那革命を助けてくれたではないかと云い、中山さんは孫中山先生の名前に縁りのある人（孫文氏が大正二年日本に亡命したとき、中山家の門札を見て亡命中の日本名を中山とし、ここに孫中山という名が生れ孫文氏の南京郊外の墓も中山陵と呼ばれる）だから日支の和平延いては東洋の和平に努力しましょうと。そして今からでもご一緒に徐州を通って重慶に行くお考はありませんかとまで云った（不思議なことに重慶上海間に自動車が密かに通って居るのである）。私は今直ぐ重慶には行けない、北京、天津に一、二週間いて一度内地に帰り、内地を固めて西川氏を通して上海で再会したいと云うや、彼は快くお待ちしますと云った。又極秘だが総統の友人根本中将が北支軍司令官として来るからと言葉に余韻を残して云うや彼は大変感謝し、直に総統に報告をしますと云って握手し二時間半の会談を終った（根本中将は蒋総統が台湾に立籠ったとき軍事顧問となって総統を助けた人物）。私は最早北京には何の興味もなく本当に上海に来てよかったと思った。

かくて飯田重役を伴って北支に着いた。が北京の腐敗は想像以上で、山海の珍味、フグ、鯛、マグロ等の鮮魚が紙幣を運ぶ毎日の軍用機で料亭に送られ、毎晩軍人が豪遊をしているので驚くより怒りを感じた。さて天津工場を調査した所、新車が六百数十台雨曝しに並んでいた。之は配給を受けた会社にガソリンが無く引取れないのです、又一方大原方面の戦で破壊したトラックを毎日数十台ずつ、鎖でつないで延々何百里、タンクが引張って天津工場に運び修理するのだが、酸素ボンベが軍よりの配給が無い為め手で仕事をするので到底速かに修理出来ない状況であった。処が突然山田軍司令官が天野参謀を伴って視察に来た。何かの意図を持って来たらしく講評の席上書いてあったものを読み上げ、作戦に差し支える程能率が悪いので重役の責任を問うと云った。そこで私は次のように云った。軍はガソリンを持って居るのだから新車を使用すればよいので、何も破壊されたトラックを戦車で運び、貴重な重油を無駄にすることは無いでは無いか。私は現在貴族院議員なので此のような出来事に無関心ではおれないと答えた処顔を見合せて帰って行った。然し其後、軍は電話して飯田重役に明朝北京出発の内地行飛行機で帰国せよ、然らずんば生命の安全を保証しないと。私は嘗て上海、北京で或人が突然行方不明になったと云うことを聞いており、事実なので驚いたが、兎に角飯田重役を帰国せしめた。処が三日すると根本中将が北支軍司令官として着任した、之は飯田重役の報告を聞いて陸軍省が間髪を入れず発令したものと思われる。

十二月一日東京へ帰ったら其三日前、拙宅の南隣りの陸軍軍需品廠がＢ29の初空襲を受けたのを知り、或は支那大陸に再び行けなくなるのを恐れた私は、度々木戸侯を訪ね和平工作を提言したが、四月になり病気で私に逢うことが出来なくなった。鶴子夫人は主人の下痢が止まらないのは配給米のせいだと主治医が云っているというので、私の農園の白米を届けようと云うや、申訳ないが梅干しが欲しいと云われ、早速一緒に届けた。木戸侯の性格から闇米等許さなかったと思う。然し木戸邸には常時護衛が数名いたので此方面の食事の配給もせねばならず夫人のご苦心は大変だったと思う。木戸侯が市ヶ谷へ収容される前日、晩餐に陛下が招かれてフランス料理を頂戴した感謝の言葉が後日新聞に出ていたが、私には彼の気持が良く分るような気がする。其後病床で木戸侯と面談した。先日の御前会議で水際作戦の準備である一万台の飛行機、三〇〇〇の特殊潜航艇の用意は出来ているか正直に答えよと、軍に迫った所、残念乍ら空襲が激しく出来ていないと。木戸侯は水際作戦で敵を苦しめ有利の時を利用して和平を講ずる考であったのが水泡となったので、心痛のあまり下痢を起こしたのだ。これから別の方法を考えねばと云っていたが、未だ顔色が悪いので自愛するようにと、云って別れた。

四月七日鈴木内閣誕生、迫水久常氏が官房長官となったので早速訪ねた。ソ連のような不信の国を相手とせず蒋介石氏を利用したらと云ったが重臣に其気は少ないと云う。其内に第二回東京大空襲で宮城大宮御所も焼失、拙宅も勿論焼けた。

そこで更に強く和平を迫った所、内閣顧問の某中将が皇軍一度出ずれば君命と雖も聞かず、と兵法に在るから大陸各地の兵は夫々籠もって戦うだろうと云うので、目下英米に対し下関で武装解除したいと交渉中だと。私は北支中支南洋の経験を話して、兵士は戦争に飽いているから其心配は無いと、そして一刻も早く和平せよと云って帰ったら、大本営を長野松本に移し火薬に数十倍する発明が近く完成するから之で敵を払いのけて、其機に講和すると側近者が私の友人岡野清豪氏（三和銀行頭取、後に文部大臣）に話したと云う。全く困ったものだと思った、而も敵は二三日後広島へ原爆を投下しているのである。私は迫水氏が広島と連絡がつかず心配していたので無条件降伏も致し方ないと思う。俎上の鯉となり天佑神助を待とう、内地の戦争丈は避けねばならぬと云い、迫水氏も十日迄には其様な事になると思うとはっきり云った。

其処で私は直に平塚傷兵工場の重傷者を帰郷させ、又私の妻と娘は塩原の別荘へ避難させた。

◎終戦となる

八月十五日正午終戦のご放送を東京トヨタ本社重役室で拝承。豊田社長と打合をして私の親戚渡辺工学博士の捜した私の仮寓所を高輪に決定し、平塚に帰り傷兵工場の全員を集め今迄の努力に感謝し、三十名の管理人を除き全員退職することにした。幸い黒字経営であったので充分の退職金を出すことが出来たのが唯一の慰みであった。其後直ぐ農産物を積んで塩原へ行き食糧の補給をして、十七日朝東京へ戻る予定であったが帰途宇都宮から急派された徒歩部隊が進路の前に居るので追越せず十八日朝首相官邸に着いた。

殿下は大変私をお捜しになったそうだが、十五日仮住居を決定したので何処にも知らせることが出来ず申訳なくお詫び申上げた。殿下は昨夜も徹夜で宮城前に駐屯して陛下を擁して戦わんとする部隊を説得しつづけられたと。此時私は中山塾を出て近衛将校となり宮城内の警衛に当っている広川大隊長代理が堅く宮城を守ってくれと祈った。然し此日正午には厚木航空隊の主戦派が首相官邸を爆撃すると云うので殿下は私に立去るよう申されたが、殿下が官邸におられる限り退出致しませんと申上げ、其まま滞留した所、幸に飛行機が破壊され飛んで来ることが出来なかった。然しそれにしても昨夜といい、今日と云い一人の閣僚も出て来ないのは如何したことか。

処がマ元帥の先遣隊は平塚に進駐し、傷兵工場も憲兵聯隊の本部となった。接収に来た憲兵大尉曰く、日本人は戦争が終りポーッとしているが親米派のジューコフ元帥がソ連の幹部から除かれると米ソ関係が悪化し、我々は満州やシベリアに行くことになるからこれからが大変だと、当時は外国事情等少しも判らぬことだからこれを聞いて日本が再び戦場となるかも知れないし、又米ソが仲悪くなれば米は日本を温存してくれるかも知れない。これは或は天佑神助かも知れないと思った。

九月一日は第八十八回帝国議会召集、九月二日無条件降伏が調印された。唯首相が軍服で議場に来られたり、飛行機王の中島（知久平）氏が商工大臣をしているので軍事色が残って居て、此内閣は短命だと思って内閣改造を総理に進言したところ、洋服は焼失して軍服しかなく止むなく着ていると、又殿下が総理となられたとき、総理は軍人を抑える事丈で、閣僚人事は近衛公が決定し、総理は之に干渉してはいけないと云う条件付組閣だから改造は出来ないと。成程近衛第一次内閣の時商工大臣は中島氏であったから、殿下のお話は事実だと思う。然りとすれば近衛公、木戸侯の時局感覚に疑問が生ずる。殿下の女房役としては幣原氏とか吉田氏のように過去数年責任の地位に無かった人がなる可きであって、日本を誤った方向に走らせた責任者は少なくとも蟄居すべきだと思う。

偶々私の友人田中元彦氏（藤山愛一郎氏の末弟）はプリンストン大学出でＧＨＱに大学時代の友人を訪ねようとして其処のエレベーターへ飛乗ったらマ元帥がいたので驚いて出ようとした処、若者よはいりなさいと肩に手をかけて戻され、優しく話しかけられたので感激して高輪の私の仮寓へ報告に来て、マ元帥なら大丈夫、天皇制と独立国家を認めてくれますよ、と慰めてくれた。此頃中御門侯は次のような話を私にした。「近衛公は横浜に行き前駐日大使グルー氏に面会を求めたが拒否され悲観して帰った」と。

処が近衛公の使で横矢氏が来て、近衛公が心配で自身如何にしてよいか判らなくなる時があり、中山侯の意見を聞いて来てくれとのこと。依って私は俎上の鯉の心境で焦らず泰然としておられよと云って置いたがやはりじっとしておれず、遂に十二月十六日逮捕を前に自決してしまった。惜しいことだ。木戸侯なら市ヶ谷行を前以て覚悟し其対策を冷静に立てていたと思うが、近衛公にはそれは出来ない人で、人間としては暗い感じのする人だった。冥福を祈る。

それから一週間後北支より帰国した華北自動車の重役にＧＨＱから出頭命令が来た。恐る恐る出頭すると煙草、コーヒーをすすめられ、北京、天津の詳しい地形や建物等の事情を聞かれて帰されたと云う。

之で先きの平塚の憲兵大尉の話が確実となったがもう少し早ければ此話をして、近衛公を落ちつかせることが出来たものをと残念に思う。

東久邇宮内閣は僅かに一ケ月余で総辞職、十月九日幣原内閣成立す。幣原総理は私に次のように云われた。「日本が先に手を出して不意打ちをしたので二度と致しませんと軍隊を解散し、誠意を示して相手の心に憐憫の情をおこさせた上で種々と話をすべきである」と。全く其通りである。首相はマ元帥を度々訪れ天皇制、戦争放棄、二院制等について希望を陳情、理解を求めた。之に依り日本政府とＧＨＱとの間にレールを敷くことが出来た。

昭和二十一年四月十日衆議院総選挙、自由党第一党となり四月廿二日幣原内閣総辞職。又自由党々首鳩山一郎氏も公職追放となったので五月廿二日吉田内閣が出来、金森徳次郎氏憲法担当の国務大臣となる。私は新婚当時奉天総領事をしていた吉田茂氏の麻布龍土町の留守宅を借り、吉田氏の実父竹内綱氏と一緒に住んだ事があり、又金森氏は旧制高校の後輩だったので大変都合がよかった。又商工大臣には星島二郎氏がなって居て、私を商工省参与にしたが、私は再び政治に干与しまいと誓ったので、お断りしつづけて出席しなかった。

私は予算委員を始めとし憲法改正特別委員や、財産税設置法案、皇室経済法令等の特別委員を兼任していた。勿論、細川、中御門、桂、浅野の諸侯も同様種々の法案の特別委員を兼任していたので、とても同一法案を継続審議することは出来ないので、適当に手分けし、火曜会所属の特別委員が全員空席にならぬようつとめた。そして細川、中御門両侯と相談して憲法審議も憲法学者的論争を考えず、天皇制と独立日本さえ確保出来ればよいとし、一刻も早く通過することを望んだ。又他の重要法案も終戦善後策だからどんどん通過させることとした。次のようなこともあった。例えば予算審議のとき治安関係で三〇〇〇万円計上してあり、之は上陸した外人部隊が日本の女子を襲うといけないから職業婦人を三〇〇〇人程募集し之に洋服を新調させたりする必要費だと云ふ訳で、大急ぎで可決して間に合せて欲しいとのことだった。尤も政府のこの心配も日本女性が進んで外人部隊に接近したので心配無用だったと云える。

又憲法審議で一番喧しく論議された天皇の憲法上の地位も原案のシンボルという字の日本訳字で、金森国務大臣も幾日もかけて説明したが*[12]、勅選議員の納得がなかなか得られず、私にどういう説明がよいのだろうと云うので、質問者も日本人の天皇に対する気持を簡単に表す適当な言葉が見付からないので、判ってはいるのだが、よい言葉がないかと自問自答的な質問なのだから時が片付けてくれますよ、と云ったら、総理も笑い乍ら、辛抱辛抱と云っていた。吉田総理は衆議院では短気だが貴族院では別人の如く丁寧な人であった。

又財産税については、我国初めての徴税でどれ丈の税金が総体で入るのか、概算で数百億だろうと云うような大雑把なもので、若し之を完全にとりたてる為め税務官吏を増員するとほとんど其支出と税収入と同じになってしまふので納税者の良識に待つより致し方ない。余りひどいのには再調査することにしたい、と云う所謂笊法で沢山のぬけ穴のある法律であった。私が自分の財産税を計算して芝税務署に出したら第一号と云う訳で芝税務署では計算出来ず、本省に照会した処、僅か五〇銭違いであったので、署長が驚き、私に部課長に講義して欲しいと云うので、署で講義したことがあった程第一線の税官吏は知識が無かった。其頃東郷(彪)侯爵が父元帥の金鵄勲章功一級を税務署では金一万円と査定されたと笑っておられた。当時の考では到底金銭で計算出来るものではないと思っていた時代であった。大変ご不平のようであった。又市ヶ谷に収容された戦犯容疑者の財産税は釈放されてから払うことになったので、インフレで収容の間に土地等値上りして大変楽に支払うことが出来たと云う不公平な現象もあった。要するに東久邇宮内閣から吉田第一次内閣迄の帝国議会は戦争の後始末であり、又多くの議員が公職追放令により失格し一人の議員が多くの委員を兼任をしたので充分の審議が出来る筈のものでも無く、兎も角通過させて悪ければ後日適当の時に修正すればよいと思っていたのが、当時の議員の偽わらざる心境と思う。

さて私の二十七年間の貴族院議員生活を振り返って見ると、原総理の暗殺に始まり犬養、斎藤、高橋総理経験者の軍人による暗殺が続き、遂に近衛公元総理の自決、と誠に悪夢の連続であった。其間私は何をしたろうか。全く〇か無かと禅問答のようなことになるが、貴族院が無くなった日、要人が慰労の宴を私の為めに開いてくれた。其の部屋の額に「今日無事」と書いてあった。恰も私の心境を物語っているように思われるのであった。

文中（）内注は筆者自身による。貴族院議員名は編集補足。

＊注記

1　星島二郎（ほしじまにろう）　岡山県第二区選出　政友会のち自由民主党
明治二〇年一一月生　商工大臣、国務大臣（第一次吉田内閣）、衆議院議長、自由党総務会長

2　一條公は、大正一一年八月議員就任、研究会入会
大正一〇年前後の研究会所属世襲議員
菊亭公長侯爵　在会　大正一〇年一一月〜昭和三年三月

黒田長成侯爵　在会　明治三一年～昭和一四年八月
徳川頼倫侯爵　在会　大正八年八月～大正一四年五月
蜂須賀正韶侯爵　在会　大正八年八月～昭和七年一二月
廣幡忠隆侯爵　在会　明治四二年一二月～昭和二年一一月

3　大正一〇年三月一一日　左記の研究会所属議員一〇名、中橋文相問責の決議案問題で研究会を脱会。

男　沖原光孚　男　藤井包総　男　西村精一　(勅)松室　致　(勅)平井晴二郎
(勅)坂本釤之助　(勅)田所美治　(勅)上山満之進　(勅)北条時敬

4　昭和三年、火曜会は貴族院における政治会派とすることを決議し、同年三月一四日に議院事務局に届出を行った。これと同時に、「世襲議員の本質に鑑み厳正公平を期す」との声明を発表した。この時の会員は純無より一六名、研究会から侯爵菊亭公長、同成会から侯爵松平康荘、第二次無所属より八名の合計二六名で、成立時の会員は

公　徳川家達　公　徳大寺公正　公　鷹司信輔　公　一条実孝　公　近衛文麿
侯　山内豊景　侯　池田仲博　侯　四条隆愛　侯　鍋島直映　侯　廣幡忠隆　侯　徳川圀順
侯　小村欣一　侯　中御門経恭　侯　細川護立　侯　木戸幸一　侯　佐佐木行忠　侯　大隈信常
侯　久我常通　侯　徳川頼貞　侯　中山輔親　侯　西郷従徳　侯　野津鎮之助　侯　佐竹義春
侯　松平康荘　侯　嵯峨公勝　侯　菊亭公長

である。

幹事は六名とし、三月一三日に近衛、一条、徳川頼貞、佐佐木、細川、中御門の二公五侯を選任、事務所は華族会館に置いた。

5　田中首相に対し各派の中で火曜会が最も強硬な態度を示した。
火曜会より声明が出されたにも拘らず、昭和四年一月の第五六回議会における優諚問題についての田中首相の釈

明は十分なものではなかったので、火曜会は一層硬化し、すすんで各派に呼びかけて「昨年五月優諚ノ声明書ノ発表ハ遺憾デアリ、行為ハ問題ニシナイ、皇室ニ累ヲ及ス故ニ声明ヲ発表シ責メルモノナリ、本義カラシテ軽卒不謹慎ナリ」とし、火曜会員が直接田中総理を訪問問責している。

6 中山忠愛（なかやまただなる）　侯爵

公家羽村家花山院家　天保三年一〇月生　明治一五年七月没

左近衛権中将妹慶子（よしこ）は明治天皇ご生母

7 鷹司熙通（陸軍少将）　信熙（陸軍大佐）　信兼（陸軍大尉）

一條実輝（海軍大佐）実孝（海軍大佐）　徳大寺実厚（陸軍騎兵中佐）　醍醐忠重（海軍中将）

柳原博光（海軍中将）　町尻量基（陸軍中将）

8 人造石油の研究は昭和一二年八月（林内閣）に人造石油製造事業法で公布された。

第七六回議会（昭和一六年）

帝国石油株式会社法案、人造石油製造事業法中改正法律案、帝国燃料興業株式会社法中改正法律案が可決。

人造石油製造事業法改正案特別委員会において、政府委員は「……三河島において汚水処理場で汚水から燃料をとるのは技術的に間に合っていると思う……」「石炭不足は労務者がたりない」と返答（要旨）。

第七九回議会（昭和一七年二月三日）

南方開発金庫法案特別委員会（委員に中山、桂、池田、岡部、松平忠寿等）

帝国燃料興業株式会社法中改正法律案にて人造石油と共栄圏の石油との見通しについて質疑応答（要旨）。

岸国務大臣答弁「人造石油ノ問題ニ関シマシテモ色々ノ方法ガ講ジラレツツアリマスガ……ヤハリ実行シテ相当量ノ人造石油トイフモノノ事業トイフモノヲ確立シ……自給策ヲ確立スル……万全ヲ期シテオリマス。」

第七九回議会予算委員会（昭和一七年二月九日）

戦争に必要な資源についての質疑応答がつづき、その中で人造石油の問題がとりあげられた。

鈴木貞一答弁（要旨）「……すでにそう云うやうな考から出来上っており……人造石油の問題については非常な材料が要るというようなことから計画はすでに修正を加へて参って来ているのであります。今日の人造石油の量は……絶対に是だけのものは必要であると云ふ部面に切下げたものを行っているのであります。」

9　官報掲載、貴族院議事速記録（第七九回帝国議会　昭和一七年二月一六日）によると、徳川圀順の説明は多少異り、勝利を称え……「當面の敵たる米英は、尚艦艇、空軍等は量的に莫大なるものを有し、其の経濟力特に軍需生産力に於ても亦決して侮るべからざるものがあります、彼等は此の自らの力を侍んで今後とも持久戦の態勢を執り、いつ何時、如何なる反撃作戦に出で来たるも測り知れないのであります、銃後国民と致しましては固より此の赫々たる大戦果に酔ふことなく、……大東亜戦争の目的完遂に向けて邁進せらむことを御願ひする……」とある。

10　子爵大河内輝耕は第八一回（昭和一八年二月三日）翼賛選挙に関する質問で東条批判、昭和一九年統帥権に関し個人的面談という形で東条首相に質すなど、勇気ある発言を続けた。

11　中山補親夫人豊子の妹敏子は賀宮恒憲王妃。

12　牧野英一、大河内輝耕、松平親義、佐佐木惣一、松村真一郎、山田三良、小山完吾、沢田牛磨、岩倉具栄、松本学等……が質問

昭和二一年九月一日　第一〇回特別委員会（要旨）

大河内輝耕「象徴はむずかしい、表象としたら分りやすいが。」

金森国務大臣「言葉の持ち味では象徴がよい。」

山田三良「象徴の文字はよいが、『天皇は日本国の元首である、国民統合の象徴である』と改めたい。」

金森国務大臣「元首という言葉には主権者とか、行政の首長などと解されるから原案でいきたい。」

松村真一郎「象徴はシンボルという物を示した言葉である。天皇を物としてはならない。表象がよい。」

金森国務大臣「象徴という言葉は有形なる存在を云い表わし、国民は的確なる意味に於て、之を把握する。」

「斯く云はなければ、国民の心の中に画いて居る、私の申しました国体と云ふことの中ら含まるる天皇が……此の憲法の世界に導き出されて来る縁がないのであります。此処で総括的に、天皇こそは、我々の国の象徴であり、国民統合の象徴であると云ふ風に法的に之を出しまして、国民をして先ず直感的に拠り所を与へること」になる。等

伯爵議員

久松定武　談

議事堂空襲、戦後巡行、天皇制議論憲法問題、参議院の緑風会、ルーズヴェルト夫人

久松定武《ひさまつさだたけ》　伯爵

旧松山藩主家　研究会

議員在職／昭和一九年一二月～昭和二二年五月

研究会役員／幹事

経歴／明治三二年四月生　東京帝国大学経済学部卒　同大学院修　三菱銀行勤務　(財)久松育成会及び農場経営　参議院議員　愛媛県知事

聞き手　花房孝太郎　水野勝邦

昭和五三年三月一六日

於　霞会館

花房　元伯爵議員でこうして話を伺うのは初めてでございます。

水野　久松さんは貴族院は短かったと思いますが、非常に大事な時におられましたね。戦争末期の様子をうかがいたいと思います。国会議事堂が焼けたときはいかがでしたか。

久松　国会議事堂が空襲を受けた当時は、貴族院側だけで四十七発受けて、食堂が天井まで一部焼けました。しかし守衛が全部消したので助かったのです。焼けて間もなくいってみたらその痕跡が残っていました*1。

議事堂の塔は黒い網で偽装してカモフラージュしていたんです。それが焼けまして、それでアメリカは一時国会議事堂は焼けたとみて、それ以来余り国会議事堂を狙わなくなったんです*2。もし国会議事堂が戦災でやられたらどこで議会を開くかという問題があったんですが、そのときは当時第一生命の本社、あの建物を使おうかということになっていました。あの建物は非常に頑丈で、対空処置がよく、屋上に高射砲陣地が出来ていましたし、地下が三階まであるんで少々の爆弾にはたえられたのです。占領後、マッカーサーがあそこを本部にしたのはそういう意味だったんですね。

水野　向こうはそれを知ってたんですね。

久松　そうでしょう、あの建物は非常に頑丈に出来ているのを知って占拠したのでしょう。又、空襲があるとき、警報を出しますが、伊豆の八丈島に日本軍の監視所がありました。八丈島を通って左の方(西の方)にいけば関西方面がやられる。東の方にいけば関東地方から東北、北陸がやられる。八丈島から警報が出ると二十分以内に空襲があるんです。そういうことはよく分かりました。それから、皇居が焼けたとき、十何人かの人が申訳ないというので切腹しています。

水野　切腹しているのですか。それは知りません。

久松　知らない⁉　あの消防団や警察官が申し訳ないというので自決しているのですよ。お詫びに。
花房　軍人は入っているんですか。
久松　消防団の担当者や警察官です。それ割合に知られてないんですかね。
水野　皇宮警察があったんですね、この頃。
久松　消防団も別にあったんです。
水野　それは皇居のための消防団ですか。
久松　そう、連合軍は京都は焼かないこと、皇居は焼かないことという指令を出していたんですが。
水野　皇居も焼けたり、陛下もご不自由でしたが……。
久松　五月の神田の大火で宮殿の樋に火の粉がたまって、一遍に焼け出したんです。だからもっと屋根に水を流しておけばよかったんですが。皇太后陛下の御殿が焼けてしまって、それで一時大磯か何処かにいらっしゃったんですが、その後宮中の焼け残った離れの建物を青山にお移しになって、仮りの御殿とされたんです。皇居が焼けても陛下は東京におるとおっしゃってガンとしてお聞き入れにならなかったんです。
花房　今でも宮中には陛下のおられた地下壕はあるんですか。
久松　陛下のご学問所ってのは残ったんです。陛下のご学問所が焼け残ったので、そこをお住いにされ、どんなにおすすめしても長野県の方に疎開なさらず、ずっとあそこにいらっしゃったのです。
花房　この間そこをつくりました部隊の将校が私を訪ねてここに参りまして、この三十四階から皇居を拝見いたしましてね、当時をしのび感慨無量にしばらく無言で頭を下げていました。

※　※

久松　戦後昭和二十四年位から全国をご巡幸になられたときも、当時の内閣総理大臣や宮内庁長官が共産党がいるし、と心配したのですが、陛下は自分の身はどうなってもよいから国民を激励しなければとお出ましになったのです。もう一つはね、池田内閣の当時ですか、宮殿のご新築についていくらおすすめしても、日本が再建してからとお聞きいれにならず、昭和四十二年頃までお聞き入れにならなかったのです。

水野　いや、日本の国はそういう国ですよ。

久松　それで、私がおどろいたのは、瀬戸内海に連合軍が時限爆弾や機雷やなんかを落としたんですが、明石海峡と鳴門海峡に合わせて七千五百発、そして昭和二十五年に陛下が四国をご巡幸になった時にはまだ三千五百発残っていたんです。私は当時知事をしておりまして、機雷が多いので心配しまして、海上保安庁長官とじかに談判したら、連合軍からその地図を寄こしてくれました。それでやっと掃海できるようになって、お出になるまでに掃海したんですが、幅は二千米から千八百米だからご巡幸の時の瀬戸内海は非常に危険だったんです。

水野　いや、いろんな想い出がありますね。

※　※

久松　国会議事堂が焼かれた頃、貴族院議員は東京で足止めを食っていたんですよ。用たしに東京から出るのは構わないと、非常の際の鉄道のパスをくれました。戦争末期、東京が非常に戦災を被った頃、議会の召集日に目白の家から国会議事堂まで自転車で通ったもんです。今は国会議員で自動車に乗らないのは不思議な位ですが、あの当時は国民服で出たもんです。又、開会中、空襲があった時なんか、議事堂の地下室で乾パンをかじって我慢したこともありました。自動車は燃料節約で薪自動車でした。戦後はアメリカのジープを使って送り迎えをしたものでした。

水野　私も後藤一蔵さんがダットサンのトラックで議会にこられたことを思い出します。

久松　それから徳川宗敬君は貴族院の副議長までやられたのですが、召集されて伊豆の大島へ少尉か何かで行ってたんですよ。

水野　あれ！　議員としての資格があってもですか。

久松　貴族院議員であっても軍隊の方が優先なんだな*3。

水野　ありゃー、それも乱暴だな。

久松　ですから終戦のときは貴族院に席はあってもいなかった。兵隊さんだった。それでね、戦争の終る直前に陸軍省が学習院に移転したんです。軍務局と主計局が使ったんです。陸軍省の中心は学習院になっちゃったんですよ。私の家は当時目白の女子大のすぐそばにありまして、それで主計局長以下の将校の宿舎にとられちゃったんです。家の女中から皆軍属になって、私の待遇は将校並で、家賃はタダだったけれどすっかり軍隊のお世話になって、軍隊のメシを食べるようになっちゃった。終戦の時、八月十二日頃、主計局長が私に会いたいというので会ったら、「あなたの家族は那須に疎開しておられるが、今日から行って来なさいよ」そして「那須に行ったらラジオをお聞きなさい」といわれた。つまり陛下の終戦のご詔勅はもう十二日頃にわかっていたんですね。

水野　戦争がだんだん悪化して不利になってくるあの前後に、久松さんはどうやったらこの戦争が終るか、終らせられるか、平和になれるか、そういうことでお考えになったことはございますか。

久松　それは、私、なんとかこの戦争を止めてもらいたいと思っていました。けれども、軍が押さえていて、軍は最後まで負けたということを言ってないんです。それで東久邇宮さんが総理大臣になって、初めて戦争の結果を印刷して発表されました。それを見て、戦死者の数や、軍艦が撃沈されて残っているのが僅かだってことを知って、本当にびっくりしました。

※　※

久松　それから戦争の後始末で心配したのは、捕虜を始めとして日本人の海外にいるものがどうやって帰れるかということでした。戦争後、追放令で貴族院議員の三分の一以上が追放になったんです*4。そして新しい議員さんを入れるのにずい分大変だったのですが、私等のような新米の者まで人が無くなったので、研究会の幹部にまでさせられました。まあ本当に先輩が追放された時には涙を流しましたよ。中には戦争中に幹部になっておられた方で、巣鴨にいかれた方もありました。私は時々巣鴨に行って知り合いの方を慰めたことがありました。

水野　巣鴨では面会できましたか。

久松　ええ、できましたよ。又、戦後皇室の存続問題についてソ連やオーストラリヤなどの主張で、天皇制が廃止されるということが一番心配でした。貴族院の大半の人は皇室は存続すべきだ、天皇制は残せという気持ちに徹しておりました。ですから廃止を必死になって食いとめようという気持ちでした。

水野　私もそういう考えで見ておりました。これは前に橋本実斐さんにうかがったんですが、憲法改正の時にいろんな意見があったのでＧＨＱに持っていくんだが、天皇制廃止の問題で行詰って引き下がることがあったといっておられました。

久松　でも貴族院でそれについて表面的に議論した人はないんですね。それをしたら国民が承知せんですから。又当時としては、吉田さんの功績が非常に大きかったですね。私は吉田さんとは非常に懇意にして頂きました。大磯に行きますと昼食を食べなければ帰さないんです。吉田さんの書かれた手紙も随分持っていますよ。又、戦後皇室の存続問題についてソ連やオーストラリヤが天皇制を廃止しろという時に、蔣介石が、もしこれを廃止するようなことをしたならば、或いは天皇を戦犯者としたならば、日本はいま以上の大混乱に陥る、戦争どころの騒ぎじゃないぞと、絶対に反対だと強く言ってくれたんです。それに真先に賛成したのが、英国、それから、アメリカ、それで大勢か決まったんです。これは全く蔣介石のおかげだといえるわけですね。

それから進駐に際して各国の軍隊をどのように配置するかという問題ね。ソ連は北海道を非常にほしがった。がマッカーサーが断った。蔣介石の軍隊は四国を占領することになっていて、私は非常に心配しました。結局毛沢東の勢力が強くなって蔣介石自身の地位が危くなって辞退したんですよ。それでアメリカと濠州が四国を占領したんです。万一支那の本土から蔣介石の軍隊が来ていたらどうなっていたか。共産圏になっていたかも知れない。そういう危険があったのです。

※　※

久松　それから憲法の問題が出ましたが、このときは、いろいろと論議がありました。ある時は、連合軍で国会を担当している者が、この重要法案を通さなかったら、無責任に扱ったらば、お前たちは反逆罪として逮捕するとまで言ったことがあるんです。それから審議中、時計をとめたこともありましたよ。この時計が動いていたら、その法案は無効になってしまう、というので真夜中十二時一寸前、二分前に止めたんです*5。

そして法律学者が憲法論を非常にやりました。学者という学者、いいかえれば勅選議員が中心になって討議しました*6。これは大したものだったです。今でも私が思い出しますのは、当時あの憲法をつくった金森博士が、「この法律は連合軍によってつくられたんだ」と、表面には言わないが、個人の意見として言った。そして、「これは将来変えられる時期が来ると、私（金森氏）は今は国賊といわれてもやむを得ない、しかし国民の心ある者の手で憲法が改正される時機が来るだろう」ということを断言しています。そういうところに金森博士の偉いところがあったんです。美濃部博士は、憲法論で戦時中何だかんだといわれた人ですけれど、新憲法に対して非常に論議をし、反対された方です*7。それからいよいよ新憲法制定の時の投票で、やはり反対票を入れた方もありました。そういう苦い経験をもっています。

もう一つ申し上げたいのは、すべて法律を改正するのは、アメリカ、連合軍の指令ではあるのに、表面は日本が凡てを改正するんだという形式をとらされていました。そして表面には連合軍の名前が出ないようにしていました。

※　※

水野　久松さんはよく覚えていらっしゃる。本当にあのときは心配でしたね。

久松　ええ、心配でございました。その中で私が一番心配したのは、天皇制が、どうなるかということでした。そしていろいろ考えていました。けれどもアメリカのやり方が損害賠償はとらない。そして日本を当分の間管理していくと。いよいよ昭和二十七年に講和条約が制定されて、ご承知のように日本の独立を認めた。そしてその時にきれいに凡てを返して、ただ小笠原島と沖縄は将来返すということになったんです。とにかく損害賠償をとらなかったということは偉いですね。むしろ日本の経済を非常に保護した。その点は、有難かったですね。又、虎ノ門に連合軍の文化局がありまして、これが日本の国宝級のお宮、神社仏閣を極端といった位、保護したんです。連合軍の兵隊が盗んだりした時は、処罰する位にしていました。この文化局にいたドクター・エヴァンスという大佐が、戦前に、私の郷里松山の高等学校の英語の先生だったんです。それで逢ってびっくりしたんです。お互いにね。それで私も文化の保護について相当意見をいいました。瀬戸内海の海上国立公園もその人がいたため、真先に指定されたんです。ご承知のように大山祇神社というのがありまして、日本の国宝級の甲冑武具の六割以上をもっているんです。これなんかもきびしく取締って、なにも連合軍が手をつけないようにしていました。こういう風に非常に日本を理解してくれた人がおって助かったんです。

※　※

水野　戦後参議院にお出になられましたが。

久松　私が参議院に出ました時は、郷里の方からしきりに出てくれと言われたんです。出てから私は、緑風会にはいりました。緑風会は勅選議員の外、貴族院にいた人が中心になってつくったもので、山本勇造さんが春の緑のやわらかさと温かい空気をその政党に加味してやっていきたい、と緑風会と名づけられたのです。それで、その当時の政府を助けていこうというのが主だったんです。私は今でもああいう会があるといいと思いますが、貴族院と衆議院とは格段の差があったように思います。今の上院というのか参議院は衆議院と同じように政党だけに支配されているということ、昔は勅選議員のようにあらゆる面で第一人者の識者が入っておったというので非常に権威があった。私はやはりああいう制度があってもいいのではないかという感じを今でももっております。

水野　あの時は、連合軍はアメリカ憲法に準じて議会の選挙は公選によるということをどうしても譲らないで入れさせたらしいですね。その公選の解釈が日本とアメリカで違うんではないですか。

久松　やはり違いがあるんですね。

水野　公選というのが日本のはもう、衆議院と同じようなものになってしまっているんですね。

久松　それから貴族院と参議院で変ったことは、一般の訪問客ですね。戦前では議員を訪ねるとか、新聞記者等厳重に取締って入れなかった。それが参議院になってからは衆議院と同じようにゾロゾロといくらでも入れるようになってしまった。貴族院はもっと権威があって面会者や参観人はいれなかったのです*8。それから、いろいろな委員会であげたものは、総論的に本会議に出してもう一度念を押してやったものです。

水野　そこが違いますね。

※　※

久松　それから話が一寸違いますが、昭和三十二年に私がルーズヴェルト未亡人のお宅に招かれた時や昭和五十一年に陛下がアメリカにおいでになった時と、戦前あるいは戦争直後とアメリカの状況はすっかり変っておりまして、戦争直後日本に対して悪感情をもっていてジャップ、ジャップとやったのが、天皇は戦争を好む方ではないことがよく分ったと一般の人たちから随分耳にしました。昭和二十九年ルーズヴェルト未亡人が来日され宮中へ招かれたとき、日本に来るまでは、日本は好戦国であり、ましてやその元首である天皇は非常な好戦者であると思って来たが、宮中に伺ってみると、その雰囲気が実に温かい、そしてお目にかかったら戦争のことについておわびになった。ご家族の雰囲気、親子の仲が実に何ともいえない立派なホームだったというんです。それでこの方が戦争を好んだりなさる方ではないということが解ったと。又、広島にいかれたとき、広島こそ主人が大統領として原爆の投下に許可のサインをしたところだから、そして何十万人の人が亡くなっているんだからと、憎しみの眼で見られることを覚悟しておられたところ、思いがけず温かく迎えられ、大和心に接したと言われました。

そして私が国務省に招かれて行ったとき、ぜひうちへ来てくれ、と何回も手紙を頂き行ったところ、今夜は泊っていきなさい。日本人をお泊めするのは初めてだというんです。そして、どうかこの話は他の人を通さないで、久松さんご自身から両陛下にお話をしてくれと言われました。ご自分の心境がすっかり変ったこと、今後とも死ぬまで日米親善に尽すということを両陛下にお伝えしてくれと申されました。それで帰国して陛下からお召しがございまして、三時間半にわたってルーズヴェルト未亡人のお話を申し上げ、陛下は涙を流さんばかりにお喜びになりました。

もう本当に陛下の真心が各国によく解かったのですね。ヨーロッパにいらしたときも（私も行ってましたが）、一般大衆が、あの方は戦争を好む方ではないってことを言ってました。これはもう陛下のお徳だと私は感じました。そして我々として今考えなければならないことは、ただ金儲けだけでなく、国際親善につくすってことをもっとやって行かなければならないと思います。いわゆるエコノミックアニマルと言われるようではいけないのだと痛切に感じます。

それから一寸思い出しましたのでお話しておきたいのですが、ルーズヴェルト未亡人が直接図書館長に頼んで、倉庫みたいな処につれて行かれたんです。で行ってみたら日本からの抗議文や何かが皆保存してあるんです。そのことは外務省も知らなくて驚いていました。野村大使のサインした抗議文とか、斉藤大使の指令書から、斉藤未亡人が英語で書かれたお礼の手紙まで、全部保存されていました。というのは日本とアメリカの公文書の扱いが違うんです。連邦の憲法に関するものとか、外交問題の条約とかが公文書で、その外は私文書なので大統領をやめたとき全部本人に渡すんです。それがボケブシーにあるルーズヴェルトさんの記念図書館に、新品同様にきれいに保存されているのです。

花房・水野　ありがとうございました。本当に久松さんはよくおぼえておられますね。

＊注記

1　貴族院では、議事堂が爆撃された場合の対策として、「貴族院防護団心得」が配布され、警務課の職員が中心となり当番制で防護する体制となっていた。

2　一般市民は議事堂が火に包まれている様子を見て、議事堂は焼けたと思ったらしい。又、米軍は民主主義のシンボルである議事堂を攻撃目標から除外していたとのことである（海保勇三『わが五〇年の国会裏方生活』）。

3　貴族院議員として最初に召集されたのは昭和一八年一二月三日、公爵大山柏（予備役陸軍歩兵少佐）。

4　公職追放、戦犯収容による辞任者一七八名（議員四二〇名中）（昭和二一年二月二〇日現在）

5　貴族院においても衆議院同様その審議はきわめて熱心かつ周到に行われ、ことに当時の貴族院は、追放令による大量の欠員に対して有数の学者、有識者が勅選され、従ってその憲法審議は学問的にも程度の高いものであったというのが一般の世評であった（『議会制度七十年史』）。

6　貴族院における憲法改正案の審議は八月二六日の本会議から始められ、吉田総理の提案理由の説明に続いて、五日間にわたって、高柳賢三、沢田牛麿、板倉卓造、宮沢俊義、南原繁、牧野英一、浅井清、佐々木惣一、秋田三一、林博太郎、山田三良、井川忠雄の一二人の総括的な質問演説が繰り広げられた。質問者のうち八人は当代の代表的学者として著名であり、彼らの演説は格調高く詳細をきわめ、「議場さながら大学の講堂」を思わせる観があった（佐藤達夫『日本国憲法誕生記』）。

高柳、宮澤、南原、牧野、山田―東京帝国大学教授

板倉、浅井―慶応義塾大学教授

佐々木―京都帝国大学教授

7　第六七回議会（昭和一〇年）　美濃部博士の天皇機関説が追及され、貴族院議員、東京帝国大学教授を辞任、著書は発売禁止となった。

昭和二〇年一〇月憲法問題調査委員会顧問、昭和二一年枢密院顧問官就任

昭和二〇年三月八日憲法問題調査会における改憲意見書、同年一〇月二〇、二一、二二日の朝日新聞に発表した「憲法改正問題」において、「憲法改正は重大なことであり立案起草には慎重を期すべきで、窮迫した情勢の下に（占領下当時）すべきではない。軍国主義政治の原因をなしたものは現状の憲法（旧憲法）の正文とは係わりない、正当に解釈し、運用するならば十分に憲法の民主主義化を期せられる」という見解を示している。

昭和二一年六月八日枢密院本会議　天皇親臨の下で行われ、潮恵之助審査委員長の審査報告通り、日本国憲法草案を賛成多数で可決。ただ一人美濃部達吉顧問官は起立せず、賛成を表明しなかった。美濃部顧問官は、枢密院本会議において「この案は明治憲法第七三条によってすすめられているが、憲法のこれに抵触する部分は無効になったと思う、第七三条が失効であれば憲法改正の手続きは未然の状態にある」と憲法改正手続そのものについて根本的疑義を提起した。

8　報道関係者の傍聴も許されなかった。又、食堂や便所は議員と一般国民とは厳しく分けられ、服装はフロックコート、又はモーニング、羽織袴を着用した（貴族院規則第一五九条）第四七回議会（大正一二年）震災後の事情により当分背広服を認めた。昭和一五年改正、国民服も可となった。

廣橋眞光 談

内務省時代、東条首相秘書官時代

廣橋眞光《ひろはしただみつ》　伯爵　旧公卿

明治三五（一九〇二）年〜平成九（一九九七）年。内務官僚。伯爵・貴族院議員廣橋賢光の長男。妻規子は梨本宮守正王の娘。二男儀光は、梨本伊都子の養子。明治四三年に襲爵（伯爵）。学習院中高等科を経て、京都帝国大学法学部を卒業。昭和二年に内務省入省。以後、事務官として、千葉県（社寺兵事課長のち社会課長兼秘書課長）、東京府（社寺兵事課長兼地方課長、学務課長）、群馬県（学務部長）などに赴任。昭和一九年七月、首相秘書官。戦後は、神奈川県、埼玉県で事務官を務め、昭和二二年三月〜四月まで千葉県知事。また、特別調達庁横浜支局長、横浜特別調達局長などを務めた。九州造船取締役。

聞き手　大村泰敏・清岡長和・三島義温・廣橋興光
昭和六三年三月二二日
於　尚友倶楽部

内務省時代

大正十五年、京都帝大を卒業、結婚した翌昭和二年内務省へ入省しました。入省の動機は父が内務省で局長をやったことがあり、父*1と懇意で、また私どもの媒酌をやって下さった牧野伸顕伯からも勧められました。近衛公も内務省に居られたことがあります。

五十嵐孝三郎*2という人が地方局に属官でいましたが、勤続五十年で内務省の生き字引的存在でした。五十嵐氏は後に父の斡旋で、日経クラブに勤めました。

内務省に入省して地方局へ配属されて、事務官になるまで見習いを四年間やりました。見習中は誰でも皆、地方局か警保局に配属されます。それから地方へ出ていく訳ですが、大蔵省で地方の税務署長になるのと同じ形です。私は千葉県で課長を三年半務めました。新米ですから最初は社寺兵事課長（神社仏閣と徴兵の事務）、次に社会課長、官房主事をやりました。当時は政党内閣全盛時代で、政友会内閣から民政党へ内閣が変わると、県庁の利用する料理屋まで変わってしまう。大分県などでは駐在所の巡査まで変わると言われました。

この当時（昭和四年十月）官吏の減俸令が出ました。履歴書には確か一五〇円の給料が七円減給になったことが朱書されていました。これに対して内務省内では抵抗は全くありませんでした。

千葉県では三人の知事に仕えましたが、次は東京府へ転じました。やはり最初は社寺営事課長で、東京府には五年居り、最後の一年半は学務課長をやりました。当時府立校は中学校、師範学校など三十五、六校あったのを急速に増設しました。教育行政など全く経験はありませんでしたが、視学などに聴きながらやりました。

当時内務省では、毎年四、五十人採用していましたが、官吏養成所のようなもので、ここから商工省や、農林省や、文部省へ出てゆく。各省でも採用しているが、質が違う。内務省に対抗できたのは辛うじて大蔵省だけでした。但し外務省は特別で、内務省、大蔵省、外務省の外は一人前の役人と認めていない、というような感じでした。東京府で課長をやっているとき、横山助成氏（内務省の先輩）から、「君、局長に早くなりたきゃいつでも文部省に推薦してやる」と言われましたが、真っ平御免と断りました。

東京の次は群馬県の学務部長です。知事の下に部長五人──総務、内務、営繕、警察、学務──この五人で重要な事を全て決めていました。大きな県にはこの外に土木課長がいました。今日では部長が三十人から五十人もいて、大分事情が異なります。

東条首相秘書官時代

内閣官房の総務課長稲田周一氏*3から電話があって、星野（直樹）書記官長*4が会いたいと言っているから明日出てきてくれ、と言われました。上京して話を聞き、当時の群馬県知事の薄田さんから、秘書官になるように勧められました。松平康昌さん*5に相談したら、「内閣書記官になるより秘書官の方がいろいろ勉強できるから良いじゃないか」、次に梨本宮*6へ伺候したら、「松平が言うなら良いだろう」と言われました。帰県してから古井喜美*7（内務省の人事課長）氏にお任せすると答えました。

星野さんとは彼が大蔵省の課長で、地方財政のこの事などでよく来県されていました。稲田周一氏は後に滋賀県知事や侍従長をやり、弟は文部次官や人事官などをやりました。

秘書官は三人で、私の外は陸軍大佐と海軍大佐*8でした。もう一人書記官長付の秘書官は十年くらい後輩で、大蔵省出身の稲田耕作*9氏が務めていました。

秘書官の仕事は、総理の直属の仕事で、各省や議会との連絡を多くやりました。三人のうち陸軍の赤松大佐は元来直属の部下ですから、最も使い易く、金の出し入れも主としてやっていました。

東条内閣は十月十八日に成立し、その一週間後秘書官に就任しましたが、当時は日米交渉の真最中で、その成り行きについて国民がみな心配していた時代ですが、担当は外務省なので直接の関係はありませんでした。議会は臨時議会が開かれたのでよく出ていました。決まった席はありませんでしたが両院とも自由に出入りしていました。

首相の演説の草稿は各省から上がってくるものを、我々秘書官三人で相談して作成しましたが、特に海軍の金田氏が文章が上手で、中心となってまとめました。

質問演説は余りありませんでしたが、貴族院で最もうるさいのは大河内輝耕子*10で、穏田の私邸には二度ばかり行って、明日の質問の内容を訊ねましたが、いつも教えてくれませんでした。普通の人は教えてくれるのですが彼は意地悪で駄目、質問も予算についての大綱ではなく、揚げ足取りみたいな質問でした。

横山助成氏*11や大麻唯男氏*12等が連絡係で、書記官長の所に来て、翼賛会の名簿作りをやっていました。

東条さんの言行録（平常言われた言葉）は現在東大で整理中です*13。東条さんと大東亜共栄圏の要人たち、例えばインドネシヤ、フィリピン、ビルマ、中国（汪精衛*14）等の偉い人たちとの会談の模様は、室内に通訳を秘書官だけしか入れず、その席では記録は一切とれないので、終わった後で記録を作成して書記官長まで提出しました。会談の内容は下でお膳立てしてて最後の詰めのことが多く、東条さんの話の内容は予め大体わかってはいましたが、それにしても重要な条約のようなもので、メモも一切とれなかったので大変な仕事でした。戦後極東裁判の時、赤松大佐が私の承諾なしに証拠として提出したため、現在は法務省（官房調査課）に保管されています。私は一度見に行ったことがあります。所有権が誰にあるかは明らかでありません。

陸軍の秘書官は首相官邸のすぐ前に官舎がありましたが、私は渋谷の私邸から通っていました。朝は八時までに行けばよく、帰宅は十時ごろでした。一週間前に一度は雑用を片付けるため失礼して早く帰りました。夕食は七時頃、今はない官邸の日本間で一緒にしました。首相は和服、当方は洋服で。宴会は二〇〇人ほどの宴会を官邸でやりました。その席順作りは私の担当で、儀典課の連中に助けてもらいましたが、大変でした。

宮中席次を本体にして、民間人は適当の所に入れるのですが、説明のつく範囲でやらねばならず、また仲の悪いのを隣にしてはいけないし、メーンテーブルで一人大将が欠席すると大騒ぎ。老人が多いので欠席も多く大変でした。大抵赤松大佐がついていきました。堤さんが寄贈してくれた迎賓館が麻布にあって、陸海軍の連絡会議などはそこでやりました。その迎賓館は戦後返されて麻布プリンスホテルになっています。愛宕の山の上の「さがの」という料亭も利用しました。しかし私は地方にも行くことなく、ほとんど留守番でした。

この間に貴族院議員になったらと二、三度勧められましたが断りました。秘書官ならば貴族院議員になる資格がありますが、内務省には戻れなくなります。まだ四十歳を出たばかりで若かったものですから。

東条さんは就任した時はまだ開戦の決意はしていませんでした。何とかしてまとめようとしたが、結局ずるずるといってしまったようです。

星野さんは始終英字紙を読んでいました。稲田耕作氏も英語が達者でした。星野さんはさっぱりした人ですが、礼儀作法は余り良いとは言えない。評判はどうでしたかね。いわゆるそれで通る人柄でした。

＊注記

1 廣橋賢光（安政二（一八五五）年～明治四三（一九一〇）年）。伯爵。貴族院議員（明治二三年～明治三〇年）明治九年、内務省出仕。その後、参事院議官補、法制局参事官、福岡県書記官、内務省参事官、内務省地理局長、内閣記録局長兼文書秘書課長などを歴任。明治一五年参議であった伊藤博文に随行して欧州出張。

2 五十嵐鑛三郎。文久二（一八六二）年～昭和二〇（一九四五）年。内務官僚。明治一七年記録局記録課写字生、明治二三年和仏法律学校修了。その後、内務属、内務省地方局、土木局、地方局事務官を歴任した。

3 明治三五（一九〇二）年～昭和四八（一九七三）年。開成中学、第一高等学校を経て、大正一四年東京帝国大学法学部法律学科（独法）を卒業。在学中に高等試験行政課試験に合格し、東京帝大卒業後に佐賀県に属として配属される。その後、群馬県工場監督官、内閣書記官、内閣官房会計課長、内閣官房総務課長などを歴任し、昭和二〇年に滋賀県知事に就任。昭和二一年には侍従次長を務め、昭和二一年から昭和二五年まで公職追放になるが、追放解除後はに侍従次長に復職、昭和四〇年には侍従長に就任した。

4 明治二五（一八九二）年～昭和五三（一九七八）年。大正・昭和期の官僚、政治家。大正六年東京帝国大学法科大学政治科を卒業。大蔵省に入省し、おもに税務畑を歩む。昭和七年から満洲国財政部総務司長として満洲に赴任し、産業五ヵ年計画の策定、実施に注力した。

5 明治二六（一八九三）年～昭和三二（一九五七）年。侯爵。貴族院議員（昭和五年～昭和二二年、火曜会）。旧福井藩主。大正八年京都帝国大学法学部卒業。同一三年、イギリス、フランスに留学。大正一一年以降、明治大学、日本大学各講師、のち明治大学教授を務める。このほか、内大臣秘書官長、宗秩寮総裁を歴任し、また学習院長事務取扱、公刊明治天皇紀編修委員会委員、王皇族審議会審議官、度量衡制度調査会委員なども務めた。

6　守正王。明治七（一八七四）年～昭和二六（一九五一）年。梨本宮の第三代。久邇宮第一代朝彦親王の王子として誕生。明治一八年に山階宮晃親王の王子で梨本宮第二代を継いだ菊麿王が生家に復帰したことにともない、第三代梨本宮を相続。翌一九年に、守正と名を改めた。大正一二年陸軍大将に昇格し、軍事参議官。昭和七年には元帥府に列せられ、元帥となる。その間、大日本農会、伊学協会などの総裁、日仏協会名誉総裁などを歴任した。昭和二二年に皇籍を離脱。

7　明治三六（一九〇三）年～平成七（一九九五）年。内務官僚。鳥取中学校、第三高等学校を経て大正一四年東京帝国大学法学部法律学科（英法）を卒業。大正一三年高等試験行政科試験合格。内務省地方局行政課長、大臣官房文書課長、内務大臣秘書官兼大臣官房人事課長、茨城県知事、内務省警保局長を経て昭和二〇年内務次官。昭和二二年から昭和二五年公職追放となるが、昭和二七年に鳥取県選出の衆議院議員となり、昭和三五年第二次池田内閣で厚生大臣として入閣。昭和五三年第一次大平内閣で法務大臣を務めた。

8　陸軍からは赤松貞雄、海軍からは鹿岡円平が首相秘書官に就任した。両者は、現役のままで首相秘書官を務められるように赤松は企画院調査官、鹿岡は興亜院事務官と首相秘書官を兼任する形式を採った。

9　稲田耕作　昭和一三（一九三八）年財務書記、一六年大蔵事務官、同年外務事務官兼任、一六年～一七年内閣総理大臣秘書官、戦後大蔵省関税局長など歴任。

10　明治一三（一八八〇）年～昭和三〇（一九五五）年。子爵、貴族院議員（大正一三年～昭和二二年、研究会）。明治一七年叙爵。明治三八年東京帝国大学法科卒業。大蔵省に入省し、主計課長、専売局主事、専売局局長を歴任。妻は、徳川慶喜八女國子。

11　明治一七（一八八四）年～昭和三八（一九六三）年。内務官僚。貴族院議員。秋田中学、錦城中学、第二高等学校を経て明治四二年東京帝国大学法科大学政治学科を卒業。同年、文官高等試験合格。内務省に入省し、山梨県属、内務省土木局、大阪府視学官などを務めたのち、大正一一年内務省衛生局長、翌年岡山県知事、その後広島県、京都府などの知事を歴任。昭和一六年から大政翼賛会事務総長を務める。昭和二一年公職追放。

12　明治二二（一八八九）年～昭和三二（一九五七）年。熊本中学、第五高等学校を経て、大正三年東京帝国大学法科大学政治学科を卒業。同年、文官高等試験合格。内務省に入省し、大正一三年清浦奎吾内閣総理大臣秘書官を最後に内務省を依願免職。同年、熊本県選出の衆議院議員となる。その後、民政党幹事長、大政翼賛会議会局議事部長を歴任。昭和二一年から昭和二六年まで公職追放。追放解除後、衆議院議員に再当選。鳩山内閣で国家公安委員長を務めた。

13　伊藤隆編『東条内閣総理大臣機密記録　東条英機大将言行録』（東京大学出版会、一九九〇年）。

14　汪兆銘。一八八三年～一九四四年。号は精衛。明治三七年、広東省政府の官費留学生として来日し、明治三九年東京法政大学速成科を卒業。孫文の指導する中国革命同盟の一員となり、孫文の死後は国民党の左派指導者として武漢政府主席に就任。満洲事変を契機として蒋介石との妥協が進み、蒋汪合作政権で行政院長兼鉄道部長に就任。その後病気療養を経て行政院長、外交部長。「一面抵抗、一面交渉」のスローガンのもと対日交渉を続けたが、妥協的な対日外交政策に対して党内から批判が高まり、一九四〇年には南京国民政府を樹立したが、事実上日本の傀儡政権であった。

子爵議員

稲垣長賢　談

議員就任までの経歴、子爵選挙、委員会活動

稲垣長賢《いながきながかた》　子爵　研究会

旧鳥羽藩主家

議員在職／昭和一八年一月～昭和二二年五月

研究会役員／調査部第五部理事

経歴／明治三二年七月生。東京農業大学卒、農林省畜産試験場助手、山形県農林技手、農林省嘱託、(社)養鶏組合中央会技師、同会理事、昭和五七年三月没。

聞き手　花房孝太郎　大久保利謙　水野勝邦

　小原謙太郎

昭和五四年三月二三日

於　霞会館

水野　議員になられる前後のお話と、あの当時稲垣さんは委員会で随分活躍されましたが、その活躍された時のことをうかがわせて下さい。まず、どういうプロセスで議員になられたか、ご経歴とかをうかがっておきたいのです。

稲垣　まず、経歴から申しますと、私は親父（稲垣長昌*1）が隠居して国（鳥羽）へ帰ったので国で育ちました。鳥羽では城の中の家老の家を改装したものに住んでいました。それは今幼稚園として残っています。じじいの長敬*2が最後の殿様なので、旧臣がおるわけですが、それが昔式で昔式に私を育てたのです。兄弟でも私は弟とは違いまして、あれは窮屈でしたな。小学校へ行くにもお供がついてくるんだ、男がね。他の子が私にさわるとお供がギュッとやる。後できいたんだが子供がこわがったそうだ。しかし、又弟よりも厳しくされまして、梅の実を食べただけで長持ちへ入れられたり、土蔵へ放りこまれたりしました。絶対に他所へ行ったらものを貰っちゃいかんというんです。子供のアメ玉もいけない。ところがね、おつきが内緒でお寿司や私の好きなものをくれましたよ。それが又おいしいんだなあ。

大久保　お国の小学校を出られたのですか。

稲垣　そうです。高等小学校というので高等科までいったのですが、じじいは長男は家におれという主義でね。それから高千穂中学に入ってね、その後病気をしたため大学の試験を受けられなくて、九月に親父の弟が農大に入ったんで聴講生として私もそこでいい加減にやっていたところ、三月に二年の編入試験があって、何も勉強していなかったんだが、受けたら入ってしまった。これが進路の誤りなんだ。その当時、そこには畜産がなかったので、私が畜産研究会というのを作って先生を決めてやったのです。卒業論文は「鶏の第二次性徴」と今でいうホルモンの研究、ホルモンって言葉は当時なかったんだが、ホルモンを経口でやるとトサカが出てくる、そういうことを家畜を使って毎日測定し研究したのです。

それがよかったのでしょう。論文を出したら一等賞になって、それを看板に農林省へ入ったんだ。

水野　その時の証書をいつか見せて頂きましたが、すばらしい証書でしたね。あれ金賞ですか。

稲垣　いや、一等賞です。私はね、本来飛行家になりたかったのですが、目を悪くしてそれでグレてね、そちらは断念して、農商務省で仕事をすることになりました。まず山形県庁へいって養鶏をやった。それから今度は東京に都立養鶏中央会（初めは養鶏組合中央会）というのを作ってそこにおったんだ。その中に戦争が始まって団体が統制されるようになって、河野一郎の養鶏中央畜産会に合併しろという。私は理事で部長を兼ねていたんですが、河野一郎と立川平、という代議士が私を湯河原に連れていって専務にするからと……私は合併しないというんですが、結局中央会の理事になってそして合併したんです。そうしたら私の部下の職員と中央会の職員とは給料のベースがちがうんだ。私の方が高いんだ。それを合併して一緒にしようとするから、私は文句を言って河野一郎とも喧嘩をしたんです。

水野　それからですね、議員の準備をされたのは。

稲垣　河野一郎と喧嘩をしてやめて、家に引っこんでいたら何の機会だったか、養鶏をやっていた三島通陽さんが「君、議会に出たらどうだ、すぐに立候補しなさい」ということで、「どうするんですか」といったら「選挙親を作れ」といってね。それで親戚の岡部長景さんのところにいってお願いしましたら「九年かかる」といわれました。「九年でも結構です」といって立候補したら、思いもかけず三年もたたないうちに研究会の母体の尚友会の幹事さんから補欠選挙に出たらどうかと言われました。岡部さんに相談したら、それはいいという訳で貴族院に出ることになりました。段々考えてみると畜産の方面をやっていた何とかいう子爵が亡くなられて畜産の議案が出るときに、誰もくわしい人がいなかったのですね。それで買われたのだと思っています。そうでなきゃ、申し入れて三年位でなれませんよ。

水野　戸田忠庸さんと立見豊丸さんが亡くなられたということでしたね。

稲垣　その時一緒に出た相棒が阪谷（希一）さんです。これは雲泥の差だ、あちらは勅選の資格のある人だから、私はすっかりおんぶしたんですよ。私が出た時は昭和十八年、四十五歳、阪谷さんが五十五歳でした。

水野　で、その当選までにいろいろな方に頼まれたり、金がかかったでしょう。

稲垣　いろいろな方にお頼みしたが、金はあまりかからなかったよ。というのは戦争中で何もなかったからで、もしそうでなかったら幹部を赤坂とか新橋とかにご招待して、お気に入りの美妓を侍らせるなど大変だというんだ。

花房　実はわたしも昭和十五年頃でしたか、先輩から議員を考えちゃどうか、と言われて、松平保男さんあたりのご意見を伺ったんですが、今のお話のようなことを聞かされ、当時の私は月給一二〇円でとても及びもつかないのであきらめました。

小原　私の時は食糧も統制だし、赤坂、新橋なんて出来ないので、豆腐とか砂糖とか、つてを求めて持っていきました。だから比較的安直にいきましたが、その時なみにやはりしなければならなかった。参謀がいていろいろ指図を受けました。私は商船会社にいたから、沖縄から砂糖とかバナナとかをね…とても喜ばれた。

稲垣　私の場合は阪谷さんと「何かしなけりゃならんだろう」と相談して、宴会は私が引受けたんですが、結局出来ないので、当時なかなか手に入らないプレスハムを持っていったんです。

大久保　そりゃお酒より大変だし、お金以上ですよ。

稲垣　それで阪谷さんが自動車を提供するからって幹部を全部ごあいさつに廻りましたがね。

小原　それはとても気を配りますね。競争がはげしいのだから。あとになるとだんだん楽になってくるんです。今度は人数埋めなけりゃならない。いやだと言っても「お前出て来い」と言ってね。戦争一年前は無理にかき集められたものです。

水野　その選挙の時にこういう風にするという細かいことを説明して下さったのは幹事ですか？　三島さんとか加藤泰通さんとか高木正得さんとか……。

稲垣　ええそう。その外にかげでアドバイスして下さったのが八條（隆正）さんです。

水野　あの方は物の見方が非常に細かいんです。そして京都の方ですが、私達にも扱いがよかったですね。

稲垣　幹部を廻る時にも自動車を門前につけてはいかんとか、ネクタイは赤いのでなくなるべく地味に、とか教わって、その通りにやったですよ。

水野　それはおそらく高木さんだと思いますよ。高木さんは非常にそういうところを細かく気を付けて下さった。

※　※

稲垣　まあ、そういうわけで何も知らずになったんです。初めの頃の委員は請願委員とか決算委員とかをしました。それで私は、全然分からんから勉強しなくてはいかん、と委員会に努めて出て衆議院の議事速記録をみて、貴族院のをみて両方比べてどうだとか、勉強していたんです。そうしたら生意気だとやられてしまった。三島さんは委員会に出ろというし、又、いかんという人もいる。どうしていいか分からなかったらその内に呼ばれて、君はいる席が高すぎるよと。私達は一番後に阪谷さんと一緒に座っていたのですが、そこは我々の経歴では坐われない席なのです。阪谷さんはいいんですが、私みたいな者は頭が高いと……で柱の側に座ったら「稲垣君、それでいい、それでいい」と、参ったね。

小原 その時分は、やかましかったですね、席はとてもやかましかったですね。

稲垣 それから、その次に慰問にいけという命令が出た。それでつい「ハイ」と言ったところがその「ハイ」がいかんという訳だ。一応辞退しろと。「それでも……」ときたら受けろというのです。それからもう一つ私は酒を飲むでしょう。私より一期早くなった方が、慰問で新潟にいって宴席で芸者をからかってそれですっかり駄目になった。その直後に私が議員になって初めての視察で天の橋立にいってね、私にどんどんつぐんだが私は前の例を知っているから「今日はもう……」なんて一生懸命かわして、そうしたら「稲垣君は大丈夫だ」とこう言っているんです。ところが私なんかの時代はそれでもよかったんだ、加藤鋭伍（京極高鋭の旧氏名）から聞いたんですが、とにかく昔はそんなものじゃなかったようです。例えば、便所へいって小用足しながら話してたら、幹部が大の方へ入っていてそれが聞こえてあとでやられたって。

小原 相当気を使いましたね。

稲垣 初めのうちはもう小さくなっているより仕様がない。しかし慰問とか、そういう団体の旅行は大名旅行だったよ。

水野 その話聞いたな。貴族院の代表という形で外地への慰問と国内の病院への慰問とあったのですが、稲垣さんは相当いかれましたか。

稲垣 二度ばかりいきましたが、豪勢なものでした。食堂なんか我々の食事がすむまで一般の人は入口で待たされていましたからね。私は朝鮮、満州にいきました。私の時は出淵（勝次）さんが団長で駅に着くたびに軍が酒を入れてくれました*3。

小原　我々の時も病院慰問に北陸の方に金沢とか福井とかにいきました。徳川義親さんが団長でした。しかし、とにかく一期は勤めなくては解らないのです。だから一期はものを言ってはいけない。黙って様子をみている。

※　※

稲垣　戦後の委員会でこんなこともあった。「蚕糸法」の一部を改正する案ですが、委員の一人は商業関係の多額納税議員で、この改訂は商業の方にはよいんですが農業方面によくない、で農林省が反対しているんだ。ところがその案は当時の衆議院の議員立法で、衆議院は通ったんです。私は委員長になっていて潰すつもりだったので延ばしたんだ。その時は戦後に入って来た議員が一杯いるわけで、その一人が研究会の控室に来て「議員立法だからどうしても通してもらわんと困る」という。私が「潰すつもりだ」と言ったら怒ってこう言ったんです「私等は戦後に出た議員だが、貴族院は新憲法が出来るとなくなっちゃうのですよ、そこを考えてほしい」と、私はへそをまげてしまって突っぱった。「なくなると言っても今こうしてまだあるじゃないか、ある間は貴族院の権限でやる」。そうしたら社会党の野溝勝とか大野伴睦とかが来て「何とか頼むよ」と、私は野溝に「貴方は一体農民の味方なのか商人の味方か、農民の味方ならこれは農民に不利な改正だよ、それを君はいいというのか」と言ったら「わしはそこまで深く考えなかったよ」と言うんだ。大野伴睦は「あれはわし等の立法権でやったからぜひ通してもらいたい」といってきた。だが、本会議は最後の日までやっているので、終わりの振鈴がならなきゃ私の方もやめる訳にいかん、それでやっているうちにとうとう終わりの振鈴がリーンとなって握り潰したんです*4。

予算委員会とか特別委員会で私も委員を四回位やりました。ある時、大河内輝耕さんが私の質問に対し「君は畜産のことをやってりゃいいんだ、いらんことするな」と言われたことがあるんです。「闇の取締りはできん」とね、「大臣が闇の取締りはできん*5」ということなんです。又、予算委員会の時でしたが、あの当時は私等は国債を買わされた。ところが私なんかすぐ売るんで損ばかりしている。それで、私は畜産の方の議員だが、黙っていられないから言ったんです。「担当大臣も前垂れをかけて考えろ」って。例えば料理屋に行く連中はみな闇でもうかっている軍需工場主とかそういう連中が行くんで、我々は行きたくてもいけないんだ。だから我々に国債を買わせるよりも、そういう所で売った方がええじゃないか。料理屋のおかみや芸者に持たせて、そこへ来るお客さんに買ってもらう。客はそれを持って帰るわけにはいかず、置いていく。そうすれば芸者は得だから、何回もそうしたらいいよ。と、そう言ったら皆笑ってね、記者なんかも笑っているんだ*6。

水野　それは大変うがった案ですね。国債は皆、当時は割当てられたのです。

花房　その国債って豆債券でしょう。私は軍需工場を自営していたんですが、幹部の半分はその豆債を買わされました。

稲垣　予算委員会のあとで大蔵大臣が一席設けてくれたのですが、その席で「閣下、あの仰せは本当に良いですけど出来ませんな」と言われました。又、名古屋で、そこの養鶏の連中が鶏の飼料がなくて困っているという。飼料は馬車で運んでくるんだが、それを引っぱる馬の馬糧、米ぬかがなくて困っている。馬が使えなければ養鶏をやっていけないので、むりをしてぬかを闇で買ってやっていると*7。それで私は陸軍の某中佐にいったんだ。「昨今、東條首相は玄米食を提唱し、そのため米ぬかがとれないので馬の飼料に困っている。当然飛行機増産、輸送にも支障を来たす。玄米食は健康にいいが、飛行機増産に影響するなど考えも及ぼぬことがおきている」と。その中佐は怪訝な顔をしていたが、手帳に私の話の要点を書いていた。その結果かどうか知らんが、玄米は閣議で問題になり三分づきになった。

小原　ずい分思いきったことを言われましたね。仲々あの時分は言えなかったですよ。

稲垣　いやそれ悪いことじゃない、戦争が負けるとかいうことじゃないからね。しかし特高が渋谷の家まで来たこともあります。私がどこかで飲んで酔っぱらって何か言ったらしく、その確認に来たのでしょうが、特高が「この戦争はどうでしょうかね」というから「私なんかは、秘密会があってもその要旨がほとんど翌日の新聞にのる。その程度しか知らん。かえってあんた方の方が知っているんじゃないか」ととぼけてやりました。

水野　あの頃、戦争の経過がよくないことは分かっていても、どういう風にいうかとかがね。彼らはそういうことがどこかで出てるってことをカギつけているんですよ。

稲垣　若手の連中がそういう話をするんです。今度の戦争はまずいと。でどうすればよいかって考えた。蔣介石に言えるような太っ腹な政治家が出て来なければダメだと、そういうことを言ったことはありますな。

小原　我々陣笠連中は皆集って、負けるってことを言って、どうしたらいいかとガサガサ控室でやっていると古い人が来て、そういうことを言っちゃいかんと。しかし我々の言っていることが評議員会に出るとそういう人達の発想となって出ているんです。

水野　大久保さん、火曜会はそういう問題についてどうでしたか。

大久保　ないですよ。私は余りいかなかったけどね。

稲垣　私の時なんか、たしか公侯爵二人ばかり出ておられた。

大久保　公侯爵は委員長とか必ず上の方に出ましたね。

小原　委員にはやっぱり研究会が多かったですね。
水野　そりゃ多かった。私はね割合早くから常務委員になってしまったんです。それで何か問題がおこった時にそれをどうするか相談して、対策をたてて指令を出すという立場だったんです。
稲垣　その委員が私等のときには、石黒忠篤とか仙石久英とか、その中に私も入ってた。
水野　戦後は委員会も公職追放があったため、中心の方がはずれてその埋め合わせに私達がならなきゃならなかった。
小原　私は穂積重遠さんとか多久龍三郎さんと一緒に出たんです。
水野　戦後に出られた人たちは、議員に出ると仕事が出来なくなるのを本当にむりをして出てもらった。しかも貴族院がなくなることが解っていたのにですよ。もう一つ、あの当時ＧＨＱのチェックがきびしく、その許可がないとダメでした。私は一人入れたかったのですが、田中薫という神戸商大教授で公務員なので議員と両立しなくて、それで結局議員はなくなるから、なくなったら又戻れるという条件をつけたんです。あの当時は立派に勤めて下さいというような指導はあり得ない。それより憲法が成立するための必要な顔ぶれを揃えるということが一つの目標でした。稲垣さんが入られた頃は立派に勤めて頂きたいというのでしたが、もう先がみえているんだから、どうしても埋めないと貴族院の成立に問題がおこるので、まず議員数を満たして新憲法を全員一致で通したいということがあったんです。それはともかく稲垣さんのお話よかったですね。記憶もいいし、経験者の話だから……。
小原　内輪の話だしね。私も稲垣さんが委員長として報告しておられた姿が頭に残っていますよ。
大久保　ああいう特殊なお仕事の関係で議員になられたのだから……、専門家だからね。

※　※

水野　このへんで襲爵のときのお話をうかがいたいですな。

稲垣　襲爵とか従五位の天盃を頂くとかのことも、皆さまのお話をとっておくといいですな。私は天盃のときは単独拝謁でした。沢山いて廊下にならんで待っていると誰々と呼ばれるんです。敷居のところで一つお辞儀をして、それから三歩前に出てそして頂いた。あのときは摂政宮でしたが。それで二歩というんですが、同じ三歩ならなるべく近くにいこうと。それで陛下がみえると足がすくんじゃってね。新年の二日に宮城にお出ましになるとき、なるべく近くでと思って一番入口の先頭に立っていたから、前を通られた時には結局お足だけ見えて。

花房　陛下の「出御」という「ケイヒツ（警蹕）の声*8」というのがあるんですが、華族がなくなる時に皆お呼びになって宮内省にうかがった。皆列立で陛下が正面の壇上にお立ちになってお言葉を賜わったときです。陛下のお声、玉音と申しますか間近にうかがったのはその時初めてでした。正月の拝謁のときは、皆、廊下に並ぶんですが、そうすると最初に、あの鉄製の柄の長い鍋のようなものに香がたかれて煙が出ているのを、侍従がもって我々の前を通ると、陛下はじめ各宮家の方々がつづかれます。一同礼を致すのですが、前列に立ったら全然頭があげられないんで、我々若い連中は一番後列に並びました。陛下をあんな近くで拝するのはあのときだけでしたね。

水野　稲垣さんも、お疲れでしょうから、ではこの辺で。

＊注記

1　稲垣長昌（いながきながまさ）子爵

明治八年一二月生　昭和一五年一一月没

2　稲垣長敬（いながきながひろ）対馬守　子爵
安政元年七月生　明治元年八月承　大正九年八月没

3　昭和一八年五月一七日　貴族院満州国方面皇軍慰問団出発、侯爵・蜂須賀正氏、子爵・稲垣長賢、男爵・高崎弓彦、同。山根健男、勅選・出淵勝次、多額・渋沢金藏　六月一四日帰国。団長は蜂須賀侯。

4　第九〇回議会（昭和二一年一〇月）
蚕繍法一部改正特別委員会（委員長稲垣、副委員長島津忠彦）は九月三〇日から一〇月一〇日まで五回開かれたが、資料不十分のため資料を政府に請求することにし、揃うまで閉会未決となった。

5　第八会議会（昭和一九年五月）
農林中央金庫法特別委員会において真綿のためのエリカイコなどについて質問、又「食糧に闇が行われたり、買い出し部隊が出たりがある。腐敗（食糧の）危険もあり、どのような処置がされているか」との質問。

6　第九〇回予算委員会（昭和二一年八月二四日）
「我々ハ預金カラ金ヲ出シテサウシテ国債ヲ買イ、又、国債ヲ売ル、ソウ云ウ様ナコトヲ繰リ返シテ居ッタノデアリマス。……之ヲ料理屋ニ持ッテ行ッテ出入リスル接客婦ニモ割当テヲスレバ消化ハ割合楽ニイクノヂャナイカ」と質疑、これに対し、石橋大蔵大臣の答弁は「オ話ハ十分参考ニシタイト思マス」。

7　直接この項と関係はないかも知れないが、第九〇回議会予算委員会で「赤ン坊の為にミルクが必要である。その為には乳牛の増産が必要となる。人間が飼料を食しているが、家畜なら消化できても、人間では消化できないものもある。そういうものを人間が胃に入れている。飼料を輸入して乳牛を増やしミルクを確保すべきである」（要旨）と発言。

8　蹕は通行人を払う意。天皇の出入のとき、あるいは神事のときなど「おお」「しし」「おし」「おしおし」など云ったもの、又、その声。

岡部長景　談

貴族院改革と研究会、十一会と朝飯会、陸軍政務次官

岡部長景《おかべながかげ》　子爵　研究会

旧和泉国岸和田藩主家

議員在職／昭和五年九月～昭和二一年二月

研究会役員／常務委員

経歴／明治一七年八月生　東京帝国大学法科大学卒　外務省入省　外務省文化事業部長

内大臣（木戸）秘書官長兼宮内省式部次長　陸軍政務次官　文部大臣（東条内閣）大日本

育英会会長　昭和四五年五月没

聞き手　水野勝邦

昭和四三年五月一日

小金井岡部邸にて聴取記録したもの

貴族院改革の時

大正十三年、当時私は外務省の対支文化事業部長であった。そもそもの始めは、研究会の水野（直）さんに呼ばれて、最初の話が私に「トンネルにならなければいけない」といわれた。私はそれまで政治行動は何もしたことがなかったので、何んのことか初めは分らなかったが、それは私に「加藤高明総理との間の意志の疎通を計れ」との意味であった。加藤という人は、公私を全く混同しなかった人で、政治のことで何一つ私を使うことはなかった。イギリス型の人で、婿などを政治に使うことは間違っていると考えておられた（岡部長景夫人悦子は加藤高明長女）。しかし、「今度の貴族院改革は政治問題であるがお前達華族の問題でもあるのだから、お前は華族としての立場で心配しろ」といわれた。政府は貴族院との連絡がむずかしいので、私が貴族院改革に関して研究会との連絡としてお役に立てればと仕事をすることになったのである*1。この時の首相秘書官は松本忠雄という衆議院議員であったが、重大な事柄が多いので、いつも秘書官を通さずに直接総理に会って話をしていた。京極君（高鋭）のいう程総理はむっつりしていて話にくい事はなかったが、時によっては話の調子はいい方ではなかった。貴族院改革のことで、水野さんから頼まれるとそれを総理に伝えるのであるが、勿論総理はあまりよい返事はしなかったが、そらすでもなく、撃退もされなかった。

その頃の研究会の幹事は青木（信光）、水野、それに前田（利定）、牧野忠篤、酒井（忠正）、小笠原（長幹）君や大河内正敏さん等で大河内（輝耕）さんも有力な存在であった。

貴族院改革で一番問題なのは有爵互選議員の数で、その定員数を減らすの減らさないのが問題であった。私は大体いい所に落着いたと思っている。この改革問題が済んでからは、私は政治問題には関係しない立場にかえった。

貴族院議員となった時

内大臣秘書官長の河井弥八君が皇后宮大夫に就任された時、牧野内大臣（伸顕）が外務省に話されたのだと思うが、私は外務省の通達で宮内省の内大臣秘書官長兼式部次長に就任した。

それから一ヵ年半して貴族院議員になることとなった。原田（熊雄）君などは、秘書官長在任一年半は短かすぎ、けしからんと不満を洩らしていた。勿論辞任については、自分からやめるのは好ましくない、貴族院からの話があればと申し出てあった。研究会からも青木さんや牧野さん等が直接内大臣や一木（喜徳郎）宮内大臣に申し入れをしておられた。これは昭和五年九月のことである。大河内正敏さんが令息のことで議員を辞され、又税所篤秀子の死去により、補欠選挙となり毛利元恒君と共に選ばれたのであった。

研究会の改革論があった

貴族院における研究会は多数を制して力は非常なものであって、小川平吉君など大臣達が研究会の事務所に見えたし、黒木（三次）伯の飯倉かにあった家にもよくやってこられた。原敬総理も自ら研究会の事務所にこられていた様である。この様に研究会の存在は強大ではあったが、一面青木、水野による指示で右へならえの大勢がありそれではいかんという不満もあった。曽我祐邦や大河内輝耕君らはその先鋒であった。しかし曽我君は利口ではあったが味方は少く、輝耕君はよく意見は述べるが実行力はなく、結局研究会の改革はできなかった*2。

貴族院問題の当時、よく築地の錦水に水野さん等議員の方々と集まっていた。水野さんは一寸出かけて来ますといって外出され方々廻って必ず帰って来られた。我々はそれまで皆残って待っていなければならなかった。随分おそくなったことがあったが、先に帰ってしまうと「議員はそんなことではつとまらない」とよく小言をいわれていた。集まった人は、酒井、織田（信恒）、小笠原、松平康春、黒木、原田君等で裏松君もよく来られていたし、一番水野さんのいいつけに忠実であった。池田政時君も来た。青木さんより水野さんの方が先に見えていたし、若い者をたててくれたし、又よく人の世話をしていた。この他には伊東祐弘君がいた。昭和五年私が貴族院に入った頃、水野さんは既になく、研究会の空気は大分変っており、錦水の会合等はなくなっていた。

十一会と朝飯会

大正十一年十一月十一日に初めて木戸君の家に集ったので十一会と名付けた。そこでは木戸夫人の料理でお嬢さんのお給仕での夕食会であった。集ったのは近衛、木戸、松平康昌、佐佐木（行忠）、黒木、酒井、松平康春、織田、裏松、原田君たちで、大体十名程であった。別に目的があっての会合ではなく、会の内容も単なる夕食の場であり、料理店では金がかかるから木戸君の所で会合したのだ。その顔振れは松平康春、黒木、裏松、私の四名をのぞけばあとは皆京都大学時代の仲間で一緒に京都で宿をしていた連中の集まりであった。東京組は外様であった。

又、朝飯会もしていた。朝飯会というのはその頃二つあって、一つははっきりは知らないが、軍人が中心の集りで、鈴木貞一、井上三郎侯爵の名が出ている。帝国ホテルなどで会食していて、世間から注目されていた存在であった。我々の朝飯会はそれとは全く違ったものである。メンバーは大体十一会と同一であった。その他に黒田長和男、岩倉道倶男が、又たまに上田操や高木喜寛君も来会した。会合場所は麹町の原田君の家であった。後に私が戦犯容疑で巣鴨に入った時、検事には一度も会わなかったが、GHQの情報官が情報をとりに来た。それはこの十一会のことで、会長は誰れか、会員はなどと精しく質問を受けた。朝飯会についても同様であった。勿論食事をするだけの会合で何も決ったものはなかったが、GHQはこれらの会が何か政治的陰謀の団体とでも思ったらしい。

近衛公の研究会脱退

昭和三年に近衛文麿公が研究会を脱会*3して火曜会をつくった。その原因は公が何か水野さんにだまされた様に考えられ不満を抱かれたという。この脱会は事前に私達が内通しての芝居だというが、それは全く知らないことで、準備があったのではなく、全く寝耳に水の突如として起ったことである。あの時は近衛君らとたしか木戸邸において十一会の会合を開いた時、冗談を交えての会合中であったが、その席から、近衛君が「一寸と用がある」といって外出された。それが実は研究会脱会であった。裏松君にも何にも事前に話していない。余りの突然のことで裏松君はショックが大きかったらしく涙を流して憤慨した程であった。

陸軍政務次官就任とその頃

昭和十年十一月のこと、土岐君（章）の陸軍政務次官の在任が余りに長くなっていること、新しい（議員である）のに勲二等を賜ったことなどで、研究会内での空気が非常に悪くなった。政務次官は会の代表がかわるがわる出ることだったのだから評判が悪く、次期の改選期にはこのままではあぶない、推薦されなかったら大変だということになり、私が土岐君の議員になるとき斡旋し口をきいたこともあるので、同君にやめてはとの引導を渡すことになった。結局しぶしぶ土岐君はやめたが、その後私が陸軍政務次官になるようにとすすめを受け、岡田内閣の陸軍政務次官となった。何んだか、自分がなるためにやめさせた様で具合が悪いから断ったのだが是非にとのことで、とうとうお引受けした次第だ。十年十二月でその時の陸相は川島大将であった。

在職二年目の昭和十一年二月に例の二・二六事件が起った。その時は大変だった。事件については何も知らされず、いつもツンボ桟敷に置かされた。時々後宮局長らが政務次官室に来たり、食堂で情況を説明するのを聞く程度であった。彼は話上手であった。

岡田内閣の辞職、続いて広田内閣の組閣の時、軍と組閣本部との間の意志が通じないなどで色々と走り役をしたが、二日目か、三日目に軍人以外は軍と政府の間に動いてはならないと禁足となり動けなくなった。新内閣の陸軍大臣は寺内大将であった。私はその前に退官となった。

文部大臣在職の時

昭和十八年東条内閣の時、橋田文相の後を受けて文部大臣に就任した。橋田文相の退任は何が原因であったか覚えていないが、政府の方針に合わないとやめさせる、その様なことだと思う。その頃は随分やめさせられた人がいる。

私は東条君とは学習院の小学校の時の同級生である。成績は私の方がよかった。その頃の同級生の成績一覧表を持っていたのでぐずぐず言うと「その成績表を見せるぞ」と言うと、それだけはやめてくれといった。彼の父は陸軍中将で広島の師団長であった。学習院から広島の幼年学校へ進んだのである。その後交友はなかったのだが。

学徒動員について、従来徴兵猶予が認められていたがこれが撤廃されてしまった。これは軍令であるから文部省としてもどうにもできない。そこで文部省として新たに入営延期令を作った。これによって従来と内容は同じことになったが、軍は文科系学生については入営延期を認めなかった。理科系の学生にだけ卒業まで待つことになった*4。軍は戦争遂行という立場で勝手であった。その一つに石渡大蔵大臣を通じて奈良の大佛を鋳潰して砲弾を造れという軍の方針を伝えて来たが、自分としてはこれを断固断って来た*5。その時の東大寺の官長筒井英俊老師が戦後に「今日大佛が残ったのはあの時岡部文相が断ったおかげである」と何かの本に書いていた。

文相としてやった仕事の一つに今日まで続いている大日本育英会の設置*6がある。文部省が英才教育保護の必要から立案し、当時衆議院の教育議員連盟もその必要を認めたので議案が成立した。戦時中のことであるので、やや矛盾はあるが、東条君はこれを認めてくれた。東条君は人から色々いわれているが、理解のよい所もあった。こんなこともあった。戦時体制による女子の勤労動員のことについても、東条君は女子は家庭をしっかり守ってもらわねばならないからと動員には賛成しなかった。しかし厚生省の方針で決まったので東条君も結局認めたのである。育英会は認められたが、その基本金がなかったので私は最初に一万円を寄付した。これが、設立の出発点となった。

もう一つの仕事は戦争に必要な特殊な学問をする学生を認めたことで、これは理科系の特別研究生の制度という*7。この制度を設けたことにつき、戦後京大の鳥飼総長が、或る会の席で「岡部さんのおかげでできたことはよかった」と感謝されていた。

自分は文相として、微力であるが戦争によって破壊されそうになった文教の府を守り抜いたことに今も満足している。これは東条君がよく私の話を聞いてくれたことにもよると思っている。

（昭和四三年五月二一日、水野記）

＊注記

1 「政府は有爵議員中の伯子男の数を百名に減少する案を立てた。定員約六割の削減で、研究会の如きは甚大なる打撃を蒙る。そこで研究会の一角と加藤伯との交渉は頻繁に行われ、近衛、水野、小笠原の諸幹部を通じて折衝数回、遂に之を百五十名に限定することに妥協された。」（加藤高明伝）。可決された主な内容は、①公侯伯子男爵の貴族院議員の年齢を二五歳から三〇歳に引き上げたこと、②伯子男爵議員の定数を現行定数からそれぞれ一割を減じて合計一五〇名と定める、③新たに議員として帝国学士院会員の互選により勅任された者四名を加えた、④多額納税者議員について土地または商工業で多額の直接国税を納める者上位一〇〇人について一人を、二〇〇人について二人を互選しその総数を六六人と定めた、⑤貴族院令第七条を削除し勅任議員の有爵議員の総数を超過しないという制限を除いたこと、等である。

2 昭和四年二月から五月にかけて大河内輝耕（子）ら三十余名が会則改正について数回会合をもった。しかし会内の不統一で、決議案の賛否が決まらず審議未了、という結果になった。

3 昭和二年一一日・一二日研究会の相談役公爵近衛文麿ら六名（公爵一条実孝　侯爵中山輔親　侯爵四条隆愛　侯爵広幡忠隆　侯爵中御門経恭）研究会を脱会。

4 昭和一八年一〇月閣議において「教育ニ関スル戦時非常措置方策」を決定、理工科系統および教員養成諸学校学生の他は徴兵猶予を停止、義務教育八年制を無期延期、文科系大学の理科系への転換、勤労動員を年間の三分の一実施。

5 第八四回帝国議会（昭和一九年）二月四日予算委員会第三分科会で岡部文部大臣は「…美術品・貴重ナモノヲ保存シテイクコトハ…重要デアル」「理科系ノ学生ハ軍ニ留ッテ勉強サセタイ」と答弁している。

6 大日本育英会法案（第八四回議会、昭和一九年）　財団法人日本育英会を設立。政府は基金一〇〇万円を出資、奨学生予定数一万人。

7　昭和一九年八月二三日学徒勤労令公布（学徒勤労動員に法的措置を行う）、大学、高専の二年以上の理科系学徒一〇〇〇人にかぎって勤労動員より除外、科学研究要員とする。

土岐　章　談

中国における資源調査、ゴーストップ事件、陸軍参与官、陸軍次官、二・二六事件

土岐《とき》　章《あきら》　子爵　研究会

旧沼田藩主家

議員在職／昭和三年一〇月～昭和二一年六月

研究会役員

経歴／明治二五年二月生　東京帝国大学理科大学選科修　日本食糧㈱取締役　帝国酒造㈱

顧問　農商務省嘱託　商工省嘱託　農林省嘱託　陸軍省糧秣本廠嘱託　陸軍参与官　陸軍

政務次官　専売局参与　資源科学研究所参与等　昭和五四年四月没

聞き手　水野勝邦　成田毅雄

昭和四八年二月一八日

於　不明

中国における資源調査

土岐　満州事変のときに私は陸軍の政務次官でいちばん先に主張したのは、陸軍は満州の資源だと、そうじゃないと資源があるということは、これは利用すればこそ、そこで資源の価値が出てくる。日本人としてはもういっぺん、満州東方に対して売り込みに来て、石油があるとか石炭があるということで、それにただ雷同しちゃいかん。日本人は日本人の頭で世界のサイエンスを基礎として、満州ってものを見なきゃいかんというのでやったのが、満蒙の探検隊なんです。

水野　それと繋げて山西の学術、これも今日はちょっと伺いたいと思ってるとこなんです。サイエンスに基づかなきゃいかん。ところが今のは、戦後は殊にその点に関して欠けてるってことは、日本がアメリカに占領せられていちばん先に首根っこ抑えられたのは、資源の問題です。

土岐　満州事変のとき私は陸軍の政務次官だったということは、私はこれ陸軍では、権力争いはいかんぞと、もっと科学的な基礎に立って、満州に資源があるならばそれを、科学者を全部動員して、日本ばかりじゃない世界中の科学者を動員して満州ってものを、果たしてオイルシェルならオイルシェル、あるいは油なら油ってもの、あるいは地下資源の金なりというものを採掘すると。そうして日本と満州との間に受けるところを、民族の交流に活かせなきゃいかんってのは私の願いです。それだから小磯さん＊1にその話をした。それで小磯くんが事務局長からいよいよ満洲国の参謀長になってから承知したわけだ。

水野　それが満蒙調査ですか。

成田　山西。

水野　山西もそうですか。

土岐　山西の後だよ多分。

水野　それが最初山西は。

土岐　熱河。

水野　山西学術調査団*2、あれは違うの？

土岐　山西の後だよ多分。

水野　後ですか。すると順序からいくと熱河がいちばん最初？

土岐　山西のほうは、私が陸軍の政務次官になってから私がリーダーになって行ったんです。

水野　山西は、ちょっとこんがらがっちゃう。

土岐　山西のほうは、報告書は学者が握ってるけど、まだ報告書になってない。

水野　まだなってないの？　熱河が最初、それから山西、それから蒙疆。

土岐　蒙疆は熱河がやったときに同時にやりました。それ二六冊ある、報告書。欧文と邦文と英文で。

水野　それはどこの管理で、報告はどこにある？

土岐　それは私の家、まだひと揃いだけはある。それから後はもう今絶版で、一セットいくらしてますかね。

水野　陸軍省のものになるわけですか。

土岐　いやいや。これは満蒙調査団*3が出した。徳永重康くんが委員長、団長。徳永重康*4。これは早稲田大学の教授です。団長です。それでそれに、先生は地質学者ですから。それに人類学者も動物、植物も全部、学会のほうから代表者を入れて、一団を組織したわけ。

水野　それは目的はやはり今の、将来の日満関係に於ける。

土岐　基礎なんだね。それのほうとしては二六冊あるわけです。

水野　最初のは満蒙調査団。二回目が山西学術調査団。

土岐　それから次は二回目には、私自ら行ったわけだ。

水野　二回目のときは団長でいらした？　最初のときはこれは。

土岐　徳永重康くんが。

水野　土岐さんはそのときは。

土岐　私は陸軍参与官だった。参与官から政務次官になりました。そして外務省からも金もらったり、日本チッソからもらったり方々からもらって、朝日新聞が取材でやったわけです。

成田　それで鳥居さんの行ったのはどちらですか。鳥居龍蔵*5さん。

土岐　あれはテンポラリーで行ったんでしょう。

成田　さようでございますか。そのときはご一緒でなく。

土岐　鳥居くんは度々。

水野　行ってますが、これは自分の勉強を目的に行ってる団体ですね。それで二度目の山西のほうの結果が出てないというのは。

土岐　それは戦争始まっちゃったから。それで高木町に研究所があったんですけど。

土岐　そう、報告書はそれぞれスタッフがまだ残ってますからね。この間もいよいよ解散式があって、私も呼ばれて行きました、その資源科学研究所の。つまり解散したんだけれども、実際には上野の科学博物館の中入れちゃったわけ。そうして今までのオープンのほうの研究所というものはその付属ということで、建物を建て直した。

水野　しかしその目的は、熱河、蒙古はわかりますが、山西なぜ山西というあっちを狙われたんです？

土岐　それは山西は、閻錫山*6があそこにいるもんで、それから私が、あそこはいちばんの中共としても資源の調査できた。そのときの報告書はトランクいっぱい。いわゆる支那文字で書いたやつが。それこの倉庫に放り込んだ。

水野　貴重なもんだね。あそこは閻錫山が持ってるし、またあそこが、ひとつの閻錫山がモンロー主義で資源も相当ある。中共もあそこはかなり狙ってたわけですね。それから日本軍もあそこを手に入れたかったんですね。それは確かに。それは、華北なんかには資源ないんですから。山西の資源は大きい。

ゴーストップ事件

水野　ちょっと飛びますが、例のゴーストップ*7という事件。あれは土岐さんは政務次官ですか、あのとき。

土岐　そう。

水野　それであれ両方譲らなかったたって僕は聞いてる。

土岐　だからそれはもともと寺内さん*8は。

水野　大阪の師団長。

土岐　それから松本学くんは、

水野　警保局長。で、両方譲らないんでしょ。

土岐　しかし両方とも私はご懇意だから、それで司法大臣の。

水野 司法大臣。誰だっけな。

成田 昭和八年頃でしたね。

水野 小山松吉*9。

土岐 そいつが心配して、君ひとつ何とかやってやれよってことから始まった。松本くんもヤスオカさんの付き合いですから。

水野 するとそのとき陸軍大臣は荒木*10さん。荒木さんの前ですか。

土岐 林さん*11でしょ。

水野 林だ。それで陸軍大臣はあまり口出さなかったんですね。

土岐 もともとそれはそういう感じじゃなかったけど。

水野 警保局長と師団長の。

土岐 それでいよいよ一〇月に大演習があって。

水野 福井ですってね。

土岐 そのとき私は陸軍の政務次官として行って、そこで寺内くんに演習場で話した。

水野 もうあなたいいかげんに。

土岐 だからもうドドンという。円満に解決したらどうですかって。それから話始まって、また松本くんもなかなか強豪だった。

水野 でもそういうタイプだと思いますね。一歩も譲っちゃいけないって。

土岐 今となってみれば無理はないと思うんですけどね。どうしても軍がけしかけたって、勢いで。

水野 それで土岐さん、そういうことで寺内さんもそれじゃ納めようという線が出たんですか。

土岐　そういう雰囲気にだんだんなってきた。
水野　あのときに白根さん*12が、兵庫県かどっかの知事。
土岐　兵庫県知事だ。
水野　これは動かれてる、大きい状況変わりますか。
土岐　動かなかったでしょう、別に。
水野　大したことなかったかな。困った事件だったらしいですね。どこまで行くかまたそれが、単なる小さなゴーストップでなくなって、国の問題になりそうだったんでしょ、あれ。

陸軍参与官、陸軍次官、二・二六事件

土岐　あの時分のことは今から見りゃ、それはもう殺気だってましたから。それだから一方においちゃ研究会はけしからん。
水野　けしからんって言うんですか。
土岐　けしからんというんだ、木戸くん*13にしたって。木戸くんも生きてらっしゃるけれどもそれは事実で、それはもう私は間入って、思ったことあるんだ。研究会だって、どうも土岐のやつは陸軍に振り回されてる。どうもあいつけしからんという。
水野　そういうことも出る。
土岐　なったときは、だからなかなかそのなかでデリケートな、だけど元々（陸軍参与官に）なったときには僕は全然知らない。小笠原*14が森恪*15と話し合って、それで引っ張り出されたとこういうことだ。あのとき私なんて言ったか、どうやらこうやら、少しこういろいろ機微の問題に触れたようなことでありましたけれども。しかし充分じゃございませんけれども。だから、よくここまで来たと思いますよ。

水野　立場ってのは難しいもんですね。二・二六のときは政務官でなかった？

土岐　二・二六は私もう辞めちゃった。

水野　岡部さん*16になってた？

土岐　だから岡部くんは、お前やめろと。やめろとおっしゃったって。ともかく僕としたってどうもしょうがないんだとか、お前が政務次官として（陸軍を）抑えなきゃいかんとこう言う。それならあなただったらいいでしょ。そんな生優しいもんじゃないんだからと言った。川島さんはやめちゃいかんと。岡部くんそういうことだから。いや、私の代わりに適当な人っていうんで、岡部さんのやり方があるっていうんでって岡部さんにリレーが渡ったんです。なってから、それが一〇月の末でしょう。それで起こったのが二・二六。それで二・二六のときには岡田啓介さんの秘書をしとった福田耕*17というのが、これが代議士に立ったわけです。それで陸軍のほうでは福田くんが代議士立つから応援してるっていうんで、それで私は福井に行って、二月の二〇日か二一日か、応援をしたんです。そして福田くんが出て、そのとき松尾大佐*18も一緒でした。それで帰ってきたのが二〇確か三日です。それで四日に軍事参議官を歴訪した。ところがどこ行っても歯が立たんわけだ。もうダメだと。ところがそういうことだから、渡辺大将*19も、

水野　錠太郎。

土岐　軍事参議官を回ったけれど。

水野　真崎*20ですか。

土岐　だからこれは結局渡辺さんが殺されちゃったから。死ぬつもりでおやりになればできた。

水野　そうだったね。またそれを、研究会って言いますか、貴族院の人ももっとしっかりしなきゃいけなかったですね、今考えてみて。

＊注記

1　小磯国昭。明治一三（一八八〇）年～昭和二五（一九五〇）年。陸軍軍人。山形中学校を卒業後、陸軍士官学校入学、明治三三年に卒業する（一二期）。その後、歩兵少尉に任官されると、歩兵第三〇連隊付として日露戦争に従軍。明治四〇年に陸軍大学校に入学、同四三年に卒業。以後、陸軍士官学校教官、関東都督府参謀、参謀本部部員を経て、大正四年に中国に派遣される。同七年には、第一二師団参謀としてシベリア出兵に参加した。大正一二年に歩兵第五一連隊長、その後、参謀本部編制動員課長、航空本部総務部長、陸軍省整備局長、同軍務局長などを歴任。昭和七年二月には、荒木貞夫陸軍大臣のもとで陸軍次官に就任。昭和一二年に大将となり、平沼内閣、米内内閣で拓務大臣に就任。昭和一七年の朝鮮総督を経て、昭和一九年に首相。戦後は、A級戦犯に指名され、昭和二五年に巣鴨の収容所内で病死した。

2　昭和一七年に組織された土岐章を団長とする第一次山西学術調査団のことを指すと思われる。地理学から多田文男、花井重次ら、動物学から清棲幸保、植物学から館脇操、人類学から谷口虎年ら総勢三〇人の専門家によって構成された。この調査は、在北京日本大使館編『山西省資源調査概報』（昭和一八年）などにまとめられている。

3　昭和八年に徳永重康を団長として組織された第一次満蒙学術調査団のことを指すと思われる。地質学から徳永、地理学から多田文男、人類学から八幡一郎、植物学から中井猛之進ら自然科学の専門家ら一二名から構成された。

4　明治七（一八七四）年～昭和一五（一九四〇）年。明治期～昭和期の動物学者。早稲田大学教授や東京帝国大

学講師などを務める。昭和八年から中国東北部や山西省で科学的総合調査を実施。昭和一二年には朝日文化賞を受賞している。

5 明治三（一八七〇）年～昭和二八（一九五三）年。明治期～昭和期の人類学・考古学者。明治三年、徳島に生まれる。明治二三年東京帝国大学理科大学人類学教室の坪井正五郎に師事する。明治三一年に理科大学助手、同三八年に講師に昇任、大正一一年に理学部助教授に就任し、人類学教室第二代主任となる。以後、東方文化学院東京研究所評議員、國學院大學教授、上智大学文学部長などを歴任。日本国内はもとより、調査範囲は、東部アジアのほとんど全域にわたる。昭和一二年から翌年にかけて、外務省の文化使節としてブラジルに派遣され、ペルー、ボリビアなどを歴訪した。

6 一八八三年～一九六〇年。中華民国時代の軍閥。一八八三年、山西省で生まれる。山武備学堂を卒業後、官費留学生として日本に渡る。以後、振武学校、弘前歩兵第三一連隊候補生を経て、一九〇九年に士官学校を卒業。民国が成立すると、山西都督に就任した。一九二七年、国民革命へ寝返ると、北京を攻略し、以後内政部長、陸海空軍副総司令などを歴任した。馮玉祥・汪兆銘の反蒋戦に参加するも、失敗し大連に亡命。一九三二年には山西王の地位に戻り、内治優先の立場を貫いた。

7 水野勝邦『貴族院の会派研究会史』昭和篇（芙蓉書房復刻版、二〇一九年）二二三頁を参照。

8 寺内寿一。明治一二（一八七九）年～昭和二一（一九四六）年。明治期～昭和期の陸軍軍人。明治三〇年に陸軍士官候補生となり、同三二年に陸軍士官学校を卒業。近衛歩兵第二連隊付の少尉となる。その後、日露戦争に従軍、明治三七年に中尉となる。近衛師団参謀、オーストリア大使館付武官補佐官、ドイツ駐在武官、朝鮮軍参謀長などを経て、昭和一〇年に陸軍大将。その間、大正八年に伯爵を襲爵。昭和一一年に陸軍大臣、翌年に教育総監を務めた。

9 明治二（一八六九）年～昭和二三（一九四八）年。明治期から昭和期にかけての司法官。明治二五年、独逸協会学校専修科を卒業後、第一回判検事登用試験に合格し、司法官試補となる。同二九年に検事になると、同三四年に判事に転じ、長崎地方裁判所判事、同控訴院判事、同地方裁判所部長などを歴任する。その後、検事に再び転じると、東京控訴院検事、神戸地方裁判所検事正、長崎控訴院検事長などを歴任した。大正七年には、大審院検事、同一三年には検事総長に就任。そのほか、斎藤内閣で司法大臣、貴族院議員、法政大学総長なども務めた。

10 荒木貞夫。明治一〇（一八七七）年～昭和四一（一九六六）年。陸軍士官学校卒業後、陸軍大学在学中に日露戦争に従軍。陸代を主席で卒業し、その後おもに参謀本部に勤務。第六師団長、教育総本部長を経て昭和六年から昭和九年まで犬養・斎藤内閣の陸軍大臣をつとめた。ついで、軍事参議官、男爵。二・二六事件により予備役に編入。昭和一三年から昭和一四年まで近衛・平沼内閣の文部大臣を務めた。

11 林銑十郎。明治九（一八七六）年～昭和一八（一九四三）年。大正・昭和期の陸軍軍人、首相。陸軍大将。明治二九年陸軍士官学校卒業（一七期）。日露戦争に出征したのち、歩兵第五七連隊長や歩兵第二旅団長、東京湾要塞司令官などを歴任。昭和二年三月に陸軍大学校校長に就任。斎藤内閣、岡田内閣で陸軍大臣を務め、昭和一二年二月に首相就任。同年六月には内閣総辞職となった。

12 白根竹介。明治一六（一八八三）年～昭和三二（一九五七）年。明治期～昭和期の官僚、政治家。明治四一年、東京帝国大学法科大学を卒業し、その後同大学院を修了。明治四二年以降、静岡県属、同県理事官兼警視、山梨、山形各県の警察部長、岐阜、京都、東京府各内務部長などを歴任。その後、岐阜、石川、富山、埼玉各県などの知事を務めた。岡田内閣で内閣書記官長となり、昭和一一年に貴族院議員（昭和一一年九月～昭和二二年五月、研究会）。

13 木戸幸一。明治二二（一八八九）年～昭和五二（一九七七）年。侯爵。貴族院議員（大正六年～昭和二〇年）。侯爵木戸孝正の長男に生まれ、学習院を経て、大正四年、京都帝国大学法科大学政治学科を卒業し、農商務省に入省。大正六年に父の死去により襲爵し、貴族院議員となる。西園寺公望の秘書である原田熊雄と連絡をとりつつ、内大臣を補佐し、西園寺の信任を得た。昭和一二年第一次近衛内閣で文相として入閣、同一三年には厚相を兼任（のち、専任）。平沼内閣では、内相に就任した。昭和一五年からは、湯淺倉平のあとをうけて内大臣をつとめ、太平洋戦争開戦および終戦に際しては、天皇にもっとも近い側近として補佐した。戦後は、A級戦犯として拘留される。昭和三〇年仮釈放。

14 小笠原長幹。明治一八（一八八五）年～昭和一〇（一九三五）年。伯爵。研究会所属、貴族院議員（大正七年～昭和一〇年）式部官、国勢院総裁など歴任した。

15 明治一五（一八八二）年～昭和七（一九三二）年。明治期から昭和期の実業家、政治家。明治一五年、大阪に生まれ、同三四年に商工中学校を卒業。その後、上海に渡り、三井物産上海支店の支那修業生として業務に従事。中国語と英語を修める。三井物産での勤務により、上海支店長の山本条太郎の知遇を得る。日露戦争時には、バルチック艦隊の発見に貢献したとされる。その後、ニューヨーク、東京、などの勤務を経て、大正三年に天津支店長。益田孝の姪にあたる栄枝と結婚したのち、中国興業株式会社、寿星麺粉公司など各社の役員となり、対中国投資などに役割を果たした。大正九年に三井物産を退社すると、立憲政友会所属の銀として神奈川県から立候補し、衆議院議員に当選、以後五回当選した。田中義一内閣で外務政務次官。一貫して、対中国強硬論者であった。

16 岡部長景。明治一七（一八八四）年～昭和四五（一九七〇）年。貴族院議員（子爵、昭和五年九月～昭和二一年二月）。明治四二年、東京帝国大学法科大学卒業。その後、米国在勤外交官補をはじめ、英国在勤大使館書記官、対支文化事務局参事官、ドイツ在勤大使館事務官、内大臣秘書官兼式部次長などを歴任。この間、大喪使事務官なども務めた。貴族院議員就任後、岡田内閣陸軍政務次官、東条内閣文相、内閣情報部参与、帝室博物館顧問などを務めた。なお、陸軍政務次官就任の際については、尚友倶楽部編『その頃を語る』（尚友倶楽部、一九九〇年）でも回想している。

17 明治二一（一八八八）年～昭和四五（一九七〇）年。大正・昭和期の官僚、実業家、政治家。大正一〇年、東京帝国大学政治科を卒業。東京市主事、同電気局、同道路局などを経て、日本無線電信株式会社に入社。建設課長、工務課長などを歴任した。のち、内閣総理大臣秘書官となり、昭和一九年、福井県から衆議院議員選挙に立候補し当選。そのほかにも、華中電気通信、日本タイプライター、大和紙業各社長などを務めた。

18 松尾伝蔵ヵ。明治五（一八七二）年～昭和一一（一九三六）年。陸軍軍人。福井中学校を卒業し、明治二五年に陸軍士官候補生。その後、陸軍士官学校を卒業し、歩兵第七連隊付の少尉となる。以後、台湾守備歩兵第三連隊付、戸山校学生などを経て、明治四一年に歩兵第七連隊大隊長、同四三年に鯖江連隊区司令官などを務める。予備役に入ってから、大正一一年には福井市議を務め、昭和九年には岡田首相秘書官事務取扱となる。昭和一一年の二・二六事件で殺害される。妻トシホは、海軍大将岡田啓介の妹。

19 明治七（一八七四）年～昭和一一（一九三六）年。明治期～昭和期の陸軍軍人。陸軍大将。陸軍士官学校を卒業したのち（第八期）、明治三六年に陸軍大学校卒業。歩兵第三六連隊の中隊長として日露戦争に出征し、旅順要塞攻略に参加。ドイツ大使館付武官補佐官やオランダ公使館付武官などを経て、大正九年に歩兵第二九旅団長に就任。その後も、陸軍大学校校長、第七師団長、航空本部長、台湾軍司令官などの要職を歴任した。昭和一〇年に教育総監に就任し、教育制度の改革を目指したが、翌年の二・二六事件で殺害された。

20 真崎甚三郎。明治九（一八七六）年～昭和三一（一九五六）年。大正・昭和期の陸軍軍人。明治三〇年に陸軍士官学校を卒業し、少尉に任官。日露戦争出征後、陸軍大学校に進み、明治四〇年に卒業（一九期）。軍務局軍事課員を皮切りに、教育統監部第二課長、軍務局軍事課長などを務める。歩兵第一旅団長、陸軍士官学校本科長などを歴任したのち、昭和二年に第八師団長、昭和七年に参謀次長に就任した。荒木貞夫らと人的に近く、いわゆる皇道派を形成する。戦時中には、近衛文麿や吉田茂らと反東条運動を起こした。戦後A級戦犯として収監されたが、昭和二二年に釈放された。

松平銑之助　談

紅葉館（能楽堂）・衆議院事務局

松平銑之助《まつだいらせんのすけ》　子爵　研究会

旧小幡藩主家

議員在職／昭和二一年五月〜同二二年五月

経歴／明治二九年生　早稲田大学卒　大正一五年以降衆議院属兼逓信属　衆議院理事官

昭和食糧株式会社顧問　昭和五三年没

聞き手　水野勝邦

昭和五三年七月一〇日

水野　芝公園ではなくて紅葉山といった。それを東京都から。
松平　紅葉山だから紅葉。
水野　紅葉山を東京都から借りて、能楽堂ができる予定だったの。
松平　それでできたの。
水野　まだ紅葉館*1はなかったのでしょう。
松平　紅葉館はそれから。つまりね、能楽堂があって、能楽堂へ陛下がいらしておくつろぎになるように、お茶だとかお弁当だとかを召し上がるためにこしらえた。
水野　それが紅葉館のおこり？
松平　そう。だから女中も、東京都の一流の料理屋の娘が行儀見習いということで、それをあそこで仕込んだんだ。そういうところだから芸者を入れない。それは最近まで続いておったからね。
水野　雰囲気は知っております。その能楽堂が靖国神社の境内へ移ったのですか。
松平　そうです。
水野　それはどういうわけで。
松平　能楽堂を建てたものだから、能楽者が来たでしょう。能楽堂を自分で持っていないから。それでやっているうちにだんだん自分の懐がよくなったものだから、今度は自分で各家元が能楽堂をこしらえちゃったんだ。そうするとその経営に一生懸命になるから、今度は来ないんだよ。出られなくなっちゃったから、それでどうしようもなくなっちゃった。あちこち交渉したけれども、なかなか決まらないんだね。それで、じゃあ、いっそのこと寄付してしまおうと。明治三五年九月九日に靖国神社に奉納したんだ。それが今の靖国神社の能楽堂。

水野 そうすると、払い下げを願い出、それから能楽堂ができて、いよいよそれが経営上必要なくなるというか。
松平 できなくなっちゃった。
水野 靖国神社へ移すと、寄付したんですね。それはどなたが中心だったでしょう。
松平 それはやはり岩倉あたりですよ。岩倉具視さんがこしらえたのだから*2。
水野 その趣旨は、華族関係のために。
松平 そうじゃないの、そうじゃないの。英照皇太后*3ですか、皇太后様が青山御所にお造りになったんだね。それは陛下がお造りしてあげたのだけど。そうしたら、ご自分のうちでしょう。お世話しなきゃならんから、ご自分ではごらんになれない。それだものだから、ごらんになれるようなところということで能楽をいただいたというのが紅葉館。
水野 その時にお世話をしたのが岩倉さんだということでしょうか。
松平 そうです。
水野 その時に、借りる願い書もあるが、靖国神社のほうの受け入れとの話し合いはどうだったのでしょう。
松平 受け入れとは、こちらが寄付いたしますというのだから、承知したということだけでしょう。
水野 年に何回かは能楽をそこで行うとか、あるいは……。
松平 そういう条件はない。
水野 もったいないことですね。そうすると、現在もああいう形で痛んでおりますが、これはその寄贈した時の条件からすればしようがないわけですね。

松平　別に何もあれがないもの。このあいだ、もう四～五年になるかな、霞会館から靖国神社に対して、これをあのままにしていたらもったいないから手入れをしてくれということを申し込んだの。申し込んだけど、靖国神社にはそんなもの頭にないから、ひどいんだよ。あそこでもって剣道をやったり、剣道の試合なんかをさせるのだから。問題じゃないんだ。もう、能なんかできやしないんだ。

水野　青山御所の中の能楽堂とは別のものですね。

松平　そうなんです。この霞会館、つまり華族会館に寄付されたのがおそらくその青山の舞台だと思いますよ。

水野　霞会館に備え付けられた舞台は青山御所のだろうと。

松平　お造りになったことを聞かないから。それで、大正三年の御大典の時に能をやったのですね。それから大正五年だかに寄付されたのでしょう*4。だからその舞台だろうと思いますよ。

水野　惜しいものを焼きましたねえ、その点では。

松平　それを華族会館にお下げになるについても、引越料まで付いてきたのだから。

水野　お金が付いて。

松平　九〇〇〇円ですか。

水野　有り難い話だね。

松平　紅葉館の舞台をこしらえたって一万五〇〇〇円で出来たのだから。

水野　それが靖国神社へ行ったのが明治三五年。そうすると、だいたいどのくらい紅葉館に置かれていたのでしょう。

松平　一三年くらいに建った。

水野　一三年に建って。
松平　三五年まで。
水野　ずいぶん長く利用されましたね。
松平　それでだいぶ普及したんです。それだから各家元ができるようになった。だから有り難いことなんだ。華族会館のことについては、各流の家元が何ごとをおいても飛んでこなくちゃならんのだよ、今でも。元は飛んできたんだ。
水野　松平さんは紅葉館の舞台はご承知ですか。
松平　知りません。三五年です。私がまだ五つか六つの頃だから。
水野　今の東京市へ願い出た書類なんか、大事にしておいてください。私も見たいが。
松平　本物ではありませんよ。写しです。
水野　写しでも、もうほかにはありませんね。
松平　それでほとんど地代は取らなかったんだよ。三〇〇〇坪を。えらい悠長な時代でしたね。
水野　そうすると、紅葉館というものは戦前までそのおかげで続いたということでしょうか。
松平　それを経営した人はね。引き継いでやった人が。料理屋だけ残っちゃった。
水野　私は、あそこで徳川さんの恩顧会が何度かあって、私も学校を出て間もないときですが、何度かその会には出席いたしております。
松平　あそこでよく徳川さんの時には大会をやったんですよ。その時の会費が五〇円でしたよ。
水野　大変だ、高い。
松平　五〇円の会費というのは大変ですよ、その当時。昭和三年の五〇円というのは大学を出た人の給料だものね。
水野　いや、五〇円じゃないですよ。もっと低い。四十何円かですよね。
松平　僕らはその会費を出すのに骨を折ったんですよ。
水野　徳川家達さん*5が中心でございますか。
松平　そう、そう。それだから各家元が競って来た。それだからかかるわけですよね。紅葉館の別棟も全部借り切っちゃうのだから。よその者を入れないように。
水野　家達さんは、謡はなさらないの？
松平　なさるの。宝生流だった。松本長が先生だった*6。家元の先生みたいな人ですよ。長老です。
水野　私は常識の足りない立場なのですが、そういう場合は衣装もかなり金がかかるのですか。ただ、羽織袴でなさるの？
松平　それは家元が持っていますから、それはそれを着るでしょうし、ご自分にも少しくらいあったんじゃないですか。私のうちにだっていくらかあったのだもの。
水野　それは紅葉館の舞台の後ですね。紅葉館で謡の会をなさった。その時はただ羽織袴で行かれた。
松平　そうです。
水野　あのお座敷で。
松平　そうです。洋服ではなかったですよ、みんな。
水野　たまにモーニングの方が。高木正得さん*7なんかはモーニングで見えていたな。
松平　当時はみんなやっぱり和服ですよね。
水野　和服が多かった。紅葉館のことを今度は話し合いに出してもいいですね。

松平　紅葉館のことを知っているのはもう私くらいのものでしょう。
水野　そうですねえ。それから、（録音機から離れて）議員の履歴と研究会の会員の遺贈をまとめまして、できましたので差し上げます。重いからお送りしましょうか。お持ちになる？
松平　では、いただいていきましょう。
水野　ありがとうございます。松平さんのところは松平忠禎*8、この方ですね。
松平　間部さん。
水野　これは軍人一年志願で。その前が忠恕、その後が忠禎なんですか。
松平　忠恕、忠禎です。
水野　これは東照宮の宮司の。ま、これはそんなことがわかるようにしておきました。
（中断）
水野　会合がありましたか。
松平　ありますよ。だいぶこれは大人数になりますでしょう。小さいところではできないんです。だから決まったところになってしまうんですよ。そうすると紅葉館なんかがやはり多いから。
水野　だけど戦争になってからの。
松平　僕は衆議院事務局のほうだから。
水野　衆議院の事務局としてお出になった。そうか、そういうことでね。
松平　僕は衆議院のスポークスマンみたいなことをやっていたから。
水野　それはどういうことですか。
松平　衆議院として発表ものがあるでしょう。それを私がやっていた。それから情報を。だから、各大臣官房についていなくちゃいかんし、当時の特高警察についていかなくちゃいけない。僕も代わりたかったんです。

水野 それは衆議院議長に対してなさるわけですか。

松平 衆議院の事務局に対して。

水野 そのときの衆議院は大木（操）＊9さんですか。

松平 いや、私の時は中村藤兵衛＊10だったかな。中村藤兵衛、田口弼一＊11、それから大木です。

水野 そうか。田口さんも勅選になられました。

松平 ええ。ちょうど中村藤兵衛が衆議院の書記官長でした。その日に地震があったんだ。

水野 関東の地震？

松平 うん、大震災。

水野 その時にはもう事務局にいらしたの？

松平 うん。

水野 古いなあ。僕はまだ高校生です。

松平 溜池であった。電車の中で。

水野 松平さんの衆議院の事務局は長かったですね。

松平 長かった。二四〜二五年になるんじゃないのかな。

水野 議場のほうの議事委員会とか議事課なんかではないのですね。

松平 初めは議事課にいたの。だから本会議に出ていた。

水野 あそこへお出になっていた。

松平　議場に。ひな壇に並んでいた。
水野　そうするとずいぶんいろいろな機会にあるわけだな。
松平　それで、僕は声が通るというので、氏名点呼も僕がやったんだ。
水野　そうですか。
松平　しかしねえ、四回も五回もやるでしょう。まいりますよ。
水野　でも、今のようにずるい人がわざと手間取るようなことはしないでしょう。
松平　いや、やるんです。演説でやる。演壇を四時間も占領した人がいる。武富済*[12]なんて検事か何かをやった男がいるでしょう。あれは四時間質問した。
水野　それは本会議？
松平　本会議。
水野　事務局の方は、その間ずっといなくちゃいけないわね。
松平　そう。時々交代になりますから、それはまあ、いいのですがね。
水野　民政党、憲政会？
松平　政友会と憲政会。
水野　政友会と憲政会の時ですな。
松平　それから国民党とかね。国民党というのは犬養毅のところ。
水野　あれは国民……。
松平　国民同志会だった。それから実業同志会には武藤山治*[13]がいたんです。
水野　偉いというか、うるさいというのか。

松平　なかなか面白かったよね。
水野　内容もあるし。
松平　内容があった。
水野　今は目的が小さい。
松平　まるで子供だよ。駄々っ子が砂遊びしているようなもの。
水野　政府に対しても、もっと建設的というか、政府の人に強く当たるのではなくて、何か小さなことをほじくって困らせてみたり。
松平　くだらんことなんですね。
水野　それで怒鳴ってみたり。
松平　議場でもって殴り合いをやるのだからねえ。
水野　松平さんの頃はなかったわね。
松平　やりましたよ。殴り合いをやったんです。佐々木蒙古王*14なんて髭の生えたやつが。
水野　蒙古王。あ、僕、覚えている。
松平　演壇で殴られたりなんかしているんだよ。
水野　そうですか。震災から既にいて、ずっと衆議院で異動はなかったのですか。
松平　してないです。最初は第一線の議事課におったから本会議に出ておった。その頃は本会議が中心ですからね、委員会はその次のことなんです。本会議がどうしても主になる。その時に私は議事課におったから。最後のほうになると私は後方へ引き下がって、人事だとか。
水野　貴族院議員にお出になるまでの間ずっと衆議院ですね。

松平　大正九年から昭和一九年までいました。

水野　長い。珍しいな、そういう方。

松平　その部の人はもっと長いです。

水野　内務省とか、ほかの役所へ異動はないのですか。

松平　ないのです。全然仕事が違うでしょう。行けない。それから、向こうから来ても役に立たないんです。その仕事に慣れなければ、咄嗟の場合にはバーッと出てこなくちゃならんから、それにはそうとう修行しなきゃならん。だから、学歴があるとか何とかということではなく、学歴のあるやつが、軍隊じゃないけれども特務曹長に教わるようなことなんだ、みんな。僕らみたいに試験を通らなくても、結局僕らにみんなが教わるわけなんだ。それだからその点は楽ですよね。威張っていられる。

水野　解散があったり総選挙のような場合、事務局はかえって暇になるのですか。

松平　暇じゃないです。前のやつを片付けるのに一年かかります。すっかりまとめて印刷にしますからね。その原稿をつくる。そいつを今度は校正するなんていうと一年かかっちゃう。

水野　貴族院は彙報というのを出していましたね。衆議院は何という。

松平　公報。

水野　それも松平さんは。

松平　やりました。

水野　長かった。

松平　ええ。

水野　あれは、建前としては。

松平　公報はその日に印刷して、その日に配る。
水野　そうでしょう？　速達か、特別に何か配達されたこともありますよ。
松平　そうなんです。その日のうちに必ず配達する。二時頃に締めきって、三時には出す。そいつをずっと続けるんです。
水野　えらい早いこと……。戦争になってからはなんだかほとんど見る暇がなくて、議会で次の審議に入っちゃったりしましたね。
松平　（聞き取れず）。
水野　昔は臨時議会もたまにはあったのですが、だいたい一二月の終わり頃から翌年の三月で、あとは議会がないわけですね。
松平　うん。まあ、そういう季節に入りますと、各省だとか新聞記者だとか、呼んだり、呼ばれたりするでしょう。だから毎晩毎晩宴会でねえ。こっちは出なきゃならん。
水野　その頃は今の制度の上で、新聞記者は委員会には自由に入れましたか。
松平　入れません。
水野　それを松平さんあたりが報告されるわけ？
松平　そう、そう。
水野　それから見ますと、今のようにあまり報道員が入りすぎるから。
松平　いけない、いけない。あれはだめ。
水野　しゃべるほうが自分をかわいがるためにいえないのですね。いうと選挙民に悪いとか、あるいは人気が落ちる。

松平　だれがどういったということになるから。

水野　それでいわなくなる。

松平　秘密会にしなければいけない。

水野　僕は、あの制度はね、憲法の解釈が知る権利だか何だか、非常にまずいと思いますね。本当に僕は、報道することがいいという原理と、選挙民に対する不安というものと、これはやはり秘密会であるべきでしょうね。

松平　選挙民のみならず自分の党に対しても、党の具合の悪いことまでもいわなきゃいけないのだから。

水野　それと国際的にも、あんなに外国のほうにまでわかるように報道されるのでは、それは間違っちゃいますよ。

松平　秘密会じゃなきゃだめ。

水野　それをまた今の議員が、むしろそれをほじくり出すことが自分たちの仕事のように考えているのですね。

松平　新聞記者自体が昔のように気骨のあるやつがいない。チンピラどもだ。そんなやつも現場にいるからしようがない。

水野　国のためになる議論でなくてはいけないので、何でもかんでも外国人にも、いま現在の日中交渉の場合にでも、あんなに何でもかんでもいわせたり、報道しちゃったら、日本の立場がわかっちゃいますから。

松平　第一、新聞記者がいけない。昔みたいにね。

水野　知っていてもいわないとかね。報道しないとか。そのくらい、国のためになるか考えてほしいですね。
松平　今なんてそうじゃないでしょう。「事実は事実だ」ということで通るのだから。
水野　僕は、この間の毎日新聞の西山（太吉）記者*15のは、得意でああいうことをいうというのは間違っていると思う。
松平　代議士に出てきたやつは、どんなでも出てきたやつはやはりどこか取り柄があった。今はない。あるとすれば、『ひるのプレゼント』に出てくるようなやつ。
水野　ああいうことで、両立しないということで悩むというのなら僕はわかりますが、タレントみたいなものは相変わらずそっちも出るというのですからね。そういう比較をして話をする人たちが減りますよ、もう。
松平　永井柳太郎*16なんか、原稿なしで一時間でも二時間でもやるからね。
水野　非常に聞きやすかったというか。
松平　美辞麗句を連ねてね。
水野　まあ、よくしゃべられたのですね。
松平　「西にレーニンあり、東に原敬*17あり」*18というようなことを言い出すのだから。あれは永井です。そういう言葉が出てくるのだからね。

＊注記
1　明治一四年に会員制の集会所とすることを目的として建てられた日本造りの建物。明治二二年には新館を増築

し、全坪数一九六〇坪を誇った。明治、大正、昭和期を通じて政財界あるいは文芸界御用達の料亭でもあったが、戦災により灰燼に帰した。

2　岩倉具視は、明治四年から洋行した際に西洋各国で見学したオペラに感動し、その後元アメリカ大統領グラントが来日し、能楽を観劇して感動したことをうけて、能楽の保護奨励を決意したという。岩倉は、華族を中心として協力者を増やし、能楽社を設立、義捐金により山内紅葉谷（芝公園）に能楽堂を建設した（明治一四年落成）。その後も京都、大阪に能楽社の支部を設けて保護奨励運動を拡げようと試みた。

3　天保四（一八三三）年～明治三一（一八九七）年。明治天皇の嫡母。九条尚忠の六女。

4　大正天皇即位の儀式は、当初大正三年一一月一〇日に即位礼、同月一三日に大嘗祭を施行する予定であったが、同年四月一一日に昭憲皇太后が病気で死去したために延期され、大正四年一一月一〇日に即位礼、同月一四日が大嘗祭となった。宮中能楽場は、大正五年五月に華族会館へと下賜された。『華族会館沿革略史』の大正五年五月一五日条には、以下のような記載がある。

「思召ヲ以テ能楽堂及建物及移転費金八千円ヲ下賜セラル本堂八十一月三十日起工シ六年四月三十日組立ヲ竣ル」（華族会館編『華族会館沿革略史』一九二五年、華族会館）八二頁。

5　文久三（一八六三）年～昭和一五（一九四〇）年。父は田安家主徳川慶頼。貴族院議員（火曜会、明治二三年～昭和一五年）。慶応元年田安家六代で慶頼の長男寿千代の夭折のあとをうけて家を継いだ。明治元年からは、徳川宗家を相続した。これにより幼名の亀之助から家達へと名を改め、駿河国府中藩主七〇万石に封ぜられた。版籍奉還により静岡藩知事を廃藩置県まで務めた。明治一七年、公爵を授けられ、同年近衛忠房長女泰子と結婚。同三六年から昭和八年まで貴族院議長を務め、ワシントン会議にあたっては、全権委員として出席した。そのほか、済生会会長、日本赤十字社社長、日米協会会長、華族会館館長、斯文会会長などを務めた。

6　明治一〇年（一八七七）～昭和一〇年（一九三五）。明治～昭和初期の能楽師（宝生流シテ方）。明治一七年、七歳の時に父親とともに上京。明治天皇行幸能で子方などを務めたのち、十九世宝生九郎に入門。同門の野口兼資とともに、宝生流の双璧と謳われた。大正九年頃より高浜虚子門下で句作を開始し、これを契機に虚子も含めた句謡会が生まれ、虚子の晩年まで続いた。昭和一〇年一一月二八日、大隈会館で能会中に脳溢血で倒れ、翌二九日に死去。

7　明治二七（一八九四）年～昭和二三（一九四八）年。旧丹南藩主、子爵、貴族院議員（研究会、昭和七年～昭和二二年）。東京帝国大学理学部卒業後、大学院に進学し修了。昭和六年司法大臣秘書官となり、司法参与官のほか司法制度調査委員会、家事審判制度調査委員会の各委員などを歴任した。

8　松平忠禎（タダヨシ）。子爵、旧小幡藩主。明治二（一八六九）年～大正一四（一九二五）年。旧小幡藩主。貴族院議員（明治三七年～同四四年）。明治二五年一年志願兵として近衛歩兵第一連隊に入隊、同二七年陸軍歩兵少尉。同三七年退官。

9　明治二四（一八九一）年～昭和五六（一九八一）年。官僚。貴族院議員（勅選、無所属倶楽部。昭和二〇年～昭和二二年）。大久保爾の長男。東京に生まれ、東京府立四中、第一高等学校を経て大正六年東京帝国大学法科大学法律学科（独法）を卒業。同年、文官高等試験に合格し、翌年、会計検査院書記。その後は、衆議院書記官、議事課長兼警務課長などを歴任した。

10　明治一五（一八八二）年～昭和二四（一九四九）年。貴族院議員（勅選、無所属倶楽部、昭和二一年～昭和二二年）。明治四三年東京帝国大学法科大学を卒業。翌年から会計検査院書記となり、その後同副検査官兼衆議院書記官、衆議院書記官長などを歴任した。この間、文官普通試験委員長、臨時議院建築局、大蔵省営繕管財局の参与、大礼使事務官、内閣調査局参与、企画庁参与などとなる。

11　明治一五（一八八二）年～昭和二八（一九五三）年。法学博士、貴族院議員（勅選、昭和一三年～昭和二一年）。明治四四年、東京帝国大学法科大学を卒業。衆議院書記官、内務省参事官、臨時議院建築局書記官などを歴任。そのほか、大礼使典儀官、議院制度や選挙制度など調査会委員などを務めた。

12　明治一二年～昭和一二年。明治期から昭和前期の司法官、政治家。愛知県出身。東京帝国大学卒業後、地方裁

判所検事を経て、大審院検事事務取扱。この時、大逆事件を担当した。その後弁護士に転身し、大正一三年からは衆議院議員。当選五回、民政党所属。

13 慶応三（一八六七）年～昭和九（一九三四）年。明治期から昭和前期の実業家、政治家。佐久間国三郎、たね夫妻の長男として、尾張国海西郡に生まれる。明治一三年、慶應義塾に入学し、同一七年卒業。翌年から渡米しカリフォルニア州のパシフィック＝ユニバーシティに学ぶ。帰国後、『博聞雑誌』を刊行、ついでジャパン＝ガゼットの記者となり、大同団結運動を推進していた後藤象二郎を支援した。明治二六年には中上川彦次郎により三井銀行に迎えられ、鐘淵紡績株式会社の経営に参画。温情主義による労使協調を進め、同社を四大紡（大阪紡、三重紡、富士紡）の一つに成長させた。その後は、政治への関与を深め、実業同志会（のち、国民同志会）を創設。自身も第一五回総選挙に大阪から出馬し当選を果たす。昭和九年、鎌倉の自邸近くで福島新吉に狙撃され落命した。

14 佐々木安五郎。蒙古王の異名をとった。明治五（一八七二）年～昭和九（一九三四）年。旧修学院文学部を卒業し、台湾総督府吏員となる。東京府第八区選出の衆議院議員。当選四回。

15 ジャーナリスト。昭和四七（一九七二）年の沖縄返還時に日米間に密約があったことを示す情報を入手するも、情報入手の方法がメディア倫理に反するとして提訴された。

16 明治一四（一八八一）年～昭和一九（一九四四）年。大正・昭和期の政党政治家。金沢に生まれる。同志社中学部、関西学院を経て、明治三八年早稲田大学政経学部を卒業。イギリスに留学したのち、明治四二年に早稲田大学教授に就任し、社会政策と植民政策の講座を担当。その後、早稲田大学を追われ、大正九年金沢市から無所属で衆議院議員に当選、憲政会へ入党し、以後連続八回当選。雄弁で知られ民本主義を主張した。昭和六年に立憲民政党幹事長、翌年斉藤内閣で拓務相、同一二年第一次近衛内閣の逓信相、同一四年に阿部信行内閣で逓信相兼鉄道相などを歴任した。昭和一五年に大政翼賛会常任総務、同一七年翼賛政治会常任総務などを務めた。

17 安政三（一八五六）年～大正一〇（一九二一）年。明治・大正時代の政党政治家。陸奥国盛岡藩士原直治・リ

ツ子の次男として生まれる。井上馨の知遇を得て外務省御用掛に任用され、その後天津領事、パリ日本公使館書記官などを務める。のち農商務省に転じ、当時の農相であった陸奥宗光の知遇を得た。第二次伊藤内閣で陸奥が外務大臣に就任すると、そのもとで原も外務省通商局長、外務次官に任用された。陸奥の死去とともに大阪毎日新聞社長に就任し、立憲政友会が結成されると同社社長を辞して入党。以後、政友会の中枢を担う。大正七年日本で初めての本格的政党内閣を組織した。平民宰相と称されたが、大正一〇年東京駅で暗殺された。

18　大正九年七月八日　第四三回帝国議会衆議院本会議における永井柳太郎の発言（原敬内閣）。

松平忠壽　談

研究会幹事、尚友倶楽部、日露戦争のこと

松平忠壽《まつだいらただひさ》　子爵　研究会

旧武蔵忍藩主家

議員在職／昭和七年七月～昭和二一年五月

経歴／明治一五年生　海軍兵学校卒　日露戦争　大正三年～同九年の各戦役に参加　海軍大佐　昭和五七年七月没

聞き手　花房孝太郎　水野勝邦　大久保利謙
　　　小原謙太郎

昭和五四年四月二〇日

於　霞会館

水野　本日は古い話ばかりうかがいます。この会館のメンバーの中で松平さんが一番長老でいられますが、貴族院には何時頃入られたのでしょうか。

松平　昭和七年に予備役になりまして後藤一藏、近衛秀麿、立見豊丸など十人位一緒に補欠で入りました。あの時は多かったのですが、その連中はみんな亡くなっておられます。

花房　九名様がお入りになっておられます。後藤一藏、近衛秀麿、高橋是賢、瀧脇宏光、立見豊丸、土御門晴善、富小路隆直、西四辻公堯、松平保男様方です。

水野　松平さんは海軍の現役でいらして、それから。

松平　予備になって半年たたないうちに通常選挙があったのです。立見さんは陸軍から、海軍からは私……当時海軍大佐でした。それで昭和七年、七月十日に入ったので、七七会というのを作りまして、時々集まって一杯飲んだりして懇親をもちました。当時の研究会の幹部は、前田（利定）さんなんかでした。

水野　松平さんは長いこと幹事をして下さった。

松平　私は長いこと研究会の幹事をしておりました。幹事の仕事というのは、いわば庶務でして、尚友会で池田（宣政）さんともよくご一緒しました。あの方はよく世話をされた方です。委員会の委員長としては、船の関係の方をしました*1。

水野　この建物、尚友倶楽部は当時どうやってお使いになっていらっしゃいましたか。

松平　当時、尚友倶楽部は、今（昭和五十三年）図書の置いてある処に幹事の三島（通陽）君が机を背中合わせにしており、幹事の池田さんも始終来ておられました。二・二六事件の時、私もここへ参りましたら橋本理事長も丁度来ておられました。その時は華族会館の処へ機関銃を二丁置いて、筒を向こうへ向けて兵隊さんがおるのです。ぐずぐずしておったら大変だというので、角のところにありました晩翠軒の支店にいこうと思って橋本さんと二人で機関銃の後をにらみながらいきました。そこで研究会の委員会をいつ開くかなど相談してね。その頃、松平康春さんのお宅が目黒にありましたので、そこで二、三回委員会をやりました。あの頃の尚友倶楽部は地下に小使いが夫婦でいて、玉突の台が置いてありました。

水野 その頃の研究会はどういうふうにまとまっていたのでしょうか。青木（信光）さんは幹部で勅選の馬場（鍈一）さんなんかがいらっしゃいましたが、幹部の方を中心に動くという動き方でしたか。

松平 幹部の人が中心ですね。青木さんとか前田さんとか。前田さんを御大にして研究会の五人位の連中で旅行にもいきました。貴族院の皇軍慰問として北海道などにもいきました。人数はとても少い、四、五人位で慰問のときは勅選の方なども一緒でした。

水野 議会中は貴族院の事務局との仕事もおありになったでしょう。

松平 必要ならちょいちょい行っていろんな打合せとかそういうことはありました。

水野 議会でのお仕事としては、戦争になってしまってからですので、少なかったかもしれませんが、その前に海軍の現役としてのおつとめはいかがでしたか。

松平 巡洋戦艦榛名の副長をし、それから千早という艦で樺太の方へ行ってきました。海軍の将校というのは分隊長とか水雷長、砲術長、航海長とかいろんな職務がありました。

花房 私の親父なんか艦長をしていた時、従兵がおりましてね、女房より気がつくといっておりました。

松平 副長をしておりましたときはむろん従兵が付きました。部屋の整理なんか全部その男がやってくれました。

日露戦争の時は候補生で、丁度兵学校を卒業した時に日露戦争が始まったのです。二月六日、宣戦布告の日は、私は八島に乗っていて旅順港の沖にいました。東郷大将が司令長官で、第一艦隊、第二艦隊とあって、第一艦隊が三笠を含め三隻、第二艦隊は八島、敷島、初瀬の三隻、その初瀬に司令官が乗って、三笠には東郷長官ともう一人の司令官が乗られました。ちょっと記憶がはっきりしないのですが、向うの艦隊が旅順港を出て、ウラジオストックへ行くという形勢があったんです。

旅順港を封鎖して昼間は戦艦、夜間には巡洋艦で交替で警戒しているのです。丁度第二艦隊の初瀬、敷島、八島が行った時、砲台から砲撃されたのです。それは届いても届かなくてもやるんです。こっちは毎日警戒のため航行しているのですから、その距離を測っていたらしいのですね。第一艦隊三笠の三隻がいって、翌日、初瀬外の三隻が警戒にいったら、前の晩に向こうが航路に機雷を敷設した、やはり大砲で距離を測っていたのでしょう。初瀬がすぐそこで沈没しました。敷島は丁度真中におって、左の方へ逃げ、八島がまたひっかかった。八島の方は一遍では沈まなかったのですが、艦は傾いて近くの小さい巡洋艦にボートを出してもらって皆退艦したのです。それで八島に大きい機雷の穴があきまして、私はその時甲板士官をしていたので、下の方から艦長が呼ぶから、ポリションマットという穴をふさぐマットを穴に当て、排水を盛んにやったのです。そして偶岩という島の岸に座礁させようとしたんですが、一生懸命排水をやっても入ってくる水の方が多いんです。坂本一艦長や甲板員が上へ来て「どんどん水を出したか」という。私は穴のところに入っておりまして「どうしても駄目です」と言ったら、艦長は東郷長官に「偶岩にいこうとしたが排水が出来ない。とても時間がないから艦を捨てますから」と許可を得て、それから非戦闘員を先に降ろし、我々士官は後に残って甲板で「君が代」を歌い、軍艦旗を降ろした訳です。我々は一番最後にボートへ乗り移り艦を出ました。

水野　じゃ、その沈むところは見ておられませんね。

松平　見ておらない、初瀬の方は見たのです。初瀬はすぐ赤い火を出してね。引っくり返って、赤いアバラを出した。水兵なんかが歩いているのが分かるのです。初瀬は司令官以下ほとんど戦死です。八島はいい案配に皆近くの艦へ乗り移りましたけどね。防雷ネットを普段は艦体にしばっておいて非常の時になるとおろして、それで敵の水雷艇の攻撃を防いだのですが、昼間は艦のサイドへ吊ってあるので、それを伝わってボートへ降りて出たわけです。

水野　その頃は戦争なんかに対して本当に気持ちが出来ていたから恐らく何ともなかったでしょうね。

松平　そうですね。私は今でも覚えているのは候補生になったばかりで、七、八人すぐ第一艦隊に配属させられた。初瀬に乗った同期も七、八人いました。それから、初瀬、八島の補充にアルゼンチンから艦を買って来たのです。その二隻を第一艦隊の東郷長官のところへ入れたのです。それで又六隻になりました。あの時は戦艦が二隻ダメになり巡洋艦を二隻失ったのです。

それから私は後で日進というのに乗って、八月十日でしたか、旅順港沖でまた戦闘があったのです。そのときはやはり三笠が東郷さんの旗艦で三隻ずつ、第一艦隊、第二艦隊でたしか日進が一番最後なのです。それで又、三隻ずつ第一艦隊と第二艦隊と交替で警戒の航行に出たのです。その時、日進には、七、八人乗っている候補生に航海技術を覚えさせ、部門部門の訓練をさせる為、幕僚が乗っていました。私は幕僚付でいましたが、一週間前に岩本という候補生と交替して砲台長付になっており、戦闘がすんだので甲板に上がってみたら幕僚が全部やられているんです。艦の機関長と主計長とは艦内にいたので難を逃れましたが、甲板にいた連中は水兵から信号兵まで全部姿がないのです。私と一週間前に交替した候補生も姿がないのです。一週間前に交替していなければ、私は今いないわけです。それから今でも覚えているのは参謀の大尉で土佐の人でしたか、それが胸から上が残っていてその下がないのです。医務室へ運んできて私はそこへいってみたら大きな体が半分だけ残っていていてとても見るにたえませんでした。甲板は血みどろで当分臭く、水と砂袋を使って掃除したものです。

水野　戦争というものは本当に残酷ですね。

松平　その時私は分隊長付で六インチ砲台におったのです。あとからみると弾が当った跡がありましたが、よい按配に私のところには当たらなかった。八島のときも向こうから撃たれましたけれど当たらなかった。

水野　それは軍艦から撃つんですか。それとも砲台からですか。

松平　軍艦からも撃ったでしょうな。勿論遠いですから、分かりませんけど、パッと光が上る「あっ撃ったな」と思うけどどこに来るか分からない。こっちは最初のうちは「撃ち方はじめ」がないものだから、用意をしていつでも打てるようにして段々近寄っていくと、そこへパッパと落ちるのですから。ピカッと光ったらボワンとくるのですから、その時が一番気持ちが悪かった。いつ来るか分からんから。あとはどんどん撃ち出すとこっちも撃てますから平気ですけど。

水野　勲章をいただかれた?

松平　金鵄勲章をもらったのは私のクラスでただ一人、確か広瀬中佐の部下で、ボートで広瀬中佐のところへ行った者です。後は誰ももっていない。あの時のクラスは一八八人ですが、今では私一人でもう全員いないです。私は議員に出る前には海軍大佐で勲三等をもっておりまして、議員になって勲二等を頂きました。それとご大礼の時にオランダ公使の接待役をやってオランダから三等を頂きました。

水野　軍人として大変な経験をされたわけですが、議員としてのお話で敗戦後アメリカが来まして、例の公職追放が出ましたが……

松平　私は一年早く議員を辞めさせられました。元軍人だったものはみんな辞めさせられました。

水野　それはG項*2にあたるという個条がありますが、ご自分からおやめになったんですか。

松平　向こうから辞めさせられたのです。その補充に若い方が入られたでしょう。いきなりスポッと通知が来たのです。

水野　貴族院の事務局ももう口が出せなかったそうですね。おやめになった経緯としては、司令部からの通知を事務局が受けて、事務局からご本人に通知を出した、とこんな形ですか？

松平　ええそうです。その後は全然貴族院には行かない。お前は出ていけ、という調子でしたから相手にされない。笑われちゃう。今は国の行田市の名誉市民になっており、郷友会の会長もしております。明治十五年の生まれ満で九十七歳です。

水野　本当におめでたいな、補聴器もなんにも使われないで。

花房　ご壮健ですが、どうぞ御自愛を。

＊注記

1　松平議員特別委員会委員長報告事項

第七六回議会（昭和一六年二月二一日）東亜海運株式会社法案

2　昭和二一年一月四日　総司令部より覚書「公務従事ニ適セザル者ノ公職ヨリ罷免排除ニ関スル件」が発せられた。七項のうちG項は「…その他の軍国主義者および極端な国家主義者」とあり、職業軍人であった議員が該当した。

男爵議員

内田敏雄　談

公正会と選挙母体の協同会、請願委員会

内田敏雄《うちだとしお》　男爵　公正会

議員在職／昭和二一年五月～昭和二二年五月

経歴／明治三三年一一月生　京都帝国大学文学部卒　東京市社会局嘱託　南陽拓殖㈱参事

(社)日本ナウル協会役員　(社)日本ミクロネシア協会役員

聞き手　花房孝太郎　水野勝邦　小原謙太郎

昭和五二年五月二四日

於　霞会館

水野　公正会から議員になられた時のことなどうかがいたいのですが、内田さんの場合貴族院議員に就任されたのは二十一年の五月になっていますね。

内田　二十一年ですよ。ただ、その時は戦争の最中だったので、殆ど公正会の議員の方は東京を離れていて、分科会も本会議もない状態でした。ですから二十年に辞令は頂いたのですが、殆ど二十年は人が見えなかったですよ。

小原　いやそんなことはない。我々も疎開はしましたけれど議会には始終行っていたし、公正会の会合はありましたよ。

水野　内田さんは東京にいらっしゃったんでしょう?

内田　その頃は家を焼かれて転々としているときでした。家は深尾隆太郎さんのお宅のすぐそばで、大本営がすぐ近くにありました。当時、本村町にあった陸軍士官学校に大本営がおかれていまして、その大本営をねらって爆弾が落されたわけです。それで家は爆弾でやられるし転々と逃げたんですよ。やはり近くの島津忠彦さんは山羊を引張って逃げられました。家がやられて、それから疎開しました。

水野　その時は東京市の社会局におられたので東京にいらしたんですね。

内田　ええ元来、私は東京市の社会局に長くおりました。深尾さんに児玉伯爵(秀雄)からお話があって、南洋拓殖の総裁というか社長に就任するように、と言われたので、「君も社会局をやめて一緒に行ってくれないか」、ということになりましてね、市の社会局長の安井誠一郎にその話をしましたら「もう事態は社会局の問題ではないから当然深尾さんと行動を共にした方がいい」と言われまして、深尾さんと行動を共にしたのです。秘書課長というようなことで外部との折衝は一任されていたのです。

水野　あれは国策会社でしたね。

内田　アンガウル島というのがありましてね、人口一、六〇〇人位しかいないんですが、南洋拓殖の燐鉱石を握る一番のドル箱で、日本に燐鉱石がなくちゃ困るというので、その方に専心しまして、私もその後アンガウルでしばらく暮らしたことがあるんです。

水野　で、その頃は議員に出ないかというお話はありましたか。

内田　いや、その時分ではないのです。

※　※

水野　では議員の話が出ました頃はむしろ突然だったようなことになりますか。

内田　そうなんです。議員になったのは昭和二十年、終戦のときで、公正会の東久世男爵（秀雄）から電話がかかって来て、とにかく逢いたいから来てくれというお話でうかがいましてね。そして欠員が沢山出ているので、男爵議員になってくれと云われました*1。会社では秘書課長で渉外関係を受持っており、東久世さんが深尾さんを訪ねて会社に見えたときはお話に加わっていたので、東久世さんは前から存じあげていました。

水野　男爵の方は議員に出る為に一応予選みたいにして推薦される訳なんですが、それには協同会というのがございました。そこにはお入りになっていらっしゃったんですか。

内田　大分前から協同会にははいっておりました。男爵議員の会が公正会で、協同会というのは選挙母体で男爵議員を推薦する団体です。私はもう初めから入っていました。私の先代がその協同会の生みの親なのです。当時事務所は、バラックの日本家でしたが、そこへ私の先代が始終通っておりましてね、その時御一緒だったのが大井成元さんです。私の先代は内田正敏といって、海軍の中将でしたが、陸海軍の軍人も政治団体に加り、議員になるべき時代になって来て、先代は中将で退いて陸海軍出の最初の議員となりました。陸軍からは大井成元さんが最初に出られました。その後軍人がだんだん議員に出るようになったのです。当時新聞記者などが、軍人が何故議員になるのかとさわいでね、沢山家に来たことを覚えています*2。

水野　それで陸海軍からお一人ずつ出られた？

内田　当時はね、議会で海軍問題について色々議題が出てくる場合がおこって来たのです。それでそのご説明役に立つとそういうことで。

水野　協同会の頃のことで何かご先代から聞いていらっしゃることはありませんか。

内田　協同会の推薦で議員になるわけですから協同会の力は絶大なものでして、やはり協同会の役員の所にあいさつにいかねばならないということでした。

水野　じゃ、内田さんが議員に出られた頃は新しい憲法ができる為、その成立をはかる大事な議会にのぞまれたわけですね。

内田　憲法の条文をつくるための起草委員会が特別に出来まして、私は入っておりませんでしたが、主としてやっておられたのは松平外與麿さんでした。

※　※

水野　内田さんが約二年間の議員生活をなさった、その間の書類なんかおもちになっていらっしゃいませんか？

内田　議員時代の書類なんかは焼いてしまいましたが、その後請願委員会の常任委員になりました。委員長は斎藤齊さん、斎藤實さんのおあとです。私は副委員長でしたが、斎藤委員長が疎開されてしまって欠席しがちなので、私が委員長の代理で請願を全部お引き受けしたわけです。前の華やかなりし時代の貴族院でしたらなかなかそういうポストにはつけなかった訳です。その頃の請願委員会は主に鉄道をどこに引いてくれとか、あそこの鉄道を廃止するとか、もう毎日分科会がありまして、ずい分勉強させられました。北海道で鉄道を新しく引いてもらいたいとの請願が沢山あり、事務局がしかるべく整理して、これだけは委員会にかけて決めなければならないというのをもってくる……。私はその委員長代理ですから、委員の方に説明しましてね、とりあげるべきか、どういたしましょうか、と論議して結論になる訳です。北海道は鉄道が多かったから北海道選出の多額議員と勅選議員が七、八名おりまして、そこででてきた請願の趣旨を、私は委員長代理として二、三日の間に全部読んでいかなければならない。その趣旨は前から来ない、ほんの二、三日前に送ってくるんです。それで明後日の方にこれを出すからということで、毎日毎日忙しかったけれども、非常によい勉強になりました。戦前の議員はそれ程の忙しい思いをして働くということはなかったと思うんです*3。

水野　請願が通りました後それはどうなりますんですか？

内田　ここに新しく鉄道を引くとか、予算はこれだけとか、本会議にかけて決定となる訳です。

水野　分科会が本会議に提出すべきかどうかと言うことを決めるということですね。いいお仕事でしたね。

内田　それは非常にいい。戦前だったら到底かけ出しの私なんか、そういうことをできる地位にはなかったわけです。

水野　公正会でそういう仕事についていられるとき、幹部なんかに連絡をとる必要があったのですか。

内田　いや、そういう場合は公正会にまでまいりません。分科会での仕事については、公正会の方へ私から連絡する必要はありませんでした。分科会で決定したものが後に書類で議会から公正会の方へ参りましたから、私の方からは廻さないのです。

水野　公正会からあの請願を「却下しろ」とか、「上程」とか云う指示はお受けになりましたか。

内田　それはないんです。全くなかったです。

小原　私の記憶ではあらかじめ相談して各自が個々にはやらなかったように覚えているけど、私は役員にはならなかったので、内田さんとは違いますでしょうが。私の当時は、やはり公正会としての政治的な方向づけをして、それに従って行動してはいました。戦争末期と戦後とに分けると、末期時分はまだまだ幹部の意志というものは強かった。我々出たての者は、自分の意見で相談するけれども勝手には行動できなかったように記憶しています。なかなか面倒なように覚えています。しかし憲法改正頃は委員会なんかに出てしゃべりましたね。

内田　今申し上げたのは請願の問題ですが、私が公正会として最後に一番取りくんだのは、公団法案でした。公団法案を分科会で決め、次の委員会で計らいました。そのときの公団法案の委員長は高崎弓彦さんで、私は副委員長でした。私共は家が近かったので高崎さんが私の家に終始お出で下さいまして、翌日の委員会での審議のための打ち合わせをしました。そして本会議では、高崎さんが委員長としてご説明になり、そして現在の公団法案が通った訳です。その頃は人がいなくてごくかけだしでもこうして下働きした訳です。その時の公団法案は厚生省ですね*4。

水野　その法案についてはアメリカ軍からこういうふうにという意見は出ませんでしたか？

内田　その頃はまだアメリカ軍の占領時代でしたが、米軍から勧告などはうけませんでした。

水野　それは国内的なものという立場であったということでしょうね。ありがとうございました。

＊注記

1　公正会員の昭和二〇年から二一年にかけて退会者、（追放、死去を含めて）二七人。

2　公正会所属陸海軍出身議員数、三一名

大正八年公正会設立時、一五名（陸軍一一名、海軍四名）

大井成元は大正一二年議員となり公正会入会、設立時の一五名の内、内田正敏は明治四三年議員当選

3　請願委員会が議会で扱った件数（昭和二一年以降）

第九〇回議会　北越線鉄道敷設ニ関スル請願　天塩沿岸鉄道速成ノ請願　北海道紋別郡雄武　村ニ漁港設置ノ請願など六三件

第九一回議会　北海道河東郡音更村ニ帯廣区裁判所出張所設置ノ請願、など五件

第九二回議会　未成線鉄道佐久間線速成ノ請願　など三八件

4　高崎弓彦委員長での特別委員会は第九〇回議会　昭和一九年度第一予備金支出の件外一〇件で国民学校復旧、米の補給金について自給塩の補助、公共団体復興　問題等。

公団法案は、第九二回議会、船舶公団、石油配給公団、配炭公団、産業復興公団、貿易公団、価格調整公団法案特別委員会で内田議員は副委員長。この時の委員長は後藤一蔵。他に労働規準法案特別委員会委員。

島津忠彦 談

男爵議員選挙と公正会、戦時下の議会、皇軍慰問団、貴族院と参議院「緑風会」

島《しま》津《づ》忠《ただ》彦《ひこ》　男爵　公正会

議員在職／昭和一四年七月～昭和二二年五月　昭和二二年以降参議院議員当選二回（1・2）

経歴／明治三二年八月生　成蹊実業専門学校本科卒　三和電機㈱社長　鈴木商店代表者

参議院議員　昭和五五年五月没

聞き手　花房孝太郎　水野勝邦

大久保利謙　小原謙太郎

昭和五二年九月一九日

於　霞会館

水野　本日は島津さんに公正会のことを中心にうかがいたいと思います。島津さん貴族院に出られたのは何時でしたっけ。

島津　私は昭和十四年七月十日改選で、坊城俊賢、北大路信明、宮原旭、明石元長、益田太郎、中川良長、山川健、八代五郎造、西酉乙、山中秀二郎、村田保定さんの十一名と共に貴族院に出ました。

水野　そういう方々とは改選前に話合が出来たんですか。あるいはバラバラに推薦を受けて当選されているんですか。

島津　それがね、当時は男爵議員の大御所という様な方々の御機嫌をうかがわないと、候補者の中にいれてもらえませんでしたので、私は岳父の甘露寺（受長）に頼みまして有力者のところへお百度をふみました。岩倉男爵（道倶）、黒田男爵（長和）、東久世男爵（秀雄）という様な方々です。結局、互選なので、連名投票なんですが、全部投票しなければならないということはないんです。

小原　定数以上に書いてはいけないんです。何人と決まっているので、それに○印を書いてゆくんです。連名になっているから、同じ数でも当選するかというとそうでもないんですね。他の人を書いちゃいけないいんです。もしそうしたら後、候補者として推薦して貰えないんです。大体その名前がわかるんですよ、その通り書いておけば、やがてチャンスがあれば自分が候補者になれるんですよ。

水野　候補者になれる社会的資格という様なこと（ある方面の権威だとか経験があるとか）が条件としてありませんでしたか。

島津　それはやはりあったでしょう。しかし大抵の場合推薦者の力が大きかったのですよ。私には特別な技能とかはなかったと思ってますが、三菱銀行に十年おりましたので、委員も大蔵省委員をさせられました。

水野　じゃその思い出でもありませんか。

島津　別にこれというような…、あるとすれば貴族院から税関関係を視察にいきましたね。この時は神戸、下関あたりに行きました。丁度神戸では小山直彦君（同級生）が税関長でした。

水野　島津さんは公正会の会員でいらしたが、公正会は一人一党という色彩が強く見えるのですが……職業軍人とか、銀行マンだとか、一つの特殊技能というか、その社会の成功者の集まりだったように見えるのですが……。

島津　それも一つの見方かもしれませんが、入会した以上は議員歴の多い先輩、先に当選して何回と改選期を通った方々が力を持っている。総会などでも発言するのはほとんど議員歴の多い先輩です。社会的に成功した、いわゆる偉い人たちはほとんど発言しない。大体欠席が多く、本当は議員ではないという感じでした。毎日出てくるのは若い連中で、もう顔ぶれがきまっていました。社会的に名を成した人は出て来ないんです。専門家とかそういうのは余り関係がなく、皆さん意見はお述べになるけれど、決に対しては力がないんですよ。今、おっしゃる様に、そうそうたる人がいるんですが、大倉喜七郎氏など殆ど出ておられません。まあそういう点を考えますと、一人一党必ずしもそうではないと言えますね。そうして黒田さんや岩倉さんというような議員歴の多い先輩が活躍されており、次にまめに動かれた東久世さんや、少し間をおいて松田（正之）さんも相当力がありました。

小原　それから渡辺汀《みぎわ》さん、その下に大蔵公望さんとか五～六人いて、更にその下に村田（保定）さんとか八代（五郎造）さんがおられた。我々なんかは戦争が激しくなって補欠を入れないと公正会の人数が足りなくなる、というのではいったのです。専門家などということには関係なく、何回改選されたかということで地位が分かれました。

水野　公正会の「公正」は誰がつけたのでしょうか。

島津　やはり岩倉さんではないでしょうか。

水野　大正八年頃ですね。その前は木曜会。それが解散して男爵が一緒になって新しく出発した、それが公正会でしょう。何かご記憶ありませんか。

島津　よく分りませんが、私が学生時代木曜会が分裂したことがありましたね。二つの勢力ができて大分ガタガタしたそうですが、丁度私の叔父がおりました。島津長丸っていうんですが。その時から公正会はまあやって来たんですね。

水野　さっき分かれたと言われたのは研究会派になったのと研究会で反対の派の男爵グループ—幸倶楽部という両派に分かれて、研究会にはいった男爵もいたんです。古い話で大変なんですが、その推測を今やっているんです。

島津　残念だな。もう少し早ければ聞けたのに。岩崎小弥太は私の叔母の亭主なんですが、男爵でしたが、「どうも喧嘩をしてしようがない。今度の選挙では当選しない。」などと言っていました。彼は政治は嫌いでした。その時分のことですね。ところで島津長丸ってのが大正年間におりますでしょう。

花房　島津長丸さんは明治三十四年に議員になられ、三十七年に一度やめられて、大正五年に補欠で出て、大正七年と十四年に再選され、昭和二年にご他界になっております。島津さんという男爵議員は七人おられます。

島津　隼彦というのがいるでしょう。

花房　明治四十四年にお出になってます。そして大正七年におやめになってます。これは何とお読みするのでしょうか。

島津　珍彦《ウズ》です。私の祖父です。島津久賢は忠重公爵の弟ぢゃなかったかな。（これは誤り、島津家は多いので流石に全部覚えきれないと見える＝水野注）

※　※

水野　それで島津さんは貴族院の解消の時まで議員でおられた。その間のことを思い出して下さい。

島津　議員として昭和二十二年の最後までいたわけですが、何せ我々は若輩だったので、非常に微力でありましてね。戦争中は東條氏が国家総動員体制＊1をしいて言論を封じちゃったので思うようなことができないわけです。帝国議会も本当の機能は発揮できないのです。できないようにしているわけですよ。軍部が思うように動かしているわけですよ。我々はそこに非常に不満をもっており、あるグループで東條打倒運動をしようじゃないかとしたんです。終戦のちょっと前でして、そんなことが少しでももれたら大変なことになるので、極秘にやらねばならなかった。それは丁度空襲がひどくて、私は小さい仕事をやっておったんですけれど、事務所はやられ、工場も爆撃されてどうにもならなかったんですが、日本橋蛎殻町に小さい家の一室を借りて、そこに皆さんに集まって頂きました。公正会では明石男爵、実に元気な男でね、彼が中心で、それから勅選の方が二、三おられました。それでよく会をしましたが、なかなかうまくいかないんです。むずかしいことでしてね。

水野　会で公表されましたか。

島津　公表するまではいきませんでした。それを出すようになるまでには、これは大変なことですよ。何しろ言論は封じられていますし、議員でも憲兵に尾行された人が随分いたらしいですよ。

小原　一度叱られたことがありましたね、若手が集まっていたときに、上の古い人から、「お前たちは政治ってものが分らないんだから一切そういうことをするな」って。

島津　そうでしたね、そしてそのうち終戦になってしまった。東京大空襲の一ケ月前、四月九日に私は牛込の家を焼かれました。それで横浜郊外の中山って駅から三、四十分歩いたところ、私は若い頃鉄砲打をやっていてあの辺を歩いていたので、その当時ときどき休ませてもらった家なのですが、そこへやっかいになって議会があると通っていました。招集を受けますと二、三日は会期があるので、毎日通うわけにもいかず宿を事務局に頼んでとってもらいました。それがその都度場所が違うんです。帝国ホテルだったり、新橋の待合だったり、待合といっても女気一つない、酒もなく食う物もろくなものはない。帝国ホテルだって魚くさいスープを食べさせられました。

帝国ホテルにいた頃、空襲警報が出て、第一生命の地下四階に逃げて下さい、と云われ、八十何歳かの勅選の方と階段を歩いて下りて地下四階にいったのです。安全ではあるが、真っ暗だし、何が何だかサッパリ分からないんです。そこで一時間以上過したこともありました。

※　※

島津　議会はというと全然機能を発揮しておらず、軍が計画したことがそのまま通るのです。ラジオもＮＨＫ以外きくことができず、短波なんかもっているのを見つかると、すぐ憲兵がもっていってしまうのですが、そのやかましい中で短波を聞いていた人がいたのです。それによりますと、例のガダルカナルの戦況は実際ひどかったのに、議会で報道部長が報告する場合は非常に明るい報道をするんです。私共は短波で入ったニュースと違うのが分かっていたので、その報道を耳にして歯がゆくてしょうがないんですが、云うことが出来ないんです。実に困ったことでした。支那事変が始まったあの頃、私は若僧で、お前元気だからといって貴族院の皇軍慰問に行かされました。満州と南支が二回、大東亜戦争が始まってからは南方に一回いきました。だからつぶさに現地を見たのですが、私の見た感じではもう悲観的でした。これじゃ戦争やっても勝つのかなあ、っていうような感じでしたよ。

※　※

島津　満州ではマンチュリーまで行ったんですが、その途中にジャイナロープっていう見渡す限りの草原があるんです。昭和十四年の十月末か十一月でした。団長は黒木伯爵（三次）、もう一人（小坂梅吉・多額）と二人でいきました。ノモンハンで日本がやられた直後で、ジャイナロープまでいくのが大変だったんです。そこの近くにノモンハンに似た地形のところがあると云われ、案内してもらいました。見渡す限り何もない、そのようなところではとても日本軍はかなわないのではないかと感じました。私も陸軍少尉で陸軍のやり方をいささか知っていますので、日本軍のやり方で勝てるのかなあという疑問を多分にもちましたね。

マンチュリーに行って一晩宿に泊ったのですが、十一月で零下十八度位でしたか、寒いというよりもう痛いという感じです。日本の普通の外套ぢゃ駄目なんです、毛皮でないと。昼間でも耳が痛くってね。頭が凍ってしまうのでハルビンで毛皮の帽子を買いました。最前線の丘に登ってみましたが、三里位のところに露兵がいるんだそうですが、望遠鏡でも何も見えませんでした。こちらは丘だけで備えが何もなくて、こんなことで勝てるのかなあって感じが多分にしましたね。

一年して、たしか翌十五年でしたが、又南支に行きました。この時の団長は蜂須賀侯（正氏）でした。（同行岩田三史、飯塚知信、佐藤助九郎いずれも多額）。その時は戦線は広がって、敵は重慶に入っている頃です。五月から六月にかけてでした。広東の北西、我軍の最前線に歩哨が立っているんですが、あの辺は敵もさることながら虎がいるんです。夕方少し暗くなった頃、歩哨がたっていると何か黒いものが出てきた。撃ったが何の反応もない。いってみたら虎がひっくり返っていたと、その大きな虎の皮が司令官の室にかかっていました。

南支の慰問では最前線まで行かなければいけないというので、最前線は南寧まで延びていたんです。本部は広東にありましたが、それもシートなんかない爆撃機でいくより他に方法がないのです。うっかり顔を出すとフットバされそうなのです。南寧には日本軍の兵隊の他は人っ子一人いないんです。たまに女の子が二、三人いると思うと例の慰安婦なんです。日本軍が接収したホテルに泊りましたが、大きなトカゲが天井にウヨウヨむらがっているんです。しかしトカゲはまだよい方でサソリがいるんです。靴をはくときは中をよく見てからはけといわれました。往きには何にも言われなかったんですが、帰りついてから案内の将校がこういいました。「今飛んで来られた飛行機の下には敵兵がおるんですよ」と。南寧まで進出したと云われていたが本当は占領したんではないんです。日本軍は点を占領したことにしかならないんですが、その将校は、言訳をして「これは兵力の関係で致し方ないのです」と、こういうのです。

水野　島津さんは元陸軍少尉だったから余計そういう点で不安だったのでしょう。

島津　広東にいきます前に実は台湾を慰問してそれから船で広東に入ったのですが、広東に入る前に九龍島があり、この間を船が入っていくのですが、パイロットが乗って来て案内するのです。港に入るのにブイみたいなのがずっとあって、船がようやく一隻位しか通れないようにしてあるんでず。これは恐らく魚雷か何かあるんでしょう。九龍島を望遠鏡でみますと、大砲がこちらをむいているんです。気持ち悪かったですね。香港島にも行ったのですが、いわゆる租借地で我々は皇軍慰問でパスポートもってないので、上げてくれないんです。だから船の上から指をくわえて国際都市を眺めていました。

水野　この慰問の報告はなさるのですか。

島津　もちろん団長から貴族院に対してなさったと思います。

※　※

島津　本当にこの様な状況をみて、実に心細い感じでした。戦争が始まってからどこまでやれるのかなあという気持ちを人には云えませんが、多分にもっておりました。調子のいいときはジャンジャンやったのですが、それからグーとひっくり返った。負けるのが当然の帰結じゃなかったかと思いますね。しかし結果から申して負けてかえってよかったのではないかとも思います。勝っていたら国民の苦しみはもっとひどかったのではないか。戦争中と同じ位の苦しみを国民はなめたのではないかと思うのです。

陛下の終戦詔勅の前夜、甘露寺侍従次長（受長《オサナガ》・伯爵）と徳川義寛侍従（男爵のち侍従長）等が、あの録音盤を守っていたところへ陸軍の将校が来て出せといったらしいんですが、既に終戦になっているのに軍の当局者は反省の色がなく、国民の苦しみなど全く考えず、むしろ竹槍でもって日本が粉砕されるまで戦えと……、これが日本軍部であったなんて実になげかわしいことでしたね。これをお救い下さったのは例の神風（詔勅）であったと思います。我々としてはこう考えざるを得ませんな。当時国民はひどい苦しみをしていたのに、軍人だけは左うちわだったのですね。

私の故郷では、家が広かったし母もいたので旅館をしていて、その頃、佐官の参謀のお宿をしたことがあるんですが、色んな物資が入ってくるんです。戦争中のひどい時にですよ。国民の苦しみをよそに軍人だけが安閑とした生活をしていたんですね。

花房　貴族院要覧（乙）をみますと「陸海軍に対する感謝決議」*2というのが昭和十二年から行なわれているんですが、支那事変中は圧力というようなことではなくて提案されていると思いますが、もう第七七議会（昭和十六年十一月五日召集）頃は東條内閣ですので、軍部からの圧力という様なことがあったのでしょうか。その頃の貴族院の決議はほとんどそれなんですが。

島津　それは形式的なものなので、軍部の圧力とかいうようなことはないでしょう。要するに貴族院はなかなかお上品なのでそういう点については礼儀が正しかったのでしょう。

花房　第七六議会では「時艱克服に関する決議案」第九十議会になりますと「食料危機突破に関する決議案」というのがございます。

島津　そういうことは当然やらなきゃならないことで、軍部からおさえられない程度の決議案なんかは、やったと思います。要するに食糧の確保など、当時は当然のことなんです。しかし軍の作戦問題とか、軍に関することについては、これっぽっちも口にしようものなら、それは大変なことになる。チョット来いとなるわけですよ。

水野　形の上ではね、議員には責任があるんだと言われていますよ。

島津　そりゃそうですよ。当然言われますよ。

※　※

水野　もう一つ伺いたいのは、島津さんは貴族院が解消した後参議院に出られた。参議院で現役でおられた方は数人いらっしゃいますが、参議院時代と貴族院時代と比較されてみて非常に違った点があったと思いますが。

島津　それは全く違います。貴族院時代はいわゆる帝国議会で貴族院が優位をしめていました。ところが国会になりますと逆転しまして、衆議院が第一位で参議院が第二位になります。今日の国会でよく参議院不要論が問題になるのですが、今のような状態でしたら私も参議院は不要だと思います。

今の政治ってのは政党政治なんですね。その政党の力によって大きな政党ができて有利な政治をしているわけでしょう。それが衆議院も参議院も同じなんですよ。同じようなことを二回する。選挙にしましても区域がちょっと違うだけで同じ様な形です。これでは無駄ですよ。選挙は勿論のこと、全く異ったやり方で行かなければ議会政治の意味がないと思います。

もう一つ貴族院との大きな違いといえば、貴族院時代は選挙の関係で殆ど金がかかりませんでした。ところが参議院は違う。とても金がかかるんです。結局金のないものは出られない、ということになるんです。あの星製薬の社長は八十いくつの高齢でしたが、全国区で毎回トップで当選しているのです。優秀な成績での当選の秘訣を聞いたところ「いや秘訣なんかありません、ただ年一回二百万枚の葉書を出すだけです」と言われました。この葉書代でも大変な費用です。出てからも金がかかるし。

今、参議院改革委員会というものができていますが、現職の議員を主体として構成されているので、自分たちに都合のよいことしか考えていないんです。議員以外の有職者が、大所高所に立って改革していかねば駄目なんです。それで今曾て参議院議員をしていた者が、参議院協会という社団法人を作ってときどき会合をしていますが、改革の話になるとなかなか取上げられない。非常に難かしい問題で、いつまでたってもうまくいかないんじゃないかと思います。

※　※

水野　島津さんは緑風会に所属されていらっしゃったんではありませんか。

島津　私は最初、緑風会鹿児島地区から出ましたが、ああいうのが理想的だったからです。第一回の選挙後二、三年は首位をしめていたんですが、段々政党がくいこんで来て、三年後の選挙のときは緑風会では当選圏内に入らないのです。それでやむなく自由党から出ました。緑風会はギリ貧でとうとう解消しましたね。緑風会が強力であれば、今のようにぶざまな政治はやらなかったと思うのですが。

水野　やっぱり、ヂリ貧の原因は…、金とか…。

島津　まあ金といえば金でしょうが、金だけではないですね。中央はともかく地方へいきますと、有職者は知っていますが、一般農家にいって緑風会といっても名前すら知らない人が多いのですね。それよりも自民党だ、社会党だといった方がはっきりする。選挙民が無知なんです。先ず選挙民の教育から始めないと駄目なんですよね。実際緑風会っていうのはよかった。参議院ではこれが主体でなけりゃ駄目だったんです。

水野　緑風会は山本勇造さんが中心だったと聞いておりますが。

島津　そうですね。山本勇造さんは熱心で、緑風会をつくるときに、そもそも無所属の集まりだったのですが、名前をつけなければというので、皆から名称の募集をしたのです。そのとき山本先生が緑風会という名前を出されて、こりゃよい名前だというので、皆双手をあげて賛成したのです。しかし会の実際の仕事については、山本先生はご承知のように文化人ですから余りどうということはないのです。それから文化委員会というのが最初の参議院にありまして、祭日の名称を検討したことがありました。その時にも山本先生は盛んにおやりになりました。あの時祭日の名称がすっかり市民的になって、どうも我々にはピンとこない祭日が沢山できたのです。紀元節も棚上げされて最近まできまらなかったのですね。

大久保　僕等もそれについては少し責任があるかもしれないな。学界は別に意見は述べない、そういう空気でしたよ。

水野　何でも封建的だといって破壊する動きが強くなっていた時でしたから、迎合したくてやるんですよ。

島津　参議院は政党化してしまっていますが、元来政党化しちゃいけないんですよ。緑風会の解消は全く残念に思っています。参議院のあり方については、もっと有識者が根本的に新しい考え方をやっていかなかったら改革はおぼつかないですね。

一同　ありがとうございました。

＊注記

1　第七三議会（昭和一三年三月）で国家総動員法可決成立、四月公布。従来の戦時動員法や支那事変関係の臨時立法を吸収した委任法で、物資、業務、言論の統制にまで及ぶものであった。

2　「陸海軍将兵ニ対スル感謝決議案」は、昭和一二年の第七一議会から昭和二〇年の第八六議会まで連続して可決された。

なお、決議案は形式的なものであるが議長による趣旨の説明に議会でできる勢一杯の発言の中に貴族院の思いが反映されている（研究会史）。その例は以下の通り。

議長説明（要旨）

第八一回（昭和一七年一二月）

「我が方モ…損害ガアリマシテ、従軍将士ノ苦心ハ並々ナラヌモノガアリマスルガ……敵ハ……生産力ヲ恃ミマシテ、今後反撃ヲ試ミルモノト思ハレマス」

第八四回議会（昭和一八年一二月）

「敵ハ強靭且執拗ニ我ガ前衛基地ニ迫リ来リマシテ、戦局ハ一層熾烈ヲ極ムル情勢トナリ……我軍ノ犠牲ガ……多クヲ加エ……「タワラ」「マキン」両島ニ於テ、玉砕セラレマシタ三千ノ将士、軍属諸氏ノ英霊ニ対シ痛惜敬弔ノ至情ヲ捧ゲ……当貴族院ハ其ノ付与セラレタル権能職責ヲ重ンジ、慎重審議、翼賛ノ誠ヲ書クサムコトヲ期ス…」

第八六回議会（昭和一九年一二月）

「危急ハ日ヲ逐ウテ加リ、未層有ノ重大時期ニ直面シツツアリ……戦没将兵二対シ普ク敬弔ノ意ヲ表シ……特別攻撃隊ノ諸将士ガ……殉ゼラレツツアル忠勇義烈ハ……適当ナル言葉ヲ知ルニ苦シム所デ……貴族院ト致シマシテハ……憲法ノ真義ヲ重ンジ、政府ノ公明果敢ナル施策ニ嘱望スルト共ニ、慎重審議、翼賛ノ誠ヲ盡シ、以テ上ハ畏クモ聖慮ニ応へ、下ハ誓ツテ時局ノ要請ニ応ジテ善処セムコトヲ期ス……」

島津忠彦議員、特別委員会委員歴例

第七六回議会　関税法定、定率法中改正法案

第七九回議会　産業生活管理法案

第八一回議会　決算委員第四分科主査

臨時利得税中改正法律案「公債問題について」質疑会計法戦時特別中法改正法案

昭和一七年法律第二三号中改正法案、副主査

第八四回議会　所得税法中法改正法律案、副委員長

第八六回議会　所得税法他十六法案中改正法律案、副委員長

第九〇回議会　蚕絲法中改正法律案副委員長、都制の一部を改正する法律案

中村貫之　談

戦後の貴族院、男爵議員と公正会、新憲法と軍備廃止問題

中村貫之《なかむらかんし》　男爵　公正会

議員在職／昭和二一年五月～昭和二二年五月

経歴／明治二一年一〇月生　東京帝国大学法科大学卒　横浜正金銀行　東京支店副支配人　ラングーン・シアトル各支店支配人　本店支配人　清水産業㈱社長　昭和五八年一二月没

聞き手　花房孝太郎　水野勝邦

大久保利謙　小原謙太郎

昭和五二年五月一〇日

於　霞会館

花房　男爵議員としての当時のお話をうかがいたいと存じます。

水野　まず議員に当選されましたのは。

中村　私は昭和二十一年五月十一日貴族院議員に当選、十二名の男爵議員の一人として就任いたしました。五十七歳でした。ですから貴族院の経験というのは一年一カ月ということです。

水野　その前は。

中村　その前は横浜正金銀行本店の支配人をしており、昭和二十年三月に退いて、四月に清水建設に常任監査役として入りました。政治に入るつもりは全くありませんでした。政治家になろうとは思っていませんでした。

ところが、昭和二十一年に矢吹（省三）男爵が数回私のところにお出でになり、「今度マッカーサーの命令で旧憲法を改正し、新憲法を作ることになったが、議員の大半はパージ（公職追放）で出られない。そうすると議会を開いても数が少なくて体《てい》をなさない。だから資格のあるものはぜひ出てくれ」ということでした。

私は経済方面のことは知っているが、政治は分からないからと断りました。しかし、「そんなことではいけない、天下の大切なことだから、ぜひ出ろ」と云われ、清水建設の社長に相談した。社長は「今まで貴族院には土建屋は一人も出ていない。だから君が出て土建関係の法案が出たらすぐに知らせろ」と云われた。月給は出す、いくら休んでもよいということで私は出ました。

水野　議会はご承知の通り、アメリカ占領下にあり、パージになり、やめざるを得なくなった方が大勢出ましたでしょう。それで、その空席に対しての補充といいますか、補欠として……。

中村　おっしゃる通りです。丁度四月から翌二十二年の五月三日まで一年と一ケ月貴族院議員を経験した訳です。矢吹さんのおっしゃる通り、選挙の当日出まして、そこで当選して資格を得たわけです。私が出ました五月十一日に男爵は十二人選出されました。

水野　たしか男爵は六十六人の枠がありまして、それに対しやめられた方（パージ）が多く、それを充たすために補充したわけです[*1]。

大久保　その時に男爵の中で誰が出るか、何か選択の基準でもあったのでしょうか。

小原　それは、昭和会館とか公正会の関係をやっておられる幹事が一つの方向にもっていかれたのでしょう。大体希望者はなんとなく運動をしていましたから。しかし、やりたい方でもパージにひっかかったりして、だんだん人が足りなくなり、政治に適した方ばかりとはいかなくなって来たのでしょう。

中村　議会は幣原内閣のときでしたが、四月二十二日に辞任されており、漸く五月二十二日に、一ケ月かかって吉田内閣が成立し、第九十議会の開院式となったのです。幣原内閣はパージにかかった方が多く辞任になったわけですが、パージになった人、又決まっている人をさけて内閣を成立させるのですから大変な交渉だったわけです。それで私が出ましたのは、財閥解体のときで、三井、三菱がやられて、清水も土木とか機械とか別会社を作ったりして用意していましたが清水は幸に免れました。

大久保　そういう時は議員として何か清水との間でなさったのですか。

中村　「こういうことがある」ということは伝えました。

水野　特別委員会として参加された法律案の何か特別委員会をご記憶ありませんか。

中村　予算委員会で、松平外與麿さんから、経済的な質問をしてくれと頼まれて、石橋湛山大蔵大臣に、為替レートの問題について、準備金はいくらあるか等質問をし、石橋大臣は実にていねいに答えて下さいました。今も印象に残っています。石橋氏の「東洋経済」という本は数年にわたって読んでいました*2。

※　※

水野　その頃の社会状勢は非常に悪かったのですが、中村さんのところは戦災はいかがでしたか。

中村　私の家は戦災でやられ、家族は御殿場に疎開していました。清水建設の社長は軽井沢に疎開されており、そのお宅があいてたのでそこへ入ったのです。私以外の人達もおりました。会社にも籍があったので、情報をもって来いと云われた。でも私は、そういうことはきらいなので、余りもっていきませんでした。

水野　戦後、我々の中でもアメリカにたいして強気で出た方がよいという派と、どんな目に会うか分からないから、ごもっともごもっともで何でも従えという派と二つありました。中村さんはいかがでしたか。

中村　昔から負けたら奴隷になるのが普通ですね、だが自分としては戦争中は負けても最後までやるつもりでいたわけです。ですからアメリカに対し平気な顔をしていました。

花房　直接アメリカ・駐留軍から議員さんに対して何か脅迫がましいことはなかったですか。

中村　そりゃありませんでした。ゼロ戦が高空に上がるときの為に、酸素を液体化し魔法瓶につめるのです。その携帯魔法瓶を研究し、容器を作る会社の社長をしていましたが、進駐軍が来て容器を兵器だということで全部こわしていきました。このときは負けたから仕方がないと思いました。

憲法改正に関しては、個人的に米軍から何か云われたことはありませんでした。しかし、私だけでなく男爵議員全体の考えと思いますが、天皇を象徴とする、という問題、これはやむを得ないだろう。かえって天皇の地位を確保するためには象徴ということで、政治責任を切りはなした方がよいだろうということが大体の意見だったと思います。

軍備廃止という問題は、私は絶対反対でした。団伊能さんが、軍備廃止のことではげしく総理大臣に質問されましたが、幣原さんの答弁は苦しそうでした。今軍備をおいておいてはダメだということなんですが。日本として国家を守る、その力をなくすんですから、私に云わせれば、それじゃ国家じゃない。森戸辰男*3がずっとあとで、国体維持のために日本自ら申し出たので、占領軍の中で軍備廃止ということを云ったのではないんだ、と話していました。

小原　天皇の象徴ということは賛成だったのですが、軍備に対し全部なくすということは、公正会の中で反対の意見の方が多かったようです。私からみれば今度の憲法で改正の条項はあるわけですから、独立だけはするために軍備廃止を受け入れ、年数が経って憲法改正をして軍備を整えようと思いました。やむを得ないこととして。何しろ議会は開かれないんですからね。夜中まで待たされて賛成動議を出して、GHQの返事を待って、で勝手に開けなかったんですからね。向こうのOKが出るまで皆部屋でまだかまだかと待っていたんです。今思うと運営していく人は大変でしたね。

中村　当時公正会は坊城（俊賢）さん、中御門（経民）さん、渡辺修二さん方、古い方が主流でいらした。我々は本当に流れの中に入っていなかったんです。

水野　法案審議の時に、公正会だけで先に意見をねられるということがあるんですか。

小原　それは昔から、幹事の方がいろいろ意見を出し、皆そうしようという多数決になり、公正会の独立した意見として出しました。矢吹さん、岩倉道倶さん、黒田長和さん、千田嘉平さん、渡辺汀さん、大蔵公望さんなどが中心でした。

※　※

水野　話は変わりますが、中村さんは正金銀行にいらしたが、男爵だったから、いずれ将来貴族院にということは考えられませんでしたか。

中村　そうですね、私のところは、明治三十九年親父が男爵を授けられました。私が学習院高等科一年のときでした。ですから中等科まで華族ではなかったわけで、貴族院議員になるなど考えていませんでした。望みがなかったのです。あの頃の学習院は近衛院長で、大体将来は政治家になるか外交官、軍人になれということでした。

同級には宮殿下が五人おられました。その中で私は平民です。私の親父（中村雄次郎*4）は紀州藩の下級武士の次男で早く上京し平民になっていた。だから親父は華族さんのいらっしゃる会に入るなんてことは考えなかったでしょう。そんな中で育ったわけです。何故学習院に入ったか、多分家が近かったからでしょう。訳の分からないまま殿下方と相撲をとったり、御殿にも遊びにいったりしていました。先生の中に木部さんという方がおられて、軍部が偉くなっても戦争に勝っても、金がなくてはダメだとしきりに云われていた。又外国を知らなくてはダメだとも云われ、蘇峰の「吉田松陰」を読み、外国を知りたいと思いました。親父は若いときフランスに留学して、幼年学校で勉強しているのです。お前に洋行させたいが、軍人で金がないから、一人でいく方法を考えろ、と云われ、三井物産に入るか、正金銀行に入るかを考えた。三井物産の山本条太郎に逢いにいって相談したところ、君のように考えるタイプは商社むきでないといわれ、正金を紹介して頂きました。そうして三十年そこにいた訳です。学習院の教育とは一寸はなれていた為、政治界でなく実業界に進んだのです。

水野　しかし男爵だということがプラスになるとか、マイナスになるとかありませんでしたか。

中村　正金はデモクラティックな会社で、男爵であることなどは無視していました。児玉さん（頭取）などは貴族院というのは公卿か大名のいくところで、新華族の男爵議員なんてとてもダメだ、と云われました。正金はこの様にデモクラティックで、重役でも私室にこもる時はお客が来たときだけ、あとは全部ひとつ部屋です。その代り厳正なところで、転任も一切相談なしでした。英国にいたときも、〝男爵〟は使ったことがありませんでした。しかし、米国は好きなのですね。シアトルには支店長で参りましたが、日本クラブで向こうの会長にバロン中村と紹介されました。

私は上海にいて、それからドイツに四年、英国に三年、インドのカルカッタ、パキスタンのカラチ、ビルマのラングーン等に六年以上暮らしました。この東洋諸国のことは当時東洋史として習わない。東洋史は支那史で、他の東洋諸国はヨーロッパとの関わりでしかなく、これらの国について教育を受けていないのです。

それから当時の日本人は宗教を知らない。インドでは宗教が第一位だ。オギャーと生れたらインド教か回教徒になるかで、しかも戒律がきびしい。両方とも戒律が厳しくて殺人はない。しかし宗教上の争いになると殺し合いがはげしいんです。そうして無宗教というのは日本人だけですが、外国人に対して無宗教だとはいうべきでないですね。宗教について日本人は外国人に対して注意しなくてはならないと思います。

水野　ですから今度の憲法改正の中で、宗教に関しては日本人とアメリカ人の考え方が食い違っていたらしいですよ。でもこういうことをうかがうと、中村さんが議員として活動されたのが、一年一ヵ月だというのはおしいな。もっとこの考え方を生かして頂くべきだったな。

中村　ヨーロッパ人は、宗教が国内で道徳の基準になっておりますが、民族対抗ということになると、全然それを捨てちゃって、自分の利益のために人を殺すことも出てくる。民族はいかに生きるかということですね。ところが日本人で民族はどうして生き残るかと考える人は余りいない。

※　※

水野　中村さん、議会が新憲法になり、貴族院というものは解散していきましたね。かつての貴族院をどういう風にみておられますか。

中村　貴族院が解散しまして、私も政治からひきましたが、国を治めるということはごく少数の力のある人が治めて、あとは付和雷同していくものだと思います。だから少数の偉い奴が出て、あとは凡庸でかまわない。

今までの華族は特別の境遇に育ち、日本全体のことを考えるべく、特別な教育を受けた人なんだ。こういう人に政治をやらせることはよいことだったと思います。民主主義だって少数の偉い人を選ぶことです。しかし華族もそれになれてしまうと安住し、身分だけをエンジョイしてという、国家のことを余り考えない人が出てくる。政治的にはそれではまずいのでしょうが。

日本はヨーロッパと土壌が違うのですから、だれかリーダーがいて治めなきゃいけないような気がしますが、そういう点においても霞会館は一種の責任があると思います。今までの伝統ということも一つの力ですからね。皆勉強しなければダメだな。

花房　今日は貴族院という固いお話をうかがったのですが、もっと若い連中に今のお話を聞かせたいですね。若い連中はそれぞれ勤めがありましょうが、自らの伝統の力と日本の将来ということを改めて考えてほしいですね。

中村　しかし、私も九十歳を祝われると、体も精神も同時にダメになると痛感しています。

＊注記
1　公正会退会者数（七、内田注記1参照）
2　第九〇回議会（昭和二一年九月）
復興金融金庫法案特別委員会で、経済復興について質疑。政府側は石橋大蔵大臣、福田赴夫が委員として出席答弁。他に戦時補償特別措置法案特別委員など歴任。
3　森戸辰男（もりとたつお）
明治二一年一二月生　東京帝国大学法学部卒、助教授、クロポトキン筆禍事件で大学を辞す、社会党より衆議院議員当選、文部大臣（片山内閣）、広島大学学長　他　昭和六〇年没
4　中村雄次郎（なかむらゆうじろう）男爵
嘉永五年二月生　フランス留学、陸軍中将、製鉄所長官、南満州鉄道㈱総裁、宮内大臣、枢密顧問官　昭和三年一〇月没
中村議員特別委員会委員歴例
　第九〇回議会　農林中央金庫法、復興金融金庫法特別委員会委員
第九二回議会　私的独占の禁止及び公正取引の確保に関する法律案特別委員会副委員長

坊城俊賢　談

公正会の幹事会、十四会と東条倒閣運動、翼賛政治会と米穀調達、憲法改正特別委員会委員長、昭和会館・協同会・公正会

坊城俊賢《ぼうじようとしよし》　男爵　公正会

議員在職／昭和一四年七月〜昭和二二年五月

経歴／明治三〇年二月生　東京帝国大学農学部卒　東京市・埼玉県各技手　農林技手　富山県農林技師　農林省　農商省各委員等　昭和五八年六月没

聞き手　花房孝太郎　水野勝邦

　　大久保利謙　小原謙太郎

昭和五二年九月三日

於　霞会館

水野　坊城さんは互選議員としては古い方ですね。

坊城　中御門さんと一緒位です。昭和十四年、西酉乙、宮原旭、島津忠彦さん等と同時に貴族院に入りました。そして十四会を作ったのです。

水野　入った時は若僧だからという立場で困ったんではないですか。入りたては先輩と後輩の関係はうるさかったでしょう。

坊城　それはうるさかった。序列があった。私は公正会で一席ぶったりしたので幹事にさせられました。公正会は現役の議員の集りで、協同会は選挙母体、昭和会館は男爵の集りで議員もいるが議員でない人もいるんです。又男爵ばかりじゃない勅選議員も四人位いたと思います。河田烈とか松村義一とか。公正会は幹事というのはあるが、幹事長というのはないのです。なぜかというと「長」という字のつくのは誰もやらない。お互いにそういう一つの約束があったんです。だから幹事は七人いてその中の年寄が長になるのですが、決して幹事長とは言わない。皆同格なんです。それでたしか途中で改選がありましたが、もうすぐ解散になるのだからとひきつづいてやらされました。今園（國貞）さんが大将で、私は小使いでした。

何をするかというと、朝、例えば八時四十分から総会を開くというと、私は八時前に来て、衆議院をずっと調べて歩くんです。今園さんが「これから幹事会を開きます。」とやると、この法案が衆議院ではこうなって、もう一週間かかるが、これは明日こちらへ来る、とかそういう報告をするのです。そうして今度はそれに対して貴族院の委員の手当てをします。誰を委員にするか、とか考えなくてはならない。幹事としてそんなことをやっていて、相当忙しかったんです。

水野　その幹事の制度は研究会では常務委員の制度と同じですね。私は常務委員にされたとき部屋に残って報告を受ける立場にいました。

坊城　そうですね。貴族院の中に委員会が沢山あって、法案があがってくるとすぐ報告を受けるんです。そうすると、明日の総会にかけて誰々さんを委員長にするということをきめるんです。ですからいつも部屋にいなくてはいけなかったんです。

その中で、何という法案か忘れましたが、予算よりも重要な法案の一つを秘密会でやったことがありました。このときの委員の人選が面白いんです。国家の重大問題だから、だまっているより、よく喋る人を選出しようというんですが、明石のことは皆嫌うんだ。何かというと、「本会議でやりたい」というのでこれが嫌われるんです。それで一人で三人推薦するので私はまず「井田磐楠はどうだ」というと、「これは良かろう」となる。次に中川良長を推せんしたら、これも「黙っていない方だからよいだろう。」それから皆が「あれにしょう、これにしよう」となってつまってしまい、「坊城君どうだ」となる。そこで最後に「では明石元長はどうですか」というと、「まあ良いだろう」と。最初に明石を押したらダメなんです。通らないんだ。こうして委員が決まり、委員会が開かれたんですが、私は幹事をしていて部屋にいなければならないため、委員会を聞きにいけないんです。それで明石の順番を見計っていってみたら、立錐の余地もない程人が一杯でした。鈴木貫太郎とか迫水がいたりして、明石が阿南陸軍大臣に質問していました。「陸軍では敵を内地に引きよせてたたいて、それで戦況を好転するといっているけれども、実際に敵を内地に引きよせておいて出来るのか」と。大臣つまってましたね。明石は更に「敵に勝つということはそんなことでは勝てない、ワシントンならワシントンまでいって城下の盟をやらなければダメだ」と。これには返事がありませんでした。こんなことがありました。

水野　この委員会の委員長はどなたでしたか。

坊城　いやちょっと忘れてしまったのですが、とにかく速記をさせなかった。重要な委員会でした。戦時何とか、という委員会で、日本をどうするかという重要な委員会でした。

水野　速記をとめたことはありますが、速記をしなかったのですか。

坊城　しなかった。させなかった。

水野　戦時秘密会？

坊城　ここへ来るまでに調べてみようと思ったけれど、その委員会の名前すら忘れていた。戦時何とかいう委員会で、これがその当時は予算委員会などよりも日本をどうするかという重要な委員会です。もっと早い時期でしたら昔の貴族院に関係した人がいましたでしょうが。

水野　その委員会は法案でしょう。それは成立したんですか。(戦時緊急措置法案)＊1

坊城　成立したかどうかとにかくよく分かりません。(成立公布された)

水野　委員会の成立ははっきりしているわけでしょう。その結末をつけなければなりませんから、法案が成立したか何かまで恐らくわかるでしょう。それよりこの間花房君が手に入れた小さい冊子に、法案の成立したのは全部書いてあるでしょう。

坊城　まだ法案内容までふれておりませんが、何回議会に貴族院議員提出法案が何件出て、何件成立し、何件未決になった、という表を今つくっております。

水野　あれだけは本当におしいことをしたと思っています。非常に重大な委員会で、井田磐楠なんかもやっていた。それから中川良長もだまっていないからね。明石にいたっては嫌われていたけれど何としても出そうと思った。

※　※

水野　十四会では東條内閣をやめさせようという運動をしましたね。

坊城　はい、何とか東條内閣をつぶしてしまおうと、それで軍人でない内閣を作って手を出せば握ってくるだろうということをやったわけです。それで中御門君（経民）があだなをつけられたんです。青年将校って。公侯爵の方からは島津忠承と桂広太郎などが入って、子爵では水野勝邦、そして大いに運動したんです。昭和十七、八年、第二次大戦が始まって間もない時でした。もうこの戦争はダメだという見通しがついたので、東條をやめさせて戦争終結に向かわせようと説得する人を分担しました。私は八條隆正さん、中御門さんを口説こうということになりました。八條さんは、研究会の重鎮でいられましたが、正月の元旦に朝からいって、昼食と晩食を御馳走になりながら粘ったのです。「私は公卿ですから、とにかく皇室から千年以来の恩寵を受けているではないか。日本がつぶれると天皇制もダメになってしまう、ここで千年の恩寵をお返ししなくてはいけない。どうぞ私の言うことをきいて下さい」とやったんです。八條さんは研究会の領袖だし、しかも翼賛政治会の偉い人だから僕は見ていてパッと顔色が変わったのが分かった。

しかし、大先輩方は「貴族院が内閣をつぶすイニシャチブをとったことはない、だからやらない」といわれるのです。「イニシャチブをとって内閣を更迭することはない。といっても、この非常時においてはどうなのだ。とにかく国がつぶれるかどうかという時なんだから、黙っていることはない。外国と手を結ぶべきで、それには東條内閣じゃダメだ」と説いたのです。中御門さんは華族会館に来て頂いて口説きました。三度も説いたのですが、「お前、それが東條に分かったら即刻貴族院議員をやめさせられるよ」と謂われました。「私は、その覚悟です」と返事したのですが、とにかくそんな自分の一身上のことはいっている時ではないと思いました。「覚悟しているならいいぞ」といわれたが、賛成はして頂けなかった。賛成されなかったということはむずかしいということでしたね。

水野　僕も入れて頂いた研究会では伊東二郎丸さんに説いたのですが、うんとやられました。

坊城　それから近衛さんのところにもいきました。たしか昭和十九年十一月頃、京都仁和寺の裏の近衛別荘に桂君とか島津君とかそろってうかがいました。しばらくして近衛公が出て来られましたが、大きい方で、正座しないで、足を横にくんでいられました。「貴方方若い貴族院議員がうろたえて笑い者にならない様にしろよ。」と見通しはつけていられたんだな。しかし近衛さんを出しても駄目だったな。

水野　近衛さんもあの時の軍の力に抗しきれなく、自信がなかったんですね。

小原　その苦しみは分ります。

坊城　近衛さんも戦犯でしょう。だからあれが出たって今から考えても手はにぎれなかった。

水野　道は開けないと。しかし、この会合をするために、どんなに犠牲をはらったか。それで東條さんの輩下のスパイというか手下にやられるから場所を決められない。何度も何度も変えて、自転車でいったものでした。一寸でももれたら大変だ「危ないぞ」と言われて心配したな。

※　※

坊城　研究会の常務委員ともしょっちゅう接触していましたね。

研究会の常務委員というと戦後創価学会から参議院に出られた北條雋八さんでした。この北條さんとは面白い話がありまして、松村謙三＊2が農林大臣になったとき、松村さんと私は親しくて、松村さんは私のことを坊城子爵（実は男爵）と呼んでおられました。大臣になって内閣書記官長に電話で「参与官はホウジョウ子爵」とやっちゃったんです。松村さんは私が来ると思っておられたが、聞いた方は研究会の北條だと思ってしまった。あの時実はボウジョウ子爵のつもりだった、と後になって秘書官からきいたことがあります。松村さんは私が翼賛政治会の農林委員のとき委員長でいらしたのです。

松村さんとは昭和十八年、日本に米がなくなって来たので、貴族院、衆議院で団を組み松村さんが団長になられて、満州へいって満州の雑穀を朝鮮に入れて朝鮮の米を日本に入れようとしたことがありました。富小路（隆直）さんは海峡が危ないからと最後におりてしまわれた。他に加藤（鯛一、勘十の兄、愛知県出身）、熊本の石坂繁、栃木の代議士、農林省から一人、翼賛政治会から一人の計八人です。旅費は助川さんと私は農林省から、あとの四人は翼賛政治会から出ました。

船が出るとき翼賛政治会の人がボール紙のカードをもって来ました。これに船の番号が書いてあるんです。4と5とありました。先に出る船が4であとが5なの。それを裏をむけて引いたんです。私と松村さん、石坂・栃木の代議士が4でした。加藤さんは5で「先に行って待ってますよ」といったら、「寒いけど釜山で待っていてくれ」といわれました。四人は先発で出かけたけれど灯火管制なので良く分からない。これだろうと乗ったら、事務長が出て来て「これではない。前の方の船ですよ」というんです。夜目にすかしてみたら間違えて乗ったこっちの船の方が大きいのです。いやだなあと思いました。松村さんとは同じ部屋でしたが、一々私に相談するんです。「ドアは閉めましょうか」とか「着がえますか」とか。沈んだら十月五日の海は冷たいからどうせ死んでしまう、それならドアも閉めて着がえようと思いました。その時僕は無宗教だけれど初めて神に祈ったね。「もし日本が勝つのなら、ここで命を捨ててもいい。しかし、負けるなら死にたくない」と。

釜山について展望車にのったら、新聞記者がワッと写真をとりに来たのです。それで「四人だけ写しても困る。あと三十分すると仲間が来るから、それまで待ってくれ」といった。ところが、四十分たっても、五十分たっても来ない。電報を打つといったら、無電を打つと船の在りかが分かってしまうからダメだという。仕方がないので、松村さんが「先に立つが、電話のかけられる駅で、必ず連絡するから、先発組は何時に発ったと伝えておけ」と書いて駅長に渡した。それから私が駅につく度にとんでいって駅長にきくが、どの駅でも連絡がない。とうとう新京までいってしまった。新京で旅館について朝三時まで会議をやった。後の四人がもし死んでいたら、我々の目的を果たしたらすぐ帰ろうと決めたんです。次の日、農林大臣にあったりして、宴会に出たら、関東軍の大佐が私を呼んで、「実は次の船は潜水艦にやられた。」と話してくれたんです。農林省の人はお伴がいなくてはいけない、自分も松村さんと一緒に乗らしてくれと頼んだのですが、事務長が乗船名簿に書いてない人はダメだとおろしちゃったんです。あれが運命の別れ道でしたね。すぐ我々は帰ることにしたが、金はお伴がもっていたので、金がなくなってしまった。下関へいって泊らなければならないのに金がない。それで、満州重工社長の高崎達之助さんのところへ借りにいった。すぐ三百円か四百円か、手の切れるような札をそろえてもって来てくれました。満洲通信社の松方三郎に電話したら「波はあったか」というから「波はあった。ベッドから二、三度落ちそうになった」といったら、松方は「それは魚雷ではなく機雷がずっとはってあるので、それに触れたんじゃないか」と判断していました。何しろ撃沈ですからね。沖の島あたりで沈んだんだ。非常に近いんだ。

　あの乗船前のカードで運命が決まったんですね。しかしあの頃の陸軍もひどかった。車中で二泊するんだが、我々がいた展望車で会議を開くと言って、我々は追い出されてしまった。見たら会議なんていうけど酒を飲んでいるんだ。こう荒廃したらこの戦は負けですな、と言っていた。

水野　松村さんとのつながりはどういうことで。

坊城　私は富山県庁にいたことがあり、松村さんは富山の出身なのです。

※　※

水野　なるほど。もうちょっと交渉委員のときのことをうかがいたいのですが。研究会では常務委員というように全部各派交渉委員のメンバーが登録されていたと思うのですが、委員を最終的に決める、今でいう各派の議院運営委員会に当るんです。ですから非常に大切なもので、議長はやはり貴族院議長がなるのです。私の記憶では、憲法委員の構成で、それを決めた時、誰を委員長にするかは、最終的に交渉委員会が承認するわけなんです。研究会の意向としては絶対有爵者が委員長になるべきだということでした。

坊城　あの憲法改正の時でしょう。僕らもそういう考えをもっていました。これは侯爵の人がなるべきだ、細川護立がなるべきだと思っていた。それでなければ中御門（経恭）がなるべきだと。とにかくこの日本の新憲法をつくる最後の貴族院じゃないか。外からとるべきではない。やはり有爵者の中から出すべきだという意見です。有爵者の中からということは、火曜会からです。

水野　じゃあの時は公正会も研究会と同じ考えだったのですね。ところが細川さんが受けられなかった。

坊城　委員長っていうのはしゃべらなくていいんです。しゃべりたがる学者連じゃなく、細川さんになって頂きたかったですね。

※　※

水野　私、分からないのは昭和会館と選挙母体の協同会というのがあるでしょう。あの関係がよく分からない。

坊城　昭和会館というのは、昭和の初めに造ったもので、三井さんとか岩倉さんも男爵でしょう。まだ男爵の人がいたが、そういう人々もいくらか出したんでしょう。十万円もかかっていないと思うんだが、昭和の初めだから。それで昭和会館は男爵の集まりだが、議員もいれば、そうでない人もいた。

小原　協同会の会員になっていない人は議員になれなかった。

坊城　それであそこには男爵ばかりじゃない勅選議員が何人かいた。たしか四人位と思うが、松村義一、河田烈なんか。

水野　昭和会館の方は男爵の当主ですね。公正会というのは、その内から議員になる希望のある人が、現在議員になっている人の集まりです。

坊城　公正会は全部現役の議員だよ。

小原　協同会というのは選挙母体ですね。

水野　それじゃ昭和会館というのは議員でなくても男爵であった人が入る会館ですね。

小原　政治に関係ない人でも華族の当主であればいいわけですよ。

水野　私の方はね、研究会は全部現役の議員で選挙母体になるのは尚友会です。これは子爵であり、伯爵であり、又その息子で将来議員になる希望のある人がはいれる。尚友倶楽部というのは研究会の会員であった人が入る。ところが昭和二十二年の時に改正しまして、それで尚友会という子爵、伯爵の爵位のある人、又はその息子が入っているものと合併したのです。だからもともとの尚友倶楽部という性格は研究会員に限るわけです。

小原　昭和会館も戦後その範囲が広まったんですね。

水野　勅選の人は勅選で会があるんです。同成会というのです。

花房　同成会というのは大正八年十一月に結成されたんで、無所属第一と土曜会の合同となっております。

水野　土曜会というのは勅選議員の会だったでしょう。

花房　土曜会というのは、明治三十八年十二月七日に結成されたんで、旭倶楽部と庚子会が合同して出来たもので、大正八年十一月に解散しております。それで同成会になっております。

坊城　公正会の色々な会合の時は同成会の人は同席していたんですか。

小原　しなかったと思いますよ。たしかそうです。

坊城　勅選でおられたのは松村さん、それから河田さんがいたと思う。だから同成会に入ってなくてこっちに入ってたんだな。

花房　水野さん、男爵議員とか勅選議員も研究会に入っていらっしゃったんですね。

水野　入ってましたよ。それで研究会員だったわけです。木曜会が同志会と改名したんですよ。それを表にしたのをつくりました。それをごらんになればすぐわかります。勅選とか勲功とか公卿、大名とかで、いろいろあるのですが、こういうことも今うかがっておかなければいけませんね。

本日はありがとうございました。

＊注記

1　戦時緊急措置法案（第八七回議会）昭和二〇年六月一一日政府提出。
国家の緊急の場合、他の法令の規定に係わらず、応急の措置を講ずる為必要な命令又は処分できるという政府への白紙委任立法。
特別委員会委員

委員長　子・岡部長景　　副委員長　東郷　安

佐佐木行忠、池田宣政、大久保利謙、柳澤保承、関野貞三郎、井上匡四郎、八條隆正、渋沢敬三、山田三良、小原直、河井弥八、井田磐楠、種積重遠、吉田茂、青木一男、明石元長、山岡萬之助、澤田牛麿、竹下豊次、結城安次、諸橋久太郎、塩田囲平、米原章三

秘密会で非常大権との関係、臣民の権利との関係など論議され、首相（鈴木貫太郎）の「大権発動の前に議会で決め法律によって措置すべき」との説明を了解し可決した。秘密会のため速記録はないが、記録のある部分で井田議員は「同法案の本質的意義、非常大権の見解、議会運営について」など質問。明石男は質疑の中で「国民の道義心が低下している、敵が本土に上陸するという様な場合……極端に申しますと敗戦態勢という他はないのでありまず」と発言。更に「私ガ質疑申シ上ゲタイ心持ハ、後程別ノ機会ニ申シ上ゲマス」と云う言葉が記録されている。なお、公正会としては反対で〔大蔵公望日記六月十日条〕、男爵種積重遠が「憲法第三十一条ノ非常大権発動ニ関スル建議案」を提出したが、否決された。

会議は、左の場合非公開秘密会議となった。

一、議長又は議員十人以上の発議により議院が可決したとき

二、政府より要求を受けたとき、傍聴人は退去せられ、議事録は刊行されなかった。

2　松村謙三（まつむらけんぞう）　衆議院議員（富山県第二区選出　自由民主党）

明治一六年一月生　早稲田大学卒、厚生大臣兼文部大臣（東久通宮内閣）、農林大臣（幣原内閣）、文部大臣（第二次鳩山内閣）

坊城議員特別委員会委員歴例

第七六回議会　昭和一二年度法律第九〇号中改正法案

第七九回議会　昭和九年法律第二九号「雑穀の問題について」質疑、国家総動員法第十八条、米穀需給調節特別会計法中改正「米が公平に配給されるように」との発言

第八一回議会　請願委員会副主査「空俵を生産者に返すこと」について、農業保険法中改正法案、朝鮮食糧特別会計

第八六回議会　予算委員会第五分科会、池田議員らと山林関係について

松平齊光 記

憲法改正と国体変更の議論

松平齊光《まつだいらなりみつ》　男爵　公正会

旧津山藩主分家

議員在職／昭和二一年五月～昭和二二年五月

経歴／明治三〇年二月生　東京帝国大学法学部卒　英国、仏国留学　パリ大学より博士号を受く　東京帝国大学農学部　日本大学　法政大学　明治大学各講師　東海大学教授　都立大学名誉教授　昭和五四年五月没

七月十四日付けをもってお申し越しいただきました「憲法改正の特別委員として経験した当時の状況」なる一文を、軽い話の形にして起草するようご依頼を受けましたが、何分にも三十年を経過致しましたので、人名や時日に関し記憶を喪失致しました点が多く、再三試みましたが到底私の任ではないと感じました。勝手ながらご要求を若干変更して、敗戦後の憲法改正に関し、一番重要と思われます一点についての論争を思い返してみることと致します。悪しからずご了承願います。

それは憲法改正が国体の変更となるかどうかの解釈についてでございます。ご存知の通り憲法改正の要点は、戦争放棄と天皇制廃止の二点にあるとされておりましたが、戦争放棄は一応埒外におき、天皇制廃止については国体を変更することになるかどうかの解釈について論が分れてきたのでございます。もちろん憲法草案は議会的民主政治を徹底することに基調がおかれましたが、そうすることが我が国従来の天皇制を一変することになるかどうかについて、二論が対立したのでございます。

進歩的議員をはじめ多くの学界出身の勅選議員は国体変更論に与しました。その理由は、たとえ二、三人の意見であっても全く一致することが難しいのがことの実際である以上、国民の総意が自然に一致するようなことは考えられない。まして議会の決議が常に天皇の意志の一点で合致するなどとは考えられない、それでいて議会の決議を至上とするのが新憲法の狙いであるとすれば、明らかに議会制を先にして天皇制を変更したこととなるというのです。国体変更の時点を否定するよりも、この事実では国体が一変されたと率直に容認して事態を明示することこそ正鵠を得た解釈であるというのが結論でありました。

しかし、これに対して国務大臣の金森徳次郎氏は強く反対致しました。国体は変更されていないというのです。独裁的な天皇制を想定することこそ日本の伝統に背き、我が国古来の国体に反することだと主張致します。国民の意志決定には日常の些々たるものと、国事に関する重要な判定とがあり、いやしくも国民が国家の公利を目指して審議する限り、それは常に公共の利益を目指すものでなければならない。日本人の心は開闢以来天皇の御心を心とするものであるから、重大時に際しては必然的に天皇に帰一することが民心の自然であってその逆ではない、だから我が国の国体は開闢以来民主的なものであった。従って憲法改正は決して国体を変更するものではないというのであります。

私は憲法改正と国体との論議がこの後どんなふうに発展したかを知る機会がありませんでした。従ってこの重大な問題は未解決のまま放置されてしまったように思われます。その時に、国体は変更されたと明言するだけの勇気があったなら、現行憲法に宿る幾つかの曖昧さも、国旗、国歌の問題や靖国神社の論争に至るまで、もう少しすっきりした論議に達したことと思われます。

＊注記

1　松平齊光男は第九〇回帝国議会貴族院憲法改正特別委員会委員として審議。

九月三日松平議員質疑（要旨）

①憲法改正の国民精神への影響について将来の見通しと対策。

②天皇思想への影響。

③「教育上ノ根本原則ヲコノ憲法ノ何処カノ部分ニ明記」して置く必要がある。

金森国務大臣答弁（要旨）

道徳律を憲法に規定することは、政治上の基本原則を規定すべき憲法の目的に照らして賛成できない。

田中文部大臣答弁（要旨）

教育の内容については、元来憲法に触れるべきものではない。

九月一八日松平議員質疑（要旨）
①第二十条は国家神道禁止令の趣旨によるものと思うが実際上の取扱いは如何。
②神社の法的の見方は。
金森国務大臣答弁（要旨）
①国家は宗教上の事に積極的に関与しないが、宗教的情操はこれを涵養するように努めたい。
②社格はこの憲法の範囲内では認めることはできないであろう。

宮原　旭　談

男爵議員として選出、公正会の人物と「一人一党主義」、昭和会館の復興

宮原《みやはら》　旭《あきら》　男爵　公正会

議員在職／昭和一四年七月～昭和二二年五月
経歴／明治三七年五月生　英国グラスゴー工業大学卒　三菱重工業㈱　名古屋航空機製作所技師　日本小型飛行機㈱取締役技師長　昭和五八年一二月没

聞き手　花房孝太郎　水野勝邦　小原謙太郎
昭和五二年五月二四日
於　霞会館

花房　今日は、元男爵議員として色々当時のお話を伺いたいのでございます。宮原さんがお出になられたのは昭和十四年でしたか？

水野　あの時は改選でいらしたが、改選で出るということはどういう風にご苦労されたか、無事出られたのですか？

宮原　英国から帰ってすぐ昭和六年から名古屋の三菱重工で設計の仕事をしていました。十三年頃でしたか、妻の父林博太郎から昭和十四年に貴族院議員の改選があるということで、名古屋などにくすぶっていないでそろそろ東京に帰ってきたらどうかと話がありました。けれどもその当時、私は設計が非常に面白く、貴族院などには余り出たくないし、また、とても忙しかったので断っていました。しかし何遍も東京に出てこいと言ってくるし、家内にも説得されまして、その上仕事にも変化が起こってきました。つまり満洲事変以来徹夜でやったような時代から、いよいよ大戦が近づいてきたら、仕事が逆に楽になってきた。今までは非常に小さなグループで一つの機体全体を設計して面白かったのが、翼は翼、胴体は胴体というようにセクション別になってきたのです。元来私は大きなものより小さな飛行機を始めから終わりまでやるのを好む方で、興味が稍々減じてきた。またそろそろ年で、みんな課長の椅子を狙うような状況にもなってきていました。その上昭和十四年の議員の改選のときは公正会では欠員がかなり多く、十二人新任されることになっていましたし、林の父の話では貴族院には技術関係の人が非常に少ないから、是非来いというようなわけで、ようやく東京に戻る決心をした次第です。

それで東京にもどりまして、林の父が幹部に紹介してくれたりして、黒田長和さんとか、岩倉さんとか協同会のボスのところへあいさつにいきました。黒田さんはオックスフォード、私はグラスゴーでして、非常に話も合って、ぜひ来い、ということになりました。私は口下手なので、そう申しあげましたら、「議会はしゃべっては困る、ただ出席してくれればよい、ただ最後の議決の時だけ賛成すればいい」と云われまして……。岩倉さんからも、あの方はバンバン言う方ですが、「余計なことはしゃべるな、ただものごとの判断さえしっかりやって貰えばよいのだから」と言われて、ようやくお引受けしました。

※　※

水野　岩倉さんや黒田さんはどんなタイプの方でした。

宮原　黒田さんはゴルフをやるから色が黒くて目が光っていて余り話をされない。見かけは非常にこわそうにみえるが、ちゃんとした指導をして下さる。岩倉さんは、パッパと非常に気軽に色々の話をして下さる、よくしゃべる面白い方です。信頼性があり、公正会をまとめるにはいい人物でした。あの方達の下で東久世（秀雄）さんあたりがいろいろ画策をされていました。あのとき十二人も欠員が出てたのは、園田武彦さんとか、井田磐楠さんとか菊池（武夫）さんとか軍部と一緒になって大いに右翼的なことをしゃべった*1というので岩倉さん達から×をつけられて、井田さんは残ったが、他は五、六人首になっちゃったんだそうです。公正会は一人一党だから表面はしゃべってもかまわない筈なんですが……。ただこのいきさつはあとからきいたのでくわしく知りませんが、いろいろ面白いことがあったようです*2。昭和十四年の七月に中川良長、山川健、島津忠彦、西酉乙、坊城俊賢、山中秀二郎、明石元長、北大路信明、村田保定、八代五郎造、益田太郎さんらがポコッと入って黒田さんと稲田（昌植）さんの指導を受けて非常にいい議員に育っていったのです。

水野　それで幹部の方針通り動きなさいと言われていたんですか。

宮原　ええ、それで我々は、幹部の云うとおり動くのですが、田中舘（愛橘）博士が三時間あのローマ字演説をやりました*3。それから建部遯吾さんなどが出ると先輩達はツーといなくなっちゃう。席が足りなくなるので我々は我慢していなくちゃならなかった。建部さんは云っていることがむつかしくて分からない。日本語が通じないんだ。原稿をみせてもらったら、全部漢文で書いてあるんだ。わからない筈です*4。田中舘さんは皆いやがるけれどきいていると面白いんです。まあそういう訳で我慢して坐っているのは我々です。それでいよいよその法案が通る時、立つか坐るかだけを考えればいいと。まあそれに従って私はずっとすまして来たわけです。

※　※

水野　公正会は一人一党といわれるが、これが私にはよく分からないのです。どういうふうに考えたらいいんですか？

宮原　我々の公正会一人一党というのは、賛成、反対は自分の意志で黒票でも白票でもいいんです*5。最後の堂々巡りのとき反対なら黒票入れたって構わない。その点については私は非常に感心しました。そういうわけで、我々だけが我慢して坐っている。ただその法案が通るときだけ立つか坐るかを考えればよい、まあそういうようにしてずっとすましてきたわけです。研究会は全部幹部が決めて、黒白間違えていれたら次の選挙は首ということで、皆むきになって気を配っていましたね。

水野　非常に違うなと思って今おうかがいしたんです。

宮原　公正会の方は非常にフリーなんです。というのはよく聞かされたんだが、公正会はたしか岩倉さんとか黒田さんが中心になって研究会から独立したんでしょう。もう少し先輩なら知っているんだが、私はまた聞きで詳しい経緯は分りませんが。

水野　それから議員の時にね、何か特別委員になっておられますか？

宮原　あの頃は明石さんが一番若くて、次は私、その上に水谷川（忠麿）さん、というわけで我々は坐っているだけで、あの時はね、幹部でなければ何にもなれないから、委員になるなどはとてもでした。ただ、終戦後になりまして、最後に予算委員をやりました。幹部でなければなれなかったけど皆パージだったので……、私と内田（敏男）さんで公正会の役員もやりました。誰もいなくなって二人に委されたわけです。

※　※

宮原　昭和会館の復興には再建委員を引き受けて、内田さんのお骨折で社団法人にしたんです。会館の建物は通産省が使っていて、室の中で焚火をしたりしてずい分よごれていたんです。そこで「復興にはお金が必要で、誰か金を出す人を紹介してくれなければ二人で引き受けても再建できませんよ」といったら、田中龍夫が駿河屋というお金持ちの羊羹やをつれて来た。ところでこの駿河屋は大阪のではなくて、東京の分家らしく、本多という男がきたが、彼は通産省の課長でした。そこのところは良く分らないが、とに角その金で内部を綺麗にして上の方だけを倶楽部にし、他は貸室にした。それからお金がはいって人も雇えるようになった。したがって今日の会館があるのは駿河屋のおかげだし、また田中龍夫のおかげです。

花房　私は二十四年頃、丁度昭和会館に通産省がおりましたとき、車輌課にいまして汚くした口です。

宮原　何しろ何もないので、そこをなんとか住める様にして倶楽部にした。その下は印刷会社か何かが使っていました。

水野　あの建物が今昭和会館として残っているが、このことは内田さんと宮原さんのお骨折だった訳ですね。

宮原 そんな関係であそこができたわけです。

※ ※

宮原 それからもうひとつ、貴族院の方では若輩で殆ど先輩についてやっていただけなんですが、南洋に視察にいったことがあるんです。戦時中は議会のない夏には皇軍慰問にいったのですが、出張費が非常に少ない、ホテルや宿屋も一流のところに泊めてもらってあちらで御馳走になってそのお返しをする。向こうは喜んでくれるが、当方はくたびれた上に自腹を切るんです。明石さんなんかはりきって二、三回行ったが、私もどうしても一回行かなければならなくなり、昭和十六年に南洋視察（八月）に行きました。フィリッピンのダバオの日本人が華僑にいじめられ出した。一度話をしなければいかんというので……、夏のことで暑いのでお年寄りがみな断った。そこで明石君と相談して行くことにきめた。団長は前田（利為）侯爵、溝口（直亮）さんが副団長、池田宣政さんのお兄さんの政鋹《とし》さん、勅選の丸山鶴吉、藤沼（庄平）、多額の諸橋（久太郎）、若い方で米原（章三）さん、他に柴田兵一郎さん、それから鬼丸という伍長のおじいさんの書記がついていきました。貴族院の旅で、ああいう偉い人がそろうと一ケ月か一ケ月半で大けんかになるそうですが、前田団長がよく、和気あいあいとしていました。香港でビザがなく上陸できないところを、前田さんが英国師団の知り合いのキャプテンにかけあって入国できた。マニラでは、あちらの議員が大歓迎をしてくれてオスメニヤ大統領も、ダンスパーティなどしてくれて大騒ぎでした。ダバオに行ったあと更にボルネオ、セレベスと廻り、パラオ、トラック、サイパンにまでいきました。大変愉快な旅行でした。そのときの報告は明石が面白いのをしました。それで次にまた南方というので明石君が得意になって出ていったんですが、潜水艦に追われてうまいスケジュールが出来ず、しかしジャバまでいったんです。ジャバでいろいろ面白い話があるけれども、一寸ここじゃ話せないな*6。

花房　ではこの辺で、有難うございました。

＊注記

1　菊池議員

第六五回議会（昭和九年二月）において、中島久万吉商相の「尊氏論」を追及、中島商相は辞任。第六七回議会（昭和一〇年二月）には美濃部博士の天皇機関説を反逆の思想と追及、美濃部議員も貴族院議員を辞した。菊地男と同意見の強硬派として三室戸敬光（研究会）井上清純（公正会）、他に大井、坂来、井田ら。

2　公正会　昭和一四年の改選について

本多正樹、足立豊、有地藤三郎、沖貞男、菊地武夫、佐藤達次郎、園田武彦、長基連、福原俊丸、松尾義夫、今枝直規、坂本俊篤、中島久万吉が辞任。

この事について大蔵公望は、昭和一四年六月六日の日記に「男爵議員の任期満了につき新しく選挙さるる者の氏名発表あり。……菊地、有地、足立、園田、佐藤、長、沖、福原の八氏除かる、坂本、中島、松尾、今枝の四氏隠退し、十二名入れ代ることとなる。此中菊地、長、園田の三氏は気の毒なり」と記している。

中島久万吉男爵は、尊氏論問題のあと、大蔵省疑獄事件（帝人事件）で起訴され、公正会を離脱しており、本多政樹は昭和一七年再選された。

三室戸子爵（研究会、尊氏論問題、天皇機関説問題で強硬に質問した）もこの年再選されなかった。

3　昭和六年頃から殆ど毎年質問演説をなし、この時は昭和一六年一月二九日「国語教育ニ関スル質問」をさすかと推定される。ローマ字の統一、国語教育、科学振興等に関する演説で、貴族院においては質疑討論に時間制限がなかったため、田中舘博士はいつも延々と演説した。

4　田中舘博士同様質問回数が多いが、ここでは昭和一五年二月二五日「八紘一宇東亜新秩序ト国内革新等ニ関スル質問」と考えられる。どれも漢文まじりの長説である。

5　無記名投票の表決の場合、議席に備えてある名板を持参して演壇に至り、職員に渡し、黒球（反対）と白球（賛成）を入れてある箱の中からどちらかの一球をとって投票箱に投入する。記名投票で行う場合、白票は賛成、青票は反対。

6　南方方面視察団海軍班、昭和一七年九月、一〇月

貴族院より男爵明石元長と飯塚知信（多額）、衆議院より六名の両院合同慰問団、団長小川郷太郎、セレベス、ジャワ（スラバヤ）、昭南島、マレイ、サイゴン、海南島など。

昭和一七年一一月二四日　貴族院講演会での報告

「九月一四日横浜より浅間丸で渡航二二日間、夜は燈下管制で潜水艦出没の情報をたえず聞き、警戒しながらすごした。オランダが非常に大切に開発したジャワ、スマトラ等をどういう政策をとるか、オランダの政策を十分研究し誤らないようにしなければならない。」

宮原議員特別委員会委員歴例

第七六回議会　人造石油製造事業法中改正法律案

第七七回議会　産業設備営団法案

第七九回議会　請願委員

第七九回議会　新国字制定に関する件で国字改善の意見

第七九回議会　長田神社昇格の件

第八一回議会　軍需会社法、帝国鉱業開発㈱法中改正特別委員会

第八四回議会　請願主査

決算第三分科主査、司会

北支那開発㈱(秘密会)新会社の指導者について

第八四回議会　外資金庫法案

第九〇回議会　戦時補償特別措置法案

向山　均　談

貴族院議員就任前の経歴、公正会、海軍と陸軍

向山《むこうやま》　均《ひとし》　男爵　公正会

議員在職／昭和一六年七月～昭和二一年四月

経歴／明治二四年一〇月生　東京帝国大学工科大学卒　英・仏各国留学　海軍技術中将　造兵監督官　海軍兵学校　同砲術学校各教官　呉海軍工廠電気部　海軍技術研究所電気研究部　横須賀海軍工廠造兵部各部長　㈱小穴製作所取締役社長　昭和五三年七月没

聞き手　花房孝太郎　水野勝邦　小原謙太郎

昭和五二年一〇月七日

於　霞会館

花房　本日は、お忙しいところを有難うございます。向山さんが貴族院に出られましたのは？

向山　私は昭和十六年七月十九日安保（清種）さんのご推薦で補欠選挙で議員になりまして、公正会に所属いたしました。海軍の技術中将でしたので、海軍出身議員ということです。技術中将と申しますのは、始めは造兵中将でしたが、あとで造船、造兵、造機、それに航空までいれて一本になって技術中将となったのです。

先ず経歴を申しますと、中学は暁星に参りましてフランス語をやり、フランスの教育というものを知った。しかし、兵学校にはいかなかったのです。小さい頃内気だったのでオヤジ（向山慎吉）＊1が「お前は兵学校には向かない」と言って行かせてくれなかった。それから兵学校をあきらめて一高を志願したのです。私の頃は兵学校が多く採った頃で、三百人位です。それが高松宮さんのクラスの頃に、いきなり六十人位に減ったのです。軍縮の関係でね。大学は東大で電気工学科におりシーメンス通信機器というのをやりました。しかし海軍は好きでしたからね、大学の一年から二年の境目に海軍の委託学生に志願してなったのです。私は民間の会社はむいていないと思い、鳳先生に相談しました。始めは反対されましたが、後にいいのでは……ということで。やかましい方でしたが実にいい先生でした。任官したときは中技士といい、その後技術中尉になりました。

それから横須賀の砲術学校に入り、三ケ月いました。そこはやかましい学校で、軍人の型にはめるんです。柴山（昌生）さんが高等科の学生でいらして、島津（忠重）さんが大尉のなりたてで、私どもは中尉のなりたて。その後、呉に行き研究をしていました。それから技術将校としてイギリスの学校に入れられまして、ロンドン大学の一部、シティ＆キングスカレッジの電気関係のコースに入れてもらいました。主としてコミティモータ（整流子電動機）というものの実験をやっていました。しかしイギリスは電気技術に関しては大したこともなく思えたので、海軍にお願いしてフランスに代えてもらいました。というのは、私は往きには地中海が通れないので太平洋、アメリカを経由したのです。その途中二、三日ニューヨークにいて、図書館でフランスの教育制度に関する良い本を見つけました。海軍の技術応用学校のテキストで、その学校名はエコール・デドウカション・エネ・パリというのです。そこに入りました。その学校は午前中一課目しかないんです。それで午後は復習、午前も授業の半分は前の復習、生徒を一人ずつ立たせて復習させられる。だから棒暗記は出来ないようになっているんです。こうしてだんだん固めていって次に進んでいくという方針で、土台からしっかり築いていくという教育でした。

日本に帰国して兵学校の兼務教官をやりましたが、兵学校の校庭で、アロンザンファンを教えたのが大きな思い出です。それはジョッフル元帥が来日され私が通訳に出ましたが、音楽は下手ですけれどアロンザンファンの景気のいい所は、他の教官が教えたのではフランスのようにいかないと私がフランス風に教えました。

築地の造兵廠では有地（藤三郎）さんという先輩から、有地さんのしていた普通の電気モーターとか探照灯とかの受けもちにはめこまれてしまいました。

水野　それで船に乗りこまれた勤務は。

向山　全体で二年位乗っています。大尉の終わりに実地研究で乗りこむんです。連合艦隊司令部付でした。司令部の指示でいろんな船に乗って艦のことを覚えるんです。責任は何もないのでのんきでした。大尉以上は士官室ですが、中尉、少尉はガンルーム（士官次室）に入りました。ガンルームでは飲むことも覚えました。

支那事変の頃は主として呉におりました。艦政本部と呉です。最後は横須賀工廠の造兵部長でした。

私が海軍にいて一番深入りした技術は、大砲を打つ電気の道具です。方位艦射撃装置というもので、ディレクターというのを専門にやっていました。発明はイギリスで、そのコピーを改良したものです。これが駆逐艦にはなかったが、二等巡洋艦以上はみんな備えています。一番トップの檣楼に眼鏡があって、その眼鏡が向く方向を大砲が向く、そういう電気装置でした。それは大砲の下に受信機があって、大砲の位置を示す針と上の眼鏡の位置を示す針が重なったとき、引鉄を引けば弾が出るんです。そんなものが私の専門で、改良もしたし、色々やりました。

※　※

水野　昭和十六年に議員に出られたが、議員になるために海軍をおやめになったのですか。

向山　いやそうじゃない。海軍をやめたから出たんです。

貴族院に出る前は、仕事としては住友系統でした。今の日本電気の平重役になり、その子会社の社長をやりました。今でも日本電気精機という会社がありますが、これは元小穴製作所という個人の会社で、私と小穴氏とで創立しました。陸海軍が利用しはじめたのですが、海軍の下請工場にするということになりました。場所は向島の白鬚橋の両側にあり、川端にいい別荘が貸家であったので、それを借りて自宅にしましたが、三月十日の大空襲でやけました。親戚なんかは山の手で、誰もやられてないんです。貴族院では眼がつぶれたらしいと噂されました。

貴族院に出たのは、定期の改選でなくて補欠でした。協同会に入っていて、そこから互選で出たのです。海軍の先輩の安保さんに非常に可愛がって頂きまして、内定した順位を安保さんがずらされたため、私の後に議員になられた方は、私の為に待たされたんです。十六年に補欠で出た人は私と倉富（鈞）さんで、倉富さんは十六年九月六日です。そのあとが古市（六三）さんです。安保さんは昔ローマ大使館のアタッシュの補佐官をしておられまして、アタッシュは山本信次郎さんでした。安保さんは酒も飲むし、とてもゆかいな常識的な方でした。浜口内閣の海軍大臣になられまして、最高までいかれた方でした。当時の公正会は、岩倉道倶さんと黒田長和さんが主として牛耳っておられました。中間幹部として高崎（弓彦）さん、小幹部として松田（正之）さんなど十人位ずつおられました。幹部がおられるといってても余り束縛されなかったし、フリートーキングを時々やりました。研究会に比べて公正会はずっと微力でしたが、自由でした。研究会は議員の数も多かったし、実力者も多い立派な団体でしたが。

※　※

水野　向山さんは海軍の出でおられるということで、政治上、海軍関係のお仕事をなさったことはおありですか。

向山　陸海軍の比較論をやったことがあります。陸軍は幼年学校で馬車馬にしてしまったのですね。海軍の方が世界に通じて世間を知っていたと思います。しかも、軍人は政治にかかわらずというのが根本方針でした。陸軍はとかく政治にかかわった。海軍は最小限度に政治にかかわった、というところが大きな違いだと思います。

陸軍と海軍の主義方針がまるで違うんです。陸軍には幼年学校があり、十三、四歳の子供をむこうがむくまいが構わず入れてしまう。つまりツバキをつけてしまう。海軍は競争試験で兵学校に入るから秀才が集まる。また私のように大学を出て途中で海軍の委託学生になって、毎月二十円近くのお金を頂いてしばられて、卒業するとすぐ海軍担当官になれたのです。ある意味で海軍は相当優遇してくれました。当時陸軍にはそういう制度はなかった。そのうちに文官でとりましたがね。私どもは初めから剣をつっていたので剣つり技士といっていました。

しかし、戦争について私の考えでは、戦争を始めたのは大間違いでした。海軍は米英を敵として戦うなんて意志は全くないんです。陸軍に引きずられた海軍は政治的に弱すぎました。海軍は政治にかかわらないことに潔癖すぎたのです。英国にグリニッジという大学があり、その造船科に海軍の人が大勢行っていた。その国を敵に廻すことなど考えられないんですがね。独逸、伊太利がああなって、陸軍がそれと一緒になって海軍を引きずりこんだのです。これは海軍の先輩の大失敗ですよ。政治にかかわらずということもあまり過ぎたるは及ばざるにしかずでね。

※　※

水野　貴族院では委員は何を引受けられましたか。

向山　委員としては、予算委員をやりました。予算委員のことでは余り記憶がありませんが、教育者を優遇する、素質のいい人を学校の先生に引っぱれ、と主張したことは覚えています。私は教育者の尊重論者で、教育者の待遇はもっとよくすべきと思います*2。

水野　議会で向山さんなどは東條総理の言い方、あるいは予算についての軍人の説明なんか聞いておられて、物足らないというか、不満がおありになったでしょう。

向山　ありましたね。くだらない重箱つっついたようなことがありましたね。実に傲慢でしたね。

水野　だんだん戦況が不利な情勢になって来たということで向山さん方がそれを何か打開するとか、回復するとかでご相談なさったことはおありになりますか。

向山　そんな枢要な地位におりませんでしたからね。私は意見はいろいろもっておったけれど、強硬に主張して、それが通るような位置にはおらなかったので……。

水野　それは今になると、云って下さってもよかったと思いますが。

向山　ええ後悔先にたたずかも知れませんが、とにかく軍人は政治にかかわらずということが頭にありますからね。

水野　ですが、貴族院に出られたというのは、政治家になられたんではないですか。

向山　そりゃなったんですが、元来がそういうように型にはまってしまっていますからね。

水野　ぬけきれないんですね。

花房　私は民間におりまして見てたんですが、東條さんてのは何か日本のヒットラーのようでしたね。向山さんの海軍のお仲間が沢山おられたと思うのですが、それに対して抵抗はお感じになりませんでしたか。

向山　さて、デリケートな問題でしてね。意見はありましたが、余り政治に潔癖すぎて、それは海軍のミスですね。

小原　皆でよく話はしましたけれど、公式にいうことは大体やめてましたね。それから何か少し軍に不利なことをいうとすぐ憲兵が来て……。

向山　憲兵とかいってますが、それは陸軍ので、海軍のじゃないんです。海軍で偉かったのは、樺山（資紀）さんと山本権兵衛さんだと思います。あの方は相当なもので、陸軍と対等にやっておられましたね。しかしどうも陸軍大臣の云いなりになった海軍大臣が多かったですね。

水野　議会での経験からいろいろお考えになると思うのですが、現在の議会制度や参議院のことなどで、こうだったらいいというようなこと伺わせて下さい。

向山　それは、まず第一に、憲法改正ですね。日本の再抬頭をおさえるためにつくった憲法を残しておくなんてべらぼうなことです。今の憲法はとにかくアメリカが拙速にこしらえたものです。日本が再び抬頭するのを押さえる為に手足をもいでしまった。それにもかかわらず日本は経済的にどんどん伸びて来た。軍備をしなかった為、財政的余裕ができたのですが、軍備をもたないなんてベラボーなことないですよ。動物だって適当な武器をもっている。国家として軍備をもたないなんてことは考えられない。占領下では反抗もできなかったが、独立国になれば改正も可能ですよ。どの内閣もみんな憲法改正をいいながら、看板を出さないんです。

小原　あの当時は自由に発言ができませんでしたからね。公表されないところでは、皆、いろいろ意見を言っておられましたが。

向山　それから、独立国としては、エネルギー問題が大きな問題だと思っています。石油とか石炭、天然ガスとかいうものはみんな太陽が幾億年かけて蓄積してくれたものです。それを今、熱にしている。熱というのはエネルギーの中で一番下等なもので、汽車だってブレーキをかければ熱になって放散してしまう。一番下等なエネルギーにかけがえのないものを惜しげもなく捨てている。これが、今、科学的に大きな間違いだと思います。もっと太陽熱を利用する、地熱、風力を利用する、ということを考えなければいけないと思います。地下資源は有限なものですよ。

それから、食糧というのも非常に大事なものなので、いくらあってもいい。米が余ったら、インドとかどこか困っているところへ送る、その代り牛乳をもらうとか、Give and Take ができる。必ずしも Give and Take でなくても、とにかく世界全体の人道の為に農林省は、副作用のある薬を制限し、もっと食べ物を作ることに努力しなければいかん、と思います。

水野　いやどうも長い時間おひきとめして、無理に古いお話をうかがわして頂きまして、有難うございました。

＊注記

1　向山慎吉（むこうやましんきち）男爵
安政三年九月生　海軍中将、造船造兵監督官、横須賀鎮守府参謀長、舞鶴、佐世保海軍工廠長等　明治四三年一二月没

2　第八九回議会　昭和二〇年一二月一四日　予算委員会において、向山議員発言として、「科学・光学の振興と基礎となる教育をせよ。理科学研究所は文部省の管轄とせよ。文部省を大切にせよ。先生を優遇せよ。学校教育をどうするか。鉄道の電化、農業の電化を促進せよ。電波装置の構想を大きく。……等とある。
向山議員特別委員会委員長報告事項例
　第八九回議会　入営者職業保障法及国民労務手帳法廃止法案、映画法法律案
　　戦争死亡傷害保険法及戦時特殊損害保険法廃止等ニ関スル法律案

勅選議員

堀切善次郎 談

大政翼賛会、公安委員会、憲法改正と選挙法改正、斎藤実内閣の頃

堀切善次郎《ほりきりぜんじろう》　研究会（勅選）

議員在職／昭和八年一二月～昭和二一年五月

経歴／明治一七年九月生　東京帝国大学法科大学卒　内務省　神奈川県知事　復興局長官

東京市長　拓務次官　法制局長官　内閣書記官長（斎藤内閣）内務大臣（幣原内閣）

東京都公安委員長　昭和五四年一一月没

聞き手　水野勝邦

昭和四六年七月二一日

於　日本倶楽部

水野　堀切さんには本日、勅選議員のことをうかがいたいのですが、勅選になられてから公職はつかれましたか。

堀切　いいえ勅選になってから公職にはつきませんでした。精神総動員*1（国民精神総動員中央連盟）の理事長を頼まれました。

水野　それがひっかかってパージに？

堀切　いやそうじゃない。精神総動員は決して悪いことではない。これは力を入れるべき仕事だと思いましてね。理事長を引き受けてしばらくやりました。ところがそのうちに精神総動員はダメだといって近衛さんの新体制運動ができて、そんなことはないと私は思ったのですが、近衛さんの云う新体制の本体が一つも分からなくて何事を考えているのか、何をしようというのか全然分からない、分からないうちに大政翼賛会*2ができて、結局精神総動員の職員がそちらをひきつぐことになり、それで私は理事長をやめて翼賛会の方へひきついだ。

水野　で翼賛会には役員でいらした？

堀切　えゝ、その関係で翼賛会の総務になりました。総務会は一ケ月に一度あるかないかで、ただいろいろな報告をきくだけでした。質のない仕事だったのですが、それが追放の原因です。

水野　総務には岡部長景さんが入っていらした。それから酒井（忠正）さん？

堀切　いろんな方が沢山入っておられました*3。

水野　近衛さんは総務に皆さんをお願いしたが、仕事というか協力して働いてもらうということはなかった？

堀切　なかったですね。有馬（頼寧）さんがその頃中心でした。職員は有馬さんの方にひきつぎ、私は総務という名をもらいましたが、総務会は月に二度《ママ》あるかなしかで、ただ報告をきくだけでした。

水野　形式的追放ですね。

堀切　あれがあとで翼賛政治会になりましたが、これには私は入りませんでした。何だか訳の分からないものでしたから。

水野　すでに大政翼賛会にしてもつかみにくいものでしたね。

堀切　訳の分からないものでした。あれは国民再組織という言葉を使いましたが、一体なんなのか、どこをどうするのか、ちっとも我々に見当つかなかった。あとでいろいろ読むと近衛さん自身も分からなかったと思われる。まして外部の我々には全然分からなかった。

水野　翼賛政治会は東條さんの時でしたか？

堀切　東條さんのときで、南さん《ママ》が会長でした*4。あれもなんだか変なもので。

水野　変なものでしたね。発言を封じる、ただ反対の態度がとれない様にするためのものにすぎませんね。

堀切　ええ入ったものも多いけど、入らない人も多かった。

水野　内務大臣におなりになったのは幣原内閣でしたね。(昭和二〇年一〇月九日成立)

堀切　終戦後でしたね。

水野　この時は大変な御用だったろうと思うのですが……。

堀切　あの時は全く大変でしたけれど、ＧＨＱ関係のことは我々には分からない。

水野　指示は受けないでいらした？

堀切　いえ、いろいろなことがきましたが、向こうの実情、内情のことは一向に分からない。

幣原内閣ができたのは十月始めだった。その時、前の内務大臣の山崎巌なんかを追放する命令が来たのです。そんなことで結局宮様の内閣はやめてしまった。全国の全ての警察部長の一斉罷免という指令が来まして、それと同時に内務大臣の罷免の指令が来た。私らの内閣ができたときには全国の警察部長の一斉罷免はまだ残っていまして、これは指令が来たのだから仕方なく一斉罷免をやりました*5。

水野 堀切さんのときに実行された訳ですね。

堀切 ええ実行しました。

水野 大変なことですね。

堀切 非常に治安が乱れている時でずい分心配したのですが、とにかく指令が来ているのでやむをえず、さしあたり内務部長に警察部長を兼ねさせる様な方法をとりましてね。

水野 空席にしたのですか。

堀切 間もなく補充しました。

水野 特高は?

堀切 特高関係者は下の方まで全部罷免。特高は完全に廃止になった。とにかく政情の不安があったときで、部長が罷免になって、警察官が動揺しては困るという様な心配がありましたが、なんとか無事にいきました。小泉悟郎という内務省の土木局長でしたかしていたのを警保局長にしまして、警察の本部をまかせてそれにやってもらった。私は元来警察の方は素人ですが警察庁の方面監察というのを初めのうちにした事があり、それだけが警察の実際の経験で、あとは警保局の図書課長として、新聞や閲覧物の検閲をしばらくやったことがありますが、その他では警察にタッチしたことはなかった。同僚では警察部長をやって警察の専門家も多くいたのですがね。

※　※

水野　幣原内閣では三ケ月大臣をされましたね。

堀切　私は三ケ月位、十月から一月まででやめました。内閣はつづきましたが、(昭和二十一年四月二十二日まで）一月の初めに追放令が出て、追放令に該当したものはやめた。私と次田大三郎。その他に何人かがひっかかった。次田君は内閣書記官長でしたが、農林大臣の資格がひっかかった。そういうことで大臣からも追放が三、四人出たのですが、やめた人のあとを補充して、内閣としては四月頃まで続いたと思います。

水野　そうすると例の憲法改正はなさらなかった?

堀切　タッチしなかった。あのときは、松本烝治さんが、ああいう学者でしたから憲法の改正をしなくてはと改正の主任をし、憲法改正の調査をすることになった。一方近衛さんも改正案を考え、内大臣の補助機関の様な形＊6で始めたが、松本さんは内閣が責任をもつもので、近衛さんの様に内大臣の仕事ではないという理屈で、準備をすすめられ、松本さんの手元で改正の案を進行するということでした。ですからまだその程度で具体的に熟していませんでした。

※　※

水野　解除になられたのはいつでしたか?

堀切　ほとんど最後でしたね。二十八年頃だったと思います。

水野　追放というのはむずかしい立場なのですね。

堀切　すっかり制限されましてね、恩給が停止で大いに閉口しました。それから弁護士はさしつかえないので資格があったのでしましたが、急にやったからといってそう仕事がある訳ではない。民間企業に入るのはさしつかえなかった。とけてから二年経った二十九年か三十年に公安委員になったのです。

水野　公安委員の制度もアメリカの案でつくられたのですか。

堀切　ええ戦前にはなかったです。

水野　警視庁との関係もなかったのですね。

堀切　我々の公安委員は警視庁の公安委員でした。警察庁の方にも公安委員があって、これは国家公安委員です。管轄ごとにみんなある。我々のは国家とは違う、各府県の公安委員と同じです。

水野　で何にをなさったのですか。公安委員というものがよく分からない。

堀切　いろいろな重要な事件についての相談にあずかるのです。法律上の理屈からいうと、警察を管理する、警察上のすべての命令を出すのです。皆素人ですから、こちらから積極的に命令を出すわけにいかないのですが、重要な問題は警察からうかがってくるので、それに対してこちらは指図をする訳です。こういう風にやれ、ああいう風にやれ……と。それは結局相談に来たときどうするか、原案は警察の事務局が作るのです。警察の中の方でいろいろうかがいをたててその解答は自分らで実は作っているわけなのです。

水野　それでは意味ないですねェ。

堀切　ええあまり意味ないです。が法律的には管理する権限をもっているのです。それにあまり公安委員の意に反することは警察もやりにくいし、やれない。原案以外のものを出されても、それに従わなくてはならない義務がある。それだけのチェックをするのです。

水野　我々は自動車のことで公安委員の委員会があり、おかしなものだなあと思った。

堀切　自動車などに関することは原案ではなく、公安委員の権限がある。運転の免許の出し方、とり消し方、など公安委員が勝手にやった。原案はいらない、常識だけで判断すればよい、というものは公安委員がやっています。免許をとりあげるとか、停止とか、これが一番うるさいやっかいな仕事ですが、内容はつまらない。

水野　昔だったら警視庁の交通課ですか、交通局でもいいんじゃないでしょうか。

堀切　しかし建前としては警察を管理するという一切の権限をもっている。例えばデモを許可するとかしないとか公安が決める。それも許可するとかしないとか原案を警視庁が作って来て、それに従って審議する。

水野　公安委員会の所属はどこになるんですか。

堀切　各官庁ですね。各警視庁、及び各府県の公安委員は教育委員と同じで、国家公安委員は初めは大臣と同じでした。

水野　国家と各支部府県の公安委員の関係は。

堀切　関係はない。連絡をとることもあるが権限としてはない。今もそうです。

水野　戦後になっていろんな日本的でないものが相当まだ残っていると思いますが、教育関係でも変な制度が残っておりましてね。大学の自治なんていうのも実に変だと思います。自治とは教育の自治でなくて警察の手の入らない自治という態度でしてね。これは問題です。変な自治でそういう線をひかないで頂ければいいなと思います。

※　※

堀切　幣原内閣で私が大臣のとき、選挙法の改正があり、私は大臣をひき受ける最初から、「選挙法の改正をやって議会を解散し新しい議会を作りましょう」という主張をしていました。つまり戦争中の議会や代議士は全部代わった方がいい、それを選挙法でかきまわして選挙地盤の関係がないようにと考えていたのですが、幣原さんも賛成され大いに力づけられて、まず第一に婦人参政権を実行しようとしました。あとでマッカーサーの方から指令がきましたが、その前に閣議で先に決まっていたのです。市川房枝などそういう事情を知らずに「マッカーサーによってようやく与えられた」といっていました。それは間違いで、こうこうだと説明をしたら、それから分かったのです。

内閣の出来た当時は毎日閣議をやっており、最初に婦人参政権を出したら幣原さんはじめ皆大賛成で実行しようということに決まったのです。それはやっぱり戦争中婦人も銃後の守りをよくやってくれた。知識も十分にあった。それと同時に一番私が考えたのは天皇制の問題でした。ポツダム宣言でも「日本国民の決定するところにより」と表現があり、これは国民投票の必要が生じると考えた。イギリスの例でも婦人に参政権をあたえれば、婦人は大体中正穏健なところに集まる。右や左にいかないということが現われているので、天皇制の存続の為に婦人の票が大切だと考えて、内閣に入ったら婦人参政権を実行しようと思いました。幣原総理は真先に賛成でした。昨日、自分が家に帰る途中で車が道をすべってドブにはまり困っていたら近所のおかみさん達がみんなで後押ししてくれた。どうしてこの頃の女性は政治意識もあり、体力もあるよ。と笑いながら話された。幣原さんのお宅は多摩川べりの家で細い畑のへりの悪い道だったんです。

水野　それでは憲法改正の指令の出る前のときにすでに堀切さんあたりにおいてはそういう見解をもっていらしたということですか。

堀切　憲法改正の指令というものはないと思います。自主的に……空気で、憲法を……*7。

水野　改正しようという空気があってその中に選挙制度の改正も考えられた。

堀切　憲法改正ということはその前の宮様の内閣のときにすでにあった……。そして婦人参政権の決定はＧＨＱの指令より早かった。しかしマッカーサーの指令がなければ、私の提案は内閣の方はまとまっても、議会でどうなのやら、枢密院でどうなのやら、まことに懸念でしたね。

水野　市川房枝さんが喜んだ……。

堀切　ええその後の市川房枝さんの話しているのをきいたら、ちゃんと自分のときにやったと云ってますよ。

水野　そのときは衆議院の選挙制度の問題で、参議院の方はまだだった。

堀切　参議院の方、貴族院の方は全然ふれなかった。その当時は婦人参政権と、それから選挙区を府県単位で大選挙区にしたんです。その前は中選挙区ですが、中選挙区ではほぼ地盤が決まっていますから、それをなんとかひっくり返さなければならなかった。小選挙区は私は賛成ではなかった。いろいろ弊害がありますからね。大選挙区にしたら地盤の関係もかわるだろうと大選挙区にしたのです。ところが、いろいろ心配すると大選挙区の一つの区から七人も八人も当選すると最高でも余計とる人ときわめて少ない票でも当選可能の人とでてきますね。そうすると非常に不体裁な場合が生じるんじゃないか。それを防ぐ為には人数の多いところには二票、複数投票をやったらどうかと、次官の坂千秋が云って来た。坂は選挙法の専門家で私が頼んで次官にしたのですが、君がそういう意見ならやってみるのもけっこうだろう、と私も賛成したんです。それで、これまでに全く例のなかった累積投票で五人までの府県は一票で六人以上の府県は二票の投票をみとめた（制限連記制）。その結果意外な現象がおこったのが、婦人の当選者が多かったことです。それは婦人が二票もつと一票は女性に入れたと思われます。婦人参政権で中正の票に期待したのですが、婦人の代議士がそう沢山出てくるとは思わなかったのです。イギリスの例でもわずか二、三人しか婦人の議員は出ていないのですから。

水野　この複数投票は実行されているんですか。

堀切　ええこれは終戦後最初の選挙でした。そのとき事務当局の局長や課長が、選挙法が議会でやかましいので、選挙法調査会を作ってそこで地ならしをして議会に出すようにするといいのではないかと云ったが、そんなことやったら間に合わない。

水野　ええあの調査会というのはなかなか結論までいかないですものね。

堀切　私と次官と二人で作るからとやったんです。議会に出して枢密院もどうやらすみまして、議会でもいろいろあったけれど、結局原案は通った頃が十一月でした。それですぐに議会を解散して選挙をやりましょうと、そのつもりでいたところ、GHQの方では、この選挙法は大そうよくできたというんです。しかし、選挙を実行するということにいつまでも向こうが同意しないんです。そのうちに一月になって追放令が来た。そして私は引っこんだんですが、そのあと三月に選挙が実行されました。私はあの当時、衆議院の議員、知事、市長、町村長がすべて代るのがいいという考えをもっていたんですが、追放ということは念頭になかったのです。あんなうまい考えがあればそれでよかったのですが、考えつかなかった。追放令が出てはじめてなるほどと思ったのです。

水野　結局追放令で大体堀切さんがお考えになっている様になったのでしょ。

堀切　そう、追放令で立候補できなかった。

水野　これは大変な、しかしいいお話でした。

※　※

堀切　それから私は内務省の役人のとき洋行を命じられました。後藤新平さんが大臣になって第一次大戦直後で外国の制度が変わってきているからみて来い、と内務省の役人をヨーロッパに出させたのです。その二回目か三回目のとき私が出させられました。

私は独法なのでドイツに行ってドイツの制度やワイマール法など研究していましたが、その間に内務省の方から命令が来て外務省の平和会議のお手伝いをしろと云って来た。その会議はドイツの北の方オストプロイセンの州ですが、そこの一つの県の帰属をドイツにするかポーランドがいいかと人民投票によって決めるという仕事でした。イギリス、イタリー、ソ連、日本など各国から委員が出ましてその地方の行政を管理し、今の投票をする仕事をやったのです。外国人が沢山いましたが、フランス人やドイツ人はマルクがどんどん下がり、それに対して月給をポンドで払う。その為にポンドでマルクに換算するとよくなるものですから皆大喜びで、本国にいるよりはるかにいい生活ができる、仕事をのばして長くいたい気分でした。私はしびれを切らして投票の法案を起草しましてそれを提出した。他には出てなくて、結局私の案が原案となって、ドイツに入るかポーランドにするかという人民投票をやらせた。そういう経験をもっているのです。

水野　大正何年?

堀切　大正九年です。日本の法律は大体ドイツ流だったので、ドイツ人が多いところでは、私の書いたのはドイツ法だったので喜んで賛成してくれました。

水野　委員として起草したのはいい思い出ですね。

堀切　私の提案した規則によって、ドイツ語とポーランド語で起草し、五十万から六十万位の投票があり、結局はドイツでした。九八%がドイツでした。ポーランドはわずか二%、昔はポーランド系民族のいたところでしたが、ドイツが占領して百年たちすっかりドイツ化していました。

水野　場所、地名は？

堀切　オストプロイセン（東プロイセン）州アルエンシュタイン県。そのとなりに小さいマリンウェルという県があり、ここも人民投票をやらせた。ここは司法省からいった人がいてその人の起案がもとになって投票させた。アルエンシュタインは今はソ連領になっているらしいですね。地名がロシア流にいうか、ポーランド語かはっきりしないのですが、少なくともポーランドになっている。

水野　その平和会議は西園寺さんがいかれた？

堀切　あの頃本拠はパリにあり、アルエンシュタインに来た委員の一行も皆パリで組織され、パリから特別列車で向かいました。私はベルリンから途中で汽車に乗りこんで一緒になった。

水野　これははじめてうかがった。

堀切　ポツダム宣言では、日本の国体はあのままで、日本人民の決するところによるとあるが、これは当然国民投票をしなくてはいけないのではと感じて読みました。ところが実際は憲法を議会で決議しすんだわけです。憲法にはそれをうたっていますが、ポツダム宣言ではどうもそう読める。しかし国民が選んだ議会で決めたなら、国民が決定した訳ですからね。

※　※

水野　ヨーロッパからおかえりになって、貴族院改革の資料*8を本にされたのでしたね。

堀切　ええ、普通選挙が問題になっていて、当然普通選挙を実施しなければならなかったのが第一次大戦後の世界の風潮でしたね。デモクラシイの風が吹いていてそれを内務省の中でも下端の方が大いに主張した。

水野　あの当時は貴族院がなかなか承知しなかったので手間どった様でしたね。加藤高明内閣*9のときにできたのですね。あのときは研究会が大分問題になって、堀切さんがずい分議会との交渉のときに呼び出されていらっしゃるんですね。

それから鳩山文相の問題で研究会からは岡部さんが「辞任しろ」という様な意味の申し入れをされているんですね。

堀切 岡部さんが……。

水野 ええ「鳩山文相が問題おこしているから綱紀粛正の為に辞任しろ」という様な意味のことを申し入れしているらしいんです。ご記憶ありませんか?

堀切 ウーン、記憶ありませんなあ。あれはたしか斎藤内閣の終いの頃です。私が書記官長の頃の事件であるのは確かですが、実際よく覚えがありません。

水野 それは新聞に出てた。堀切さんが「今は予算を直すことで内閣はとても忙しくて文相の綱紀粛正の問題にかかわっていられないから」というご返事があったと出ている*10。

堀切 そうかも知れません。そういう風に逃げたんです。

水野 その頃研究会がそういう形で内閣に申し入れたことが何度かあるんですか?

堀切 研究会からそういうことがあったとは思えませんなあ。そういうことはないと思いますね。

水野 そんなに問題になるように、いじめるというか内閣を困らせるということは余りご記憶になかったですか。

堀切 なかったですね。

水野 そうですか、それは研究会の伝統だったと思いますが。

堀切 大体斎藤さんに同情してバックアップしていた。

水野　そうでしたか。ありがとうございました。
堀切　衆議院ではさみだれ演説とか変なことをいい出すのがいろいろあったが。
水野　衆議院はひどくそういうところは柄が悪いですからね。何か困る様なことをタネに拾うということはやったと思います。
堀切　岡部さんのそのお話などはどうもはっきりしませんね。
水野　ご記憶はない。しかし研究会は決して内閣を困らせるという態度は……。
堀切　ええ、そういう感じはしています。かえっていろいろバックしてもらった。かえって好意をもってやってもらった記憶がある。
水野　鳩山さんなんか結局あの演説でおやめになった。
堀切　ええ、やめたんです。
水野　それが昭和九年の三月ですから議会がお終い頃だと思います。
堀切　そうですね。

※　※

水野　それからその頃は研究会の林博太郎さんが満鉄総裁になっておられる（昭和七年七月二十六日）。それは丁度斎藤内閣の時だと思うのですが。
堀切　そうでしょう。
水野　あれは管轄からいうと永井拓務大臣の管轄になると思います。その頃のこと何かご記憶ありませんか。
堀切　あれは拓務大臣というよりむしろ斎藤さんの方から出たお考えではないかと思いますが、特別のことは記憶しておりません。しかし最高の人事です。満鉄総裁は非常に大事なので、斎藤さんのご意見ではないかと、拓務大臣のご意見はどこまで入っているか分かりません。

水野 あとは軍部が相当注文をつけることはできたんじゃないかと思います。満州事変後でございますからね。

堀切 軍部の方のことはなかなか面倒でした。あの頃は荒木さんでしたでしょうか。林さんに代わってからでしたでしょうか。軍部の方から何かあったということも私は全然知りません。

水野 軍がどうも余程注文はつけられると思いましたが、満州事変後の発言権は強かったと思いますが。

堀切 そう強くなかったと思います。満州事変後のことですが、多少あの頃は斎藤内閣に対して軍の方も遠慮する様でした。

水野 それは斎藤さんが海軍大将だということでしょうか。

堀切 そういう関係もあるでしょうが、あの頃はそう軍からいろんな注文が出てくるということはなかったんです。

水野 そうでしょうか。私達はあったんじゃないかと想像していましたが。でもその斎藤内閣の成立の時の目標は、新聞では中間内閣、挙国一致内閣という様にこんな表現が使われています。

堀切 形の上でもやっぱり政友会と民政党の代表者を入れまして、斎藤さんと高橋さんであって……。

水野 高橋是清さん？　大蔵大臣ですね。

堀切 それから内務大臣、日本銀行総裁をされた山本さん、の三長老で重大なことを決定した様です。

水野 この三長老の話し合ったものが内閣の方針になった……。

堀切　三長老が中心でした。

水野　それから京都大学の滝川事件（昭和八年五月）というのがあったんです。その時ではないかな。鳩山さんが大変強く出られたのですが、内閣の大変な問題だったんでしょう。

堀切　あれは内閣というより文部大臣にまかせておられた様です*11。

水野　というより文部大臣がそれを処理された……。

堀切　鳩山さんがいろいろと説明しておられたことは覚えております。大体文部大臣にまかせておられたようでしたな。

水野　やはり相当左が動き出したということでしょうか。

堀切　それ程のことはない様です。

水野　滝川さんという方の考え方が問題で、社会全体が問題じゃないですね。

堀切　著書に問題がある*12。

水野　そうでしたね。結局これは内閣の痛手にはならなかったのですか。

堀切　痛手という程にはなっていなかったですな。

水野　僕達も大きな問題だと思って記憶にあるんですが……、古いことばかりでどうも。昭和七年というと今から四十年前ですよ。あの頃堀切さんは？

堀切　始めに（第六二回議会）私が法制局長官で、柴田善三郎君が内閣書記官長でした。議会に対する総理の答弁を準備したり何かすることは柴田君なのですが、柴田君は耳が遠いんですね。そういう関係で議会関係は私が総理を補助するというそういう立場で。

水野　書記官長というのは議会の時は大変ご用が多いのでしょう。

堀切　非常に中心になる仕事の様に思います。委員会や何かに来て総理の答弁や他の準備をするのを私がやった。

水野　その前に東京市長をなさっているでしょう。

堀切　東京市長をやめてしばらくしている間に一年ばかり拓務次官に出たんです。

水野　その頃の東京市というのは小さかった。

堀切　ええ東京知事がありまして。しかし東京市長としては知事の存在など眼中になかったです。やはり市長が中心でした。東京府知事は、牛塚（虎太郎）……それから平塚（広義）、私の頃はたしか牛塚さんと思っています。

※　※

水野　それから内閣のことでもうひとつうかがってみたいのは、内閣に五相会議というのがあったというのは……。

堀切　あれは斎藤内閣の特別の何でして、非常に不景気で困っていた。特に農村や何か……、それで何か振興策をとらなくてはと関係の五相会議でそこで時局救済の事業ですね。地方の土木事業を主とする救済事業をする。その相談を関係の農林、内務、大蔵、商工、運輸（鉄道）の五大臣が会議して広く土木事業を各地でやって田舎の小さいところの漁港なんかも工事をやってずい分成功しています。大変喜ばれた。外国の学者の間なんかでも有名でうまく成功したと、評判よかったんです。不景気対策として成功したいい例である、と言われました。

水野　当時は満州事変後ですが、やはり農村は不景気だった？

堀切　非常な不景気でしたね、私が東京市長のあと、法制局長官でしたがその頃でも非常に不景気で、予算でいろいろ工事をやりますとね、予算が余る、そういうことがありました。物価が下がったんです。それが又、そのままの状態で都会も、田舎も農村も不景気で困っていた時代です。それで五大臣の時局救済策の会議を開き、こういうことをやろう、と根本を決めたんですね。そしてすぐ関係の次官の方に通達して具体策を講じる方法で成功した。

水野　昭和七年ですね。

堀切　それはやっぱり内務大臣の山本さんが、不景気対策に政府の方で公債を発行し、それでどんどん事業をやる。するとその金が下の方にいく、不景気なときの山本さんの考えでした。

水野　昭和七年丁度私が大学を出た時で就職がないんです。態のいい逃げ道で、大学院へ入って籍をおいたりしたのを覚えています。

堀切　私が東京市長のときは昭和四年ですが、やはり不景気で国の親戚の者や何かが皆私のところに来た。何とかしてくれと。それを市役所の方で土木の土工の名で採用しましてね。途中で役人にひきなおした。何人もいるんです。市長をやめますと退職金として一年分出るんです。それをもらっている間にいつの間にかなくなりましてね。生活にも困る様な状態が目の前にせまっていますから、弁護士を開業したが一向お客が来ない。それで又役人でもやるしかないと、先輩に頼んで何かやらせて下さいと。

水野　東京市長も就職難で……。

堀切　東京市役所も財政難で非常に苦しみました。財政立て直しをやって増税は嫌われるからと思ったが、結局増税を断行しました。

鳩山さんの問題があって鳩山さんがやめたあとで、丁度私の兄（堀切善兵衛）が大蔵大臣の高橋さんの政務次官をやっていましてね。私の兄に文部大臣をやれということになったのですよ。それは私は斎藤さんからきいたのですが、斎藤さんが山本さんと高橋さんと三人で相談して結局私の兄を文部大臣の候補にした。しかしそれを断ったのです。やはり財政が専門だったから。適当な方がなく、たしか総理の斎藤さんが兼任されました。その間のことは良く覚えています。

斎藤内閣は昭和九年の七月ですから……二年（昭和七年五月二十六日〜昭和九年七月三日）。

水野　ずい分長かったですね。

堀切　あの当時の内閣は皆短かったので、その割には長かったですね。一般の評ではなにもしないでいたということですが、実際にはその時局救済の仕事が非常なことで……、それから人心が安定して。で、その後倒れたのが結局帝人事件でしたね。

水野　今、それをうかがおうと……。

堀切　大蔵次官がひっぱられ（昭和九年四月十八日黒田英雄召喚）、高橋さんの令息、是賢さんが関係あるらしいと司法大臣から斎藤さんにいったらしいですね。そんなことであとから鉄道大臣の三土さん、商工大臣の中島久万吉さんがひっぱられ（昭和九年二月九日辞任）、その上、高橋さんの令息も危いという噂があり……。

水野　やっぱりこれは内閣の責任に追い込まれた訳ですか。

堀切　そうですね。やめざるを得ない[*13]。

水野　まだまだうかがいたいことは沢山ありますが、本日はこの辺で、ありがとうございました。

＊注記

1　戦時体制をより強化するため官民一体化の国民運動として近衛内閣が着手した。この運動を推進するために連盟を結成、各種の団体が加盟した。昭和一二年一〇月一〇日設立。

2 昭和一五年一〇月一二日発会。近衛首相の「政党政治を超克し全体的、挙国的国民組織として、大政翼賛の臣道を完了しむる」という趣旨のもとに発足した。事務総長伯爵有馬頼寧。

3 総務 子爵岡部長景、石渡荘太郎、河原田稼吉、伍堂卓雄、下村宏、正力松太郎、堀切善次郎、結城豊太郎、横山助成(いずれも勅選)、酒井忠正伯爵は連絡委員。

4 昭和一七年五月二〇日(翼賛政治体制協議会解散後)創立。「挙国的政治力を結集し、翼賛議会の確立を期し大政翼賛運動を徹底する」の趣旨で、東條内閣によって公認された唯一の政治団体。総裁は陸軍大将阿部信行で、陸軍大将南次郎が総裁をしたのは大日本政治会である。(翼賛政治会が発展解消してできた)。鳩山一郎、芦田均らは翼賛選挙に抵抗、院内で別個の会派をつくった。

5 昭和二〇年、連合国最高司令官から「自由の指令」すなわち「政治的、市民的及び宗教的自由に対する制限の撤廃に関する覚書」が発せられた。この中に、政治警察の廃止、内務大臣、警保局長以下全国警察首脳、特高警察職員などの罷免が要求された。この指令に基いて罷免された官吏は数千人に上る。

6 一〇月一一日 近衛公が内大臣府の御用掛を命ぜられ、内大臣府の方で憲法改正の準備をはじめるということが発表された。これは近衛公が一〇月四日マッカーサー元帥と会談、憲法改正の示唆を受けた結果であり、公は佐々木惣一博士を御用掛にむかえ準備に着手した。このことについて、憲法改正は重要な国務であり、宮中の機関である内大臣府がこれに当ることは筋ちがいであると内閣の側からも反対意見が出て、一〇月一三日内閣に委員会を設けて調査に着手、国務大臣松本烝治博士をその主任大臣にすることにした。

7 昭和二〇年九月、法制局においては内輪に憲法問題の研究にはいった。一〇月四日近衛公が、一一日は幣原首相がマッカーサー元帥と会談、憲法改正の示唆を受けたが、それ以前にすでに法制局参事官がそれぞれに研究議論を開始していた。外務省条約局では九月下旬、宮沢俊義より、「ポッダム宣言に基く憲法同附属法令改正要点」について講義を受け、質疑を交している。矢部貞治は東久邇宮内閣の副書記官長高木惣吉の依嘱を受け、憲法改正問題について研究、報告を提出している。

8 大正一二年一二月三一日「貴族院改革資料」刊行。序文に「欧米諸国を巡察し、行政の疑問に一道の光を覚え、貴族院問題の参考資料が不足しているのに気付き、材料を蒐集し完成した。」とあり、内容は各国上院の現状と貴族院改革に関する我が国の世論、改革方法論等である。

9 （一、岡部注記―2参照）

10 第六五回議会（昭和九年二月）衆議院において岡本一巳が、文相が樺太工業会社より五万円の収受に関係していると追及し、調査委員会が設けられたが、調査は順調には進まなかった。岡部長景子爵らが文教上の影響を憂慮して、責任を感じないかと政府に申し入れた。この申し入れに対しての堀切内閣書記官長の答えである。これを不満として二月二八日、本会議で大塚維精議員（勅選）が鳩山文相に「教育者としていかがな心境か」という趣旨の質疑演説をした。衆議院ではその事実なしとしたが文相は三月三日、教育上の責任は重いとして辞任した。

11 鳩山文相は文官分限委員会に付託した。委員会は全会一致で滝川教授の休職を決定。

12 刑法各論、刑法読本その他に発表した学説。

13 昭和一三年一二月一六日「犯罪の事実なし」として全員無罪となった。

松本　学　談

宇垣一成との出会い、共産党の検挙、熱海事件、憲法に示された皇室と皇室財産
主権在民の解釈、憲法観、戦争放棄と憲法第九条

松本《まつもと》 学《がく》 研究会（勅選）

議員在職／昭和九年一一月～昭和二二年五月

研究会役員／常務委員

経歴／明治一九年一二月生　東京帝国大学法科大学卒　愛知県試補　秋田県警視　静岡県警視　鹿児島県理事官　警察講習所教授　内務事務官兼書記官　神社局長兼造神宮副使　明治神宮造営局長　静岡県知事　鹿児島県知事　福岡県知事　内務省社会局長　内務省警保局長等　昭和四九年三月没

聞き手　水野勝邦

成田毅雄

昭和四八年一月一七日

於　世界貿易センター

宇垣一成との出会い

水野 松本さんとは議会を通じての長いお付合いでした。殊に勅選の貴族院議員で、例のパージ*1にも触れず、且つ憲法改正の特別委員に選ばれ、改正の前後を通じて立派に自分のお説を持ちであったことを思い出します。憲法審議の思い出を承りたいのですが、少し内務省時代から話していたゞきたい。勅選議員でパージにかゝらなかったのは、何か……。

松本 いや、あれちゃんと規則ができとる。パージの規則が。

水野 パージの規則に。だけど、ものによっては大変さかのぼって引っかかった方がありますよ。

松本 それは、武徳会とか。

水野 武徳会が引っかかった。その会長はだめ。それから内務関係では特高がだめでしたね。

松本 僕のやつは、役人としての関係でだから。私は昭和七年ですから。昭和九年まで。それがあれは、一〇年か一二年。以前はいい。

水野 以前のものは関係ない。

松本 時間的な形式的な上限がちゃんとある。あとは、行動によって、決定される。えらい右翼的な超国家的な、何んとか報国会とか、その幹部や、大政翼賛会とか、ああいうことに関係した。それには私は全然関係しなかった。第一、僕を相手にせん。中尉、大尉などの若い連中は。松本というやつはと（例の昭和八年のゴーストップ事件*2から＝水野注、以下同じ）目のかたきにしておった、また僕の方もシッポを振って行かなかった。陸軍へは、尻尾を振って行った連中はご覧なさい、皆大臣になった。湯沢三千男*3、吉田茂*4（首相ではない内務省の役人）、井野碩哉*5、まだ他にもあるが、武藤章*6という陸軍軍務局長に頼んで行ったとか、梅津美治郎*7などに近付いたとか、やあ軍需大臣になったとか、何んとか大臣に皆なった。私は行かない。だいいちあんなやつらと一緒に仕事をするなんて、考えなかった。だから、僕は宇垣系になる。私は実際そうなんだ、宇垣内閣の流産の時に、僕は組閣本部に一週間おったんです。あの時の生き残りは今では僕一人。

水野 有栖川公園の前でしょう。あすこに僕ね、近所に住んでいてよく記憶している。二階建洋館で。

松本 あれは三井倉庫の川村さんとかいう人の家でね、宇垣さんは長岡から夜おそく上京して、それから翌日、いわゆる宇垣系の連中が集まって。まあ何んといいますか、宇垣さんを擁立しようとかゝったんです。総理にするために、前から、やっとった。

水野 話は飛びますが、私のおやじは、宇垣さんを尊敬しておったようです。

松本 あの水野直*8さん。

水野 そうなんです。

松本 だからね、宇垣さんとは岡山県の同県人。私が内務省の神社局長の時に初めてお会いした。つまり、今の陛下（昭和天皇）が摂政で、中国地方をご巡幸になる時、神社に参拝されるもんだからね、陛下のお供をして行った。それで岡山の藩主の池田侯にお会いになり、その折に宇垣さんを岡山県出身者として招かれ、その時僕初めて宇垣さんと会う。

水野 私の親父が宇垣さんの時の陸軍政務次官になりまして、それで非常に懇意にしていただけたらしいです。松本さん、僕の続きを言うと、それから後、私一人で、宇垣さんのところに始終行って、いろいろ指示を受けまして、それで私中国研究に入ったのは宇垣さんのご指示なんです。

松本 宇垣さんは中国に対して非常な関心持ってる。

水野 そうですか。非常にお膳立てしてくださいまして、私の中国行きにつきまして。それでとうとう足を洗えないで終戦まで僕は中国やりました。ですから昭和六年から終戦まで私中国にずっと家を持っとりました。それ宇垣さんに、ご指示いただいたんです。

松本 そういう関係がおありなの。だからどこでどんなあれがあるか分からないですね。

成田 広田内閣のあと、昭和一二年一月に宇垣内閣が流産の後に林銑十郎さんが二月に組閣。

水野 結局陸軍大臣がでなかった。軍部が拒否したんですね。

成田 憲兵司令官の中島という人が、上京する宇垣さんを出迎え、途中六郷の橋の上でおどかしたという話もあります。私思いますに、その前の広田内閣の時に、軍部大臣を現役制に復活させた、あれは大へんなことですが、その詳しい経緯が知りたい。

松本 僅かの間の広田内閣がやった。あの時の実情はね、児島襄という人が、ドキメンター天皇か何かの中に書いている。僕の名なども出ている。出ているけれどどね、何んか機会があったら児島君にもっと精しいことを語って見たい。朝日新聞社長をやった美土路昌一＊9ね、あれは僕は兄弟の様にしている。若い時から。彼は若い時、朝日の社会部の記者で、秋田県の飢饉の取材に来た。その時私は保安課長であった。知事の秦豊助＊10が電話をかけて来てね、それで会った。一見旧知の様な感じになっちゃった。何処かで飯でも食おうと。

成田 川端ですか。私は美土路さんのお世話で朝日新聞にはいった。兵隊で試験が受けられない。何んとかはいりたいんで、美土路さんに河東碧梧桐＊11さんを通じて願いに行った。はじめ田舎で辛抱すればいいれてやる。それでね先生、初めて働いたのが秋田です。先生の話は何年でございますか、大正二年・三年頃ですか。

松本 大正三年頃。それから美土路と僕とで、二人で飲んだ。向こうも酒がまわり、こっちもまわると、「おい、松本君、これを取れよ、これを」。制服じゃろう。制服のままで料理屋行ってる。若い時だから。サーベル下げて。上着はそん時着とった。ちょっと取れるようになった、肩章が。金ボタン。目障りでいかん。そうじゃな、取ろうって、ポケット入れて。というようなことがある。だから僕は美土路とは、本当の一見旧知。

成田　今、私が一とう先に拝み奉るの美土路先生。

松本　そうかね、そういう関係があるのかね。

成田　と申しますのも、私にとりまして、朝日がよかったことは、私みたいにね、とかく悪い素質のある人間はね、もしも他へ行ったならば、それがうんと出たに違いない。それが朝日にいたので出ずに済んだ。これは大へんな朝日の恩恵だと思います。金銭とか、一席よばれることでも、いやしくもしなかった。

松本　彼は、一本通ったところがあって、それ性格でしょう。

成田　青島の従軍の時などは。軍人さん脅かしあげて。青島で。日独戦争の時に。その時に司令官ところ行って談判したんです、美土路さんが。普段は和服が主でしたけども。私よく申し上げるんですけど、緒方、美土路とおっしゃるんですが、実際は全部美土路さんなんです。緒方*12さんが表面、非常にいわゆる風貌の良い方で、人好きのする人でしたけども、中のいろんなお仕事だの、台所勘定とかいうようなことは一切合切美土路さんがなさったわけです。ですから今日の朝日新聞っていうのは、村山*13という青年の社長が偉かったんですが、それと美土路さんです。緒方さんはその上に咲いた花のような。

共産党の検挙、熱海事件

松本 その頃は大きい新聞とは一週間一辺は会合していた。私、警保局長を昭和七、八年と二年以上やった。その時、共産党員を一挙に二三人ばかり、鎌倉と熱海と東京で、一晩の内に検挙してしまって。だから僕の後の唐沢俊樹*14君が警保局長をして、あと大分経ってからだったけど、昔話が出た時に、今の話、熱海事件が出て、「松本さんがあの時に、あれをやってくれとったもんだから、自分が警保局長しとる間、共産党だけはのんきにできた」って、云った。ところが今頃になり又共産党が出て来て、あんな言いよるとまた困った立場になる。天子様のこと、あんなことといい出すと、まるで子供のようだね。

成田 先生、司馬遼太郎式に申しますとね、心配することはないですよ。日本は始終かっとくる。

松本 それはね、今日の日本国民というものはね、いろんなことを云われちゃおるけれどもね、先づ総選挙に現われた事だけを見てもね、判るじゃないか。総選挙を見るとね、必ず何んらかの非難を受ける様な人間は落ちてますよ。この間だって、そうでないですか。古井喜実*15とか、川崎秀二*16にしても、藤山愛一郎*17君にしても落ちるばかりだったね。ああいう連中が、周恩来*18の所に話しに行ってだね、いや日本はどうだ、佐藤〔栄作〕はだめだとか、軍国主義になりおるとか云ってだね、あれが先陣を働いて、中国が動いたんだなんて云って、威張っておったでしょう。落ちちゃった。

成田 だから、司馬遼太郎君が言ってんですか、日本人は心配ない。

松本 私は楽観論者よく人に言うのは、八田知紀の歌にあるでしょう。いくたびかかき濁すとも、澄み返える水ぞみ国の姿なるらん。これは日本の国柄を読んだ和歌として、私いつもいうんです。日本人というものは、とにかく、二六〇〇余年の歴史を持っているんだから。

憲法に示された皇室と皇室財産

水野　憲法のことで、松本さんが皇室のことを大へん心配されておられたでしょう。我々の理解のために、もう一度承りたい。既に『憲法私見』はいたゞきました。四つの項目が入ってます。

松本　私の『憲法私見』に書いてある。一つは皇室の無財産のことが、日本の国体に即している。天皇が主権を持っていないこと即ち主権在民で主権は国民に在る。これが日本の国体に即している。我々祖先、二千何百年の間、国民に主権がある。時たま主権が所謂統治権がだね、政治をする権限が、時に皇室にはいったこともあった。野心の多い天子が出てこられて、後醍醐天皇にしても、後白河法皇にしても、とにかく政治にああいう人が出て来ると、必ず世が乱れた。しかしね、そこにね、支那の様な革命という様なものがないのが、日本の特色だ。その特色がどうしてできたかということだ、また天皇にはね、皇室にはね、姓がない。水野でも、松本でもない。姓が無いというのは世界広しと云えどもだね、全世界を通じて、人類の中にありますかね。野蛮国の酋長でも何何というファミリーネームは持っているだろう。文明国でもロシアにはロマノフ朝という王室が、それからハプスブルグ・フォーヘンゾルフ家、フランスのルイとか、エチオピアだって王室にはちゃんと名前がある。ファミリーネームがないというのは日本の皇室だけ、これを日本人が自覚せんければいかん。ファミリーネームがないということは、絶対的ということ、そうでしょう。水野があるから松本がある。これは相対的のもので、皆。水野と松本とは、どっちが利巧で、どっちが馬鹿だろうかとか、どっちが金持ちだろうとかと、相対的なもの。絶対には比較がない。明治までは皇室には財産は無かった。しかしみんなでお世話した。織田信長もそうだし、天下をとったやつは皆んなそうだし、又国民もだね、天子様こんなものができましたからおあがり下さいと、昔から貢いでおった。貢物をしておった。皇室に財産はなかった。ほんとうに無一文、だから高山彦九郎*19は、三条の大橋で嘆かなければならない程に、非常に貧乏になられたこともある。そういう時代もあった。そしてちゃんと国氏がお養い申した。

水野　お守りするという。

松本　それは何故か。それは絶対だから。だから皇室には財産をお持ちになってはいかん。僕は憲法第八八条で皇室財産は持たせん、そしてちゃんと国費で入り用の生活を皆で差し上げて行くということは、結局ね、全体的の問題から来て、財産を持たないことが当然の結果だと思うのみらず、持てばだ、三菱とどちらが金持かという、イギリスの王室と日本の皇室とはどちらが金持ちかと。そんな事は比較さるべきものではないんです。この事が、非常な日本国民として、自覚せんければいかんと思う。

水野　憲法審議の時にも、それを云っていらっしゃいますね*20。

成田　本会議でご賛成の演説をなさった時に、四番目に云っていらっしゃる。

主権在民の解釈

松本　だから『憲法私見』の時に私は、講演の中でそれ言ってる*21。それで今の四つの項目上げたって、それで今の国民ということです。主権在民の国民ということの私の解釈はね、現在の生れたり死んだりしている国民に主権があるのではないと思う。私の解釈は、日本民族は何千年も前からずうっと続いて来ていて、又今日以後にも無窮に続く、この祖先から縦の関係においての人間、即ち日本人、日本人民、この人民の中に天皇も含めていて、天皇は別ではない。天皇も国民（くにたみ）の一人です。我の民族の一人で、縦につながった一つの概念としての国民に主権がある。だから何も今の代議士が、主権者でも何でもない。今のもんじゃない。我々が主権を持ってるなんて言やあ、僭越です。そんなこと、よくも言えると私は思う。我々の日本民族生きて、団結をしてここまで来とるということは、祖先から一系の、我々みんな一系です。これが永久に続き、遡るなら何万年前まで遡る。天皇も国民の一人で、神様ではないんですよ。我々先祖代々。計算すると一九兆何んぼの数になる。それに、これは現実ですからね。理論じゃないのです。あなた方の血と、我々の血は全部ね、好むと好まざるとに拘らず、天皇の血がはいっていますよ。また他の色々の血がはいっているかも知れませんよ。これを自覚せんといかん。日本人がやっぱり西洋かぶれをしている。西洋の歴史にある如く僅か二〇〇年か三〇〇年で興亡する国と、何千年来、祖先がこういう自覚を持った国とは違うんだと。この自覚で憲法の国民というものを考えねばいかん。

憲法観

松本　もう一つ大事なことは、憲法は法律ではない。ローではない。コンスティテューションというこの観念。マグナカルタですよ。

水野　それが日本人に分からないんだ。

松本　だから憲法の解釈ということは、これは、今じゃ、地方裁判所の出張所位が、憲法解釈をする。何事だというんだ。何んとなれば、憲法というものは、第何条、第何条の規定じゃあないんですよ。あれは国のあり方を決めたもの、だからイギリスはイギリスで、一三世紀になって初めて纏まった。日本のマグナカルタは聖徳太子の時、七世紀、六〇〇年からで、だからイギリスは日本なんかよりおそいんですよ。マグナカルタは。

水野　そうですね。

松本　けれども、初めてマグナカルタの形でだ、イギリスにはじめてできたのは一二〇〇年の中頃、ところが、あれは所謂マダナカルタであって、成文憲法ではないんです。

水野　よく分かります。

松本　憲法いうものは、成文憲法でなくったって、イギリスに憲法があります。イギリスに憲法がないと云えますかね。云えません。云えないということは、イギリスの民族性から国家のあり方、存在のあり方、在位のあり方などが、成文憲法には書いていないけれども、ちゃんと習慣法のよう形で残っている。だから憲法というものはね、どこの国でもだね、たゞ法律家だけが、法律学者だけが、今の法律観念という様な学問的な一つのあんな型式的なことで、第何条で論議するとは僭越ですよ。だから憲法の専門の教授は、憲法を論議するが、憲法というものはだから私、日本国憲法作る時のあのメンバー見てご覧なさい*22。長谷川如是閑*23もおれば、山本勇造*24も、又僕らのような役人の古手もれば、実業家もいるし、貴族の関係のあなた方の様な家柄の人もおればあらゆる人が、又経済界からもいろんな立派な人もおって、それで初めてあの今の憲法ができたんです。決して大学教授とか何んかが憲法審議会で法律家だけが集まって、作った憲法ではありません。それを頭に置かんければいかんというのです。だから、宮沢君なんかという法律学者といわれるだけの立場で、憲法を解釈して、偉らそうなことをいうのは僭越です。だから私は貴族院の中心の研究会にもいろんな人がいましたよ。結城〔安次〕君は多額納税議員だし、有爵者は有爵者で、家柄を持っている。教養の高い人、国学者おれば評論家もおれば、我々のように官吏の古手もおるし、軍人の古手もおるし、あらゆる階層の人が集まって、あの憲法ができたんです。それをね、今日においてまるで小僧の様な裁判官が憲法論をして、これが第九条とどういう関係があるとか、前文とはどうだなんて、よくもいえたもんだと。それを又日本人が、憲法違反だとかなんとかいってね、これをぶちこわさんとね、ほんとうに国のためにならんね。

戦争放棄と憲法第九条

水野 第九条の戦争放棄のことですが、これも解釈がいろいろと。

松本 それはね、私は戦争放棄ということは、今日において一層基礎付けられた。私の書いた「原爆にかかわるべきもの」という論文にある通り、私はもう戦争はできないと思う。原爆というものは、政治上の爆弾であって、軍事上の武器ではない。こういうことを僕は云うんです。ポリティカル・ボムであって、ミリタリー・ボムじゃない。ミリタリー・ウェポンていうか。ウェポン。武器です。ミリタリーの武器じゃない。政治上の爆弾なんです。それはそれで、今、あれ使ったらどうなりますか。今あれを使ったらどうなりますか、使えないじゃありませんか。

水野 使えませんね。地球上の人類は全滅してしまいますよ。

松本 使えない。たゞ政治家がね、嚇かすのにあんなことを云ってるだけだから、張子の虎ですよ。使えやしませんよ。だからね私は、今の国際政治を批評していうんです。これは政治というものの原理は、プリンシプルは、これは闘うことにある。争いにある。基本はこれで何千年、何万年の間人類は苦しんできた。つまり政治というものは、国を滅して自分の領地にするか、そうでなければあるいは植民地にするか何か。ところが経済の方のプリンシプルはね、闘っては困まる。商売というものはそうでしょう。商売というのもは、相手を破産させてしまったら、今度は自分が参ってしまう。必ず向うとこちらとが共存しければばらない。お互に援け合う、それでね、人類の存在の意義がそこにあると思う。動物の中でね、獣にしても、鳥類にしても、まあ獣類を例にとれば、同族で殺し合うものがありますかね。獅子の子と獅子が、二手に分かれて殺し合うことない。熊と熊が。そうでなくて、腹がへりゃあ獅子は縞馬を食う。人間が食料として動物は食べますがね。

水野　一番低級なことをやってるわけだな。人間は。今までね。

松本　だから人間は人間としての本当の存在価値というか、ほんとうの意義を悟らなければいけない。それから獣類や鳥類なんかと違うところはね、僕はね、あのダーウィンの学説を批判する。あれは仮定です。猿から人間になるなんて馬鹿なことはあり得ない。ワニはどこまでもワニ。ワニが進化して両棲動物になるか、鳥類になるかということです。

水野　どうも時間いただいちゃってありがとうございました。次があって、大変でしょ。僕は今で、ほんと、それいいお話だな。

松本　今度あれはどういうふうにお纏めになる。

水野　まだ、方針がちょっと決まらないんですが、今のうちに皆さんからできるだけお話を承って、材料をいただくっていうことが今、主でありまして、これをそれだけをまとめて本にするか、この前出しましたあれを直していって、もう一遍書き直そうかということも考えてるんです。

松本　一番簡単な、しかも最も現実に近いというのは、事実ありのままということは速記録の抜粋でよ。あれのプリントしたものを作って、それをありったけ集めてみる。研究会のメンバーの質疑応答が大分分かる。何の委員会で第何条をしていると。

水野　委員会の速記録はそろえました。これを研究会の方がどういう風にお話しになったか、上手に引き出してみたいとやってみています。

松本　今、誰々？

水野　今、松平親義さん、これは憲法改正問題を一条から、四条、七条と関係したもの、天皇と国民の関係、十四日に十条の解釈、参議院のあり方、内閣の問題、十五日、会計検査院のあり方を質問していられる、と、ここまで引き抜いた訳です。松本さんの場合は、総括質問を三日にしていられる。これを引き抜く。それから新憲法を国民に徹底させなければならないことを強く言っていらっしゃる、これも引き抜く。それから十二日には、天皇について、第四条、六条、七条をとりあげて質問されています。十三日には戦争放棄と兵力の問題を意見を述べて質問されています。それから天皇の地位と皇室財産、八十八条の質問をしていられる。それを索引番号にしてできているんですよ。そういう風にして滝川儀作*25さん、あの多額議員の方の華族制度、教育勅語、華族のあり方、この質問を引き出せるようにしました。それから、織田信恒*26さん、これがなかなかいろんな問題で皇室典範、華族制度、参議院のこと、これも集められるようにしました。

それから、高柳（賢三）*27さん、大河内輝耕*28さん、大河内さんは言葉が割合多いんですが、皇室の地位とか皇室典範について質問をされておられます。松村真一郎*29さんは天皇のこと、天皇と国民、国会のあり方などを質問されています。目録だけはできています。

松本　それはいい資料になりますね。

成田　それと先生、いわゆる一院制か二院制かという根本の問題ございます。そこの問題を考える時に、かつてのは貴族院、それがその中心だった研究会の歴史も調べていきますことが、今お読みになった方々のご議論の中で、大分出とります。是非それは早くまとめたいと思います。明治二四年以来のことですから、えらい根気がいることです。

松本　しかし、今の資料は架空でない、速記録が残っています。実際にこういう経過をたどって憲法ができたということをちゃんと残しておくべきですよ。

水野　そうです。貴族院において、これだけの意見と質問が出て、新憲法ができたということを一般の人は知らないと思います。

松本　それから、研究会として本会議で賛成演説をしたのは三土（忠造）さん*30と私の二人だけですよ。

水野　それは一〇月六日です。

成田　研究会としてはお二人だけですね。前日に松村真一郎さん、大河内輝耕さんも。

松本　やっておられる？　私のは長かったんです。僕が記憶があるのは、拍手がおきた*31。

水野　貴族院で拍手がおきたのはなかなかない。拍手って書いてあります。感銘があった演説だったっていうことです。

松本　それからもうひとつは総括質問かなにかで、私は総理大臣吉田さんに質問しているんです。それは第九条を決めて、前文を作って、いわゆる戦争放棄について。戦争を放棄したことを決議したと。これは一日本国の憲法の決定ではなくして、歴史上前例がないと思う。自国の憲法にこんなこと、否定したことは。だからこれは世界に向っての大宣言であると*32。

水野　それはある筈です。確か。

成田　それ委員会でございましょう、きっと。

松本　委員会で僕が言った。質問したんだ。

成田　それが分かってないんですね、先生、皆さんに。大変なことです、これは。人類の歴史で。

松本　ですからね、そういうことで僕は質問しました。総理大臣に。これだけ歴史上善後未曾有の決定をされたということである以上は、何か具体案がおありだろうと。戦争放棄ということは目標で、戦争放棄するのにはどうしてするかという、具体案があってのことかと質問した。これはユートピアではない。希望だけのべたのではなくて、いやしくも世界に発表すべき大宣言であると私は思うと。それならば、これを実行するには、我が国に、案がおありでしょう、と言った。そしたら、「無い」という。仮にあったとしても今占領されている時期であるし、今その時期ではないと思う。と言う。

水野　それはおかしい。自信なくちゃいけないね。

松本　だからその時に、私がどういうふうに言ったか、その記録見てくだされば分かるんですけど、そこが大事なんで。その時に、しかし、これは案も無くしてこれだけのことを言うたということになると非常になんだかユートピアを説いとるだけじゃないかと。

成田　先生、一つの考え方といたしますと、佐藤達夫*33さんが書いてるんですが、戦争放棄の原案のところで、「国際紛争は武力では解決しない」とこういう意味で謳った。したがって、その後に一文句を入れたんだそうです。「前項の目的を達成するために」と入れた。これがくわせ物です。ひどい言葉で申しますと、国際紛争のためには使わないんだ、だからこの目的を達成するためにというのは、国際紛争以外のことには、即ち自衛の場合には持てるということを含んでいるわけなんです。その考えを恐らく佐藤さんは当時法制局長官でしたから。とにかく、ＧＨＱからこの一項を入れることのＯＫを得たんで。条文の中で、なぜ謳ったかというと、そのためには使わない。あるいはこのためにだけしか、この条文は適用しないんだっていう含みで、自衛権を持つことは別に否定されないわけです。それが自衛権だと、憲法違反じゃないと今日でも言われる根拠になってるらしく思えるんでございます。

松本　自衛隊を持つことが、あそこが、あとの大審院の判決によると、国際公法上ね、自衛権というものは、これは認めていいんだということの一つの原理があるんだということ、大審院の判決で「自衛隊存在理由」として、これは自衛権の何んというか正当防衛で、個人の場合の正当防衛と同じく適法認められている。こういう意味の解釈ができたんで、自衛権というものから自衛隊というものが考えられた。それまではだ、所謂警察権ということで。初めできたのはあれ、特別警察隊という名前でできた。それがいつの間にか自衛隊というものに変わった。自衛隊に変わったということは、大審院の判決のあれで、今のように個人行為においても自己防衛のためには構わない。これは国際法上でも認められているんだから、その限度においてはいいんだと、こういうことだ。

成田　ですから、ＧＨＱの原案では簡単に戦争放棄とあった。それだけであったが、佐藤さんが一晩たて籠って和文を英文に書き直した時分には、第二項が入っていた「国際紛争の解決の手段としては戦争を放棄する」とし国際紛争の手段としては、軍隊を持たない。即ち、逆にいうとこの目的以外には軍隊が持てるという解釈になるわけです。

松本　国際紛争というのは、どういう意味でしょう。二国間でも当てはまるのか。

成田　佐藤さんが書いてます、ケイジス＊[34]が、非常に頭の鋭い男で、その時はその時で自衛隊を持つあれがうまくできるって言ったそうです。ケイジスが。ですからある意味アメリカさんも認めとったのかもしれません。まあ一部の人でしょうけども。ケイジスもそうやって皮肉めいた顔して笑ったということでございました。

松本　それでね、今いわれたように、総理はいわれ、結局案は持っていない。仮りに案があっても、今は発表する時機ではないというので、僕は何んだか夢のような事らしいというような意味合の事が、言葉の端くれに出た。

水野　それはよく調べて見ましょう。

松本　よく見ておいて下さい。それにね、今日の情勢を見てね、原爆というものは今やもう武器じゃあない。あれを使ったら、人類は滅びるんだ。広島の二五〇倍もする様なものがある。広島でさえ、二〇年たってもまだ後遺症がある。これを人類が受けたら。そうなると、いつの間にか、今の人類は滅びちまう。人口増加どころではない。だから使えない、この爆弾ができた以上はもう戦争はない。それなのに何を今、そんなに戦争があるとか何んとか言っているのか。もう絶対にない。それからもう一つはデータコミュニケーション。情報産業データコミュニケーションが非常に発達して、一番驚くのはインテルサットです。こんど日本でも打ち上げるんでしょ。あれができたのでもう戦争はできませんよ。それどうして言うと、一番近い例が、チェコに対してソ連がやったでしょ。二、三年前に。あれはそれよりも一三年前にブタペストでフルシチョフが、あれだけのこと、大暴れに暴れてたんです。あれできた。できたから、クレムリンのお偉方、また一つあれやれと言うんで、わっと入ってきた。ところが今度はできなかった。なぜできなかった。コミュニケーションの発達です。

水野　分かってる。

松本　テレックスが、一三年前に無かった。それが一三年の間にテレックスが世界中に、今はテレックスが世界中できた。日本にだって、今僕の事務所にだって、インターナショナル・テレックスを持っていますよ。今僕の方からニューヨークと話があるとすぐにできます。

水野　すぐできちゃう。

松本　できちゃうんで。これができたから、もう戦争できません。世論が許さなくなる。あれだけテレビが発達して、そしてああいうふうなラジオが発達して、コミュニケーションが発達したら、これもう戦争が九条があろうが無かろうが、こらやろうと思ってやれませんよ。

＊注記

1　昭和二一年一月四日、占領軍総司令部より日本政府宛の「公務従事ニ適セザル者ノ公職ヨリノ除去ニ關スル件」覺書の付属書により、二月二七日勅令第一〇九号（全八条）を公布施行した。これがいわゆる公職追放である。排除すべき種類は、別表で次の七項が示された。
一（A項）戦争犯罪人
二（B項）職業陸海軍職員、陸海軍省の特別警察および官吏
三（C項）極端な国家主義的団体、暴力主義的団体、又は秘密愛国団体の有力分子
四（D項）大政翼賛会、翼賛政治会および大日本政治会の活動における有力分子
五（E項）日本の膨張に関係せる金融機関ならびに開発機関の役員
六（F項）占領地の行政長官等
七（G項）其の他の軍国主義者および極端なる国家主義者
なお、該当する職歴について「昭和六年一月一日以後在任シタル一切ノ地位」とある。

2　昭和八（一九三三）年、大阪市の路上で発生した、一兵士と警察官との小競り合いが、陸軍と内務省間の対立にまで発展した事件。停止信号を無視した一等兵を管内警察署の巡査が止めたところ、押し問答となり、派出所に連行。派出所内で両者が格闘となった。この事件を軍に対する警察の侮辱とした寺内寿一第四師団長らと警察権の侵害を許さずとした県知事、大阪府警察部長らは激しく対立した。最終的には、兵庫県知事白根竹介の仲裁により落着。

3　明治二一（一八八八）年〜昭和三八（一九六三）年。昭和期の官僚政治家。参議院議員。栃木県上都賀郡加蘇

村に生まれる。東京帝国大学法科大学を卒業後、高等文官試験に合格し内務省に入省。内務省社会局保険部長や労働部長などを歴任し、万国労働会議に派遣された。昭和四年に宮城県知事に就任すると、その後内務省土木局長、宮城県知事、広島県知事、兵庫県知事を務め、昭和一一年に内務次官に就任。その後、中国臨時維新政府の内政顧問や大日本産業報国会理事長を務めたのち、昭和一六年に東条内閣で内務次官に復帰、翌年には内務大臣。昭和一八年に貴族院議員に勅選される。戦後公職追放となるが、昭和二七年に解除。三四年に参議院議員に当選(栃木地方区選出、自由民主党所属)。

4　明治一八(一八八五)年~昭和二九(一九五四)年。明治・大正・昭和期の官僚、政治家。明治四四年東京帝国大学法科大学卒業。明治神宮造営局書記官、東京市助役などを経て、内務省神社局長、同社会局長官、岡田内閣内閣書記官長などを歴任。昭和一二年一月に貴族院議員に就任すると(~昭和二一年二月、無所属倶楽部)その後、米内内閣で厚生大臣、小磯内閣で軍需大臣等を務めた。

5　明治二四(一八九一)年~昭和五五(一九八〇)年。大正・昭和期の官僚、政治家。大正六年東京帝国大学法学部独法科卒業。同年農商務省に入省。以後、文書課長や蚕糸局長、企画庁次長、農林次官などを歴任。第二次、第三次近衛内閣で農林大臣を務めたほか、東条内閣で農林大臣、拓務大臣を兼任。昭和一七年に衆議院議員、同二八年に参議院議員にそれぞれ当選。緑風会選挙対策委員長を経て、自由民主党に入党。農林省顧問、参議院予算委員長、党三重県支部連会長などを務め、第二次岸内閣では法務大臣に就任した。

6　一八九二(明治二五)年~一九四八(昭和二三)年。昭和期の陸軍軍人。熊本県上益郡白水村に武藤定治の次男として生まれる。済々黌、熊本地方幼年学校、中央幼年外交を経て、一九一三(大正二)年、陸軍士官学校を卒業(二五期)。その後、陸軍大学校を卒業し、一九二三(大正一二)年から一九二六年までドイツに留学。帰国後は、教育総監部に戻り、以後、教育総監付や同課員などを務めたのち、参謀本部欧米課ドイツ班に勤務。一九三三(昭和八)年の中国視察、欧米視察などを挟み、陸軍省軍務局軍事課員となる。このころから、武藤は統制派の一員と目されるようになっていた。日中戦争が勃発すると、対支一撃論を唱えた。その後、桐工作、米内内閣打倒工作、日米関係の打開などを図るが、いずれも失敗におわる。終戦後は、A級戦犯として死刑判決をうける。

7　明治一五（一八八二）年〜昭和二四（一九四九）年。大正・昭和期の陸軍軍人。日本陸軍最後の参謀総長。明治一五年に大分県に生まれる。生家の是永家から梅津家の養嗣子となった。中学済々黌、熊本地方幼年学校を経て明治三六年に陸軍士官学校を卒業（一五期）。第一師団の小隊長として日露戦争に出征した。同四四年に陸軍大学校を首席で卒業。参謀本部に配属されたのち、デンマーク駐在、スイス公使館付武官、軍務局課員、軍事課長などを歴任。昭和五年に少将に進級。昭和一〇年には、梅津・何応欽協定を支那駐屯軍司令官として締結。二・二六事件後に陸軍次官となる。その後は、第一軍司令官、関東軍司令官などを歴任し、昭和一九年七月に参謀総長に就任。昭和二〇年九月二日のミズーリ号艦上で行われた降伏調印式に大本営を代表して出席。A級戦犯として服役中の昭和二四年に病死。

8　明治一二（一八七九）年〜昭和四（一九二九）年。貴族院議員（明治三七年七月〜大正九年六月、大正一一年一〇月〜昭和四年四月、研究会）。子爵、旧結城藩主。明治三六年に東京帝国大学法科大学を卒業後、貴族院議員に就任。以後、加藤高明内閣の軍務政務次官、学習院御用掛、臨時教育会議委員などを歴任した。

9　明治一九（一八八六）年〜昭和四八（一九七三）年。ジャーナリスト。明治四〇年、早稲田大学英文科を中退。翌年、東京朝日新聞社に入社。社会部次長、上海特派員、大阪朝日新聞社会部副長などを経て、昭和九年に東京朝日新聞編集局長。昭和一〇年に東京朝日新聞社取締役に就任する。戦後は、日本ヘリコプター社長、全日本空輸社長などを務めたのち、昭和三九年に朝日新聞社社長に就任した。

10　明治五（一八七二）年〜昭和八（一九三三）年。明治期から昭和前期にかけての官僚、政治家。明治二九年東京帝国大学政治学科を卒業。内務省に入省し、福井、愛媛、千葉、神奈川各県の参事官、秋田、徳島各県知事、逓信次官などを歴任。加藤高明内閣で海軍政務次官、商工政務次官、犬養内閣で拓務大臣を務めた。立憲政友会所属の議員で、同会総務、同幹事長なども務めた。

11　明治六（一八七三）年～昭和一二（一九三七）年。明治期から昭和期前期にかけての俳人。本名は、秉五郎。明治六年に愛媛県松山に生まれる。松山中学から三高に進み途中二校に転じるも中退。中学時代に高浜虚子と出会い、高浜とともに正岡子規に俳句を学ぶ。その後、正岡の俳句革新運動に参加し、正岡死後は、『日本及日本人』の「日本俳句」選者となる。還暦を機に俳壇引退を声明。昭和一二年に死去。

12　緒方竹虎。明治二一（一八八八）年～昭和三一（一九五六）年。大正期から昭和期の言論人、政治家。山形に生まれ、その後福岡で育つ。明治四四年早稲田大学専門部を卒業し、大阪朝日新聞社に入社。大正一二年、東京朝日の整理部長に就任したのを皮切りに、政治部長を経て、編輯局長となる。昭和一八年に東京朝日新聞副社長に就任するが、翌年小磯内閣の国務大臣兼情報局総裁に就任。小磯内閣の総辞職と共に、一度退官するも、昭和二〇年八月に東久邇宮内閣発足とともに、再び国務大臣兼内閣書記官長兼情報局総裁に就任。同年の一二月に戦犯容疑者指名され、公職追放となるも、昭和二二年に戦犯容疑を解除され、昭和二六年に公職追放も解除。翌年、自由党から衆議院議員に立候補し、当選。第四次吉田内閣で国務大臣兼官房長官となる。昭和二九年に、吉田茂が自由党総裁を退くと、緒方が総裁に就任すると、その後保守合同に尽力。自由民主党結成後は、総裁代行に就任するも、昭和三一年に急逝。

13　村山長挙。明治二七（一八九四）年～昭和五二（一九七七）年。大正、昭和期の新聞経営者。岡部長職の三男として生まれる。朝日新聞創始者村山龍平の養子となり、長女於藤と結婚。昭和一五年に、朝日新聞社長に就任。戦後公職追放となり、社長を辞任したが、昭和三五年にふたたび社長を務めた。

14　明治二三（一八九〇）年～昭和四二（一九六七）年。大正・昭和期の官僚政治家。明治二三年、長野県東筑摩郡山形村に唐沢与十の三男として生まれる。大正四年、東京帝国大学法科大学卒業後、内務省に入省。内務書記官、内務参事官、内務大臣秘書官、警保局保安課長、和歌山県知事などを歴任したのち、昭和七年に内務省土木局長、同九年に内務省警保局長に就任。同郷ということもあり、陸軍省軍務局長永田鉄山と密接な関係をもつ。昭和一四年に阿部信行内閣が発足すると、法制局長官に就任。翌年、退官すると貴族院議員に勅選された。東条内閣時代には、内務次官をつとめ、東亜研究所副総裁、大日本翼賛壮年団総務などを歴任した。昭和二一年に公職追放。追放解除後に長野県から衆議院議員選挙に立候補し、昭和三〇年に当選（自由民主党、以後当選四回）。第一次岸内閣では法務大臣に就任。

15　明治三六（一九〇三）年～平成七（一九九五）年。昭和期の官僚。大正一四年、東京帝国大学法学部法律学科（英法）を卒業。内務省に入省し、埼玉県庶務課長、東京府農林課長などを務めたのち、内務省地方局長、同警保局長を歴任。昭和二〇年には内務次官となる。戦後は、公職追放となるが、昭和二五年に追放解除となり、衆議院議員に当選。昭和三五年に厚生大臣、同五三年に法務大臣に就任した。

16　明治四四（一九一一）年～昭和五三（一九七八）年。昭和期のジャーナリスト、政治家。昭和一〇年、早稲田大学経済科を卒業。第一次吉田内閣で文部参与官、第二次鳩山内閣で厚生大臣に就任。また、日本放送協会企画部副部長、雑誌「陸上日本」の編集責任者などを歴任。昭和二二年に衆議院議員に初当選し、当選一一回。日本民主党青年部長、民主党労働部長、同政調会副会長などのほか、東京オリンピック準備委員、スポーツ振興国会議員懇談会会長などを務めた。

17　明治三〇（一八九七）年～昭和六〇（一九八五）年。昭和期の財界人、政治家。明治三〇年、藤山雷太の長男として東京に生まれる。大正七（一九一八）年、慶應義塾大学中退。その後、大日本製糖入社、昭和九年には取締役社長となる。井野碩哉、有馬頼寧を通じて岸信介と知り合い、岸とともに東条内閣打倒に動く。昭和二三年に公職追放となるも、昭和二九年には、日比賠償協定交渉全権代表、同三〇年に第一回バンドン会議（アジア・アフリカ会議）出席、同三二年には岸内閣で外務大臣に就任。翌年には神奈川一区より出馬し、当選。以後当選六回。日米安全保障条約の改定交渉なども担当した。その後も自民党総裁選出馬や党内で藤山派を結成、日中国交回復促進議員連盟会長を務めるなど精力的に政治活動を行った。

18　一八九八年～一九七六年。中国の政治家。江蘇省淮安の下級官吏の父のもとに生まれる。一九一七年に渡日し、松本亀次郎を校長とする東亜高等予備校で日本語・基礎教育を受けたのち、早稲田大学、京都帝国大学などで講義を聴講した。一九一九年に帰国したのちは、五・四運動に参加。その後、フランスに渡ると、マルクス主義に傾倒し、一九二二年に旅欧中国少年共産党を結成。同年には、この組織が中国共産党中央より中国共産主義青年団旅欧支部として認められるに至り、中国共産党に入党。一九二六年の北伐時には、上海労働者の武装蜂起を主導した。以後、毛沢東の側近として仕え、中華人民共和国成立後は、国務院総理兼外交部長に就任。総理在任中に死去した。

19　延享四（一七四七）年〜寛政五（一七九三）年。江戸時代後期の勤王家。奇行が多かったらしく、蒲生君平、林子平とともに寛政の三奇人と称される。上野国新田郡細谷村に郷士高山良左衛門正教の次男として生まれる。名は正之、字は仲縄。彦九郎は通称。京都で河野恕斎に師事するなどして、尊王思想に触れる。その後、江戸、水戸などに遊学。のちに京都に入り、岩倉具選の邸に寄宿する。九州遊説中、幕吏の追及をうけ、寛政五年に自刃。

20　昭和二一年九月二三日、第二〇回特別委員会で松本議員の質問（要旨）

（一）皇室の私有財産と国庫の関係、第八八条と第八条と財産の区別はもっと明確にする必要がある。

（二）公的財産の譲渡、譲受に関して別の法律によって規定することになるのか。

（三）第八八条の原案はや「皇室の支出……」とあり、修正案では「皇室の費用」となっている。どう区別したのか。

金森国務大臣答弁（要旨）

（一）皇室に譲渡、譲受の財産が、私有財産としてなら国会の議決を経て私有財産として皇室に属するが、公的財産として譲渡が成立したら第八八条により国に属す。

（二）その法律はまだ具体化していないが、軽微な品物はこの法律に列挙し、個々について区別したい。

（三）両者は実質においては異ならない。広い意味では皇室の費用と言った方がよい。

21　昭和三七年九月一五日　警察大学校における講演。憲法は強いられたものか、主権在民、戦争の放棄、国民の権利義務、皇室の無財産の項目にわたっている。

22 帝国憲法改正案特別委員会　委員長　安部能成　副委員長　伯爵　橋本実斐

公岩倉具榮　侯細川護立　侯中山輔親　侯浅野長武　伯橋本実斐　伯後藤一蔵　三土忠造　子大河内輝耕

大谷正男　男白根松介　子織田信恒　子高橋是賢　子三島通陽　子松平親義　山田三良　平塚広義

牧野英一　佐々木惣一　松村真一郎　男今園国貞　村上恭一　男飯田精太郎　霜山精一　下条康磨

川村武治　岩田宙造　安部能成　高柳賢三　南原繁　男松田正之　男中御門経民　男渡辺修二　男松平斉光

田所美治　野村嘉六　沢田牛麿　松本學　宮沢俊義　結城安次　滝川儀作　小山完治　長谷川万次郎

山本勇造　浅井清　渡辺甚吉

23 明治八（一八七五）年〜昭和四四（一九六九）年。ジャーナリスト、思想家。本名山本万次郎。東京深川に生まれ、幼年時代は浅草で育つ。小学生時代には、中村敬宇の塾で学んだ。明治堀津学校、東京英語学校などを経て、明治三一年に東京法学院を卒業。明治三六年、陸羯南が主筆を務める新聞『日本』へ入社。その後、『大阪朝日新聞』に転じる。大正デモクラシー運動を先導していたが、白虹事件（大正七年の寺内内閣下で、大阪朝日新聞の記事中に「白虹日を貫けり」の一句が引用されていたことで、新聞紙法違反に問われた事件）の責任をとって、鳥居素川、大山郁夫、丸山幹治らとともに退社。大山らと雑誌『我等』を創刊（のちに『批判』と改題）。戦時中は、自由主義の宣伝・普及による間接的なファシズム批判などを行う。昭和二一年、貴族院議員に勅選される。翌年、帝国芸術院会員、昭和二三年には、文化勲章を受章。

24 山本有三。明治二〇（一八八七）年〜昭和四九（一九七四）年。劇作家、小説家。貴族院議員。第一高等学校文科に入学、近衛文麿、土屋文明、豊島与志雄らと同級。しかし落第して、芥川龍之介、菊池寛、久米正雄らと同級になる。その後東京帝国大学独文科選科を経て、大正四年に独文科を卒業。卒業後は、近代劇の研究、脚本執筆につとめ、大正一一年からは長編小説『生きとし生けるもの』の連載が朝日新聞（東京・大阪）で開始。大正末年より菊池、芥川とともに文芸家協会を創設し、著作権擁護運動を推進した。昭和二二年、参議院議員に全国区より選出、田中耕太郎らとともに緑風会を結成。また、参議院文化委員長に選出されている。国語の新表記の推進、国語研究所の創設など、文化国家建設のための活動に尽力した。

25　明治七（一八七四）年～昭和三八（一九六三）年。実業家、貴族院議員（昭和一二年三月～同二二年五月、研究会）。明治二九年市立大阪商業学校卒業。同三一年以降、燐寸製造業を経営し、東洋燐寸、大同燐寸の社長を務める。その他にも神戸商業会議所会頭、神戸日華実業協会会頭、帝国経済会議議員、神戸高等工業学校商議委員等を歴任した。

26　明治二二（一八八九）年～昭和四二（一九六七）年。子爵。旧天童藩主。貴族院議員（昭和三年七月～昭和二二年五月、研究会）。大正四年京都帝国大学法科大学卒業、以後日本銀行、東京朝日新聞社、安田保善社などに勤務。また、鉄道大臣秘書官、浜口内閣外務参与官、齋藤内閣農林政務次官や宗秩寮審議官などを歴任した。

27　明治二〇（一八八七）年～昭和四二（一九六七）年。大正・昭和期の法学者。貴族院議員。東京帝国大学教授として英米法講座を担当。日本における英米法学者の第一人者。戦後は、憲法草案審議に参加し、昭和三一年、鳩山一郎内閣に憲法調査会が設置されると、調査会長としてその任にあたった。

28　明治一三（一八八〇）年～昭和三〇（一九五五）年。子爵、貴族院議員（昭和二二年）。明治一五年襲爵。明治三八年東京帝国大学卒業、大蔵省入省。その後、主計課長、専売局主事、専売局局長を歴任。妻は、徳川慶喜八女國子。

29　明治一三（一八八〇）年～昭和三八（一九六三）年。明治・大正・昭和期の官僚、政治家。明治三九年東京帝国大学法科大学法律学科卒業。農商務省に入省、大臣秘書官等を経て、法制局参事官、内閣恩給局審査官、農商務省畜産局長、商務局長、農林省水産局長、農務局長、農林次官などを歴任。昭和八年一二月に貴族院議員に就任（～昭和二二年五月、緑風会）昭和二二年には、参議院議員に当選し、参議院両院法規委員長に就任。

30　明治四（一八七一）年～昭和二三（一九四八）年。明治期から昭和期にかけての政治家。讃岐国大内郡に宮脇清吉の次男として生まれる。師範学校卒業後、長尾小学校に奉職後、上京し東京高等師範学校を首席で卒業。同校の付属中学校に教師として赴任。明治四一年に衆議院議員選挙に出馬。同選挙で当選を果たすと、昭和一二年まで連続当選。その間、立憲政友会に所属し、大正九年一〇月に大蔵省参事官を務めると、その後、内閣書記官長、農商務政務次官、農林政務次官などを歴任。昭和二年四月、田中義一内閣で逓信大臣、大蔵大臣、犬養内閣で逓信大臣、斎藤実内閣でも鉄道大臣を務めた。戦後は、幣原内閣で内務大臣に就任すると、昭和二二年に貴族院議員に勅選された。

31　昭和二一年一〇月六日、帝国憲法改正案第一議会（本会議）

松本議員賛成演説（要旨）

この改正案は決して模倣憲法ではなく、強いられたものでもない。私が解釈する点で、日本本来の面目を発揮していることをこの中に見出すことができる。これが賛成の理由である。本来の面目は次の四点である。

一、主権が国民に在り、この国民の中に天皇が含まれている所の君民一如の境地に主権が存在する。統治権の総攬者の変更によって、国体が変革したというならば幕府政治の時代はどうか、国体は変　っていないではないか。

二、戦争放棄は我が国が世界に向って堂々たる平和宣言をしたものと解釈する。日本的な本来の面目を発揮し、日本的性格を十分に表している。

三、国民の権利義務の規定は、本当に日本の「デモクラシー」を示している。唯残念な欠点は家族の生活を尊重する規定がないことである。

四、皇室財産に関する規定である。第八八条に皇室無財産と規定したことで、これは財閥化を防ぐと解しているが、自分はただ無財産と考えている。皇室には姓氏がないこれも皇室が世界無比で、無は無色透明であり無比のことである。

32　第九〇回議会（昭和二一年九月三日）憲法改正特別委員会、松本議員質問（要旨）

第九条というのは、世界に向っての大宣言だと思う。そうであるならば何か具体案をもっているに違いない。今はこれは「ユートピア」であるかも知れないが、何百年かの後には恐らく国際公法の原理になるかも知れない。その意味において何か具体案をお持ちになっているかどうか。

吉田首相答弁(要旨)

夢を見るばかりでないが、具体案がかりにあっても、国際関係もあり、発表することがよいか悪いか説明をいたしかねる。

33　明治三七（一九〇四）年～昭和四九（一九七四）年。法制官僚。東京帝国大学卒業後、内務省に入省。昭和七年からは法制局参事官に就任。法制局第二部長の際に終戦を迎え、その後法制局第一部長、法制局次長として日本国憲法の制定に関与。のちに有斐閣から『日本国憲法成立史』全四巻としてまとめている。

34　Kades, Charles Louis　一九〇六年～一九九六年。ハーバード・ロースクールを卒業後、弁護士を開業。ニューディール政策に従事する。昭和二〇年に陸軍大佐として東京に進駐するとＧＨＱ民政局次長として財閥解体などの政策に関与。日本国憲法制定に際して、中心的な役割を果たす。昭和二四年に離日し、弁護士に復帰。

※注は『その頃を語る—旧貴族院議員懐旧談集』で上田和子氏が付したものに新たに毛利拓臣が加えている。

多額納税者議員

秋田三一　談

多額納税者議員と研究会、貴族院の功績と参議院

秋田三一《あきたさんいち》　研究会（多額）

議員在職／昭和一四年九月〜昭和二二年五月

研究会役員／常務委員　調査部第六部理事

経歴／明治二八年三月生　東京帝国大学法科大学卒　秋田汽船㈱取締役社長　彦島船渠㈱・錦隆汽船㈱・東洋木材㈱各取締役　商工省・鉄道省・運輸通信省各省委員　木船保険審査会各委員　大東亜調査会委員会第三分科会幹事　秋田商会・神戸近海汽船㈱各社長　昭和六二年九月没

聞き手　水野勝邦

昭和四七年一〇月一二日

於　下関　秋田邸

水野　多額納税議員でいらした秋田さん、まず、多額議員でお出になった時のことからうかがいたいのですが。

秋田　昭和十四年の選挙でした。あの頃は、昭和十三年頃から非常に全体主義的な、個人よりすべて国家本位にやらねばならんという空気が出ておりまして、又、新聞の世論で貴族院の改革問題がずい分出まして、その非難の対象は主として多額議員でした。世襲議員も含まれていたかも知れないが、我々多額議員は能力はない、名誉職だと言われました。山口県では林平四郎さんが多額議員でした。人口によって決まりますが、山口県は一人だったんです。

水野　多額納税者の資格者から一人だったんですね。

秋田　そうそう、納税額の多いものの上から百人とってそれで互選する。そしてその中から一人が当選する。東京とか広島とか福岡とか、人口の多いところでも二百人から二人だから、大都市は気の毒なところがあります。

水野　二百人以上はない。

秋田　その百人の一人なんですが、大ていの県は土地の有力者で、山口県の例ですと林平四郎さんなんて明治二十三年に市制をしかれて初代の市会議員となり、県会議員をやり、それから衆議院を三回か四回やって最後は貴族院ということでね。それも二回やって三回目だったんですが、年が八十四位だったんです。それで、私は、「それは経験もいいけれど、全体主義的でやるのに昔の頭でやったんじゃいかん。それが今の貴族院の改革問題につながるんじゃないか。林さんの例で言えば、一年に一度だか東京の帰りに汽車で一ぺんに帰らない、京都へ寄って本願寺さんに寄って帰る、というような地方の者の名誉職のようにやっとったんです。しかしこれからのちは第一線で分に応じてやらねばならん。それには若い時代の感覚をもち、健康で働けるものでなくてはいかん、やる以上は自分の仕事はナニしても議員の職に奉仕するという観念でなければならん、私も多額納税者であって、私のジイサン等は林さんを推して代々やっとったんですが、時代はそういう風になったんだ」と主張しました。それで推薦会があったんです。この地区で又、下関で、私は「一票もっている以上は従来の体制に従っているだけではいかん、自分の意見を率直に述べるべきだ」と言ったんです。で、意外な存在と見られたのですね。林さんは一度の推薦でサッといこうとしたんですが、私の議論でストップがかかったんですよ。それで適当な人が、なり手がなくて。

その時、私は四十五歳でして、大学を出ていたのも珍しかった。この下関に私は養子に来たのですが、下関というところは町家が多く、商売人の多いところで、大学出たものは全くおらんのです。地元の商業を出て自分の商売をすればいいという考えでした。ですから私は異例の存在でした。他になり手がなければ私がやるしかないと、片方は大御所ですから、私の様に生意気なのはまあ十票もとりゃいいという考えでしたでしょうね。互選ですから百人の票を少しでも多くとらんといかんのです。

その頃は戸別訪問も出来たので、百人までの有権者を買収はできないが訪問はできるのです。私は周防の出身で周防の方にも知った人がいる。親戚縁故者もある。それで訪問をしました。すると田舎の地主、実業家が大きな門がまえの家に水をまいて、誇りをもって歓迎するんです。刑事もついて来ているが、玄関から上は上がらん。私も貴族院議員候補者で貴族院というだけでふるえあがった様な時代でして、そんな選挙運動をし、四十八の四十五、わずか三票差で当選したんです。若いもんが喜んでくれましてね。公正会の福原（俊丸）さんなんかも喜んでくれました。

私は市会も何も出たことはない、四十五歳の若いのが、八十五歳を破ったんですから。しかも片方は土つかずで、自治制がしかれてから県会、貴族院と二回もやったという大元老、大功労者、昔の貴族院のつれなどみんな向うです。私を応援するのは、私の学校友達とかが名前をかしたり、あるいは共鳴しておるんだと文書で応援してくれたり、結果的には双葉山を投げたようなもんだと言われました。全国的に英雄になりましたよ。

水野 その時のお仕事は？

秋田 三井銀行はやめていまして船の仕事をしていました。

水野 造船ですか、ドックですか。

秋田 ドックもやりました。船舶は秋田汽船、しかし多額議員は年寄りが多くて、私は一番若くてあと若手の連中は栗林（徳二）君とか上野（松次郎）君とか、佐藤（助九郎）、岩元（達一）君、佐藤君は亡くなって今健在なのは岩手の柴田兵一郎君。

水野 それから公職追放になられましたね、これははっきり言うと翼賛会でございますか。

秋田 いえ。私は追放にならなかったんです。私は翼賛会はやりましたがね。いろいろの面でこれでもか、これでもかとやった。しかし追放は頭の上をかすったり、耳の上をかすったり、わきの下を通ったりしたがとうとうひっかからなかったです。最後にとうとう警察関係ね。武徳会というもので、それで総ざらいでやったんです。藤沼庄平さんも木村篤太郎*1さんもやられた。ここまで逃れて来て、これでやられちゃつまらんということで、私は山口県の武徳会で知事が支部長、私が副支部長で、剣道部長でした。で最後は仕方がない、逃れる道はない。藤沼さんも剣道やっとったし、木村さんもやっとった。私はまあ免れない。名誉的にやったんで、みんなから推薦されてやったんだと。実務は警察部長が剣道部長もしたんだが、やられるなら、私はかぶりますと覚悟したんです。が、免かれたんです。で、パージはかかってないんです。

で、今度は参議院に出よということになったんです。しかし参議院は二番煎じで面白くないと出ないことにした。そうしたら最初の地方長官、知事選挙に出よといわれた。これからは地方自治に重きをおく時代ですからそれなら興味はあった。しかし今度は資格審査があるんですね。資格審査は二十日間なのにどうしても許可が来ない。やっぱりパージに近いところにいたとか、議員時代に情報部をやっとったことが関係しとったからか、とにかく選挙が始まっておるのに来るべきものが来なくってあわてて東京へいったが、二十日のうち一週間はそれでつぶれて、とうとう出ないと宣言した。

水野　貴族院で研究会にはいられたのは？

秋田　私が立ちましたとき、久原さんが政友会の総裁でいらした。私の父も政友系でしたけれど、政友系の内で山口県は少しその派が分かれていて、その林さんは政友系で、私の方は政友会でも憲政系の少し進んだ考えというか色合いになっていました。私は政友会ではあるけれど、さりとて固まった政友会とは違って少し新しみがある……

水野　新しみのあるということで政友系の方の応援もあったとすると、政党色は政友系ですか？

秋田　私のときは政友系ではあるけれど、固まった政友系と競争しているくらいで、革新的な部分が考え方にも相当加ったということです。ですから、同成会ですか、政友会の古いところへ入るのは余りいさぎよしとしなかった。研究会は無色というか中立的なものであり、しかも勢力は相当あるということで他にああいう会派はあまりありませんので、お世話になった方がいいだろうと。田部（長右衛門）さんとか橋本（辰二郎）さんとかも皆研究会でしたから、多額としては研究会が多いのは自然のことでした。

水野　それについてどなたか研究会の方が誘いにみえましたか？

秋田　八条（隆正）さんにはお逢いしておりまして、お宅も何回か訪問しました。

水野　その頃八馬（兼介）さんにはおつき合いはなかったんですね。八馬さんは古い。

秋田　私の一期前で、研究会の多額の集まりの中で八馬さんを知りました。滝川（儀作）さんはやっぱり山口県の出身で関係がありました。

水野　滝川さんはもっと早い。もっと前でか。滝川さんあたりからお話があったんでしょうね。

秋田　あったかも知れませんが、どうして研究会に入ったかという動機の記憶はありません。

水野　すると研究会員になって下さったあとは、政友会の進歩派の方々とのおつき合いとかありませんか。

秋田　特別ありませんね。ただ私は記憶に残っていることは、多額議員の会合を私が世話していた。同成会も、研究会もとにかく多額議員の会合、集りを何回もやっていました。だから大西君（虎之助）なども会派は違いますが、あれは古い固まりの政友会ですが……それから山口県の私の先輩の内田重成さんという勅選の方、これも政友会の海軍の総務でした。

私は研究会でも多額の世話をしておりまして、それから幹部というか常務委員を終わりの頃にしました。実際には研究会をどうするという実力はないのですが、まあ多額を代表しての常務委員です。

親しくした方は他に、山口県ということで山縣（有道）さんとか藤沼さんも親しかったが、藤沼さんは強い人でしたよ。パージにかけられた時、パージにかけられる理由はないと反論をＧＨＱに出しておられる*2。

参議院に出たのは渡辺甚吉。

水野　あの時の参議院制度については、ずい分議論しましたが、二院制度は大事なことだと説いたのですが、選挙の方法では失敗しましたね。

秋田　二番煎じと言っているんですが、本当にそうです。

松村義一さんもなかなか気骨があって、ああいう、人を引っ張っていく人が一人か二人あった。戦争が終って今度は労働組合法ができた。それが最初の法案でね。私は東横ストライキとかあったが、そんなことをしていてはいかん、労使協調でいけとやった*3。それから人口問題でこんなせまい島国で、台湾はなし、四つの島へ押しこめられ、外から人は帰ってくる、どうするんや、皆、食糧はなし、働く意欲はなし、人口の調節をする必要はありませんかってやったら、芦田均さんが厚生大臣の時で、新聞に大きく出た。今では何でもないんですがね。憲法のときは今お話した参議院選挙法ね。これは二院制をとったら二院らしく、選挙法からやっていかんと同じことになるんだと。

水野　本当にその時は議論しましたね。

※　※

秋田　その次に、これが最後だというので貴族院のやった功績をね。小林（次郎）さんという書記官長が資料をもって来てくれたんですよ。それを元に、過去においてこうこうであったとやった。衆議院は一般の感情、利害を代表して各層から直接出してくるが、参議院が同じ選挙法でやれば、二番煎じになる。権力は差し引きの方に皆出ていくからバランスがとれなくなる。しかも同じ党派になったらやはり弊害がおこって来て、二・二六事件とかああいう問題が起ってくるから、余程始めから制度をよくしておかんといかん。そして衆議院が過去こういうことを長い間やっとったということを述べたところ、「とり消せ」とやられたんですよ。私の演説は「衆議院を侮辱している、とり消せ。」と。私は「とり消さん。引っぱるなら、引っぱれ。私はひかん。」あれは徳川さんが議長の時だったかな。

水野　本会議でおやりになったんですか。

秋田　本会議でやりました。ところが、今日では二院制度は方々でこういうふうに言われますね。私は労働組合法をやったとき、一ぺんそれをやったところが周りの者がヤレヤレということでおだてられて、二へんか三へん本会議でやったんですよ。それで憲法のときも小林さんの資料に基づいて、過去貴族院がやった功績をたたえたんですよ。これは貴族院の葬送曲になったでしょうね。小林さんも満足しとったですが*4。

水野　その後小林次郎さんにもお逢いしましたがね。「貴族院が本当に働いたって点についても世間がみとめて欲しい」と言っておられました。

秋田　小林さんの資料の中で貴族院がしたことの中から特にいいのを二つ位挙げて話しました。それから同時に衆族院がいきすぎのとき押えるというその実例ですね。衆議院っていうのはややもすると横暴になるし、チェックするものが必要だ。その横暴の実例をやったんですな。

水野　お挙げになった?

秋田　ええ、それで「取り消せ」って言う。私は「取り消さん」とこういってがんばった。あの頃、まだ一番始めに立った頃、労働組合法のときも前の演説はみな原稿なしで宙でやった。今は書いたものをくってやりましょう。速記もとるので余りデタラメも出来んでしょうが。

私は、大学の卒業式のとき、総長の山川さんが訓示をこういうメモでやった。原稿用紙を片手にもってこちらをむいたり、あちらをみたりのスタイルでやったのが印象に残っています。今は、書いたものを速記者に原稿で渡して帰りますがね。

水野　研究会は、幹部の方へ一応通さなければならないことはありませんでしたか？
秋田　私の方は内容は通さんでよかった。それに終戦後ですからむしろ自由でした。
水野　ＧＨＱはどうでしたか？
秋田　労働法その他はむしろＧＨＱがとりましたね。
水野　前もってですか？
秋田　そうです。私の方は多分に……ある意味でＧＨＱに示唆されているっていうか。訴える気持ちがあったんです。
水野　委員会での思い出になるご記憶は？
秋田　私のは地方問題の委員会が多いんです。石炭とか。例えば宇部興産なんかが資材がもらえない。良い石炭は少くて宇部は石炭がないものですから。有名な粗悪炭ですが、それは安い。山口県の電力などは運搬の便利があり粗悪炭に適する設備があり、粗悪炭といっても扱いによって貴重なものであるので、そこに資材をやるべきだということを言った覚えがあります*5。
水野　終戦後はいろんな問題が一度にあって大変ガタガタした議会でしたね。本日は有難うございました。

※　※

秋田夫人　下関は昔はにぎわっておりまして、関門といって南洋の船は皆ここへ着きました。今は斜陽でございます。昔はお偉方の航通の要路でした。そしてここの料亭などは伊藤さんとか山縣さんとか浮名が流れたものでございます。シケになるとここで泊まられるし、ランチはみな料亭の前に横づけになり、本船まで見送るとか悠長なものでした。

秋田　この頃は飛行機でサーと行ってサーと帰る、味気ない。

秋田夫人　今度は新幹線が、博多までのびると又ここがおいてきぼりになりますね、昔は肥前船というのは皆ここへ着いたのです。それで伊藤公が朝鮮の李さんをよくお連れになって山陽ホテルに泊ったりしておられました。

秋田　それこそ関門という玄関でしたが、飛行機の関係で玄関が他へ行ってしまった。

水野　どんどん変っていきますね。

＊注記

1　木村篤太郎（きむらとくたろう）奈良県選出衆議院議員（自由民主党）。明治一九年二月生司法大臣、国務大臣、法務大臣（第一次、第三次、第四次、第五次吉田内閣）、行政管理庁長官、保安庁長官、防衛庁長官等、昭和二八年以降参議院議員

2　藤沼庄平の抗議。昭和二二年二月二日にG項該当として総司令部の指名追放を受けた。藤沼は既に前年七月七日に議員を辞任し、必要な審査書類を総司令部に提出し、その認可をとって枢密顧問官に就任していたのであり、東京都長官に就任の時にも同様の手続をとって、認可されているので、今回の追放指名は納得できなかった。又追放理由のG項も納得できなかった。（G項とは、その他の軍国主義者および極端なる国家主義者とある）。そこで藤沼は「自分は非軍国主義者」であったとする一八項目に及ぶ例証を挙げ、追放該当は理解できないとして、その説明を求めるとともに、解除の申講書を直接マッカーサー司令官宛に五回、その他米国の大統領等に併せて一六回も抗議書を出しているが、一度も誰からも回答は得られなかった。結局二六年八月の解除までに何等の反響もなかった。抗議書の最後のものでは、アメリカ官憲を酷評し、追放調査をするどく追求した（水野勝邦『貴族院会派〈研究会〉史』昭和編、芙蓉書房出版復刻、二〇一九年、二七九頁）。

3　第八九回議会（昭和二〇年一二月）秋田議員の質疑。労働組合法特別委員会、労働争議についてブロカーの排除、裁判所の解散命令権、労働組合の免税の恩典、労働組合のない地方はどうするかなど。

4　第九〇回議会（昭和二一年八月三〇日）。秋田議員、参議院の組織と選挙方法についての発言（要旨）

「参議院は二院制によるその抑止力を発揮しなければならない。過去において貴族院は大きな役割を果している。一、明治三三年の増税問題、二、大正二年のシーメンス事件、三、大正九年の鋼紀・風教問題、四、昭和四年の田中首相優諚問題などがある。」

「曽ての貴族院は、皇族議員、華族議員、勅選議員、多額議員、学士院会員議員によって、それぞれ遺憾の点もあったが、第二院として立派に業績を挙げた。」

5　第八一回議会（昭和一八年二月）石油専売法案特別委員会において

「石炭の分配は問題である（人工的にいきすぎていないか）」「人造石油会社は配当がないのでうまくいっていないのではないか」と質問に対し政府委員は「非常に苦労であります。」とみとめている。

その他の特別委員会においての秋田議員の質疑、発言例（要旨）

第八一回議会

郵便年金法中改正法律案特別委員会

木船の損害保険の所管、再保険の場合、船だけか、積荷は？　粗製濫造になると思うが、船令は、船価？　あとの処分は？　山間へき地からの資材運搬方法、支那におけるインフレとの資源調達の係わり等。

企業整備資金措置法案特別委員会

技術員の整備、船舶企業整備、買収資金など。

電気事業法の一部を改正する法律案特別委員会

電力事情の見通しについて、「中国地方の発電量が悪いが何故か。」

商工経済会法を廃止する法律案特別委員会

商工会議所について。

第八五回議会

地方鉄道及軌道における納付金に関する法律案、特別委員会において。

小運送について、船員の補給について（小運送会社は疎開に必要だが、当時船舶小運送まで陸軍が直営していた）。

第九二回商工協同組合法案特別委員会

企業許可、中小商業と貿易、中小企業技術指導に関して。

栗林徳一　談

事業経歴と後藤新平、ロシアとの関係、多額納税者議員選挙、戦時期の議会

栗林《くりばやし》徳一《とくいち》　研究会（多額）

議員在職／昭和一四年九月～昭和二一年五月
研究会役員／協議員
経歴／明治二九年三月生　小樽高等商業学校卒　栗林合名会社社員　㈱栗林商会　栗林商船㈱各社長　室蘭商工会議所会頭　南洋興発㈱社長　南洋石油㈱社長　日比興業㈱社長　日宝真珠㈱社長等　昭和五六年一二月没

聞き手　花房孝太郎　水野勝邦　大久保利謙
昭和五三年一一月二八日
於　霞会館

水野　議員になられる前のご経歴からうかがいたいんですが。

栗林　私は祖父が新潟県でして、製糸事業をしておりましたが、父が室蘭に渡り、そこで郵船の代理店をやり、それから船の方に関係したという歴史です。で、私は室蘭に生まれまして、農政をやるつもりだったんですが、親父（栗林五朔）が学校へいけと勝手に願書を出したので、小樽高商を出たんです。弟が私の意志をついで農政の方をやっています。私は親父の跡をつがざるを得なかったのですが、あの頃はあんなバカクサイ商売などできるかと思っていました。

水野　それでお父さんのお仕事の方に。

栗林　父がこれが、又商売がきらいでして、政治をやっていたんです。床次（竹次郎）さんの頃で、床次さんの子分で一生懸命やったんです。商売は苦手で私にまかせて、自分は何もしないで五十九か六十で死にました。

水野　では栗林さんがあとをおとりになったのは二十代でしたか。

栗林　それで親父の仕事をついで船をやり、のちに南洋興発とか南洋の方の会社をやりました。大正十二年頃、後藤新平さんと因縁ができましてね、それは私の栗林商船がその頃ウラジオストックのウスリー鉄道と契約しましてね。国交のできていない時ですが、そこの荷物を全部私共の方と契約したんです。そのうちに栗林商会がおかしくなりまして、又、親父も赤のロシアとの仕事など反対で、どこかへ譲ろうかと、松方幸次郎さんに話してほぼその了解を得たんです。

そして、通告しましたら、ロシアが……東洋的な義理固さなんですね。栗林が大きくても小さくても栗林でやったんだから、他はダメだと言って来たんです。しかしダメだと言っても私らは貧乏会社で船がないんです。世界中もっていけと言われても荷が重いんです。松方さんの方は船ばかりポカポカあってさっぱり荷物がないんだ。こっちがやればいいじゃないかと、いって出て来た。けれども、松方さんにしてみれば、それは刺し身のつまで、鉄道をとるとか、一大工業をやるとか、大ビジョンをもっていたんです。そうしているうちに、藤原銀次郎さんが、お前コツコツやっているようだが、後藤さんがロシアにいく、お前ついていかないか、とこうなったのです。それはぜひぜひと、それで新平さんのお供をしていったんです。ハルビンで、東清鉄道の総裁が後藤さんに会いたがっていたらしいんです。新平さんは私のことを利権屋位に思ってたらしくて「お前、自分のことは自分でやれ」というような説教されました。私は別にお頼みする訳じゃない。私の方がギブ・アップすれば、アメリカやイギリスがこれを引き受けることになる。目茶苦茶なことになりますよ、と言った。松方さんがバックの川崎汽船を中心としたKラインは船ばかりもって荷物がないんです。そこで私の方は荷物の権利を全てとろうとするのではない。人のまま渡すのだ、というとすっかり分かって下さった。後藤さんご機嫌で、お前はロシヤむきだから、ここにいろと言われました。その時の秘書が安場（保健）さんです。

後藤さんは偉い人だと思いますよ、明治天皇から「絶対ロシアと戦争したり、仲悪うするな」とお言葉があり、強い決心でロシア問題を真剣にやっておられました。命がけでしたよ。伊藤（博文）さんのこともあるし、どこで殺られるか分からないと、いくらでも殺されるチャンスはあって、それは大変だった。

その頃、後藤さんはヨッフェにあって、ヨッフェは日本が共産ロシアをリコグナイズしてくれたら、バイカル湖からこっちの利権は全部よこすと言ったんですがね。ところが、政友会の政治家なんかは、あんなやつアカだとか後藤さんの悪口言って、外務省も大反対で、とうとうその話はダメになった。共産圏ロシアはそう簡単に崩壊なぞしない。必ず天下をとると後藤さんは断言しておられた。

私は後藤さんをすごい人だと心酔して、それからチョイチョイ訪ねるようになったんです。支那にも行ったけれど、あの国の人は利口すぎますね。商売ができる。あれはなかなか治まる国ではありませんよ。その後、後藤さんが南洋に、南洋石油をたてた。今でいうシェルの系統ですが、そこへ海軍からとんでもないのが二人入って、それで失敗して、その頃松江（春次）＊1さんが私にこれを一つやってくれんか、と頼まれたんです。それが動機で南洋に出ました。それで海軍がいたら仕事にならんから、これ(首）にしたんです。

その頃から松江さんと南洋で何か事業をおこそうと考えまして、まずフィリピンの山林事業を松江さんがもって来た。木材を切って私が七〇〇〇トン位の船を出そうというんです。ケソン大統領がバックにいて、いよいよケソンが日本に来ると。ところが東洋拓殖って会社が南洋の株を半分もっていて、安川雄之助が総裁で、投機はいかん、オレは出来ない、といいだした。そうしたら、海軍と外務省が契約切るととんでもないことになると言うんで、私が一人でやるしかないと決心したんです。しばしばケソンにあったりしましてね。しかしひどい目にあったんです。その木を満州へもっていったんです。河本大佐が社長の会社で、フィリピンには石炭がない。河本さんの石炭がいいと言われまして。そんなことやっているうちにケソンの子分がデタラメで、それで目茶苦茶にされました。

※　※

水野　議員に出られたのは昭和十四年からですか。その時は北海道から出られたんですか。

栗林　そう北海道から。有権者は二〇〇人で、要するに納税額の多いのから二〇〇人までが投票するんです。そうして二人出る。その時は私と板谷宮吉が出ました。板谷さんは小樽からで、ずっと小樽が独占してたんです。室蘭からは初めてでした。板谷さんは一期や二期私より古いんです。それで私の前は金子（元三郎）というのが出ていましたが、金子さんが出ませんで、候補者が出なくてそれで私になったんです。私の町では五票しかないんですが、一三〇票か一四〇票とりました。当時は、戸別訪問が許されていましたので、二〇〇人のうち板谷派をのぞく全部にあいさつに廻りました。北見に一人とかね、北海道は衆議院か多額納税しかないんです。

水野　それで研究会に入会されたのは、板谷さんのおすすめとか。

栗林　いやそうじゃない。親父が床次さんなんかとつながりがあって、頭山満さんとつながって、頭山さんの小父さんの会社に来てまして、児玉源太郎と懇意で、その秀雄さんの関係で入ったんです。九州で、頭山さんの玄洋社が乱暴して安場君のおじいさんが長官でそれを収めた。頭山さんは炭鉱汽船のタンカーをみんなもっていて、それに室蘭に四万坪位埋めたての権利をもっていたんです。そんなことから私も頭山さんとつながりがありまして。

※　※

水野　貴族院では北海道の地方電力調査委員会の委員をされていますが。

栗林　あまり記憶ありませんな。ご承知のように軍部の旺盛な頃でしてね。横暴でだめなときでした。

小原　なんか言えば、手錠がかかるんですね、憲兵がすぐ来まして。

栗林　そうです、ただサイパンで私は自分の会社の者が八〇〇〇人も死んでいるんです。しゃくにさわったからバラしてやったんです。製糖会社をもっていたのですが、私の社員は戦争にいったんじゃない。砂糖作りにいったんだ。ここは居留民のいるところだから、白旗たててくれと頼んだんですが、軍が無視しましてね。私は予算委員会に立てませんから、中島弥団次に全部バラさせたんです。東条の痛いところをつっこませたんです。そうしたら大騒ぎになりましてね。海軍省の軍務局長が来まして「君だそうだな、あれを出したのは」と*2。

水野　貴族院ではそういう場合はなかったでしょう。

栗林　いや、それがあるんです。私は藤原銀次郎さんに頼まれまして、足立王子製紙社長と木造船を作らされることになりました。五カ所位に造船所を作ったんです。ところが、タヌキの泥船みたいな木造船はどんどんつぶされるんです。私はそれを質問したんです。こんなことでは国家の不経済であると。もっとハイスピードの船を作れと……。そうしたら児玉秀雄さんに「君、自分の職業に関したことは演説するな」と言われまして、とうとう止めさせられました*3。

私が貴族院に出る動機というのは、英国あたりの政界を知っている人が、英国では君たちのように、シッピングならシッピング、拓殖なら拓殖の事業をやって成功した人が議員になって長年の経験を演説するとか、教えるとか、これが議員なのだという話を聞いておったのです。それなのに児玉さんにまずポンとやられてしまった。

それから南條徳男（衆議院北海道四区自民党）というのがいます。それからもう一人松浦周太郎（衆議院北海道二区自民党）というこれは材木屋でした。この二人がやはり木材統制のことについて質問したのです。南條は素人だけど、松浦は本業だから、痛いところを突っ込んだら、憲兵にやられました。南條の方はなんでもないんです。専門家が質問すると痛いところをつくでしょう。そうするとすぐやられる*4。

総会でもなんでも、へんなこと言うとすぐコレですよ。だからおっかなくて言えませんよ。

水野　議会も全く機能が停止ですね。

栗林　ええ停止でした。ノモンハン事変というのがありましたね。あれなどは誰か質問をするという話はしばしばだったものですが、とうとうやらずじまいでしたね。

水野 質問もできなかったたね。

栗林 それから鳩山さんに宇垣内閣ができる前の日かな、「君ちょっと来い」なんて呼ばれまして、あの人は統制経済嫌いなんです。それで、「自由経済になっても大丈夫だから、やらせなさい」と鳩山さんに言ったことがあるんですが、宇垣内閣ができませんで、その話もダメになりました。又、私と足立正とで逓信省へ呼ばれまして、山下亀三郎とか、郵船の人とかが来ていました。なんで集めたのかと思っていましたら、藤原銀次郎さんの命令で、木をうんと切ったんです。それで木は一杯ある。これで「船を作れ」と。しかし、船というのは木だけあってもできない。ガラスとか釘とかないと出来ない。それが統制で使えないんですから、出来るわけありません。

小原 統制経済では物が出来ない。

栗林 出来ないんです。ですから鳩山さんなんかに陰で大いにブーブー言いましたよ。

※　※

水野 栗林さんはいろんな方とお付き合いされている感じだけど、男爵議員なんかでお付き合いあった人は……。

栗林 安場保健さんですよ。後藤さんとロシアへ行ったとき、安場君が秘書だったんですが、鼻メガネしてるし、みんなが「息子さんだ」と言ってね。

水野 似てるね、しかし違うんでしょう。

栗林 違うんです。安場のおじいさんというのは男爵で偉い人でね。前にいったように博多で頭山満の玄洋社があばれていてね、誰がいっても治らないのが、安場のおじいさん（保和）*5が行ったら、すっかり治まって、大親分になった。それで北海道の長官に抜擢されたんです（明治三〇年）。その人の娘が二人いて、長女は家老の息子さんと結婚して家をつがれ、二女（カツ）には日本一のいいのをと、みつけられたのが後藤新平、ですから安場君の義理の小父さんに当るわけです。私の東京の店に運輸会社をたて、その社長をしてもらいまして、死ぬまでずっとおられました。体も大きくて、ガーガーやかましい人でしたが。

ところで、男爵議員というのは何人位おりましたかね。

水野　六十六人です。子爵議員と同数です。

栗林　研究会はえらい大きな一四〇人位の組織でしたね。

花房　男爵議員は延べで三四二名でした。終戦までになられた方全部で。

水野　公正会ではあまり議員の間で、交渉はおもちにならなかったのですか。

小原　もちませんでしたね。もうおしまいにはほとんど命令によって上手にジェスチャをとる方が決められて、それで運営していったんですね。それで今のように、これは言っちゃいかんぞとか、さわらないとか、いうふうにして、線が引いてあって、今度は賛成動議を出せ、とか。それを待っていると、マッカーサーの方から来ないもんだから、まだ来ない、まだ来ないといって三時間か四時間待ったこともありましたね。そしてやっと今おりたと、そうすると本会議を開いて指名された人が動議出して「賛成の方」と言うと手パチパチたたいておしまい。本当に何も意志はなかったですね。

栗林　機械的なものでしたよ。

水野　だから八年議員をしても三分の二は軍人の時期でしたね。

栗林　いや最初からそうでしたよ。

小原　その当時美濃部さんが「天皇機関説」を出したでしょう（昭和一〇年二月一八日貴族院本会議で追及）。あれからなお、みんな言わなくなったんですね。いらないことを言うとやられるから。

栗林　全く軍部が裏から押えているんですからね。

花房　水野さん、研究会で栗林さんと委員会、ご一緒のことはなかったんですか。

水野　予算総会においでになってましたね。

栗林　出てました。軍部の中将が来て、たまげることあったな。あれはやっぱり相当恐ろしいものだったですね*6。

水野　そうですよ。

栗林　それから大変だったのは北海道の地名の建議案があるんですが、北海道は地名が読みにくいでしょう。長万部（オシャマンベ）とか、それの問い合わせの電話がよくかかって来た。これには参りました。

水野　話がとびますが、戦後参議院ができましたが、この制度が無意味な存在になってきていると思います。栗林さんあたりは、それをどんなふうにしたらいいとお考えになったことないでしょうか。

栗林　あまりないですね。やっぱりあれは児玉さんのように、お前の業種を質問するな、ではしょうがありませんけど、やはりなにか知ったことでアドバイスするという、業種別の専門家を少しとったらどういうものですかね。緑風会なんか残っていればいいんですね。

水野　そうなりましたね。政党の力が入って政党化されちゃったから同じことになっちゃった。

花房　私なんか政治のこと分かりませんけど、参議院議員は、近藤さんのおっしゃった「地盤」「看板」だけで「カバン」がなくても出られるようにならなきゃいけないんですね。

小原　そういうことですよ。やはり人格、学識、それから胆っ玉ですよ。腹のない人は頭がよくてもダメですけれど、やはりいざというときには信念の通せる人でないと。

栗林　鶴見祐輔*7という人がいますね。あれは私、後藤さんの関係で非常に懇意にしていたのですが、天性が政治には向かない人でしたね。「鶴見さんへっぽこ代議士になんかなって、ひどい目にあいますよ」と言って、よく忠告したものです。すると彼は、こう言いましたね、「アメリカへ行けばたいしたものだ」と、「コングレスということになって、いわんや君のような上院議員になれば、とんでもないことだよ。栗林君」と、アメリカのようになりたかったんですね。

水野　なかなか演説はうまいし、文章は上手な人でしたね。

花房　有名なアメリカのことを書かれた本がありました。私、読んだんですが、題はちょっと失念しました。

大久保　なかなか秀才だったですね。立派な風格の……。

栗林　あれは憲政会のときでしたね。鶴見さんが代表委員でして、芦田均と両方が立ったのです。南條という代議士に「あれどっちが負ける」と言ったら「いやとても鶴見なんて問題にならん」というから、何言っているんだと思ってましたが、やっぱりそうだったらしいです。やっぱり向かないんですね。二時、三時まで勉強する人でしたがね。学究肌でしたが、政治家というのはそれじゃダメなんだな。

※　　※

水野　議会では、誰かからいろんな注文があるんですか。

栗林　あまりありませんでした。議会には内務省室とか、海軍省室とかありまして、そこへいくのです。米がなくなってきてから、問題でしたね。北海道で五〇〇万人位いたんですから、一人一石として五〇〇万石位いるんですね。それが八月頃に冷害で百何十万石になったんです。それで、農林省の次官を帝国ホテルに呼んだり、軍人会館へ呼んだり、ところがえらいものですね。米に関するかぎり、北海道のとんでもない山の中の新聞をもって来ているんです。それで我々がウソを言っているとみて、あるものをないと称しているのではと、北海道の代議士みんな集めて一人一人に聞くのです。私にも聞くから、私は「外国から取った米はトランシップするな、すぐ北海道へ持って来い」というようなことを一席やりましたね。それから炭鉱汽船とか、日鉄とかの常務なんかにも「米がなければ、お前達の職工働かないんだから」と言って、一緒に陳情しました。それで、予約がとれた。それから農林省の役人が「栗林さん、今だから言えるけど、おっかない団体がいました」と言うんです。何かと思ったら、そばの九割が北海道から来てるんです。それでそばやがはち巻で農林省へいって「米よこさんならそばはやらん」と。これと君の方と一緒になられたら大変だと思ってびっくりしたと言ってました。北海道が九割の産地とは知らなかったが、そばというのは、開墾地にいいものなのです。更科なんていうから。

水野　それから貴族院がなくなって三十年以上になりましたが、今でもその当時の多額納税者議員としてのおつき合いしている方いらっしゃいますか。

栗林　あまりないですよ。鹿児島・島根・加賀などの旧議員が多額議員を呼んでおられたことがあり、豪華だったそうですが。私は会社やってていかれなかった。

水野　栗林さんと御同年の生まれは佐藤助九郎（同成会）。

栗林　秋田（三二）さんとか渡辺甚吉さんとかね。それから、頭に残っているのは、予算総会室で大河内正敏さんが大演説をやっているんです。どうしても炭を作るよりしょうがないと……、木炭です。それから、すぐ海軍省へいきまして、金を出せと言ったら、かなりのお金をくれましたよ。それで私は北海道へ帰って山を買った、買った。

水野　炭になる山を？

栗林　ええ、王子製紙からも買いましたね。私は一部始終見てたけど、それ位のことは指図できたものだから、温泉に引っ込んでいて買わせたのです。そこで終戦になったでしょう。とうとうそれをキャンセルして、返しましたがね＊8。終戦後もうけた奴というのは、海軍省のものをみんな持っていったものです。全部そうですよ。

水野　うまくやれば栗林さんももうけることができたね。

栗林　しかし、結局あんなものでもうけたものはだめなんですね。

＊注記

1　松江春次（まつえはるじ）
明治九年一月生　大日本製糖社員、南太平洋貿易㈱社長、南洋興発、南興水産、東洋ビタミン製造各㈱取締役

2　中島弥団次（なかじまやだんじ）東京府第二区選出　民政党　日本進歩党
明治一九年六月生　内閣総理大臣秘書官、立憲民政党総務　昭和二七年一二月二一日没
第八五回議会（昭和一九年九月一〇日）衆議院予算委員会
中島弥団次質問（要旨）
　私は目下国民の最も関心を集め、聴かんと欲して居る「サイパン」の島及び「テニヤン」「グアム」「ロタ」の問題に付きまして、総理大臣……に質問致します、この「サイパン」島の陥落と云ふことは、実に我々国民に取りましては沈痛な思ひを致して居るのであります、而も此の「サイパン」島の落ちたと云ふことは、多数の非戦闘員が其の中に含まれて居る、「マリアナ」島全体で約一（ママ）の非戦闘員が含まれて居る所に於きまして、

此の戦闘に特殊性があるのであります、………陥落前の最後の無線電信、最後の声を読みまして、我々は実に悲痛なる思ひに駆られるのであります、「……任務を完うし得ざりしを謹みて御詫び申上げ……将兵一同死処を得たるを悦びあへり……皇国の必勝を確信し、莞爾として悠久の大義に生きんとする将兵の声を伝ふ」……之を読んで泣かぬ者は日本人でありませぬ、是も同時に……御聴き載きたいことは、非戦闘員の声であります、……此の「サイパン」島多数の非戦闘員は政府に対するべき手段もなく、内地にある遺族に遺言を遺すべき方法もない、萬斛の恨みを呑んで斃れて行った……此の多数の非戦闘員の無声の声を私は聴いて載きたいと思ふ……今此の同胞はどうなって居るであろうか、更に我が「テニヤン」「グアム」「ロタ」、是等の所に於ける同胞の将来はどうなるであろうか、……政府に於きましては……簡明卒直に真相を明らかにして貰いたい。是等の英霊を慰むる方法を講じて貰ひたい、遺家族の御救済を願ひたい」

「……それから「マリアナ」諸島に於て事業をやっ居る所の邦人会社がありますが、財産は根底より破棄され、従業員は非常な目に遭って居る……是等の救済に付てはどう云ふ御考へを御持ちになって居られるか」

マリアナ諸島は委任統治領であり戦時災害保護法が通用されるが、これは大東亜戦争以前の立法であり、不十分ではないか。南方軍政区において軍の命令によって増産、開拓に従事している邦人の会社があるが、これらの会社の救済、援護等はどうするつもりか。サイパン島の問題については、「七月十八日、前内閣の大本営発表以来何もなく、「タイム」誌の「ロバート・シャーロット」記者の報告が新聞に載せられ憤激せしめた」と発言。

重光国務大臣答弁「南方において犠牲となられた同胞の消息を知るため最大の努力をしており、第三国を通じて詳細問い合わせをしている…」。

3　船舶は第八〇回議会産業設備営団法中改正法律案により船舶建造の工程を短縮し急速に大量の船舶を建造するため各種船舶の標準型を改定、同一型のものを同一造船所で建造、又海軍艦船と商船との建造を一体化総合化した。

第八一回議会（昭和一八年二月二五日）では、

木造船問題について寺島健国務大臣による政府見解（要旨）「船舶建造につきましては、主として木造船の建造に主力を注いでいるのであります、木造船の業者は約三千五百ありますが、従業員も少いのでこれを統合し……速記中止……実際の注文は昨年（十七年）八月からでありますから……速記中止……木造船建造緊急方策要項を閣議で決定致しまして、木船といっても特殊なものがいる、曲木など、これをなるべくまっすぐで使って全国に約二十ケ所大規模な木造船所を作ることにしまして……木材も供出させ……発動機（焼玉）や燃料は南方で確保するつもりです……」

昭和一八年五月　貴族院調査会木造船調査班㊙木造船建造状況視察概要（要旨）

昭和一七年の計画造船は、建造著しく遅延、計画に遠く及ばず、昭和一八年度の計画は一七年度よりはるかに増加しているが、到底初期の目標に到達せずと認む。

一、木造関係、統制会社を経由のため木材入手困難、造船材としての不適のものもあり。

二、機関並に礒装用金具関係、船体は出来ても機関並びに艤装用金具類の入手困難なため進水することを得ず、船台の上に放置せられたり。

三、造船用設備関係、木工機械、モーター電線など入手困難。

四、労務関係、労務不足、食糧、作業衣、地下足袋などなし。

五、資源関係

従来の木造船業者は資力薄弱者多く、資金の融通を簡易に。

六、船舶受渡関係

船主、船名の決定が遅延し、受渡を為すこと得ざるため不利不便なり。

七、修繕関係、計画造船に忙殺され、修繕の延滞を来たす・修繕計画樹立実行のこと。

八、行政機構関係

逓信省、大蔵省、商工省、農林省、厚生省、海務局、道府県庁等あり連絡不十分なり、運用改善すべし
栗林議員は戦争中、船舶のほとんどを徴用されたが、機帆船によって輸送力を堅持したり、三万石の巨大なイカダを組んで木材を搬送する等、経営者として英知をかたむけた。

4 第八六回（昭和二〇年二月三日）
衆議院戦時森林資源造成法案委員会
委員長　木下信、政府側委員　鈴木一。
松浦は植伐均衡を失して以来、水害との関係、伐採の面積と純増の比率、林業労務、製材にする電力の供給、森林造成案など質問。ただし、松浦と一緒に同委員会に出席しているのは、南條徳男でなく南郷武夫（衆議院鹿児島）

5 保場安和（やすばやすかず）男爵
天保六年生　元老院議官　参事院議官　福岡、愛知各県令、北海道庁長官　明治三二年没

6 第七六回議会（昭和一六年）予算委員会第三分科（陸軍、海軍省担当）委員

7 鶴見祐輔（つるみゆうすけ）評論家　岩手県第二区選出　日本進歩党
明治一八年一月生　厚生大臣（第一次鳩山内閣）、改進党幹事長、自由民主党顧問

8 第八五回議会本会議（昭和一九年九月七日）　物資のなくなる中での増産について演説。
木炭需給に関しては、第七六回議会　木炭需給調節特別会計法中改正法律案で、従来の借入金七〇〇万円を二五〇〇万円に増額を提議、可決。

第八六回議会　予算委員第五分科会（農商務省、運輸通信省）昭和二〇年二月五日開催（主査杉渓由言委員、栗林他）においては、林産物増産等に関する経費の増加について、木材及薪炭の増産確保の緊急性にかんがみ林道施設、国有林材林増産、民有地の立木買入など検討。

船舶関係では、安全操業、能率増進を図る為、漁船の修理、ガス発生装置問題。

伯爵徳川宗敬・貴族院事務局関係

徳川宗敬並びに旧貴族院事務局書記官　談

貴族院事務局、徳川貴族院副議長時代、難読氏名、速記について
公職追放と事務局、貴族院の資料絵、憲法改正小委員会、
戦中・戦後の議会

徳川宗敬《とくがわむねよし》　伯爵　研究会

議員在職／昭和一四年七月～昭和二二年五月
研究会役員／幹事　常務委員
経歴／明治三〇年五月生　東京帝国大学農学部卒　農学博士　大日本山林会副会長　司法参与官　貴族院副議長　講和会議（サンフランシスコ）全権として出席　参議院議員　伊勢神宮宮司　神社本庁統理　平成元年五月没

近藤英明氏（元貴族院書記官参議院事務総長）
宮坂完孝氏（元貴族院書記宮参議院事務総長）
河野義克氏（元貴族院書記官参議院事務総長）
海保勇三氏（元貴族院理事官参議院議事部長）

聞き手　花房孝太郎　水野勝邦　大久保利謙　小原謙太郎
昭和五二年九月二七日
於　霞会館

水野　徳川さんを囲む座談会ですが、まず神宮のお話をうかがいたいですね。林学博士でいらしたことが良かったですね。遷宮の準備をされましたでしょう。二十年先、四十年先と。

徳川　二十年先じゃない。二百年先だ。ということは、ご用材がね、木曽の材がなくなりますから、自給自足しなくちゃならないので、伊勢でも植えていますけど足りないので、九州の人吉の上流に非常に良い土地がありまして、約一千町歩の山を買いました。ご用材のために。今まで二年になるんですが、何しろこれから二百年ですからね。

近藤　本当にいいことをされました。

徳川　貴族院では近藤さんが一番古いんですか。

近藤　海保さんはどの位ですか。

海保　大正十四年に入りましたから四十七年ばかりご厄介になりました。

近藤　私は昭和六年からですから大分海保さんの後輩になりますね。

河野　徳川さんが伯爵議員に当選されましたのは何年でございますか。

徳川　昭和十四年の七月です。選挙がありましてね。あの時はすべりこみなのです。酒井忠克さんて方があるでしょう。あの方が選挙直前に亡くなられたのでもぐりこんだんです（昭十四・六・十七日没）。それがないと七年先になるんで、七年先だとこっちは年をとってしまうからね、ですから一期と一寸ですよ。たしか次の選挙の期日が来てもそのまま延長されたんでしょう。

海保　貴族院議員の任期が延びましたから。あの時、貴族院議員の任期は二回延ばされたんでしょう。

水野　で徳川さんの副議長の時には、小林（次郎）さんが書記官長でしたか。そうすると他にたしか庶務課長、委員課長、速記課長があったんですね。

海保　それに警務課長もあったんですよ。私やりました。
近藤　議事課長もあったんですよ。私やりました。
水野　ほとんどみなやられたんでしょう。
近藤　そうですね、やらなかった課は一つもないです。
水野　便利っていうのか、重宝だったのですか。
近藤　兼務でやりました。警務課長も代理か何かでやりました。速記課長も最初の速記課長を二ケ月位でしたか代理でやりました。速記課付の書記官でして、二ケ月たったら課長にしてもらって、それから一年たらずで委員課長に替りました。
河野　全部やられたのは近藤さんだけじゃないですか。小林さんも速記と庶務と。議事もやられたんでしたかね。
近藤　おそらく全部やったって人はいないかも知れませんね。
水野　最後のあの第九二回の議会でしたか。最後の時、ほらあの憲法改正に伴う法律改正だか沢山と出たでしょう。あれは、大変だったでしょう。忙しかったでしょう。
近藤　あの頃は慌ただしかったですね。
水野　後藤一蔵さんがね。委員長になった時ですか、四十分位で上程されて可決してるんですよ。そうしなければ間に合わなかったんですね。だから、むしろ、これは事務的の方面で皆さん方大変骨を折られたんじゃないですか。
河野　徳川さんの副議長は何年から何年まででございましたか（第九〇回～第九二回昭和二十一年六月十九日～二十二年五月二日）。

徳川　九ヶ月です。最後の時でしょう。ありゃあ。
河野　そうすると議長は家正さんでしたか。
徳川　そう家正さん。それはね。あなた御承知でしょうが、私の兄（徳川圀順）がね、議長していて、酒井（忠正）さんは既に巣鴨に行っていた。で、兄は陸軍少尉だったので、やはり駄目で、急にどういう風の吹き廻しか知れないが、私が副議長になった。それで私に兄貴が辞表を出したんです。形式的にね。でその辞表が認められて、それから家正さんが議長になられたんです。そういう経緯がありましてね*1。
水野　それは、もう二十年に入ってましたかね。
海保　それは二十一年の六月かも知れませんね。
水野　昭和二十一年の六月十九日っていう日を覚えていますよ。問題は酒井さんが副議長だったんですが、処が酒井さんがパージになった。そこで圀順さんもパージになるということで、二人共いなくなっちゃまずい、どっちか残らなくちゃいけないと、それで酒井さんがやめられて、それから……。
徳川　酒井さんがやめられたのは知らないけれど、その替りに私が副議長になった。
水野　それで今度議長がやめられて、それで家正さんがなったというんでしょうが、何か手続きが非常にむつかしいんですね。
徳川　それがね。ごく短時間にやったんで、ほとんど変らないんですよ。
水野　えっと、たしか二十一年の六月十九日、こちらがなられたのはね。
徳川　だから、七、八、九、十、十一、十二と二十二年の五月までか。でね、今もって分からないのは、私はさっきお話ししたように一年生でしょう。それがどうして副議長になったのか自分にも分からないですよ。どういう風の吹き廻しなのか。

河野 徳川ご一門じゃ家達公をお呼びする時は何とお呼びするんですか。千駄ヶ谷様とでもいうのですか（公爵邸 渋谷区千駄谷）。

徳川 やっぱり町の名前でお呼びしたんですね。

近藤 その千駄ヶ谷様ってことは良く聞きましたですね。

徳川 私は林町に住んでいたので林町といわれました（小石川区林町）。

河野 あの大河内輝耕さんて子爵がおられましたね。仲々やかましい議論をするリベラリストですね。それでもね。あの方が同爵のさる方に電話しておられるのを聞いていたのですが、そしたらね、三位様いらっしゃいますかとやっておられました。ハハア華族さんはこういう風にいうものかなと思いました。

近藤 昔は三位様っていうことはアッチコッチにあったんですね。千家尊福*2さんて男爵ね。あの方出雲大社の宮司さんでしょう。あそこにいきますとね。書がかかっている。これ三位様のですという、今でもいっていますよ、あそこの神職の方はね。

徳川 慶喜さんはね、小石川に住んでおられたけれど、我々は一位様といっていました。

水野 徳川さんは本当はムネヨシとおっしゃるんでしょう。ムネヨシと読んで下さる方はないようですね。

近藤 貴族院ではちゃんとムネヨシ様といってましたよ。

徳川 そうですか。参議院の名簿に仮名がふってあるんですが、ムネタカとされてました。

海保 わからないのは大体ヨシと読めばよいと先輩から教えられた。

近藤 そりゃ本当だ。

河野　慶喜《ヨシノブ》をケイキといい、家達《イエサト》をカタツというように音読みにしてもよいという風習、ありやどこの風習なんでしょうか。お公卿さんでも大名でも共通してああいうことがあったんでしょうか、それとも大名だけでしょうか。

徳川　例えば、私はね、大体ソウケイで通ってしまうんです。

水野　ムネヨシは読みにくいな。

河野　家正さんなんかに対してカセイさんといってた人は沢山いましたね。

水野　家達さんをカタツというのは随分あったな。イエサトよりカタツの方が多かった。

徳川　家達さんの弟のタッコウさんはね。あれは本当はサトタカなんだが（徳川達孝）。

近藤　入るとすぐ覚えさせられたんですよ。フリガナつけた本を読まされた。私は十二月の末に長崎県の課長から貴族院書記官に任命されて、それで出て来ましたのが十二月の召集期の前日、その時は誰も私に何もくれてないんですよ。だから分からないのが多いですが、分からないときは音読みにしておけばいいんだといわれました。だけどそれでやってたんですが、大分おかしな読み方をしていたらしいですよ。徳川議長が後ろにおられて書記官長に何とかいうたね、と耳打ちされたのが聞こえましたよ。

水野　特別委員のは仮名ふってなかったんでしょう。

近藤　特別委員のは前もって見てますが、ところが玉ころがしの場合、あの部属抽選、九部に分ける時ですよ*3。玉ころがしの玉には何もついてないんですから。

河野　私はね。ただ読みちがえたというんならいいんですがね。日本史を知らないといわれましたよ。一月下旬の再開の直前にきましてね、それで何かを読んだときですね。松平、会津の松平さんがおられましてね。保男と書いてあるんです。これをヤスオと読んだんです。そしたらね。この方はモリオと読むんだと、そもそもこの方をモリという読み方が出て来ないのは、幕末の京都の守護職のカタモリ公（松平容保）を知らない。君は日本史を知らないと言われました。参りましたね。

徳川　家達さんは、チャンと読むのが得意だったでしょう。

近藤　ええよく覚えていらっしゃいましたよ。

徳川　だからむずかしいのを得意になって読んだらしい。

近藤　よく知っておいでになって、やっぱり正確にお読みになりましたね。

水野　速記のものは後で訂正があるかどうか検討されるんですか。

近藤　あれは全部速記課でやって、そのあと議事課長や委員課長になっても速記課に行きまして、本会議のあったときは、その原稿を見る手つだいをするんです。私は速記課長を何か月かしましたが、小林さんなんかも来ましてね。横から見てくれてあれこれと注意をしてくれました。あれは本会議だけは課長が必ず目を通して正確を期したものでした。

水野　今は、どうしているんですか。テープにでもとっておくんですか。

近藤　どうでしょうね。参考にとっておくんではないですか。声をとりましても、どの字をあてはめるか大変にむずかしいんですよ。小林さんも速記課長をやったんですが、ずい分苦労されてますよ。むずかしいことを言われて、百科辞典を調べて夜中になって議員の行先をさがして聞いたら違っていたとか。

水野　私、それで覚えているのは、秋本という記者、あの人の話の中に、自分の処をキュウリョウ（旧領）っていった方がいた。それは古い領地なんですが、それを「オカ」という意味にとって速記の印刷には「丘陵」と書かれたんです。

近藤　こりゃ落第ですね。貴族院じゃ落第ですよ。世間だって通用しませんよ。

水野　むずかしかったでしょうね。

近藤　むずかしかったですよ。速記の間違いをやると叱られますからね。

水野　今になってみても違っているところがいくらかありますね。

近藤　そりゃやっぱりありましょうね。

近藤　第一回帝国議会からの速記録をちゃんと完備している古い国は日本だけだそうですね。私若い頃によく聞かされました。

河野　それはね、少し正確にいうと、十九世紀以前に発足した議会で第一回議会からの速記録が完備しているのは日本だけだということです。つまり二十世紀になって新たに出来た国じゃそういうのがありますがね、明治二十三年てのは、十九世紀ですからね。それであの金子堅太郎さんなんかの尽力で始めっからあるんですよ。あの時の速記術を振興させることを金子さんや衆議院は曽根さんですか、ずい分努力されたんですね。

近藤　それで田鎖綱紀《たぐさりこうき》*4が日本式速記を発明したんですね。タグサリは田んぼの田と鎖という字です。

水野　議会に入っているのはそれなんですか。

近藤　そうです。

河野　速記を同じ先生に習っても五年十年になると自分なりに工夫するんだそうですよ。

近藤　自分なりの略語が出来るんですよ。略語の差が違うんですよ。基本は一つのものでも円を切った弧の角度とか直線とかいうものがあるんだそうですよ。それで五十音が出来てるんです。五十音まではその田鎖綱紀で同じだそうですよ。

水野　ここで皆さんに少しうかがっておきたいのは、パージの時の裏方は貴方方ではなかったの？パージにかかるかどうかのいろいろな書類を入れかえるとか。

近藤　それは皆さんがお出しになる調査書ですがね、それをお出しになるについてのご相談を受けて英文の方は面倒くさいから何とかしてくれとおっしゃるので、こちらの誰かに書かせてもう一遍ごらんに入れてそれで出したんです。例外が一つあるんですが、それは田中舘博士が英文だけで書いてもって来られて近藤さん頼むよ、といわれるんで何ですかといったらば、日本語はむづかしいからあんた書いてくれって言われるんですよ。

水野　あゝ、あのローマ字の田中舘さんね。

近藤　そうです。近藤さん、自分はタイプは打つが日本語はいけませんよ。これ日本語でしょう。むづかしいですねって言われるんです。それで拝見しますとキチンと出来ているんですが、聞きながら英文を日本語に書いたんですね。それが明治八年ですか東京大学の助教授から始まっているんですね。それからすぐに海外に留学して外国で学位、博士をもらわれているんです。帰って来て日本でも博士号をもらっているんです。

水野　それでその審査会が貴族院の中にあったんですか。

近藤　いえ、ありません。それはみな司令部に送るんです。

海保　内閣にあったんじゃないですか。

近藤　それは内閣は通しますよ。通しますが、それから司令部にいくんです。

水野　じゃ司令部が審査会開いたんですか。じゃ通りすぎるだけですか。

近藤　そうです。内閣でも審議しますけど、皆無事パスするように、ただＯＫしてクリアランスするって訳ですから。これは何もありません。ありませんと申しているんですが、向うで、ひっかかればそれでおしまいです。

水野　その中でね、私が気にかかったのは、徳川さんのご令兄の圀順さんが中尉、いや少尉か、その少尉がいけないというのは。

徳川　士官学校出てるから。

水野　出たから職業軍人というのでしょうか。

近藤　それはね。英文でキャリア・オフィサーと書いてあるんです。経歴として本職の軍人であったものはまかりならぬというんです。

徳川　僕だって少尉だ。だけど、これは志願兵少尉だ。

花房　でも、私の友人の徳川喜堅君は応召の少尉でパージにかかっています。何でも千駄ヶ谷で在郷軍人の会長か何かやっていたんだそうです。特許庁の課長でしたが。

水野　応召でもね。

近藤　士官学校出てるだけでだめなんですよ。もっとも圀順公はご自分からおやめになってるんですが。

河野　一番不合理なパージはあの圀順公のパージですよ。

水野　そうでしょう。そこいらがどうしても分からないんです。

近藤　その時はまだ形式的なんですよ。キャリア・オフィサーがいけないというんですが、又植民地の長官がいけないってのがありましてね。その時に問題になったのは南洋庁長官が何故いけないかってんですが、こりゃ貴族院事務局でもずい分がんばりましてね。やってみろってんで、南洋庁長官がいけないというならば、日本は委任統治を怠けてよかったのかと。怠けちゃいけないので当然委任統治を長官がやるのはあたり前のことじゃないか、と大分すったもんだやって南洋庁長官だけは除外したんですよ。

水野　そりゃ松田（正之）さんだ。

近藤　あとの植民地の長官は駄目だったんですよ。

水野　それは貴族院のお手柄ですね。

近藤　徳川圀順公のキャリア・オフィサーの問題はこんな不合理なことはないってんで、書記官長以下、皆一生懸命になって文句つけたんです。予めの審査ですから分かるんですよ。

水野　それで徳川さんが副議長になられた時ですが、伺ったのは。何でも二、三時間の間に決ったんだというんですね。

徳川　そうでしたね。

近藤　あの追放令ってのはありゃもう全くアメリカが日本をメチャメチャにするためだったもんですね。

水野　そう、それだけですよ。

近藤　その勢力は全部排除するということだったんですね。だから東大の法科を出て内務省に入った人は全部首を切るんだといっとったんですが、じゃ私はどうするんだといったら、お前はいいんだ、今、お前に逃げられたら仕事にならんからって冗談をいったことありましたよ。

水野　それアメリカ側の人がそういうんですか。

近藤　そうです。ＧＨＱの国会対策課長をやっていたウィリアムって人です。年中来ていたので懇意にしてました。東大法科を出た人は戦争に荷担したんで、ありゃ一掃しなければ日本は良くならないんだというんです。

徳川　そう、あのウィリアムってのはしょっちゅう来てましたね。

近藤　あの人まだ健在ですよ、今でも一年に一度や二度手紙くれますよ、彼は今日本の占領中のこと何か書いているらしいですね。公使か何かになったんでしょう。

徳川　あれは人間はいい人だったですよ。

水野　宮坂さん何か想い出の話ありますか、聞かせて下さい。

宮坂　さっき金子堅太郎さんの話が出ましたね。あの当時の速記をご覧になったと思うけれど議会図書館のことを言っておられますね。国会図書館のことを。あの件はアメリカで相当問題になったことでしょうが、見てこられたんですね。

徳川　アメリカの置土産としては国会図書館なんかはよい方ですね*5。

水野　それから貴族院が廃止になってしまったでしょう。あのあとの書類はどういう風に処理されたんですか。

近藤　全部参議院にひきついでますよ。廃棄なんかしてません。

水野　いやかなり雑物っていうか印刷物やなんかずい分あるんですよ。

近藤　いや何も捨ててませんからね。完全に。

宮坂　資料課ってものが新設されたのはいつだったかな。直後かな、いや七、八年した昭和三十年頃かな、とにかく今行ってすぐ取出せるかどうかは別としてどこかにあることは間違いありません。本会議会議録でしたら議事部の議事課か、記録部かそのどこかに必ずあります。それから貴族院議員の全部の履歴書、ご就任の。これは、庶務部に完全にあります。これはすぐに出ます。明治時代の誰って言えばすぐ出して来ます。

近藤 これは相当に整理されてますよ。

水野 昔の書類というか印刷物があるかと思って行ったんですが見つからないんですよ。

徳川 それはまだ整理されてないんだ。

近藤 人事に関するものだけは、特に叙位、叙勲の問題があるでしょう。お亡くなりになったりした関係であるから非常に整頓されて引きつがれているんです。

宮坂 例えば貴族院本会議の速記録は議事部にあるんですか。

海保 ええ議事部と資料課が完備しています。議事課のは非常に苦労して集めたんですよ。

近藤 議事課も委員課も昔から委員会速記録は全部とととのえたんですが、何回かのがなくて大騒ぎしたことがあったな。

海保 委員会に速記をつけたのは初期以降大分あとです。

近藤 一番はじめは速記はないな。とる様になってからは全部完備してますよ。何回かのがなくて困って、どっかにないかなと佐佐木（行忠）侯爵がああゆうことお好きなんで相談して誰か整理のよい方のお宅にないだろうかと。佐佐木侯爵も自分は整理が悪いから駄目だが、あるとすれば大山さんのお宅じゃないかと言われたことがあった。そうですか大山（柏）さんですか。それでつい失言しましてね。ズドンズドンの大山さんですかって言ってしまった。そうなんだが、そのズドンズドンが曲者だと。あれは本当は緻密な方で一番整頓が良くて全部資料はあそこにとってあったんです。世間では大山さんは大きな方でズドンズドンで通っていたんですが、あれはカモフラージュなんですよ。あんな頭の良い人で、あんな緻密になんでも揃えて全部倉庫にしまってある。それが完全に揃っているのはあすこしかないんだと。自分はこの目で見てるよと佐佐木侯爵が言っておられた。

宮坂　しかし整理をするのも大変です。佐藤達夫さんのものなんか見ただけでうんざりする。憲法の草案ですが、さわるとどうかなりそうな古いものを行李のまま頂いて（国会図書館に）。

近藤　花房崎太郎*6さんが集めた会派ね

花房　貴族院会派一覧（酒田正敏編　一八九〇〜一九一九）という本は日本近代史料研究会から出ております。

河野　それから花房崎太郎さんが貴族院の沿革史を書いているがあれはカーボン紙で書いてある。

近藤　そうでしょう。その会派の名簿はね。花房君が私にくれたんですが、これは参議院をやめてから国会図書館に全部寄贈してある。あの会派の名簿、あれは秘密書類だったんですね。それをもっていたのは書記官長と花房君だけでした。コンニャク版ですよ。それを花房君は、これはどなたかに今の中にあげておきたいんだが、あなたは未だ若くて長生きするから、あなたにあげておこうとくれたのです。私は戦災を受けていないもんですからね。それとね、井上*7さんとこに憲法と議院法とか貴族院令とか又枢密院の審議の記録があるんですが、花房君はそれを模写したんです。それをもっておって、これはあげる訳にいかんけど写すならいいんだと見せてくれたんですが、庶務の片岡君って書家に写させたんです。これは複本だけど、本物と同じものが同じ型で残ってます。これと今の二、三のメモを誰かにあげたんですが、私の日誌には「これで安心だ」と記されているんですが、何君と書いていないんです。

宮坂　七十年史の編纂か何かのときに係の人に渡されたんではないんですか。

海保　それは七十年史でなく貴族院だけで貴族院五十年史を編纂していたでしょう。

水野　そんなのありますか、貴族院の五十年史！

海保　それはね、五十年史編纂のため室があったのです。尾佐竹（猛）さんとか大久保利謙さんも嘱託になっていたんです。だけど貴族院がなくなるまで資料の蒐集のみでとうとう五十年史はでき上らなかったです。

近藤　それで戦後憲法改正の時に小委員会*8が出来たでしょう。あの小委員会なんか水野さんはご関係が深いでしょう。

河野　あれは橋本実斐さんが小委員長だったでしょう。

近藤　であれは速記をとってはいけないと。しかし委員課長の責任においてお前がメモをとるのはよろしいと。とっておいてくれということで、しかし一切外部に出してはいけない、それは役所においてもいけないという、やかましいものでした。それでね。私はこれを臨時のものを入れましてね。これは大事と思うので書いてしまうと役所におけないからもって帰っていました。いろんなことを言うから占領軍にみられた時はタタキ出されてしまうから近藤君の責任において処置せいと言われた。記録はとっておかないといけないから、しかし置く処がないんで毎日もって帰った。

水野　そうですか。苦労しましたね。

河野　その小委員会の最後に私はアキレス腱を切ってしまいましてね。入院したんです。

近藤　よく覚えてるね。河野君のアキレス腱と憲法改正は忘れないよ。

河野　それで近藤さんにそのピンチヒッターを願ったんです。

近藤　それでね、外のことをやりながら、その委員会を見なけりゃならない。小委員会ってのはずっ

と坐ってなくちゃいけないでしょ。メモをとらしたってウソを書いちゃいけないから、私が見ておって

すむとすぐにどんどん直すんですよ、自分でここは違っていると思うと直すんです。でちゃんと綴りこんで。

河野 あれは職員としては李君が担当してなかったんですか（李燧煐貴族院書記官）。

近藤 そうだったかも知らんね。それをね、李君にも任せないんです。終ってそれがね、ワラ半紙でこれ位の厚さなんですよ。話って大事なので、その処置を誰かにあげたので安心してると日誌には書いてるんだがね。誰だったか国会の誰かに渡したに違いないんです。

徳川 新憲法の会議で金森（徳次郎）さんがね。あの象徴の説明されるでしょう。あれはまだ頭に残ってますよ。苦しい答弁されたのだが。

近藤 それでね。あのシビリアン問題＊9の時、金森さんが最初に司令部からの帰りに衆議院によって貴族院にも寄りまして、そして、小委員会に出てエライことが起こりましたよと、言われました。この間まで衆議院で押えておったから何とか押えられるかと思ってますが、どうにもならなくなりました、と言われた。ところがそのことはあの入江（俊郎）君の本なんかにも書いてないんだ。一寸ニュアンスが違うんだな。金森さんがその事情を説明し、誠に重大なことになりましたんで、何とか考えて下さいといわれたら皆さんが日本語にはシビリアンなんてものはどうせないんだから英語でシビリアンと書いてしまえとカンシャクおこした議論がその場でちゃんと出てるんです。

水野 その席に近藤さんはおられたんですか。

近藤 ええ、私は丁度そこにおったんですよ。で皆さんはとうとうカンシャクおこしてしまって破れかぶれでもうシビリアンと書いちゃえと議論が出て、それもそうだとなったんです。そんな記録があっ

たんですがね。

水野　あの時どうして参議院をもっと特色のあるものにしてくれなかったんだろうかなって気がするんですが。

河野　しかし特色っていえば主としてどういう風に構成するかってことになりますね。そりゃ公選議員でなけりゃいけないというあれがかぶさっているんですから。

近藤　直接選挙でなければいけないんですから。

河野　だから全国区とか色んなところで頭をひねった結果の所産ですね。

近藤　ウィリアムがね、直接選挙であれば選挙区を変えることはよろしいということは大きな選挙区をつくってもいいということだったんですね。選挙区の大小をつくって地方代表と大きな代表を。

河野　そりゃ、白紙で上院を考え出せというならば、それはいくらでも出来るでしょうけどね。公選制度となったらばどうにもならんでしょう。

近藤　日本側で間接選挙論がずい分出ましたですよ。

水野　その通りでしょう。

近藤　だから推薦、選挙制をずい分出したんですがね。そして間接選挙はいくらもやったことあるではないかと言ったら、そりゃもう古いと。今は間接選挙をやる時じゃないんだとウィリアムが聞かないんですよ。それでね。全国区の選挙制度がまとまった時に、こりゃ名案だと、世界で初めての一つのいい案だと、さぞかし立派な議員さんが出るだろうと。ところがそうじゃないのが沢山出ているでしょう。だから困るんで。

河野　しかし第一回は確かによかったですよ。玉石混淆ではあったけれど、初めの石はもっと無邪気だったからね。

近藤　ウィリアムはあの全国区制には相当期待しとったんですよ。で私のところに遊びに来ましてね。期待しとるというがどんなことを期待してるんだときいたらば彼いわく「憲法に反対した京都の佐々木（惣一）さんとか東大の牧野（英一）さんだとかね、あんな連中は皆出てくるだろう」と。何でそうなのかと言ったら、あれは全国的に名前が売れてるんだからと。冗談じゃない、日本でいう三バンというのを知ってるかと言ったら通訳が困ってね。選挙は「地盤」「看板」「カバン」をもたなきゃならない「カバン」ってのは金があるということです。この人達は第一「地盤」がない。次に「看板」はあるけど「カバン」か空っぽだと。だから出られる筈がないよと。そうしたら彼ウィリアムは、そういう人が出なければダメだなというんだ。そしたらばウィリアムがお前がそんなにいうなら賭けてもいいというんだ。それで結局彼が負けてご馳走してくれましたよ。

徳川　憲法が通ったのは何時でしたかね。

近藤　あれは昭和二十一年の秋ですね。

河野　発布したのが十一月三日ですからね。九月から十月頃には通ってるでしょう。

水野　そう十月の七日成立でしたかね。

徳川　巣鴨で東條さんや何んかが処刑されたのは、その年でしたか。あの時はもう貴族院はなかったんですかね。

河野　ええもう参議院でした（マッカーサー元帥、二十三年十一月二十四日判決通り刑の執行を命令）。

水野　で憲法改正審議等については、ＧＨＱと終始連絡をとられたんですか。

近藤　ええ毎日ですよ。毎日法案を出す時に、それを出してよいかどうかというＯＫをとらなければ出せないんですから、議決するのには、こういう議決がしたいんだというと全部ＯＫとらなければならなかったんです。

徳川 議長さんはどうか知らないけれど、私は何も関係なかったな。

河野 本会議の会議録は英訳してすぐ司令部に送ったんです。

水野 それでやったのですか。

近藤 その為に翻訳課をつくってね。渉外課と二つつくりました。

河野 従って憲法審議のいろんな方の議論なんてものは全部ＧＨＱで読んでたんですね。

近藤 だから小委員会だけは内緒にしてコッソリ審議する為に修正案なんか論議するから速記はつけなかった。

水野 だけどよくその翻訳の時間と、又それを向うが読んでＯＫを出すのと時間的によく出来たもんですね。

河野 その翻訳ってのを貴衆両院に置きましてね、それで外務省から補助の人を呼んで来てやったんですよ。

近藤 それなんですよ。占領軍だからやれるんですよ。向うからＯＫ出した法案が来るでしょう。これは今晩中に通せなんていうんですよ。でね、あの時に時計を止めた話とかね。

徳川 あれは議案は何でしたかね。

近藤 あれ、食管法でしょう。

徳川 農林省のでしょう。

近藤 時計が本当に止まったかどうかってんですが。

河野　衆議院から廻って来たのが五十五分位じゃなかったですかな。

近藤　それで一分で委員会をおさめてヒョット手をあげると衆議院が終ったということで。

徳川　あれ、時計の針を逆に廻したんでしょう。

近藤　いや止めたんです。スピードおそくしたんです。気がついた人もいたでしょうが、気がつかなかった人もあったでしょう。ですが、自分の部屋に帰った時、自分の時計と部屋の時計と合わないから気がついたかも知れない。営繕の技師にやらしたんですが、その指図をしたのが私なんです。

河野　あの時の事務総長は近藤さんでしたかね。

近藤　私は次長でしたでしょう。総長は確か小林さんですよ。で小林さんが面倒くさいから、お前やれといわれてやったんですよ。やりますよ、そんなこと何でもないからと。この時計を止める話は明治二十三年に伊藤公の時もやったらしいということを花房崎太郎君に聞いていたからやってもいいと思ったんです。第一回議会の時、伊藤公が予算か何か通らなくて困ってやったらしいんですよ。その時の時計は今みたいに電気でないから登ってやらなきゃならなかったんでしょう。それで梯子をかけて登って時計を止めたわけだ。花房（崎太郎）君が、こうゆう具合でしたってやってみせてくれました。

河野　それは本会議場の時計、梯子をかけてやったんですか。皆見ている前ですよ。

近藤　それで花房君から話を聞いたとき、私の手帳に梯子をかけている絵が書いてあるんだ。

近藤　それは議長がとめる決意をなさったのでやったんです。私が勝手にやるわけにはいかん。で止める方法は何かあるかとおっしゃるが、私にも分からんので営繕課の人に聞いたらば出来ますよ、と。五分や三分位でしたら分からんように出来ますというんだ。それでやった。

河野　あのあとにも時計を止めたことがあったでしょう。あれは田中さんが委員長の時でしたか（田中茂穂議員(運営委員長、参議院)。

宮坂　日銀が閉まるのが三時なんですね。それでその前に終らせるってのが自民党のサービスなんで福田さんが大蔵大臣の時です。

徳川　それは参議院の時でしょう。

近藤　その時には、上手にやってね、針がこうふれることがあるんです。気になりましたが気がつかん方が沢山おられました。文句をつける人がいるかもしれないから通過したら議長はサッサとお帰り下さいといって私もサッサと帰ってしまった。ところが議長も小林さんも部屋におってのっそりしておられたのでつかまってつるしあげをくったんです。私は宅へ帰って電話をはずしていましたよ。私はね自動車の話ですが、徳川さんが自動車がなくて困っておられて、ダットサンの小さいのに乗っておられたことを覚えております。

徳川　あれはね、役所にたった三台しかなかった。議長と書記官長は割合いいのに乗っていた。副議長はダットサンでした。それで途中でエンコしてしまうんですよ。よく宮城前で止まってしまうんですよ。それであそこから駆け足でいったこともありました。今は参議院に何台かあるか知らないが贅沢なことですよ。

近藤　日本がシンガポールで略奪した新車をもって帰ってましてね。それを東條首相から貴族院と衆議院と枢密院とどこだったかへ寄贈したんです。それを貴族院は議長用にさし上げとったんです。戦後すぐ見つかりましてお前等は戦犯だと言われた。それはくれた人が戦犯で、こっちはそうじゃないと言ったが一応返しました。その車は燃料付でもらったんです。その車に燃料がついてたから後の車も余裕があったんですが、取りあげられたんで補充がつかず弱りました。

水野　戦争中はね、日比谷の第一生命に、いよいよダメな場合はそこに移るということにした、というんですが。

近藤　それは私知りませんね。正式な会議をした覚えはないんですね。

水野　あれはいい建物ですね。

近藤　占領軍はそれを知ってあすこをＧＨＱにしたんでしょう。こっちは戦争中そこのアメリカ大使館を占拠してしまおうかという話があったんですが、しなくてよかったですよ。戦犯になるところでした。議長官舎を海軍の軍司令部官舎にとられて困ってしまったのでそのアメリカ大使館という話が出たんです。加瀬（俊一）（外務省本務、貴族院書記官兼務）君に話をしたらば、そりゃ世界中の国際法にもないことで、あのドイツだって敵国の大公使館は全部保存してますよ、と。日本がそんなことやったらば大変なことになりますよ、といわれた。

徳川　貴族院議員で召集されたのがたしか三人ですね。さっき大山さんの話が出たでしょう。大山さんは本職だ。少佐位でしょう。その次の私が少尉、それから徳川慶光ってのが兵隊で星一つか二つでその三人でしたよ。

水野　規則としては議員は召集はまぬがれたんでしょう。

徳川　衆議院の連中はね。自分から志願していった人があります。

河野　議員がまぬかれるって規則はありませんよ。

近藤　召集の順位が後であったことは間違いないでしょう。

徳川　それは、もっと後のことでしょう。

近藤　文官でも勅任官の場合は後だったでしょう。

河野 私はね。総動員法の時はまだ召集になっていなかったと思いますがね。何か総動員法みたいな戦時立法でね、前田大将があっさり反対したんですよ。そのことを覚えてるんですけどね、じゃ前田大将は無論侯爵で貴族院議員だけど、陸軍大将でもあるし、どういう恰好であの時おられたかと思うんですが。

近藤 もうその時は退役されとったでしょう。

河野 退役ですかね。東條さんと少し合わなかったという話もきくし、公侯爵議員で身分は保証されているんだし、自由な行動がとれたかもしらんけど普通皆が賛成するやつを、あっさり反対されたことがあるんですよ。委員会でね。それで召集が来たんじゃないかな。

近藤 そういうことはあったかもしれませんね。あの当時はそんなことあると直ぐ召集しましたからね。

徳川 貴族院には関係ないけれど、あの松前（重義）さんね。東海大の。あの人東條さんに睨まれて召集されたんでしょう。

河野 勅任かなにかになっていたんでしょうがね。

徳川 私の場合はね、後で聞いたら小石川にはもう将校がいなかったんですね。終戦の年の六月でしたからほんの二、三ケ月でしたが。大島に行ったんですよ。

河野 副議長でいらっしゃった時ですか。

徳川 副議長は帰ってからです。

水野 帰られたのはどうして帰られたんですか。

徳川 終戦になっても九月の末までは大島にいました。議員として早く帰してもらおうと交渉したんですが船がなくて駄目でした。

水野 昔の話になりましたけどね。

河野 議事課に大井大将と間違えた人がいたでしょう。

近藤 そうそう、議事課におったあれ、何といったかな、私等は大井大将、大井大将という仇名でしか覚えていないんだが。

河野 それはね。他の貴族院議員が大井大将と間違えてね。議事課にいる人をね。

近藤 前田侯爵も間違えたって話があってね。前田侯爵は火曜会で隣の部屋だった。その何とかいう嘱託がとことこ歩いていたら、前田でございます。と頭を下げたというんだ。閣下しばらくでございました。ってやったというんだ。

水野 大井さんて男爵でしたね。

近藤 そうです。

河野 大井成元さんです。

近藤 シベリヤ派遣軍の司令官だった。それで男爵もらって功一級をもっておられた。

宮坂 公侯爵は三十歳でしたか。

水野 そう三十歳です。

河野 最初は二十五歳でしたでしょう。

宮坂 伯子男ってのはあれだけおられて、その中からピックアップされた事情はどういうことなんですか。

水野 ああ議員に当選した事情ですか。議員としてね。大体がね、子爵は六人に一人出てるんです。

それとね、六人に一人ってのは実際その立場にある人は数えれば三人の一人位になっているんです。だから三対一くらいの競争率でね。無難な人ってのが第一なんです。何か問題がありそうな、又起こしそうな人はダメです。それから家の系統のつながりのある人。私なんかは父の関係がありますからね。それで私なんかは学校を出て直ぐに行ってたんです。こういうことで勉強してますからと。私が出た時は三十六歳でした。総選挙って全部入れかえる選挙がありまして七年に一遍。その時に出して頂いた訳です。私の看板としてもっていたのは中国関係です。私は有爵者としての中国専門家になりますから、又、将来もその道でやりたいからという看板をあげたわけです。

近藤　坂西中将でしたね。中国通っていいますか、北京におられましたね（坂西利八郎）。

水野　ええ、あの方は良い経歴の方でしたね。

近藤　大変支那通の方でしたね。

水野　あゝそうです。

宮坂　私ね、十九年に貴族院に入ったんです。あの進行係の西大路（吉光）さんね、毎国会おひき受けにならないで交代したらいいじゃないかと思いました。

水野　一つはね、議事的に呑みこんで下さるってことが大事なんです。それからね、絶対に席をはずさないってことが大事なんです。あれは居なくちゃダメなんだ。何時上程されるか、何時可決されるか、あの報告なんかが長ったらしいものだとつい出てしまうんですよ。それをね。ずーっとあそこに坐っていて下さることが必要なんですよ。

近藤　あの賛成！　っていうのがあるでしょう。あの植村（家治）子爵がね、いつも議長！　賛成をやるんです。

水野　秋田（重季）子爵と二人でね。西大路さん声がよかったですね。
徳川　西大路さんて私の林学の先輩なんだよ。
花房　この間、向山さんがいっておられましたが、早く議員になれるかどうかは推せん者によって決まるんだそうですね。
水野　そうなんだよ。
近藤　西大路さんがある時に読会が済まんうちに少し早く立ったんだ。そうしたら、徳川議長が「少しお早いようでございますね」って言われた。西大路さんは「少しお早ようございますか」って。
河野　三読会のあれむつかしいですね。
水野　むづかしいですよ。しかもね。第一読会、第二読会でしょう。次に第三読会。あれ、むづかしいですよ＊10。
近藤　今は、あの読会制度がなくなりましたね。あんなやり方は。
水野　旧式ですね。それからさっき出した部をつくるのね。九部かな、あれ全く意味ないね。
近藤　始めは大いに意味があるつもりでやったんですがね。
河野　政党とか会派とか、それで運営するんじゃなくて部によってやるんですがね。
水野　部長とか理事がいて。
近藤　あれも形式になってしまったですね。だから会派ってものは秘密結社だったんですね。
水野　会派のこともちゃんと書いておかないと分からなくなってしまいますね。何のためだということを。
河野　そりゃ、政党否認、会派否認の考え方ですよ。

水野　そうなんだ。いいことだね。

河野　そういうものによって運営する材料は少いから抽選して公選して出来た部によって。

近藤　会派としての控室はなくて、部屋があったんですよ。

水野　あゝ控室はなかったですか。

近藤　え、なかったですよ。九個の部室があればよかったんです。

徳川　さっきの子爵のお話はね。人数が多いからいろいろ順番はむづかしかったでしょうが、伯爵の場合はね「桃李会」って会があった。その会にね大体幹部の方がいましてね。その順序を決めるんですよ。今でもその会はありますがね。順番がくるとなれるんです。さっきお話したように私は順番がこなかった。酒井忠克さんが亡くなられたのでそのあとで入ったんです。

花房　今残っておりますのは、その桃李会と紫紅会です。

河野　シコウってのはどう書くんですか。

花房　紫と紅です。

近藤　そりゃ一番上は紫だったんですね。

花房　子爵がブルーで男爵はグリーンでした。

近藤　あれ、なんか根拠があるんですか。

水野　その点、宮内庁あたりで聞いてみたいね。

近藤　参議院改革について、この間から簡単に変えるようなことをいうけれども、そう簡単に変るはずがないと私は言うんですよ。新聞記者がよく私の処に来ましてね。改革案をなにかお考えありますかと聞くけれど、私はないよと言います。あるならとうに変っているよ、と。何故かというと、変ったってろくなものは出来ない。変えることを考えてはいけないんだ。考えるなら、如何によくしようかってことを考えるべきだと。それをやらずにおいて制度を変えろ変えろといったって一体どうするんだ。申訳ないが、戦前五十年の間に三回、貴族院の改革があったが、それでよくなったかっていうと悪くなってる。ちっともよくなってないんです。結果的に何もいいことできてないじゃないですか。

ただその中で一つだけ本当にいい改革をしたなと思ったのは、あとでほめられるのは帝国学士院会員を議員として四名入れたことです。これは改革の中で大成功だ。ああいうことはめったに出来ない。誰も損をしないで出来ることだから。ところが現役に損を与えるものでは出来るものではない。だって最高の権限をもったものが、自分の首を切るために、社長が自分に不利になる議案を株主総会に出す奴があるかと。株主総会って別なものがあるからで株主総会をひっくり返すことは社長でも出来ないんだ。

そりゃね、簡単に改正、改正っていうが、改正なんてものは革命があったから出来たんだ。敗戦という大きな革命があったから出来たんだ。それでどうかというと良くなってないんだ。変な制度が出来ちゃった。それ革命もなしに、変るわけがない。何がいいか、どうなるかは別として慎重に考えることはいいことだし、変える変えるって騒ぎすぎるとロクなことないよ。と言ってやりましたよ。

宮坂　選挙やってもあの若い者が出てくるからね。

近藤　そうそう、どう変えたらいいかって、今決め手があるかと言ったらね、何かありますかね。ないでしょう、なかなか。全国制に替る制度なんて、何といったって憲法の枠がはまっているんだから。憲法の枠がなければ、ありますよ、なんぼでも。

水野　では皆さんどうも今日はありがとうございました。

＊注記

1 昭和二一年六月一九日、公爵徳川圀順公職追放のため議員辞職、伯爵酒井忠正（副議長）は昭和二〇年一二月一七日、すでに議員辞職。

2 千家尊福《せんげたかとみ》 弘化二年生―大正七年没 東京府知事 司法大臣

3 貴族院の運営上、総議員を九つの部に配分して、それぞれの部で部長、理事を選んだ。配分は抽籤器を使って均等に行われた。

4 日本の速記は田鎖綱紀（一八五四～一九三八）がピットマン系のグラハム式を翻案し、一八八四年（明治十五年）東京に日本傍聴筆記法講習会を開いた。

5 第九二回議会（昭和二二年）国会図書館法案可決

6 花房崎太郎 貴族院事務局職員嘱託

7 井上毅の養嗣子匡四郎

8 憲法改正第二三回特別委員会において、小委員会が設置された。（昭和二一年九月二八日）修正についての審議と修正案作成のために、非公開の懇談会形式とした。委員長は伯・橋本実斐、委員は侯・浅野長武、子・織田信恒、山田三良、牧野英一、男・飯田精太郎、霜山精一、下条康麿、川村竹治、高柳賢三、田所美治、松本学、宮沢俊義、浅井清、高木八尺、以上十五名。

9 昭和二一年九月二四日 総司令部より吉田首相に対し第六六条第二項について「すべての閣僚はシビリアンでなければならない」の一項を挿入するように極東委員会の要請として申し入れがあった。日本側はやむを得ず、これを呑むこととしたが、法文でそれをどう表現するかという点に苦心が集中した。

10 法律案の審議は三読会制度を採っていて、第一読会は本会議において法案の説明があり、特別に委員付託となる。委員会審査がすんで委員長報告。このあと議長から「この法案を第二読会に移すことにご異議ありませんか」と発言があり「異議なし」となる。第二読会は逐条審議、各条毎に採決して第三読会に移すことに異議ないかを諮って、第三読会に入り、ここで賛否を決めることを諮る。これには異議の有無を問う方法、起立で問う方法、記名と無記名とによる投票とある。

徳川宗敬並びに貴族院・参議院事務局関係者 談

二院制議会、緑風会

徳川宗敬　明治三〇（一八九七）年〜平成元（一九八九）年。伯爵。貴族院議員（在任期間：昭和一四年七月〜同二二年五月、研究会）、参議院議員（当選一回）。大正一二年東京帝国大学農学部を卒業。同年以降、帝室林野管理局技手、大日本山林会評議員、同監事、帝国森林会評議員、同理事などを歴任。第一五代貴族院議員副議長や小磯内閣司法参与官、司法制度改正審議会、国土計画審議会など各委員を務めた。

野島貞一郎　緑風会政務調査会、参議院同志会政務調査会事務局長、国民協会組織部長、など歴任、『緑風会十八年史』編集主幹。

友野勝男　明治三七（一九〇四）年二月生まれ、長野県出身、貴族院速記練習所卒、参議院速記養成所教授、参議院事務局印刷課長、参議院参事など歴任。

海保勇三　明治三七（一九〇四）年生まれ。昭和四年日本大学専門部法律学科を卒業し、その後貴族院主事理事官参議院請願議案議事各課長、参議院議事部長など歴任。

来賓　徳川宗敬氏・野島貞一郎氏・友野勝男氏・海保勇三氏

委員　大久保利謙・水野勝邦・永山盛綱・花房孝太郎

昭和五七年四月六日

於　霞会館

徳川　本日来て戴いた野島貞一郎さん。友野勝男さんをご紹介致します。野島さんは、当時参議院の調査部におられまして、緑風会の解散までずっとおられましたので、一番良く知っておられますので今日お願いを致した訳です。では宜しく。

花房　この委員会は、「貴族院及火曜会公正会調査委員会」と申しまして、不肖私が委員長をおおせつかり大久保利謙さん、水野勝邦さん、永山盛綱さんが委員として、また海保勇三さんが当時貴族院に永くご奉職で、当時の事情をよくご承知なので嘱託としてご協力を戴いております。で、貴族院関係の資料を残したいと昭和五一年から着手致し相当な成果を納めて参りました。今日は当時二院制の一院である参議院の一会派である「緑風会」について其動きを是非残しておきたいと存じこの会合を開かせて戴きました。どうぞ、お気軽にお話を承わらさせて戴きます。

水野　さっきお話が出ましたが、ここは元の華族会館の後身になるわけです。それで、有爵者がその構成メンバーであったし、ですから、有爵議員というものがかなりいたわけです。その残りが少しいるし、また、そういう関係があるから、ここにおいて、貴族院のことをあとまで少しまとめて残しておくほうがいいだろうということで、委員会になりまして、約六年ほどいたしました。それでまだ続いているわけです。その中で、我々は貴族院でございますが、新憲法の下で、二院制になったと。それで、上院にあたる参議院というものは、非常に、我々から見ても親しい関係にあるはずで、また、そうでなけりゃならないように私どもは期待しておるわけなのです。ところが、十八年になりますか、「緑風会」は。それで、解散という形ですか。消滅になるわけですか。

徳川　議員さんが大変少なくなられたものですから。

水野　非常に私どもはそれを残念に思っているのです。「緑風会」というものの性格は、貴族院にかわる上院としての役割があったはずだと。それがどうして解消されなきゃならなくなったのか。そういうふうに追い込まれた原因はどこにあったのか、などということは私どもこのご本から知りたいと思いましたが、せっかくこうやって来て下さいまして、当時のことを知っていらっしゃいますご両人から、直接伺えることは非常にいい機会だと存じます。どうぞ、そういうわけで、よろしくお願いいたします。

野島　あんまり、なんにもわからんですけども……。

徳川　今、参議院の全国区の改革案を見ても、あれは改良じゃなくて、改悪だね。結局二院制度の根本的なものをこわしているんですよ。政党本位でね。あれじゃしょうがないので、そういうことから考えて、「緑風会」が今になってみれば、世間から、二院制度としてはよかったというおほめをいただいているわけだけど、そういうことを思い出して、みんなで話し合ったらということが、今日の話になるわけです。

野島　わかりました。これにも書いておきましたように、初め、松本烝治先生＊1が憲法草案を作られて、ＧＨＱに出したときは、大体勅選を残そうと思って、それを非常に努力されたわけだけど、ホイットニー＊2がきかなかったので、そして、一部分は勅選風的なものを残しておこうと思ったのですけども、衆参両院とも公選でなきゃいかんと、強くＧＨＱのほうで言うものですから、やはりあのときも今みたいに臨時法制調査会＊3ですか、そこで衆議院議員の選挙法と、参議院議員の選挙法をやっておりましたね。終戦直後ですから、そこで第一部長を北昤吉＊4さんがやりまして＊5、参議院の選挙をどうするかで、いろいろ研究しましたけれども、ＧＨＱは、どうしても選挙でなきゃいかんと＊6。それで、窮余の一策に、全国区というものを考えたわけです。ここに北昤吉さんの国会での報告をそのまま引用してありますが、問題は、参議院の組織というところですね。参議院議員をどうするか、どうやって組織するかということを、いちばん初めのほうに書いてあります。十六ページですね。それで北さんは、参議院の選挙で、問題は、参議院の組織というふうに書いておりましたけれども、そこで窮余の一策に全国区というものをおいて、地方区は大選挙区にして、全国区は全国一本でやるということになりましたですね。この後々に、北昤吉先生のが詳しく述べられております。そのころ、内務省から、参議院をどうやって組織するかの案が七つ出ておりました。一つは、衆議院議員と参議院議員を足した数を、総選挙で選び出して、その中から参議院議員を出すとか、七つ出しましたけど、それは憲法調査会の資料にございます。それだけど、ＧＨＱが、一律公選でなきゃいかんというものですから、通らなかったわけでございます。そして結局、公選だと、やはり、政党的な下部組織がないと非常に選挙に弱いわけですから、「緑風会」にいらした先生も、選挙になると、やはり、自民党なんぞに行かれるような傾向がございまして、だんだん数が減ってまいりました。それから、立候補される方も、当選するには、やはり、組織があって、選挙地盤がないと当選できないと思うから、みんな自民党に行かれたわけです。そして、だんだん政党政治が衆参両院に及んで、参議院もそのまま政党化するということになりました。

内務省から出した、憲法調査会から出たのが、探せばございますから、僕が持っていた資料を全部、茶箱に八つぐらいあるので、その中にはいっているかもわかりませんね。その他に、佐藤達夫*7さんの「日本憲法制定史」（佐藤達夫『日本国憲法成立史』のことか）ですか、あれにもあると思います。

そのかたわら、ＧＨＱでは、ラウエル*8という陸軍、それからハッセー*9が海軍だったが、両方とも中佐ですが、これが幹事役になってマッカーサー*10はもともと、日本政府が出した憲法草案は受入れることはできないと、それでとにかく早急に、極東委員会でソ連が発言する恐れがあるから、早く憲法を作らなきゃいかんと言って、ホイットニーを呼んで、マッカーサーメモというものをホイットニーに渡して、それで、憲法草案を作る委員会ができたのです。その資料は全部、ラウエルのお父さんが電気屋さんで、それで八木秀次先生*11とよくご存知なのです。それで、ラウエルはよく八木先生のところに手紙なんぞをよこしていたのですけれども、これが日本の憲法を作る草案の委員会の運営の記録を、戦後もずっとたってから、憲法調査会*12の高柳賢三さん*13のところへ送ってまいりました。それは、ラウエル文書として、有斐閣の「ジュリスト」に連載されておりましたけれども、これを有斐閣で本にしたかどうかはわかりませんが、それを東大の田中英夫教授が翻訳して出しておりました*14。その中に、ここにも引用しておきましたけれども、日本の国会をどうするかという話が出ましたときに、ホイットニーが、日本の憲法の草案を作る委員会の席上で、マッカーサー元帥は、衆議院だけでよろしい。一院だけでいいと。しかし、日本政府はおそらく二院制を言ってくるであろう。そのときに、二院制をのむことによって、貴族制度廃止とか、憲法第九条のことを言ったかどうか覚えていないのですけれども、その他のこっちの主張を通すために、一歩ゆずって、二院制度を認めよう。ただし全部選挙でなきゃいかんと言われていると。そして、貴族制度廃止とか、その他の向こうの要求を容れるために、二院制度を譲歩しようと言ったことが、どこかに引用してございますけれども、そういうことだったようでございます。

それで、松本烝治先生はたびたびホイットニーにあって、商工会議所の会頭とか、大学の総長とか、そういうものを勅選的なものとして残したいと言ったけれども、結局、GHQに容れられずに、今の参議院ができたわけでございます。そのときに、参議院の選挙をどうするかで非常にもんで、結局、あのころアルゼンチンの選挙法に全国区というのがございまして、それから、フィリッピンにもございまして、それをそのまま取入れたようなかっこうになっているのです。そのころ、憲法調査会の資料に、佐々木惣一先生＊15が、こういう全国区みたいなものを入れれば、労働組合の代表のごとき者が、〝ごとき者〟というとちょっと語弊がありますけども、そういうのが参議院に出て、むしろ衆議院より参議院のほうがラジカルになる危険があるのではないか、と質問されております。佐々木惣一先生が言われたような傾向が、社会党と総評の関係や、その他宗教団体みたいに、選挙に関係ないけれども大衆を握っているもの、あるいはＮＨＫの司会者とかですね。選挙とか政治に関係ないけれども、大きな人員をかかえている組織から、全国区にだんだん出てくるようなことになりましたですね。ですから、参議院の改革論なんかがたびたび出て、一院だけのほうがいいという議論とか、いろいろございましたけれども、根本は、そのときに、もうちょっと参議院の組織を弾力的に考えていけばよかったのですけれども、ホイットニーに押し切られちゃったのが惜しゅうございます。それが、「緑風会」がだんだん減ってきた一つの原因になると思います。

それから、戦後すぐだったものですから、「緑風会」の構成は、一つは、徳川先生やなんかのように貴族院から来られた者、それから山本勇造さん＊16とか、田中耕太郎さん＊17のように勅選の方、それから戦時統制経済の統制会＊18の親玉、藤井丙午＊19さんとか、帆足計さんとか、農器具の宿谷＊20さんとか、水産の木下さん＊21とか、そういうふうに戦時中の統制経済のキャップがその傘下の業界代表として、参議院に出ていらっしゃいましたですね。戦前の統制会の親玉、その後ろに議員の表がございますが、それをご覧になるとわかりますけども。こういう方もだんだん、統制業務ができなくなってから、だんだん選挙からそういう方面の方は減りましたけれども、同時に社会党は、これから日本が社会主義的になるんじゃないかというような考えをもっていたものですから、戦争の企画院の物動計画＊22がそのまま日本の戦後の統制経済のフォームになると思っていたものですから和田博雄さん＊23なんか、それの代表されていますね。それから、勝間田氏*24もそうですね。佐多忠隆*25とか、そういうように、戦前の統制経済の影響を非常に、全国区並びに社会党は受けておりましたね。

まあ、初めはそういうことでございましたけれども……。あとは、友野さん、何か。

友野 私が「緑風会」にお世話になりましたのは、「緑風会」ができましてから丸二年ちょっと経過した時期でございました。二十四年の七月からお世話になりました。私が来ましてすぐ、二十五年に第一回の改選があったわけでございます。

徳川 今のお話は、大体、貴族院がまだあるときの時代からのお話でね。それで、参議院ができて、参議院ができてみると、参議院というものをどういうふうにもっていこうかというお話が起こって、そして、「緑風会」ができたわけですね。そのときの、「緑風会」を「緑風会」らしい、第二院らしい会を作ろうということで、そこで話がまとまって、「緑風会」ができたわけですね。そのときに集まったのは、いちばん多かったわけですね。

野島 それじゃ、徳川先生のおっしゃったことで僕の知っているかぎりのことを申し上げますと、いよいよ、参議院選挙の選挙法ができましてから、第一回目の選挙が行なわれたわけでございますけれども、この参議院をどういうふうに運営するかで、参議院議員に当選された先生方も、貴族院と違うものですから、どういうふうにやったらよいか大変迷われて、一つは、改進党系の慶松勝左衛門*26さん、厚生省に行った慶松一郎*27のお父さんですが、慶松さんが中心になられて、そして参議院議員を全部一つの団体にしようと言って、うって一丸にしようということを考えられまして、ほうぼうに手紙を出されました。その手紙を手に入れようと思ってずいぶん探したんですけれども、どうしても手にはいらなかったのです。そういう動きが一つございまして、それと別に、山本勇造先生が、「緑風会」で新しい会を作ろうと。それから、河井弥八先生＊28が同じような考えをもっていらっしゃいまして、貴族院にいらした徳川先生とご相談なさった、とおっしゃっています。それから、田中耕太郎先生も同じような考えをもっていらっしゃいまして、それぞれお三人の方のお話を僕は全部記録したんですけれども、それぞれ多少はニュアンスが違いますけれども、そういう点で共通されまして、いろいろお話し合いをしているうちに、まず社会党がいちばん先に、院内団体の看板を掲げてしまったものですから、そのうち慶松先生のほうの話がまとまらなくなって、それじゃ早く「緑風会」を作ろうということで、急きょ緑風会結成の準備会ができたわけでございます。これが五月十六日でございます。ここの後ろのほうに年表を付けておきましたけれども、五月十七日に結成大会をやったわけでございますけれども、そのときにお集まりくださった先生が、ここに書いてございます七十四名でございます。これは、欠席されて手紙だけくだすった先生もございます。これも資料がなくて困ったのですけれども、第一回の選挙では、無所属が百八人ございました。それから、ほうぼうからの会派から、「緑風会」にはいりたいという先生方がございまして、最高時は九十六名になりました。

徳川　今、「緑風会」という話が出ましたが、初めは「緑風会」じゃなかったんですよ。第一回か、二回か忘れましたが、総会で、どういう名称にしようかという話が出まして、「中正会」にしようと。一ぺん「中正会」に決まったんだけども、これには山本さんあたりが、どうも「中正会」じゃおもしろくない。何にしようかということになって、結局、山本さんの案じゃなかったですか。

野島　誰かが、要するに「中正会」は蒋介石＊29のほうだと言って、だから、どうも良くないと。山本先生のところに誰か言ってってったのですね。

徳川　結局、「緑風会」はなんだか支那料理みたいでおかしいけど、しかし、いいじゃないかということで、とうとう「緑風会」になったのです。そういういきさつがありました。

大久保　それで、〝緑風〟というのはどういう意味ですか。

野島　それは山本先生が書かれたようで、僕らが聞いて書いていただいたんじゃないですね。ちょうど五月で、風薫る新緑の候だということで、緑風というのは緑で、ミドルに通じて、中庸という意味をもっているということが一つ、それから、緑風というのは緑で、ミドルに通じて、中庸という意味をもっているということで、なんか三つぐらいの理由をあげておりました。それで、そのときに、会の精神として、三つですね。一つは、会員の自由意志を拘束しないということですね。それから法案に対して一定のイデオロギーやドグマを前提にしないで、是々非々でいこうと。もう一つは、政権にアプローチしない。そこから、大臣、政務次官にはたつまいという議論に発展していったわけです。

花房　緑風会の最高時は、九十六名とおっしゃいましたか。

野島　ええ、いちばん多いときは九十六名です。

花房　当時の第二会派の日本社会党が四十七名で、事実上の一位だと、なんか本に書いてありましたが。

野島　そうです。無所属の方が一〇八名ございまして、それが「緑風会」になったわけでございますから。

水野　野島さんね。最初のところは、憲法に二院制度の問題が決まったところのお話が出ましたが、あのときは私も、参議院選挙法の特別委員をやりまして、全くどうにもならない。今のお話に、松本烝治さんあたりも、臨時法制調査会あたりも、一生懸命案を出すのですが、全部けられたですね。ですから、あのときは、占領下ということで、言うことを聞いてくれない状態、ただ二院制だけはかろうじて通ったという実情だと思います。そうすると今度は、選挙はどうするかというと、今お話がありましたとおり、公選以外は何も認めてくれない。それで、一応あのとき案を出しました。推薦制、それから勅選に替わるようなもの、地域代表、職業代表、いろんな案を出しましたが、全部、大村内務大臣[30]にけられたのです。けられて、それでは特色がないじゃないかということになって、そうしたら、特色はありますよと、二つあげたのです。内務大臣の大村さんが。一つは全国区制だということ。それから、非常に権威のある団体で任期が長いということ。この二つなのです。それで我々は、絶対にそんな特色は出ないとやったわけです。すると、全部それを逃げられたのです。逃げて、どう逃げたかというと、当時は占領軍という言葉は出せませんから、今の、臨時調査会で作った案に従わざるを得ないと、こう逃げたのです。これが実情です。それで、最後までがんばったのは大河内輝耕[31]さんなのです。大河内さんが、どうしてもいやだと言いながら、いちばん最終のときになって、「ある筋からのお話もあるようですから賛成します」とやっちゃったのです。それで最後までがんばった大河内さんが投げ出したのです。情ないときです。そうすると、今度は、どうして将来、参議院が伸びていけるかということが我々の心配だった。そうしたら「緑風会」が出たというので、これならいいと思ったら、それがこの結果になった。そこで私どもが伺いたいのは、「緑風会」ができるときに政党に対してはどういう態度でお臨みになったかということが伺いたい。これが一点、それから選挙はどうなさるつもりだったかということ。この二点が私どもの問題なのです。これはわかりきっているのです。上院というものは不偏不党であり、公平公正でなくちゃいけない、これが一つです。それで、政党は衆議院の政党と違うのだということが根本にあるはずなのですが、それが参議院において「緑風会」ができたときに、それがどんなふうに反映されたかが知りたい。

野島　政党をどう考えたかということは、一つは、あのころは国民協同党*32だったですから、今の文部大臣の小川平二の兄の小川一平*33が幹事長をやっていたのです。それから、三木さんの協同党と一緒になって、日本協同党*34になった。そのころは国民協同党といっていましたから、それで衆議院議員だけだったものですから、国民協同党の方で参議院に出た方が十名近くいらっしゃいましてね。これを協同党の方が、三島通陽先生*35に、参議院に協同党は足がかりがなくて困るから、「緑風会」に同居さしてくれないかと。同居という言葉を使ったかどうか知りませんけど、そういう話がございまして、三島先生から山本先生にお話があって、それを一応入れようということで入れましたけども、第三国会だったですか、やっぱり政党は拒否しようということで、その方が出ていただいたわけです。そのときに残ったのが、奥むめお*36と三島通陽先生お二人だったですね。それが一つ、政党に対する「緑風会」の態度のあらわれだったですけども。

水野　それは結構だと思いますね。拒否というのは、入れないという意味であって、そうすると、「緑風会」は孤立になるわけですね。参議院には政党から出たものもあるという……。政党に席のある者が、そのまま政党を名のって、参議院議員になれたということですね。

野島　ええ、そうです。そのころは、自民党も社会党もございますから。

水野　それが僕は急所だと思うのですよ。

大久保　それを拒否する手段はないんだからね。自由意志でやっているから。

水野　そうすると、私が第二で伺いたいのは、選挙にひっかかってくると、選挙のために地盤がないんですよ。

野島　選挙の地盤はないですね。要するに議員になってから「緑風会」にはいる方ばかりですから。

水野　ですから、そこで先が行きづまるのではないかというふうに私は考えたのです。地盤がなくて、しかも公選であったらば、それは政党に負けますよ。そのときに、問題は何か出ていなかったかしら。

徳川　それに対する問題はなかったね。ただ、選挙の関係で、どうしても「緑風会」にいたんじゃ当選しないし、それでゾロゾロとみんな出ていっちゃったのです。それは自然の現象でね。別に申し合わせもなかったね。あとに残ったのが、だんだん、だんだん減っていって、とうとう最後は四人ですね。最後の四人は、村上義一*37、佐藤尚武*38、奥むめお、高瀬荘太郎*39の四人ですね。

野島　そして、その選挙は自分で手持ちの地盤から出られた方が多いものですから、それだけ政党に頼らなくてもいいという方が残られたわけです。

水野　四人はわかります。知名度があればいいし、支持されるバックがおありになったといえるわけです。ところが、ただ単に、「緑風会」でございますだけじゃ、選挙は負けますよ。それを、わかっていることがどうして問題にならなかったかということですよ。

野島　それは一つは、是々非々で臨むということと、自由意志は尊重するということで、よその会派へ行っちゃいかんとかということはできなかったわけです。選挙にどうするかということは、最後まではっきりしなかったね。

大久保　あのころはＧＨＱがいたでしょう。その圧力もあるから、変えられないのです。

水野　かつて貴族院が、政友会に非常な誘惑を受けた。そのときにえらい問題が起こり、犠牲も出ました。とうとうそれをけったのです。それで、貴族院は衆議院の政党は採り入れないと。要するに、もし、衆議院から貴族院に出られたら、派はあるでしょう。何々派はあっても、政党としての衆議院とのつながりをもたないという形を堅持できたのです。ところが今、参議院の場合は、徳川さんから伺いますと、ＧＨＱがいちいちものを言ったろうと思うから、なるほどと思いますが、そこいらが将来の参議院のこういう落ち目になってきた問題点じゃないかと、私は判断しているのです。

野島 それからもう一つは、芦田内閣のときですね。民主党から非常に働きかけがありまして、政務次官にするという話がきて、それで、駒井藤平*[40]と藤井丙午と、西郷吉之助と三人が政務次官になったのです。西郷さんは金融金庫に栗栖さん*[41]と近かった方ですからね。それでまず社会党に行ったのが、帆足計（「十八年史」によると最初に社会党へ異動したのは青山正一）に、これは西尾*[42]から話しかけられて行ったのです。それから、山下義信*[43]さん、木下辰雄さん*[44]……。

友野 和田さん*[45]なんかもそうですね。

野島 ええ、和田さんも社会党へ行かれてね。ちょうど、「緑風会」が自民党と社会党の中間にいたものですから、両方からいろいろ……。

水野 それからもう一つ伺っておきたいと思ったのは、徳川さんも全権の一人といいますか、選ばれて行かれましたね。サンフランシスコにおける平和条約の調印が行なわれましたが、あれでもって日本が独立できたわけですね。その独立できたときに、今まで上から司令部の力が加わっていたのが、これで一応たち切れるという時期にきた。その時期に困った問題を解決する動きが「緑風会」にはありませんでしたか。たとえば、憲法の問題、それから、今の参議院の制度もけっこうだが、参議院の特色を出すためには、党派を離れろとか、参議院の存在を裏付けられる理由をつけられなかったか。そういう問題が出ておらなかったか。そういう点なのです。

野島 そのときは憲法改正はすぐ出ませんでしたけれども、ずっとあとになって、憲法改正をしなきゃいかんという議論が……。

水野　それは「緑風会」でございますか。

野島　ええ、「緑風会」が主だったです。村上義一先生が幣原内閣の鉄道大臣*46をやられまして、村上先生のお話を伺うと、幣原さん*47が亡くなるときに、村上先生に「憲法を改正してくれ」と遺言されたと。それで、岸さん*48が自民党で憲法調査会をやっておられるころに、非常に「緑風会」は、憲法のことを研究しましてね。それは、内閣に憲法調査会ができる前です。むしろ、僕はここのところはよくわかりませんけれども、内閣の憲法調査会を作るには、広瀬さん*49が相当働いたんじゃないかと思いますけども。そして、「憲法改正の問題点」という本を私の処から作って出しました*50。

水野　私も見ました。広瀬さんの自分で書かれた憲法の本、見ました。非常にいい案を出しておられたと思いますが、サンフランシスコの条約のあとにチャンスがあったのじゃないか、というふうに今考えられるのです。

野島　あのときは特にございませんでしたがね。ただ、「緑風会」はあれからずっと、要するに今度は、吉田首相の占領政策の行き過ぎ是正の法案が、再度出てきたわけです。たとえば、警察法改正とか、教育委員会の問題とかですね。第十三回国会をピークにして、吉田首相は、占領政策の行き過ぎ是正の法律をずーっとやって、それに「緑風会」はたえず賛成しております。

水野　何か、僕は残念な気がしてなりませんです、今考えると。

友野　参議院の選挙制度の問題は、「緑風会」自身もずいぶん力を入れて、間接選挙はどうだとか、いろんな案を作っていったわけですよね。

水野　それが固まっていなくちゃ、やはり公選という立場からいくと問題なんです。

友野　いろいろ、間接選挙はいかんというふうな議論が出ますしね。なかなか、それが全体の意見としてうまくまとまっていかないんですね。政府自身もなかなか本気で取上げるだけの空気になかったということですね。

徳川　大村内務大臣が、特徴を示したつもりだったんだけど、それは全然だめなんですね。逆の結果に今なっているわけですね。

水野　あのときも、「それでは特殊な人間しか出ませんよ」と、はっきり反発しているのです。そうすると、今のタレントとか、なんとかいうようなのが出ることが、既に予想されていたのです。ところが、今は占領下であるということで黙っちゃった。それが今、僕は大河内さんを例にあげたわけです。ところが、いよいよサンフランシスコ条約ができたときに、この機会にというふうにやるべきだった。私どもも弱かったと、いまだに反省しております。やるべきではなかったかと。そうしなければ折角の二院制も……ね。

徳川　「緑風会」もやっぱり弱かったんだろうな。

野島　いろんな方がいらしてね。なかなか意見をまとめるのに大変だったことと、それから……。

徳川　みんないい案はもっているんですよ。だけど、なかなかまとまらなかったわけですね。

野島　それと、専門家が、田中耕太郎先生がいらっしゃいましたけど、途中から退場されたわけです。それで、憲法ができたときに五年後において、この憲法をどうするかについて、アメリカから日本の国会へ聞いてきましてね。

水野　アメリカが聞いてきたんですか？

野島　そうです。これは初めからそういう約束だったのです。そのときに衆議院で準備したけど、結局、返事もしないし、ウヤムヤに終ったんですね。それから、最近僕は国会図書館のプリントで見たんだけども、憲法ができたときに、誰だったかが日本へ来て、早く憲法改正をしろと、憲法を通したときに言っておりますね。

水野　大久保さん、問題がいろいろあるでしょう。お聞きになって下さい。

徳川　さっき、第二院としての立場から、大臣とか政務次官を出さなくちゃならないという話もあったのですが、これは私、自分のことだから言いにくいのですが、吉田内閣のときに、官房長官から電話で、郵政大臣になれと言われたのです。私は、やはり第二院として、政府の態度を批判する立場にいるんだから、私は大臣は受けられませんと。一応「考えます」と言って、河井弥八さんに相談したのです、電話で。そうしたら、それでよかろうというので、それでお断りしたことがあるのです。そういうふうにして、私だけでなくて、他にもあったのです。大臣になった方もありますけど、そこいらがね。やっぱり調整ができないんだね。

水野　残念なことばかりですね。それから、永山さん、どうぞ。

永山　この本、本当に大変りっぱな本で、拝見して、「緑風会」の十八年の経過がよくわかりました。

大久保　今伺いますと、「緑風会」のいろいろ主張がおありになったわけですね。しかし、選挙地盤がないということですか。

野島　ええ、選挙地盤は全然ね。

大久保　それで将来どうするお考えだったのですか。「緑風会」を作った以上ね、おおぜい集まられて。選挙地盤のない団体で、これから先どうするか。つぶれちゃったら、それきりですからね。そのへんの見通し、子供の質問みたいですけど、どうなんでしょうか。

永山　その本を拝見しましてね。結局、規約とか、綱領とか、うたってあるのを見ますと、なんか、理想主義に殉じたというか、そういう感じが残っちゃうんですね。

大久保 私はそれはけっこうだと思いますけどね。やはり、現実の問題として、政界ですからね。学者とかならいいけども。政界なのに理想主義に殉じるのもけっこうかもしれんけれども、そのへんがね。

野島 僕はずっと考えまして、一つは、「緑風会」というのは、昔の勅選のノスタルジアなんですよね。それで優秀なる頭脳を集めて、一種の批判勢力としていようと。それから先ず政権をとるということを初めから否定しましたから。どうしても政党的にはなりえないわけですね。

水野 だけど、さっきと同じことを言うのですが、選挙に出るためには地盤がなくちゃ出られないのですよ。今の、勅選のような考え、これはけっこうですよ。考えはいいのだが、公選という中で考えなきゃならないことをどうして取上げなかったかということですね。

大久保 勅選ならいいんですよね。そうならばいいけど、しかし、そうはできない。そういうときに、なんか見通しですね。

友野 一人一党で、無所属の人の集まりだということが基本的にあったと思いますね。会として選挙を考えるというふうなことは初めからなかったと思いますね。

水野 ですから、選挙を見ますと、はっきりその結果が出ているのです。

友野 そのとおりなんですね。

水野 だから僕は、割合のんきだなというか……。

大久保 そう思いますね。政治ですからね。現実の日本をどうするかという貴重な……。

友野 そういうことの裏話として、高橋龍太郎さん*51が、二十八年の選挙のあとに、この調子でいったら「緑風会」は減っちまうよ、というふうなことから、僕はある程度のファンドは出してもいいんだけど、「緑風会」の性格上、おそらく会員皆さんとも反対されるし、いやなものをあとへ残すようになると困るから、友野君、僕はそういうことをしないんだよ、というお話をはっきりなさったことありますよ。私が選挙のいろいろな事務をやっていたものですからね。委員会の座長をやっておられたから、「先生、金が足らん」と言ったときに、そういうことを僕がやると、「緑風会」の中で特別な立場にたつように思われるし、「緑風会」自身は、一人一党で進むというお考えからすれば、会全体の人が出し合って積み立てた金を、そのときどきの選挙をやられる方に均等に分けて差し上げるということは、これはお互いに会員で、友達どうしだからあっても特定の会員が僕にファンドを出して、ぎゅうじるような印象を残すことは、今の「緑風会」は許さんでしょうということを話されたことがありましたね。

野島 それは郵政大臣をやった田村文吉さん＊52が、自分のお金を出して、それで「緑風会」の新聞出したのです。それで大騒ぎになってね。そういう、多少の、院外に地盤を作ろうという気はあったのですけど、なかなか、いろんな議論が百出しまして、まとまらないわけです。あれは野心があるんじゃないかというようなことをおっしゃる……。

友野 会員自身もおっしゃるしね。現実にも困る問題が起きるだろうからということを高橋先生が言われましたね、私に。

徳川 だから、力を結集しようと思うと政党化しちゃうんですね。いちばんの原因は、やはり一人一党ですね。つまり、一人一党はいいんだけど、これはみんなバラバラで、まとまらないのです。

水野 ですから、今のように、ＧＨＱが根本において公選というのを絶対にくずさない。これはみんなが困っていたのですよ。これはだめだと。それじゃ衆議院とどう違うのだという、それがちっとも解けていなかったのです。だから、サンフランシスコ条約のあとがチャンスだったと、こう言えたんですがね。お帰りになるまでは、公選という約束でいいと。しかし、帰ったら、上院というものの価値を発揮するためにはということを、考えていただきたかったな。残念ですよ、僕は。

友野　憲法改正の問題もそこにたつわけなんですがね。その時点では、憲法改正というようなのは、そのことだけでは難しかったのだと思いますね。

水野　我々はそれを身にしみて感じたものですから、吉田さんに、なぜあのときにやろうと言わなかったのか。あのときに言ってくだされば、やるべきだという気持ちをもっている人がワッと立ち上がったはずだと、これを僕たちは言っていたのです。でも、吉田さんが立ち上がらないんだ。だから、我々もなんともできなかった。今、問題になってきていると思いますが、将来、参議院はどうやったらいいかということは、今我々がいちばん心配している点なんですが、実際どうなんでしょうね。

野島　「緑風会」から大臣、政務次官を出さんとか、会員の自由意志を拘束しないとか、それから、政権に対すること、そういうことで一つの政治団体が成立するかということを、矢部貞治先生*53と相談したことがあるのです。それで河井先生が、国会はこのままではいかんからというので、僕に、国会制度の研究会をやれというので、矢部さんに「どうしよう」と言ったら、「それ、君やれ。ただ、俺は制度のことは詳しくないから、蝋山君*54が手伝うからやろう」と。そして、参議院公邸を借りまして、広瀬さんとか、村上先生とかでずっとやりましたけれども、そのときに、「現行憲法下で間接選挙が可能か」ということをいろんな人に聞きました。可能だという憲法学者は相当ございました。〃選挙された議員〃としか書いてありませんからね。直接選挙でなきゃいかんということはどうにもないですからね。そういう、間接選挙が可能かということが一つですね。それから、今の憲法は、憲法調査会の報告でもそうですけれども、大体、アメリカの大統領制とイギリスの議院内閣制とが混在していましてね。

これが根本だということは、蝋山先生も、矢部先生も書いて、矢部先生の「日本における議院内閣制について」という論文＊55もございます。おいりようならコピーして差し上げますが、これではっきり、「国会は選挙された議員で構成する」と書いてあってね。蝋山先生が、日本の内閣制度は、アメリカ大統領制と、議院内閣制のミックスしたものだと言われて、そのとき矢部先生はいなかったものですから、次に、矢部先生がいたら、「そんなことはない。議院内閣制だ」と言って、それを詳しく一時間以上にわたって講演されたことがございました。それから、予算制度は大体イギリス式ですから。それから、常任委員会制度はアメリカ式ですから。イギリスは特別委員会だけですから。したがって、アメリカには政府委員はいないし、イギリスには政府委員がいるし、内閣と国会が非常にセパレートで、国会議員も大統領も選挙ですから。したがって、内閣は国会に対して責任を負う責任内閣制というのは、アメリカにはありません。これはイギリスとか大陸の考えですから。そういうことから考えて、大臣を出したっていいじゃないか、ということを言っておられましたけどね。ただ、大臣になりたくてなるんじゃしょうがなくて一定の政治的な見識とか、政策とかをもってやるならいいと。もたないで、ただ大臣になりたいというだけじゃ困る、ということを特に言ってられましたけどね。山本先生が言われるのは、大臣病を非常に嫌ったわけですね。

水野　いいことですよ、それはわかりますよ。ただ、さっきのお話で、今の憲法でも間接選挙ができるというのは、法律的な解釈でできるのであって、私どもがＧＨＱに申し出たのはそれなんです。ところが、ＧＨＱは、いかんとはっきり断ってきました。ですから、あのときの状況としてはできないが、サンフランシスコの調印後はできた、と言えるわけですね。

野島　ええ、そうです。ただ、政府のほうがのらない。「緑風会」だけでキーキップ□(一字欠字)を出しても、そのころ、サンフランシスコ後は段々下り坂でしたから。これに賛成を求めることは……。第一、政党議員は賛成しないし。政党によって出ているんですからね。

大久保 やっぱり、吉田さんもそこから踏み切れなかったんでしょう。

水野 海保さん、あなたは参議院の庶務部長ですか？

海保 私は本会議の運営委員ですよ。議事部長です。

水野 それで、実際に見ていらして、やはり参議院において、「緑風会」はよかった団体であると、僕は見ているのですが、あなたどうでしょう。

海保 それはやっぱり、中立公正というか、そういう態度で接してられていたようですね。政府の政策に対して、批判的立場で。私らは立派な会派だと思ってましたね。

水野 それはあなた個人としてもそうだというか、事務局としてはどうです？

海保 それはものわかりのいい、立派な会派だと思ってましたね。

水野 惜しいことしたなあ。でも、やはりある程度、大臣病じゃなくちゃ、だめなんですよ、政治というものは。

徳川 生ものですからね。

水野 そうなんだ。河井さんあたりがそういうことを言われるのは、筋は正しいんですけれど、やはり意欲がなくちゃいかんということですね。

水野 山本さんのは、やはり政治家じゃないね。

大久保 まあ、政治家じゃないね。

水野 政治というのは、ああいうもんじゃないよ。

徳川　でも政治は好きでしたね。
水野　好きだった？
徳川　好きでした。
水野　でも、やはり、河井さんも政治家じゃない、役人でしょう。
大久保　役人ですね。だから、そこの違いでしょうね。非常に立派な方だし、役人としての力量はあるわけでしょう。議会政治というのはそれじゃないからね。議会政治というのは、あくまでも国民の選挙というものに無頓着じゃだめなんです。だから、勅選というのは日本の国にあっている。あのころはまだ本当の議会政治が確立しない。まだ誕生したばかりで、だから、官僚政治と議会政治とチャンポンのような……。
水野　日本はまだ、そういう時代なのよ。
大久保　だから、選挙となると、河井さんのお考えは知らないけど、やっぱりお役人の考えですね。山本さんは理想家で、そういうところが、やはりね。だから、それをどう今考えていいか。「緑風会」というものを、戦後政治の中でどういうふうに、それから、日本の民主主義なり議会政治の、アメリカの指導を脱皮するのにどういう……。アメリカは何か考えがあったのですか。
水野　アメリカは、さっきのお話にもあったが一院制なんですよ。それを、どうしても二院制を日本が主張しちゃったんですよ。その主張したのに対して認めただけであって、だから、「公選ならいいよ」というような変な条件をつけられちゃったわけです。
徳川　二院制は、貴族院の連中が盛んに主張したですね。
水野　ええ、そう言いました。

徳川　しかし、それは主張したけれども、新しい二院制というのはどういうものかという、その内容までは言い得なかったわけですね。

水野　それは、私、当時の気持ちで言うと二院制が通ったというだけでも、アメリカさんが一歩譲ってくれたという喜びをもっていたんだ。それで、変なことで、やめろと言われちゃ大変だ。せっかく認めたんだから、「へえ、へえ」と言って、二院制を確立しちゃおうという、その時代なのです、私どもはね。だから、どうしたって、ただ単に公選だけでいいはずはないんだけど、そうしなければ二院制は認めないよというのが、彼らの言い方なのですから。あれね山田三郎なんか喜んでたんですよ。

大久保　しかし、模範になったイギリスの議会も二院制でしょう。アメリカもそうでしょう。

野島　二院制のほうが多いですね。三分の二くらいが二院制でしょう。

水野　そうですよ、いいんです。ただ、国民に議会制度の認識、選挙の責任、こういうことの訓練が間に合わなかった。この弱さですね。なんか参議院の反省会みたいになっちゃって、あいすみませんが。

徳川　今度の全国区の改正だって、結局、政党政治をただ拡張するだけでしょう。なんにもならない。むしろ、あれなら一院制のほうがいいですよ。

野島　要するに、全国区がお金がかかりすぎるとか、候補者の体力が続かないとか、そういうことで考え出したことですから。

徳川　でも、全国区制ね、僕は一回やりましたけども、あのときは金もそんなにいらなかったですよ。

野島　いらなかったけど、今はずいぶん大変ですからね。

水野　やはり、参議院選挙法のときにも、全国区というものは、これは手のうちようがないと言って、悲観論でしたよ。だから、金をかけてもだめ、結局、認識の問題だけでおさなきゃいけない。そうすると、人気投票になっちゃう。

大久保　そうそう。ああいうところはおかしいですね。

水野　残念でしょうがないの、僕は。

（暫時　休憩）

花房　では、丁度一時間になりますのでここいらでご休憩をして戴きまして。

＊注記

1　明治一〇（一八七七）年～昭和二九（一九五四）年。大正・昭和期の商法学者。明治三三年東京帝国大学法科大学を卒業後、農商務省を経て同三六年に東京帝国大学助教授に就任し、商法を担当。イギリス、ドイツ、フランスに留学し、帰国後に教授に就任。戦後、幣原内閣の国務相となり憲法改正草案起案の責任者として大日本帝国憲法の改正作業を主導した。

2　Whitney, Courtney（1898～1969）。陸軍准将。GHQ民政局長。一九一七年に陸軍に入隊し、一九二七年除隊。その間ジョージワシントン大学で法律の学位を取得し、弁護士を開業。一九四〇年から軍役に復帰し、第二次世界大戦中は、いわゆるバターン・ボーイズの一員としてフィリピン群島内の反日ゲリラ活動を指揮した。終戦後は、マッカーサーとともに来日し、GHQ／SCAP設置以後は、民政局長に就任。日本国憲法の策定に際しては、憲法草案作業を指揮し、一九四六年二月一三日、いわゆるGHQ草案を松本らに手交した。

3　昭和二一年七月三日、内閣総理大臣（吉田茂）のもとに、憲法改正にともなう法整備の諮問機関として設置された機関。皇室内閣関係を所掌する第一部会、議会関係を所掌する第二部会、司法関係その他を所掌する第三部会、財政関係その他を所掌する第四部会に分かれる。一〇月二六日付けで答申がなされた。答申中、「参議院議員選挙法案要綱」には以下のような記載がなされている。

一、議員定数。衆議院議員の定数の三分の二内外とすること
二、選挙区
（イ）略々半数については各都道府県の区域により、定数の最小限の割当は各選挙区につき二人、爾余は各都道府県に於ける人口に按分し、偶数を附加する。
（ロ）残余については全国一選挙区とする。
三、年齢。選挙人は二十歳以上。被選挙人は四十歳以上。
四、選挙方法。直接選挙。単記、無記名投票。
（出典：一九四六年一〇月二六日、内閣総理大臣宛答申「臨時法制調査会における諮問第一号「憲法の改正に伴ひ、制定又は改正を必要とする主要な法律について、その法案の要綱を示されたい。」に対する答申書」。

4 明治一八（一八八五）年～昭和三六（一九六一）年。衆議院議員。北一輝の弟。新潟県佐渡に生まれ、明治四一年に早稲田大学文学部哲学科を卒業。大正三年から早稲田大学講師。のち大東文化学院教授。同七年から一一年までドイツに留学。大日本主義、アジア主義を唱え、帰国後「日本新聞」の創刊に参加、編集監督兼論説記者。昭和二年に哲学雑誌「学苑」を、同三年に祖国同志会を結成し「祖国」を創刊した。そのほか、帝国音楽学校校長、大正大学教授を務め、昭和一〇年に多摩帝国美術学校を創設。昭和一一年衆議院議員に初当選し、その後連続八回当選。民政党に所属し、戦後は自由党の結成に尽力。公職追放となるが解除後は日本民主党、自由民主党議員として活動した。自民党政調会長などを歴任した。

5 北昤吉が部会長を務めたのは、議会関係を所掌する第二部会（一九四六年七月三日「臨時法制調査会委員、幹事」国立国会図書館憲政資料室所蔵『入江俊郎文書』六八（「臨時法制調査会」）。

6 臨時法制調査会内でも参議院議員選挙の方式については、様々な議論が存在した。たとえば、昭和二一年一〇月一四日に開かれた臨時法制調査会第二部会「結果報告」においても、斎藤隆夫国務大臣は、全国一選挙区制について反対の立場をとり、下条康麿貴族院議員は、「全国一選挙区を原則とすべき」と主張した。本会において

は、「一、都道府県半数　全国一選挙区半数、二、定員は衆の三分の二以内、三、年齢　被選挙者　四十年以上
選挙年齢二十才、四、推薦制度は決定しない。」ことが決定された（一九四六年一〇月一四日「臨時法制調査会第二部会出席結果報告」『臨時法制調査会関係（第二部会）・佐藤幹事』国立公文書館所蔵、資００３８８１００）。

7　佐藤達夫。明治三七（一九〇四）年～昭和四九（一九七四）年。法制官僚。東京帝国大学卒業後、内務省に入省。昭和七年からは法制局参事官に就任。法制局第二部長の際に終戦を迎え、その後法制局第一部長、法制局次長として日本国憲法の制定に関与。憲法改正作業については、のちに有斐閣から『日本国憲法成立史』全四巻としてまとめている。

8　**Rowell, Milo E.**（1903～1977）。陸軍中佐。スタンフォード大学卒。ハーバード・ロースクール卒。アメリカ太平洋陸軍総司令部軍政局で日本占領のための布告の起草に従事、一九四五年一〇月にＧＨＱ／ＳＣＡＰが設置されると、民政局行政課計画班に配属され、主に憲法問題を担当した。

9　**Alfred R. Hussey, Jr.**（1902～1964）。海軍中佐。一九四二年海軍大尉に任官。一九四五年一月から六月まで日本語及び日本地域研究のためにハーバード大学に付設された民政訓練学校（**Civil Affairs Training School, CATS**）に在籍。一九四五年九月末に来日し、ＧＨＱ／ＳＣＡＰ民政局に所属。日本国憲法ＧＨＱ草案の起草に参画した。

10　**MacArther, Douglas**（1880～1964）。アメリカ陸軍元帥。アメリカアーカンソー州リトルリックに生まれ、ウエストポイント陸軍士官学校を首席で卒業。第一次世界大戦時には、陸軍省広報部に勤務。一九一九年から陸軍士官学校校長。一九三〇年に陸軍参謀総長に就任、大将に昇格。一度退役するが一九四一年に復帰し、アメリカ極東陸軍司令官に就任した。一九四二年、マニラ陥落とともにオーストラリアに脱出。その後反攻に転じ、一九四五年二月にマニラを開放した。終戦後は、連合国最高司令官の職を一九五一年まで務めた。

11　明治一九（一八八六）年～昭和五一（一九七六）年。大正・昭和時代の電気工学者。参議院議員。超短波用指

向性アンテナの発明者。大正二年からドイツのドレスデン大学、イギリスのロンドン大学に留学し、帰国後は東北帝国大学の電気工学科教授に就任し、門下の宇田新太郎といわゆる「八木アンテナ」を発明した。戦後、一時公職追放となるが、追放解除後は、日本学士院会員、武蔵工業大学学長などを歴任し、昭和三一年文化勲章を授章した。のち、八木アンテナ株式会社社長。

12 昭和三一年、日本国憲法の検討、調査審議を目的として内閣に設置された機関。会長には高柳賢三が互選された。昭和三九年に最終報告書を内閣および内閣を通じて国会に提出し、憲法調査会は解散した。

13 明治二〇（一八七七）年〜昭和四二（一九六七）年。大正・昭和期の法学者。貴族院議員（勅選、昭和二一年〜昭和二二年）。東京帝国大学教授として英米法講座を担当。日本における英米法学研究の第一人者。戦後は、憲法草案審議に参加し、昭和三一年、鳩山一郎内閣に憲法調査会が設置されると、調査会長としてその任にあたった。

14 高柳賢三・大友一郎・田中英夫編『日本国憲法制定の過程―連合国総司令部側の記録による―』（有斐閣、一九七二年）。

15 明治一一（一八七八）年〜昭和四〇（一九六五）年。憲法学者、行政法学者。貴族院議員。京都帝国大学を卒業後、同大助教授、行政法や憲法講座を兼担した。戦後は、近衛文麿の要請に応じて内大臣御用掛に任命され、憲法改正草案の起草にあたった。

16 山本有三。明治二〇（一八八七）年〜昭和四九（一九七四）年。劇作家、小説家。貴族院議員。第一高等学校文科に入学、近衛文麿、土屋文明、豊島与志雄らと同級。しかし落第して、芥川龍之介、菊池寛、久米正雄らと同級になる。その後東京帝国大学独文科選科を経て、大正四年に独文科を卒業。卒業後は、近代劇の研究、脚本執筆につとめ、大正一一年からは長編小説『生きとし生けるもの』の連載が朝日新聞（東京・大阪）で開始。大正末年より菊池、芥川とともに文芸家協会を創設し、著作権擁護運動を推進した。昭和二二年、参議院議員に全国区より選出、田中耕太郎らとともに緑風会を結成。また、参議院文化委員長に選出されている。国語の新表記の推進、国語研究所の創設など、文化国家建設のための活動に尽力した。

17 明治二三（一八九〇）年～昭和四九（一九七四）年。商法学者、法哲学者。第一高等学校を経て大正四年東京帝国大学法科大学法律学科を卒業。内務省に入省するが辞職し、東京帝国大学大学院に入学、松本烝治のもとで商法を研究した。大正六年、東京帝国大学法科大学助教授に就任し、欧米留学ののち大正一二年から教授に昇進した。大正一五年にはカトリックに入信。昭和二〇年一〇月、文部大臣の前田多門の要請により、東大教授兼任で文部省学校教育局長に就任し、教職適格審査などに従事した。また、第一次吉田内閣で文部大臣に就任し、教育基本法の策定、六三制の即時採用など、教育改革に邁進した。昭和二二年、参議院全国区六年議員選挙に立候補し当選。緑風会の発起人に名を連ねるとともに結成後は幹事を務めた。

18 戦時経済統制のための業種別団体。国家総動員法を法的根拠として、各種勅令によって業種別に統制会、統制組合が組織された。その後、昭和一六年「重要産業団体令」、同年「重要産業指定規則」により、第一次指定が行われ、昭和一七年一月までに鉄鋼・石炭・鉱山・セメント・電気機械・産業機械・精密機械・自動車・車輌・金属工業・貿易・造船の統制会が設立された。その後、軽工業を中心として一〇の統制会が設立された。

19 明治三九（一九〇六）年～昭和五五（一九八〇）年。参議院議員（緑風会）。岐阜県出身。昭和6年早稲田大学政治経済学部卒業。同年東京朝日新聞入社。その後、日本製鉄参事、金属回収統制会監査役、日本鉄鋼協議会事務局長、銑鉄協議会監事、石炭対策委員会幹事、日本輸出品用原材料株式会社取締役などを歴任。芦田内閣で経済安定政務次官に就任した。

20 宿谷榮一。明治二七（一八九四）年～昭和五四（一九七九）年。参議院議員（緑風会）。東京都出身。東京府農機具工業組合理事、日本農機具工業統制組合理事、同専務理事、日本農機具工業界副理事長、日本農機具工業協同組合専務理事などを歴任。また第三時吉田内閣で労働政務次官を務めた。

21 木下辰雄。明治二一（一八八八）年～昭和三一（一九五六）年。参議院議員（緑風会）。明治四二年水産講習所本科卒業。同年高知水産試験場技手となる。その後大日本水産会常務理事、全国漁業組合副会長、中央水産業会

会長などを歴任。参議院水産委員長なども務めた。

22 昭和一二年、資源局と企画庁を統合して企画院が設置され、関係各省の関係者からなる物資動員協議会によって昭和一三年度物資動員計画が策定された。以後、軍需物資と民需物資の計画的生産、供給のため物資動員計画が策定された。昭和一九年七月にサイパンが陥落すると、南方輸送路が遮断され、事実上、物動計画は崩壊した。

23 明治三六（一九〇三）年～昭和四二（一九六七）年。昭和期の官僚、政治家。東京帝国大学卒業後、大正一五年に農林省入省。昭和一〇年に内閣調査局へ出向するが、同一六年農政課長のとき「企画院事件」に連座する。戦後は、第一次吉田内閣で農相となり、昭和二二年四月に参議院議員に当選。同年六月に経済安定本部長官に就任し、戦後経済復興に尽力した。のち、社会党に入党し、左右分裂後は左派社会党に属した。

24 勝間田清一《カ》。明治四一（一九〇八）年～平成元（一九八九）年。静岡県生まれ。衆議院議員。宇都宮高等農林学校を経て昭和六年京都帝国大学農学部を卒業。協調会農村課、内閣調査局専門委員などを歴任。昭和一六年には、企画院事件に連なり逮捕。昭和二二年第二回総選挙で静岡二区、社会党から出馬し当選。昭和六一年に政界引退するまで当選一四回。昭和五八年から二年半衆議院副議長。社会党内では、政策審議会会長、教育宣伝局長、国会対策委員長、日中国交回復委員長など要職を歴任。昭和四二年から一年間、委員長を務めた。

25 明治三七（一九〇四）年～昭和五五（一九八〇）年。鹿児島県出身。昭和三年東京帝国大学経済学部を卒業。その後、翻訳業務や政治経済評論に従事。企画院調査員となるが、企画院事件に連なり投獄される。戦後片山内閣の経済安定本部財政金融局長を経て、昭和二五年鹿児島県選出、社会党参議院議員となる。その後、参議院議員会長などを務める。党内では日本社会党国際局長、鹿児島県連顧問などに就任。昭和三〇年アジア・アフリカ会議出席。

26 明治九（一八七六）年～昭和二九（一九五四）年。貴族院議員（勅選、交友倶楽部、昭和二一年～昭和二二年）。明治三四年、東京帝国大学医科大学薬学科を卒業、同大助手、関東都督府技師などを経て、明治四二年に薬学博士。大正一一年からは東京帝国大学医学部教授。

27　厚生省技師、同薬務局長などを経て科研化学取締役業務部長。薬学博士。

28　明治一〇（一八七七）年～昭和三五（一九六〇）年。官僚。貴族院議員（勅選、同成会、昭和一三年～昭和二二年）明治三七年東京帝国大学法科大学政治学科を卒業後、内務省に入省。佐賀県事務官、同内務部長代理などを歴任したのち、貴族院書記官となり、大正八年同書記官長に就任した。戦後、昭和二二年に静岡県選出の参議院議員となり、昭和二八年に参議院議長。昭和三一年、任期満了とともに政界から引退。

29　一八八七年～一九七五年。浙江奉化出身。保定の全国陸軍速成学堂を経て日本に留学。振武学校に入学、明治四三年に卒業し、新潟県高田の陸軍第十三師団野砲兵第十九連隊の士官候補生となった。帰国後、陳炯明の反乱に際して評価を高め、その後国民革命軍の指導権をにぎる。一九四三年、国民党総裁、軍事委員会主席、国民政府を兼任するに至った。一九四九年、共産党勢力との抗争の末、中華民国中央政府を台北に遷都するという形で台湾に逃れた。

30　大村清一。明治二五（一八九二）年～昭和四三（一九六八）年。京都帝国大学（独法）を卒業後、内務省に入省し、以後長野県知事、地方局長、社会局長官などを経て昭和二一年内務次官。同年第一次吉田内閣の内務大臣に就任した。

31　明治一三年～昭和三〇年。子爵。貴族院議員（大正一三年～昭和二二年、研究会）。明治一五年襲爵。明治三八年東京帝国大学法科卒業。大蔵省入省。その後、主計課長、専売局主事、専売局長を歴任。妻は、徳川慶喜八女國子。

32　昭和二二年、国民党と協同民主党が合同して創立された政党。三木武夫が書記長を務めた。協同主義、階級協調、農山漁村の近代化を綱領に掲げた。保守勢力と革新勢力の間に位置する中間勢力であり、労働、経済政策を中心に戦後日本再建に向けた議論を展開した。片山哲社会党内閣発足にともない、社会党と連立し、閣僚に三木武夫（逓信大臣）、笹森順造（国務大臣、復興庁総裁）を送り込んだ。その後党勢は振るわず、昭和二五年に解散し、民主党と合同して国民民主党となった。

33 明治三五（一九〇二）年～昭和五七（一九八二）年。東京帝国大学政治学科を昭和二年に卒業。昭和二一年衆議院議員に当選し、国民協同党に所属。衆議院議員を一期務めたのち、昭和二六年から後楽園スタヂアム取締役、同三二年に常務、同四二年副社長を歴任した。弟は小川平二。

34 昭和二〇年一二月、船田中、千石興太郎、北勝太郎らが結成。地主・富農・中小商工業者を支持基盤とし、綱領には皇統護持と協同社会主義を掲げた。昭和二一年五月に日本農民党などと合同して協同民主党となった。

35 明治三〇（一八九七）年～昭和四〇（一九六五）年。子爵。大正から昭和期の少年団体指導者。貴族院議員（昭和四年～昭和七年）、参議院議員。三島弥太郎の長男で三島通庸の孫。大正九年弥栄ボーイスカウトを創設。その後少年団日本連盟が創立されるとその副理事長に就任し、戦後はボーイスカウト日本連盟総長などを歴任した。

36 明治二八（一八九五）年～平成九（一九九七）年。大正から昭和期の婦人運動家。大正五年に日本女子大学を卒業後、女子工員の労働実態を調査するために、紡績工場に住み込みで働く。その後は、平塚雷鳥らとともに新婦人協会の結成に参加、昭和一二年には矢部初子らと職業婦人社を創立し、『婦人運動』を発行。戦後は参議院議員となり昭和二三年に主婦連合会を結成、会長に就任した。

37 明治一八（一八八五）年～昭和四九（一九七四）年。運輸官僚。貴族院議員（研究会、昭和二一年～昭和二二年）。第三高等学校を経て、明治四五年、東京帝国大学法科大学法律学科（独法）を卒業。同年鉄道院書記・総裁官房秘書課。大正元年文官高等試験に合格し、大宮駅助役、前橋駅長を務めたのち、鉄道院運輸局庶務課、鉄道院参事を歴任。大阪鉄道局長を最後に依願免本官。昭和五年から南満洲鉄道株式会社理事・鉄道部長、昭和一二年には日本通運株式会社副社長、昭和一五年から同社社長。第三次吉田内閣で運輸大臣。昭和二二年から近畿日本鉄道の社長。

38 明治一五（一八八二）年～昭和四六（一九七一）年。旧津軽藩士田中坤六の次男として大阪に生まれる。その後外交官であった佐藤愛麿の養子となり、佐藤家を継いだ。明治三八年、東京高等商業学校専攻部領事科在籍中に外交官及領事官試験に合格。同期合格は外務省通商局長などを務めた佐分利貞男。明治三九年からロシアに赴任、その後スイス、フランス、ポーランドなどに勤務。昭和二年から国際連盟帝国事務局長に就任し、ジュネーブ海軍軍縮会議全権委員随員・事務総長、ロンドン海軍軍縮会議全権委員随員・事務総長などを歴任。のち、日本が連盟脱退をする際にも日本代表の一人として松岡洋右とともに議場から退席した。林銑十郎内閣の外務大臣に就任。後継の近衛内閣が発足すると、外相を退き外務省外交顧問に就任した。昭和一七年からは在ソ連邦大使に就任し、日ソ国交調整に尽力するもソ連が対日宣戦布告を実施し、昭和二一年まで抑留される。戦後は、枢密顧問官、参議院議員、参議院議長などを務める。昭和三一年には、国際連合第一一回総会に重光葵外相とともに日本政府全権代表として出席。昭和四六年に政界を引退した。外務省時代の経歴と多国間外交への肯定的姿勢から「連盟派外交官」と称される。

39 明治二五（一八九二）年~昭和四一（一九六六）年。大正・昭和期の会計家、政治家。昭和一五年東京商科大学学長。昭和二二年の第一次吉田茂内閣で経済安定本部総務長官兼物価庁長官に就任。同年参議院議員に当選し、以後当選三回（緑風会）。第三次、第四次吉田内閣でも文相、通産相、郵政相を歴任した。

40 明治一八（一八八五）年~昭和四二（一九六七）年。衆議院議員、参議院議員。明治四〇年大阪府立農業学校を卒業。奈良県生駒郡立農事試験場技手兼郡山農学校教諭となり、その後、生駒郡農会議員、同会長、奈良酒造組合長、信貴生駒電鉄株式会社常務取締役などを務めたのち、奈良県会議員、南生駒村村長。昭和二二年、衆議院議員に当選。その後参議院議員。芦田内閣で商工政務次官。

41 来栖赳夫。銀行家。貴族院議員（勅選、同和会、昭和二一年~昭和二二年）。大正一〇年東京帝国大学法学部を卒業。同年日本興行銀行に入行し、同行参事、総務部長、理事長を歴任。昭和二二年に山口県選出の参議院議員に当選（自由党）。片山内閣で大蔵大臣、芦田内閣で国務大臣（経済安定本部総務長官、物価長長官、中央経済調査庁長官）を務めた。そのほか、経済政策研究所会長、国立博物館顧問など。

42 西尾末広。明治二四（一八九一）年~昭和五六（一九八一）年。大正・昭和期の社会民主主義右派の労働運動

家、政治家。香川県に雑貨商の三男として生まれる。一四歳で大阪に出て、工場労働者として従事する。以後、労働運動を推進し、昭和三年には社会民主党から立候補して当選した。昭和一七年の翼賛総選挙でも非推薦で立候補し、当選。戦後は、日本社会党を結党し書記長に就任した。片山哲内閣では国務大臣兼官房長官、芦田均内閣の副総理に就任した。昭和電工事件で一度社会党を除名されるが、昭和二七年に右派社会党に復党し、左右社会党統一後は同党の顧問となった。のち社会党を離党し、昭和三五年民主社会党を結党し、中央執行委員長を務めた。

43 明治二七（一八九四）年～平成元年（一九八九）年。参議院議員（社会党）。広島県出身。昭和一二年真宗学寮卒、学階授与。本願寺僧籍に入り、戦後戦災児育成所を設立。広島県選出の参議院議員に当選すると、参議院厚生委員長、最高裁判所裁判官国民審査管理委員長、社会保障制度審議会総合委員長などを歴任した。また、海外戦没者慰霊委員会副委員長、遺族援護会副会長、原爆遺児後援会長などを務めた。童心寺住職。

44 前掲、水産の木下さん。

45 前掲、和田博雄。

46 正確には、運輸大臣。

47 幣原喜重郎。明治五（一八七二）年～昭和二六（一九五一）年。男爵。貴族院議員（同和会。大正一五年～昭和二二年）。大正・昭和期の外交官、政治家。明治二九年、第四回外交官及領事官試験に合格し、農商務省から外務省に転属。外交官時代は、「幣原外交」と称される英米協調路線の外交を志向し、戦後昭和二〇年一〇月には首相に就任した。首相在任中は、憲法改正の準備に尽力し、天皇制護持と平和主義を希求した。昭和二四年二月、第五臨時国会で衆議院議長。

48 岸信介。明治二九（一八九六）年～昭和六二（一九八七）年。大正・昭和期の官僚、政治家。酒造家佐藤秀助の次男として山口県に生まれ、のち岸家を継いだ。佐藤栄作は実弟。大正九年東京帝国大学法学部卒業後、農商務省に入省。同一四年に農商務省が農林省と商工省に分離した際は、商工省に進んだ。昭和一〇年に工務局長、翌年には、満洲に赴任し、満洲国政府実業部次長に就任した。昭和一六年には東条内閣の商相として入閣。終戦後は、A級戦争犯罪人として逮捕されるが起訴はされず、昭和二三年に釈放された。その後、山口二区選出の衆議院議員となり、保守合同を進めた。昭和三〇年に自由民主党が創立されると、初代幹事長に就任し、昭和三二年に首相。日米安全保障条約の改定、警察官等執務執行法（警職法）の改正を目指した。

49 広瀬久忠。明治二二（一八八九）年～昭和四九（一九七四）年。内務官僚、政治家。立憲政友会代議士広瀬久政の長男として山梨県に生まれる。大正三年に東京帝国大学法科大学政治学科を卒業し、内務省入省。三重県、埼玉県知事、内務省土木局長、社会局長官、内務次官、厚生次官などを歴任し、小磯内閣で厚生大臣。昭和一五年以来貴族院議員（勅選）。戦後も参議院議員を務める。昭和三二年に広瀬を中心に、法制局および各省庁の官僚が作成に携わったとされる憲法改正案（「広瀬試案」）が発表された（広瀬久忠『日本国憲法改正広瀬試案』洋々社、一九五七年）。

50 緑風会政務調査会編『憲法改正の問題点』（緑風会政務調査会、一九五五年）。

51 明治八（一八七五）年～昭和四二（一九六七）年。貴族院議員（勅選、同和会、昭和二一年～昭和二二年）。参議院議員（緑風会）。明治三一年第三高等学校工学部卒業、ドイツワイエンテンステフハン農業大学、ミュンヘン工業大学修了。その後、大日本麦酒株式会社社長、日本麦酒株式会社相談役、日本商工会議所会頭、東京商工会議所会頭、国際商業会議所国内委員長などを歴任。参議院議員当選後、第三次吉田内閣の通商産業大臣に就任。

52 明治一九（一八八五）年～昭和三八（一九六三）年。参議院議員（緑風会）。新潟県出身。明治四三年東京高等商業学校本科、同専攻部卒業。その後、越後鉄道経理課長、北越製紙社長、日本紙類輸出組合理事長、新潟県商工経済会会頭、日本経営者団体連盟常任理事などを歴任。また地元長岡の名誉市民となる。新潟選出の参議院議員となってのち、第三次吉田内閣で郵政大臣兼電気通信大臣に就任した。緑風会創設にあたっては、発起人に名を連ねる。

53 大正一五（一九二六）年～昭和四五（一九六七）年。政治学者。鳥取県に生まれ、大正一五年東京帝国大学法

学部を卒業。昭和一四年から同大教授。昭和研究会に参加し、近衛文麿の私的ブレーンとして「新体制運動」の原案を作成。終戦後は、東京帝大を辞職し、執筆活動に専念。その後、早稲田大学大学院講師、拓殖大学総長、などを歴任し、また選挙制度調査会、中央教育審議会、憲法調査会の委員などを務めた。

54 蝋山政道ヵ。明治二八（一八九五）年〜昭和五五（一九八〇）年。大正・昭和時代の政治学者。大正六年東京帝国大学法科大学政治学科入学、同九年卒業。大正一一年より同学助教授に就任し、大正一四年から昭和二年まで欧米諸国に留学。昭和三年から東京帝国大学教授。昭和一四年に河合栄治郎事件を契機として教授を辞任。昭和一七年の総選挙で当選、同二〇年に議員辞職。戦後は、社会民主主義研究会議の指導者として戦後日本における民主社会主義思想の確立に注力した。また、日本において行政学を確立した一人。

55 緑風会政務調査会編『国会と内閣の関係』（緑風会政務調査会、一九五三年）所収。

旧貴族院・華族関係者

吉井千代田　談

「青票白票」刊行の背景

吉井千代田《よしいちよだ》「青票白票」編集者

明治三二年一二月生　吉井幸蔵（伯爵、貴族院議員）六男　昭和六年三月東京帝国大学医学部薬学科卒業　松平康昌の私設秘書　昭和女子薬学専門学校講師　『日本薬報』編集主幹、薬事日報社編集局長　医薬品統制会社生産部次長　日本薬剤師協会専務理事などを務める

聞き手　大久保利謙　渡辺昭　三島義温
広瀬順晧　上田和子
平成元年一一月六日
於　霞会館

大久保　「青票白票」がどうして出たか皆目分からない*1。これは貴族院の有志に少数配布されたのですが、たまたま「編集者　吉井千代田」となっている。どうして出来たのか、吉井君、当時の貴族院でどうなっていたか分かるかな。

吉井　「青票白票」は松平康昌*2さんが中心となり、佐佐木行忠*3、黒木三次*4、加藤成之*5さんの四人がいわば同人で政治制度の研究をまとめ発表する場でした。松平さんは学習院から京大を出てロンドン大へ留学されましたが、そこで政治学を学ばれ帰国されてから明治大学の尾佐竹先生*6の元で政治制度について講義をしていられました。又、丸善の店員を教育するため、そこの英語の先生もしていられた。

昭和五年に先代が亡くなられ、そのあと貴族院に出られて、昭和六年頃の事でした。

私と松平さんの関係をお話しますと、私は学習院理科乙で植物学を勉強し、東京帝国大学医学部薬学科に行きました。昭和六年就職先を三井物産薬品部に行こうかと思いましたが、物産は商売をする所で君は商人に向いていないから研究所にでも行ったらどうだ、と言われ、松平さんから「しばらく僕の秘書をやってくれないか、三井の出す月給位出しますよ」と言われ私設秘書となったのです。昭和三三年に亡くなられるまで二六年間、常勤、非常勤を含んで秘書らしきことをしたんです。

そして昭和八年「青票白票」を出すについては編集発行人の名に君の名を貸してくれないかと言われたのです。私は印刷上の交渉とかいろいろな雑務は多少手伝いましたが、大体は前記四人の方がなさいました。この印刷所を選んだのは、松平さんが学習院に来られる前は高等師範附属に居られ、その頃（当時華族ではよくあったことですが）印刷所をやっている人のお父さんの所にしばらく預けられていたことがあったので、その印刷所を助ける意味もありそこへ出してしたんです。

三島　松平さんと吉井さんとは前からお知り合いですか？
吉井　昭和五年に松平さんが逗子に住まわれていられて、そこへ私が遊びに行ったんです。松平さんは熱帯魚の趣味をお持ちで、ロンドンから何種類かの熱帯魚を持って帰られた。そこで私が逗子に行ったとき、はじめて魚を見せられた。松平さんは、「魚っていうものは植物がないと育たない。共生が出来ない」と言われ、のちに千駄ヶ谷の自邸に大きな温室を造って二人は熱中したものです。
松平さんは昭和七年頃から銀座の資生堂の別館に部屋を借りて、そこを書斎兼研究室にしていた。私は松平さんがおられない時でもそこに通った。そこには洋書が沢山ありまして、それのインデックスカードを作ったりしていたのです。
大久保　「青票白票」はどなたと？
吉井　松平さんがリーダーで主として佐佐木さん、それに黒木さん、加藤さんの四人が東大の図書館に研究室を借りて、随時集まっていろいろ勉強されたと思うんです。
大久保　黒木さんとはどういう関係？
吉井　それはよく分からないけれど、同志的な研究仲間だったように思います。
大久保　黒木さんは東大法学部を出て助手なんかしていらしたと思いますが、学者肌の人です。松平さんは？
吉井　学者肌ですよ。
大久保　あの頃は二・二六とか日本の激動期で、そういうものに対応して皆これから何とかしていかねばと考えていた時期でした。これを出す何か動機があるんですか。
吉井　動機は知らない。

大久保　私は研究の為に、昭和十二、三年頃あそこの研究室の筋向かいに居たんです。私は黒木さんはともかく加藤さんとはよく知っていたので何回かあの部屋に行ったことがあります。その時に黒木さんが機関説の問題の時など非常にそれを題材にされていた。そしてああいうものに対して警戒心を持っていられた。良識派だと思う。時に宮沢俊義*7とは？

吉井　非常に親しくしておられた。

大久保　宮沢さんといろいろ交流があるわけですが、宮沢さんは美濃部の直弟子ですが、あの人は利口な人で決してしっぽを掴ませない。宮沢さんとの関係では考えが大体同じというようなことでしょうか。

吉井　そういう専門の学者の意見を聞いて参考にするとか、相通ずる部分があるとかディスカッションはあったと思う。

大久保　他にそういう関係の方で

吉井　それについてははっきり覚えていない。

大久保　例えばこの翻訳は大変だが誰がしたの？

吉井　誰か専門家がいたんじゃないか。

大久保　この原稿はまさか松平さんが自分で書いたわけじゃないのでしょ……。

吉井　僕は四人の同人がそれぞれ分担し協議して書いたんじゃないかと思う。

大久保　あるいは別に仲間があったか……。

吉井　それは分からない。それから西園寺さんの秘書、原田熊雄さん*8も随分交流がありましたよ。

大久保　木戸さん*9は来ましたか？

吉井　いや、木戸さんは何か会合の時でなければ。
大久保　火曜会*10では他に何をしましたか。
吉井　会合は島津さん*11、中御門さん*12とか……。
大久保　その中でどういう人が同志的でした？
吉井　佐佐木行忠さん、近衛公とも親しかった。
大久保　いや、火曜会にもいろいろあるのですよ。無関心な方も。
大久保　加藤さんはこんなこと書ける人じゃない。佐佐木さんだってねぇ。書いた人が知りたいんだよ。宮沢さんは？　考証は誰か？
大久保　寄稿者って四人？
吉井　いや、多分四人が書いている。そして全分寄贈した。郵送料の関係で第三種郵便にするんで、その時に供託金を納めるんです。それを佐佐木さんに頼まれて僕がした。国債券を日本銀行が納付して納付書ももらった。売る訳じゃないけど定価をつけなきゃいけない。それで定価をつけた。
広瀬　何部位刷ったんですか。
吉井　五百部くらい。送付先は名簿が出来て、印刷所に預けてそこから送付した。
大久保　何かそういうことの記録とか。
吉井　康昌さんが亡くなったのが昭和三四年ですが、その直後に書斎にあった大変な数の洋書を都立大学図書館に移し、松平文庫みたいにされた。その時松平さんの日記とか、メモがあったんじゃないかと言われているんだが、松平家におありかどうか。最終的に都立大学図書館に行ったインデックスを渥美鉄三さんが作ったんですが、この人は明治大学の教え子で、松平さんのお世話で貴族院の書記官になる。徳川家達公が議長の時です。それから島津忠承君*13のいる日赤外事課に彼は移るんですが……。

広瀬　ひとつ伺いたいんですが、各論文には誰が書いたか署名がないんですが、これはサインなしでやろうという……。

吉井　申し合わせがあったんでしょうね。

広瀬　外国のものは政治制度だけじゃなくて政治思想とか専門的なものが多い。十三号では劇とか音楽とか*14……。これは多分加藤さんと思いますが、文章を見て誰か推定することができるかどうか。二十号位からイギリスにおける法律の情勢など、法学的なかなり難しいものを十一回連載しているんです*15。こういうものと、第〇回議会の男爵会の動きという風に、理論的なところと貴族院の実態と二つのグループが原稿にある。理論的なものは宮沢さんとか、もしかしたら書かれているんじゃないかという様なことがなかったか……。原稿を編集する時にそういうことを感じられる事はなかったでしょうか。

吉井　編集の実務はほとんどしていない。書いた人が直接校訂しているし、今のイギリスのことは松平さんじゃないかと思います。松平さんは非常に学者っぽい所があったし、それから全てのことについて、議論になると徹底的にする人でした。

大久保　この人自身が学者であり、教授であり、理想を持っていた人で、貴族院議員という地位もあり、自分の良い意味での考えを出す個人的なものを考えられますよね。

火曜会の中でも政治学に本格的に取り組んだ人は、松平さんくらいじゃないか。そして、学者肌で自分の言いたいことを書かれたことに特色がありますね。当時の貴族院でも政治に連る人は居たけれど、自分で勉強して自分の良識で独自の同人雑誌を出したことに意味がある。宮沢さんなんかとも交流されて、松平さん自身が優れた学者であったという事ですね。

吉井　宮沢さんの立場はどちらかというとアドバイザーのような、コンサルタントのような立場だったと思いますね。

大久保　佐佐木さんも加藤さんも黒木さんも良識派だった。だけどどうして四人が集まったんだろう。

吉井　それは分からない。

広瀬　これが終わったという最後は昭和十五年ですか。いつまで続いていたか。

吉井　自然休刊になったのです。

広瀬　十五年で終わったという、確か最後はすごく紙が悪い。八七号がひどい紙ですね。それから、これは一回どのくらいかかったのでしょうか。

吉井　費用は知りません。

広瀬　どなたが出したか。

吉井　松平さんが主だと思います。あるいは同人が出し合って。

大久保　売ったわけじゃない

吉井　全然売っていない。

大久保　物議をかもすとかいうことは？

吉井　ない。こういうことは、松平さんの自己満足だったでしょう。

渡辺　あんまり大げさって感じもなかったなぁ。僕は佐佐木さんと黒木さんの二人を知っていて二人から聞いたのでは、貴族院を何とかしなきゃって。だけど、実践的運動にはならなかった。

吉井　松平文庫がなぜ都立大にかというと、松平齊光*16さんが都立大の教授だった。それから東大の杉山茂顕さんも都立大の先生で、杉山さんは松平さんの所に始終来ていられた。

大久保　ご裕福でしたね。

吉井　そうね。松平さんは湯本の箱根の別荘で亡くなられた。その時の主治医は宮中にいられた。八田善之進*17さんで、福井の人でご家来だ。

大久保　政治運動ではなくて政治制度研究の方ですね。侯爵でなかったら明治大学教授として学者でいられたでしょうね。

吉井　野心のない方でしたからね。

広瀬　貴族院の政治改革を外国の上院の例で話す間接話法みたいなものですね。

大久保　今日は本当にありがとうございました。

＊注記

1　昭和八年六月から同一五年一〇月まで、計八七号刊行された。昭和八年六月の第一号巻頭には、「青票白票の発刊に際して」と題して以下のような記載がある。

「議会政治の研究と云ふと大袈裟になる。大学の研究室に於て学者が研究する学理の探求ではなく広く吾人の目に映ずる諸般の事象を捉へて或は議論し或は漫談する月刊の印刷物を発行したいと云ふ希望が同人の間に湧いた。〔後略〕」

本書では、軍部の台頭による議会政治の危機的状況を前にして、貴族院を中心にしつつも、広く政治的事象を議論している。

なお、本書は、社団法人尚友倶楽部編／広瀬順晧解説『青票白票―昭和期貴族院制度研究資料―』（柏書房、一九九一年）として復刊されている。

2　明治二六（一八九三）年～昭和三二（一九五七）年。侯爵。旧福井藩主。貴族院議員（昭和五年～昭和二二年）。大正八年京都帝国大学法学部を卒業後、イギリス、フランスに留学。明治大学、日本大学など各校の講師を務めたほか、内大臣秘書官、宗秩寮総裁、明治天皇御紀編修委員会委員、王公族審議会審議官などを歴任した。

3　明治二六（一八九三）年～昭和五〇（一九七五）年。侯爵。旧高知藩士。貴族院議員（火曜会、大正七年～昭和二一年）。大正六年京都帝国大学法科大学を卒業。同一四年以降鉄道会議議員、貴族院制度調査会委員、宗秩寮審議官などを歴任。また、貴族院副議長を二度務めた。

4　明治一七（一八八四）年～昭和一九（一九四四）年。伯爵。旧鹿児島藩士。貴族院議員（研究会、大正一五年～昭和一九年）明治四五年東京帝国大学法科大学を卒業。大正七年から欧米に留学。同六年以降東京帝国大学法科大学副手を務める。このほか、帝都復興院参与、福徳生命保険取締役、司法省委員、中央水産会、中央農業会、全国農業経済会の各委員を歴任。昭和五年第二六回列国議会同盟会議、同年第一六回万国議院商事会議に出席。

5　明治二六（一八九三）年～昭和四四（一九六九）年。音楽美学者。男爵。貴族院議員（公正会、昭和七年～昭和二二年）。加藤弘之の孫。浜尾四郎、古川緑波の兄。東京帝国大学を卒業後、東北帝国大学講師、東京音楽学校教授などを歴任し、音楽史、音楽美学を担当した。戦後学生改革によって東京芸術大学初代音楽学部長を務めた。

6　尾佐竹猛。明治一三（一八八〇）年～昭和二一（一九四六）年。司法官、歴史学者。明治法律学校に学び、明治三二年卒業。その後、司法官試補、福井地方裁判所、東京・名古屋控訴院の判事を歴任。司法官を務めるかたわら維新史を中心に研究史上に大きな足跡を残した。大正一三年から大審院判事などをつとめ、昭和一三年、貴族院五十年史編纂会、衆議院憲政史編纂会委員長に就任した。以後、日本憲政史関係の史料収集に励んだ。

7　明治三三（一八九九）年～昭和五一（一九七六）年。憲法学者。大正一二年東京帝国大学法学部卒業。美濃部達吉の助手として憲法を専攻し、大正一四年に同大助教授。昭和五年からフランス、ドイツに留学し、帰国後、昭和九年から教授。天皇機関説によって攻撃された美濃部達吉の後継者と目され、昭和一〇年代は、右翼勢力から警戒されていた。戦後は、幣原内閣の憲法問題調査委員会の委員として、「憲法改正要綱」などの取りまとめ作業にあたった。以後、日本国憲法に関する解説書や注釈書を著した。

8 明治二一（一八八八）年〜昭和二一（一九四六）年。政治家。西園寺公望の秘書。貴族院議員。祖父は陸軍少将で貴族院議員の原田一道。明治四三年、襲爵。大正四年京都帝国大学法科大学政治科を卒業後、日本銀行に入行。同一三年、加藤高明内閣の成立にともなって首相秘書官となり、続く第一次若槻内閣のもとでもその任にあった。大正一五年七月に住友合資会社に嘱託として入社。同時期に元老西園寺公望の秘書官となり、西園寺が死去する昭和一五年まで西園寺の側近として各界の要人との連絡役をつとめた。

9 木戸幸一。明治二二（一八八九）年〜昭和五二（一九七七）年。侯爵。貴族院議員（大正六年〜昭和二〇年）。侯爵木戸孝正の長男に生まれ、学習院を経て、大正四年、京都帝国大学法科大学政治学科にを卒業し、農商務省に入省。大正六年に父の死去により襲爵し、貴族院議員となる。西園寺公望の秘書である原田熊雄と連絡をとりつつ、内大臣を補佐し、西園寺の信任を得た。昭和一二年第一次近衛内閣で文相として入閣、同一三年には厚相を兼任（のち、専任）。平沼内閣では、内相に就任した。昭和一五年からは、湯淺倉平のあとをうけて内大臣をつとめ、太平洋戦争開戦および終戦に際しては、天皇にもっとも近い側近として補佐した。戦後は、A級戦犯として拘留される。昭和三〇年仮釈放。

10 研究会を脱会した近衛文麿と徳川家達、細川護立が中心となって昭和二年、世襲議員の自由な政治的活動に資することを目的とする火曜会を設置した。勅選議員は加わらず、参加者は五公、一六侯の二一名で発足した。

11 島津忠重ヵ（明治一九年〜昭和四三年）旧鹿児島藩主。公爵。貴族院議員（明治四四年〜昭和二二年）。昭和六年に火曜会に入会。海軍兵学校、同大学校、同水雷学校、同砲術学校を卒業。その後イギリスに留学。海軍少尉となりのち少将に昇進。海軍大学校、同砲術学校の各教官、大使館付武官（駐英）、海軍艦政本部造兵造船監督長などを務めた。そのほか、学習院評議会議長、華族会館長などを歴任。昭和四年には海軍会議全権委員随員となりロンドンに出張した。

12 中御門經恭。明治二一（一八八八）年～昭和二九（一九五四）年。侯爵。旧公卿（勧修寺家）。貴族院議員（大正二年～昭和二二年）。京都帝国大学理工科大学を卒業し、のち式部官、小運送制度調査会委員、鉄道会議議員などを歴任。昭和三年に火曜会に入会。

13 明治三六（一九〇三）年～平成二（一九九〇）年。公爵。貴族院議員（火曜会、昭和八年～昭和二二年）。昭和五年、京都帝国大学法学部卒業。同年日本赤十字社嘱託となり、のち社長となる。この間、社会事業調査会、中央社会事業委員会の各委員などとなる。島津斉彬の弟久光の孫。

14 第十三号（昭和九年七月二十日）目次
・**J.A.B. Marriott** 氏の第二院問題（三）
・或角度より見たる我度量衡制度
・来らんとする内閣を組織する人に
・貴族院前史（六）
・ゲーテと音楽
・組閣に関する御下問の奉答について

15 この箇所について、明確に何を指すのかは不明だが、たとえば第二六号（昭和一〇年八月二〇日）には「英国に於ける法律の調整」と題した記事がある。そのほかにも、英国の政治制度や選挙制度に言及した記事が散見される。とりわけ大部なのが、第二八号～第八三号の間に全三三回連載された「英国衆院の議事」である。

16 明治三〇（一八九七）年～昭和五四（一九七九）年。男爵。貴族院議員（公正会、昭和二一年～昭和二二年）。松平斉の長男。母は、徳川慶喜の七女浪子。妻は、徳川昭武の三女直子。大正一〇年、東京帝国大学法学部卒業。大正一四年からフランスに留学し、パリ大学で博士号取得。昭和二年以降、東京帝国大学農学部、日本大学、法政大学、明治大学の各講師をつとめた。

17 明治一五（一八八二）年～昭和三九（一九六四）年。大正・昭和期の内科学者。東京帝国大学医科大学卒業後、

愛知県立医学専門学校教授に就任。その後、宮内省に出仕し侍医に就任、昭和一一年からは侍医頭を務めた。のち、枢密顧問官、社会保険中央病院院長などを歴任した。

山田長蔵 談

渡辺千冬子爵に関する回顧談

山田長蔵

大正四年生　滋賀県出身　昭和七年寺田法律事務所勤務、麻布中学（夜間部）入学　渡辺千冬家の書生となる。中央大学卒業

聞き手　水野勝邦　三島義温　渡辺　昭
昭和六二年九月二一日
於　霞会館

一　渡辺千冬氏と山田氏の関係

山田氏は大正四年生、滋賀県出身。昭和七年、十九歳のとき上京して京橋の寺田法律事務所に勤める傍ら、麻布中学*1（夜間部）に入学した。麻布中学の二代目校長、清水義松氏はクリスチャンで、鳥居坂教会*2で渡辺芳子夫人（千冬夫人）と知己の間柄であったので、清水校長の推選で渡辺家に住込むことになった。昭和八年から十四年十二月の山田氏入営の時まで、足掛け七年お世話になった。当時は令息の武氏、慧氏共海外に在り、ご夫婦だけのご家庭であったので特に親しくご指導を受けた。千冬氏は翌年四月十八日（六十五歳）歯の治療がもとで敗血症で死去された。

以後今日に至るまで千冬氏を偲んで、昔お世話になった人たちと親類の方がたが毎年四月会合している。会名を無辺会（国武氏の号）と称する。現在の最長老は伊豆松崎天然寺の住職、光然上人（八十五歳）、天然寺には渡辺家ゆかりの遺品が陳列されている。

二　司法大臣時代

千冬氏は浜口内閣*3で法相を務めた。（水野氏註、当時政党人に清廉の士がほとんど居らず、千冬子の起用となったと考えられる）。たまたま官吏の減俸問題で各省に騒動*4があったが、司法省では千冬子がうまく収めた。法相時代の次官は小原直氏*5で、その長男の媒酌は千冬氏が引受けている。参与官は船橋清賢子*6、検事総長は林頼三郎氏*7で後に大審院長となり、また中央大学総長になった。山田氏が中大入学時の総長は原嘉道氏であったが、一年後林総長となり、山田氏の卒業当時、千冬子から「宜しく頼む」と声をかけて下さった。

三　予算委員長時代

犬養内閣*8当時は、貴族院で予算委員長を務められたが、たまたま荒木陸相*9が陸軍から海軍へ予算を譲ったことがあった。それについて大角海相*10が渡辺邸に礼を述べに来られたことがあった。ある日時の政友会幹事長岡崎邦輔氏*11より電話がかかった。千冬子は不在であったが、君で良いからとて、「荒木陸相の譲っても良いという意向を民政《（ママ）》党の望月幹事長に話して諒承を得た」ということを伝言せられたいとのことであった。このような高度の機密を若僧の私を信じて取次ぎを依頼されたことに深く感激したことであった。

山田氏は昭和十一年麻布中学卒業の際、お世話になったお礼として千冬子の助力で、加藤寛治大将*12、植田謙吉大将*13、徳川家達公*14、斎藤内府*15及び千冬子の揮毫を学校に寄贈したが、朝日新聞紙上に大きく取上げられたことがあった。(記事の載った当時の新聞を持参された。)

子は自己を律するに厳しい人であったが、半面周囲の人々に対して暖かい心の持ち主であった。もののけじめをつけることには厳格であったが、また親身になって指導して下さった。夫人の令妹からは後々までも、「山田さんは兄によく叱られていたわね」と言われるほどお叱言を頂戴した。特に電話のかけ方など細かく直された。しかし五分後には全く後を引かなかった。

米内海軍大臣*16へ手紙をあげた時、千冬子の言葉を代筆したが、書き直しを五回も命ぜられた。墨のすり方、天地の空け方、二行ずつに折ることなど教えを受けた。(その手紙の内容は予算関係のことだと思う。)

四　当時の人びと

当時の有爵議員の方々はみな皇室の藩屏たる自覚を持ち、国を担う責任感を抱いておられることを痛感した。また礼儀正しく、二、二六事件の時臨時首相代理を務められた後藤文夫氏＊17はいつも最初は内玄関に見え、勧められて初めて正面玄関にまわった。講談社の野間社長＊18もそうであった。ところが新聞記者の中には夜回りに来て「渡辺居るかい」と呼んだ者もいた。千冬子も自分たちに電話をかけさせる時、青木、前田、水野諸子の場合は必ず、さんづけであった。当時は良家に子女を奉公させ、行儀見習いをさせた後、嫁に行かせたが、日本的な良い習慣であったと思う。

五　その他

千冬子は酒は好物だが決して深酒はやらず、七年間乱れたのを見たことが無い。ちなみに酒類は地下室に貯蔵されていた。

六　遺訓

誠実、健康、努力、創意工夫、
人を大切に、人をよく見よ、
常に近況を人に知らせ、便りを怠るな

山田氏の補足したこと

一　門下生の育成に熱心であったこと

当時の上流家庭の一般的風潮であったと思うが、特に渡辺家は門下生（書生等）を大事にし、育成に力を注いで下さった。例えば私どもの将来の希望に応じて、工学、法学、経済等それぞれの学科に通学を許され、更に実社会に巣立つにあたっては、つぶさに指示、教導せられたこと、また来邸の方々で余裕がある場合は、門下生、女中さんなどを集め、親しく解説や講話をお聞かせ下され、人生、処世、教養等を学ばせしめられたことなどしばしばであった。特に当時麻布の日が窪に居住せられたビール王、馬越恭平翁*19を招き「誰でも同じように挨拶が出来るようになれば、人は一人前ということが出来る」とのお話を伺ったが、今なお判然と私の脳裏に刻まれており、これこそ礼の真髄かと心得ている。翁からはまた、「人は今日会っても再び会える保証はない。従ってどうぞ御機嫌ようの思いを込めて礼をする。その人の自分の前を過ぎるまで見送る『残心』が礼の真髄である」との教訓もうかがった。

また詩吟の木村岳風師*20を時々招かれ、自らも門下生と一緒に詩を吟ぜられた。建部遯吾博士*21（日露開戦促進七博士の一人）にはその当時の苦心談をうかがった。

大人も千冬子にならい、毎月一回、鳥居坂教会の浜崎牧師や熊野花子伝道師（のち牧師となる）を招き、神の教えの事、人の道、歩むべき道について教えて頂いた。

二　千冬子の人となり（補足の分）

先代国武氏の命日には、早朝から一人起床し、仏壇の前に静坐し、静かに般若心経を読誦するのが常であった。また日常門下生や書生に対する教導は厳正であったが、決して固いだけではなかった。あの愛国行進曲の流行した時には、門下生や女中さんたちを並べて自らレコードをかけ、一緒に歌って練習された。ユーモアもあり、時には茶目っ気も発揮され、衆とともに楽しむ気持ちが根底にあったと思う。

真に「威ありて猛からず」とは千冬子のような方のためにある言葉と、今なお衷心から確信している、本当にお顔に似ない温かい、思いやりの深い方であった。

以上はひとり自分のみの思い出ではなく、小西光学前社長、鈴木良平氏（私の二代前の門下生）、犬山商会、犬山竹次郎氏（私の直前の門下生）等今日も無辺会で集う毎に話題になるところである。

＊注記

1　東洋英和学校を源流とする学校。東洋英和学校の校長に就任した江原素六によって明治二八年に創設された。

2　明治一六（一八九三）年、カナダ・メソヂスト教会宣教師マクドナルド・D．が任地の静岡から上京し、麻布永坂に土地を購入、東洋英和学校の創設とともに、築地教会講義所を設立して伝道したことに始まる。昭和二〇年五月の東京大空襲により焼失するが、昭和二五年、六本木に再建。平岩愃保らをはじめ、高木壬太郎、浜崎次郎ら著名な伝道師が牧師に就任している。

3　昭和四（一九二九）年七月～昭和六（一九三一）年。民政党内閣。浜口の襲撃にともなって幣原喜重郎外相が臨時首相代理となるが、幣原の失言により内閣は求心力を失い、浜口の容体悪化もあって内閣は総辞職した。

4　昭和四年一〇月一五日、浜口内閣は、年俸一二〇〇円を超える官吏の俸給を、およそ一割程度減額する構想を発表した。この案は、各省から猛反対を招いた。司法省内では、かねてより、行政官の年俸平均が三九〇〇円であるのに対し、司法官の年俸平均が三一〇〇円であり、司法官側から待遇改善を求める動きがあった。浜口内閣下の官吏減俸問題に際しては、反対の態度を先鋭化させ、東京地方・区・控訴院の判事が反対決議を出す動きを見せていた。渡辺千冬法相は、浜口首相、井上蔵相のみならず、宇垣陸相、財部海相のもとを訪れ、善後策を協議し、同時に司法省内の反対運動の調整に奔走した（東京朝日新聞朝刊、昭和四年一〇月一七日「形勢にろうばいし、渡辺法相の奔走　減俸除外例を求めて各閣僚と深夜まで」）。浜口内閣は、各省の反対をうけて一〇月二二日に、官吏減俸の中止を発表した。

5　明治一〇（一八七七）年～昭和四一（一九六六）年。大正・昭和時代の司法官僚。貴族院議員（勅選、同和会。昭和一一年～昭和二一年）。明治三五年東京帝国大学法科大学卒業後、司法官となり同四二年に東京地裁検事。その後は日糖疑獄、大逆事件、シーメンス事件など大きな事件に関与した。昭和一四年阿部内閣で内務大臣兼厚生大臣、戦後は昭和二二年に公職追放され同二六年に解除。昭和二九年には、第五次吉田内閣の法務大臣に就任して造船疑獄に関与した。

6　船橋清賢。子爵。貴族院議員（研究会、大正一四年～昭和二一年）。大正六年に京都帝国大学法科大学を卒業し、同年日本銀行に入行。岡田内閣で司法省参与官、米内内閣で文部政務次官を務める。そのほかにも戦時金融金庫監事、司法制度調査委員会委員、育英制度創設準備協議会委員などを歴任した。昭和九年七月（岡田内閣）から昭和一一年三月（広田内閣）まで司法省参与官。なお浜口内閣の参与官は、井本常作。

7　明治一一（一八七八）年～昭和三三（一九五八）年。明治期から昭和前期の司法官。貴族院議員（勅選、昭和一二年～昭和一三年）。旧忍藩士三輪礼三の四男として埼玉県に生まれる。明治二九年に東京法学院を卒業し、翌年判事検事登用試験に合格。その後、東京区裁判所判事、東京地方裁判所判事、大審院検事などを歴任し、昭和二年からは大審院次席検事。昭和七年には検事総長、昭和一〇年に大審院長を務め、昭和一一年に広田内閣の司法大臣に就任。戦後公職追放となった。追放解除後は、法制審議会委員を務め、最高裁判所機構改革問題に取り組んだ。なお、渡辺法相時代の検事総長は、林でなく小山松吉。

8　昭和六年一二月一三日、第二次若槻内閣の後継として、立憲政友会総裁犬養毅を首相とした内閣。五・一五事件によって犬養毅が暗殺されると翌日内閣は総辞職した。犬養内閣の後継として斎藤実に大命降下があり、五月二六日斎藤内閣成立。

9　明治一〇（一八七七）年～昭和四一（一九六六）年。陸軍士官学校卒業後、陸軍大学校在学中に日露戦争に従軍。陸大を主席で卒業し、その後おもに参謀本部に勤務。第六師団長、教育総本部長を経て昭和六年から昭和九年まで犬養・岡田内閣の陸軍大臣を務めた。ついで、軍事参議官、男爵。二・二六事件により予備役に編入。昭和一三年から昭和一四年まで近衛・平沼内閣の文部大臣を務めた。

10 大角岑生。明治九（一九七六）年〜昭和一六（一九四一）年。愛知一中、攻玉社中学を経て明治三〇年に海軍兵学校を卒業。日露戦争に松島航海長、満洲丸艦長として参加。明治四〇年海軍大学校を卒業してドイツに留学。大正一三年中将に昇任。海軍次官、第二艦隊司令長官、横須賀鎮守府司令長官を歴任。昭和六年海軍大将となり、同年犬養内閣に海軍大臣として入閣。五・一五事件の責任をとって一度海軍大臣を辞職するが、昭和八年再び海軍大臣に就任。昭和一六年、中国視察中に飛行機事故で死亡。

11 嘉永六（一八五三）年〜昭和一一（一九三六）年。貴族院議員（勅選、昭和三年〜昭和一一年）。衆議院議員（当選一〇回）。和歌山藩士長坂覚弥の次男として和歌山城内に生まれる。従兄の伊達宗興、陸奥宗光らの影響をうけて育つ。藩校学習館に入学し、鳥羽・伏見の戦いに鼓手として出仕、そののち内務省、司法省に転じた。明治二一年駐米公使に就任した陸奥を頼って渡米。明治二三年に帰国し、翌年陸奥が代議士を辞任するとその補欠選挙に立候補し初当選。以後、紀州派の中心人物として陸奥に政治的協力を行う。明治三〇年に自由党に入党し、のちに憲政党の結成に参加したが、隈板内閣時には星亨とともに分裂工作を実施した。途中、京阪電鉄取締役、同社長などを務め総選挙に立候補しない時期もあったが、政友会に入党し、大正三年には総務に就任、以後政友会の中枢として党内のまとめ役となった。なお、本文中では、政友会幹事長となっているが、このときは幹事長ではなく、顧問であったと思われる。

12 明治三（一八七〇）年〜昭和一四（一九三九）年。明治から昭和期の海軍軍人。明治二四年海軍兵学校を卒業し、同二七年少尉に任官、日露戦争に従軍し、黄海海戦に参加した。ワシントン会議に海軍首席随員として参加し、対米七割を強硬に主張した。その後、軍令部次長、第二艦隊司令長官、横須賀鎮守府司令長官、連合艦隊司令長官を歴任し、昭和二年に大将に昇進。艦隊派。

13 明治八（一八七五）年〜昭和三七（一九六二）年。明治後期から昭和前期の陸軍軍人。士族である植田謙八の次男として大阪府に生まれる。明治三〇年、東京高商から陸軍士官学校に転入し、翌年第一〇期生として卒業。明治四二年に陸軍大学校卒業後は、師団参謀、軍務局、騎兵監部、浦塩派遣軍の作戦主任参謀、昭和七年に上海事変が勃発すると第九師団を率いて出征し、停戦直後には爆弾によって重傷を負った。その後参謀次長・朝鮮軍司令官を経て大将。高潔・廉直な人格者として知られる。

14 文久三（一八六三）年～昭和一五（一九四〇）年。父は田安家主徳川慶頼。貴族院議員（火曜会、明治二三年～昭和一五年）。慶応元年田安家六代で慶頼の長男寿千代の夭折のあとをうけて家を継いだ。明治元年からは、徳川宗家を相続した。これにより幼名の亀之助から家達へと名を改め、駿河国府中藩主七〇万石に封ぜられた。版籍奉還により静岡藩知事を廃藩置県まで務めた。明治一七年、公爵を授けられ、同年近衛忠房長女泰子と結婚。同三六年から昭和八年まで貴族院議長を務め、ワシントン会議にあたっては、全権委員として出席した。そのほか、済生会会長、日本赤十字社社長、日米協会会長、華族会館館長、斯文会会長などをつとめた。

15 斎藤実。安政五（一八五八）年～昭和一一（一九三六）年。斎藤耕平の長子として陸奥の水沢に生まれる。明治六年、海軍兵学寮に入学、同一二年海軍兵学校を卒業。同年八月少尉。同一七年中尉。初代米国駐在公使館付武官に就任。この間大尉に昇格し、海軍参謀本部出仕。日清戦争に従事武官、和泉副長に就任。明治三一年、海軍次官に就任。第一次西園寺内閣で海軍大臣となり、以後大正三年まで五代の内閣で留任。大正元年に大将。第一次山本権兵衛内閣におけるシーメンス事件の責任をとって辞任。大正八年から朝鮮総督。大正一四年に子爵。昭和二年のジュネーブ海軍軍縮会議に全権委員として出席。同年、朝鮮総督を辞し枢密顧問官に就任。五・一五事件ののち、中間内閣を組織するも、帝人事件によって総辞職。昭和一一年、二・二六事件で殺害。

16 米内光政。明治一三（一八八〇）年～昭和二三（一九四八）年。旧南部藩士族米内受政の長男として岩手県に生まれる。森岡中学を経て海軍兵学校に進み、明治三四年に卒業。日論戦争に中尉として従軍、第一次世界大戦時にはロシア駐在武官となる。昭和九年大佐に昇格。佐世保鎮守府司令長官、第二艦隊司令長官、横須賀鎮守府司令長官などを歴任し、昭和一一年一二月連合艦隊司令長官兼第一艦隊司令長官に就任した。翌年、林銑十郎内閣で海軍大臣。同年大将。第一次近衛内閣、平沼内閣でも留任。開戦後、小磯内閣で海相に復帰。その後、東久邇宮、幣原内閣でも留任して戦後処理にあたった。

17 明治一七(一八四四)年~昭和五五(一八九〇)年。貴族院議員勅選、無所属倶楽部。(昭和五年~昭和二〇年)。明治四一年東京帝国大学法科大学を卒業、その後内務省入省。大正九年内務大臣秘書官、同一一年警保局長、同一三年から台湾総督府総務長官などを歴任。大正一四年に内務官僚の丸山鶴吉、田沢義鋪、新聞社幹部の緒方竹虎、若手貴族院議員の近衛文麿らと新日本同盟を結成、青年団運動を推進した。大正一二年に発足した安岡正篤らが設立した金鶏学院の後援者となり、国維会の結成にあたっては、発起人・理事として尽力した。斉藤実内閣の農相、岡田内閣の内相、東条内閣の国相を歴任。昭和一一年の二・二六事件の際には内閣総理大臣臨時代理。戦後は、公職追放となるが、解除されたのち昭和二八年、静岡県から出馬し参議院議員に当選。緑風会に所属し、参議院議員総会議長、総務委員長、政調会長などを歴任した。

18 野間清治。明治一一(一八七八)年~昭和一三(一九三八)年。大正・昭和期の出版事業家。群馬県生まれ。明治三五年東京帝国大学文科大学臨時教員養成所に入学し、同三七年に卒業、沖縄県立沖縄中学校教諭となる。明治四〇年からは東京帝国大学法科大学首席書記となり、同大学緑会弁論部の創立に尽力し、『雄弁』を創刊。明治四四年に講談社を創設し、『講談倶楽部』を創刊。その後も、『少年倶楽部』『現代』『婦人倶楽部』など数々の雑誌を創刊した。また、昭和五年から報知新聞社社長、同一一年に日本雑誌協会会長、同一二年内閣情報部参与などを歴任した。

19 弘化元年(一八四四)~昭和八年(一九三三)。明治期から昭和期の実業家。明治維新後、益田孝(三井物産社長、三井合名会社理事長、男爵)の知遇を得て、明治六年、三井物産の前身である先収会社に入社。明治九年に三井物産が設立されると、横浜支店長に就任。同二四年には三井物産が大株主であり、経営状態の悪化していた日本麦酒の社長に就任。日本麦酒は経営再建を果たす。同二九年に三井物産を退社し、明治三九年、日本麦酒、札幌麦酒、大阪麦酒の合同による大日本麦酒設立に際して社長に就任。その後、同社はビール市場において独占的地位を獲得し、馬越自身もビール王と称された。大正一三年、勅選貴族院議員。昭和八年四月没。

20 明治三二（一八九九）年～昭和二七年（一九五二年）。大正・昭和期の吟詠家。本名松木利治。長野県諏訪中学を三年で中退したのち、製糸会社片倉組、町役場などで勤務する。大正末頃から詩吟に専念する。吃音矯正のため少年期より長姉から習った詩吟と役場時代に先輩から習った朗吟と琵琶がその基礎となっている。昭和二年に国楽振興会を創立、同一一年には、日本詩吟学院を創設し、詩吟の全国普及活動に勤しんだ。

21 明治四（一八七一）年～昭和二〇（一九四五）年。明治期から昭和前期の社会学者。貴族院議員（勅選、同成会、昭和一三年～昭和二〇年）。新潟県生まれ。明治二九年東京帝国大学文科大学哲学科を卒業し、同三一年からベルリン大学に留学。同三四年に東京帝大教授。同三六年に日本で初めて社会学研究室を創設、大正一一年に退職するまで教授として社会学講座を担当。退職後は、衆議院議員として政界に進出。

横田正俊

講演記録

乃木院長の思い出

横田《よこた》正俊《まさとし》　元最高裁判所長官

明治三二年一月生まれ　学習院、第一高等学校、東京帝国大学法学部卒業　東京地方裁判所判事　東京控訴院判事　東京控訴院部長　大審院判事　東京高等裁判所判事　公正取引委員会委員　公正取引委員会委員長　最高裁判所事務総長　東京高等裁判所長官　最高裁判所判事　最高裁判所長官　昭和五九年七月没

尚友倶楽部午餐会での講演
昭和五十三年五月十六日

さきほど成田君からお紹介をいただいた横田です。学習院の思い出、特に乃木大将のことを話せとのことですが、年令《トシ》の故《セイ》か昔のことはすっかり忘れてしまいまして、今日果してうまくお話ができるかどうか、まあ顔だけでも出して、と参った次第です。

私は明治三十二年、一八八九年に生まれて、明治三十八年、日露戦争の終った年に四谷の初等科にはいりました。

担任の先生は林尚先生*1で、まだお若い頃であったろうと思いますが、きびしいところがあって六年間がみっちり仕込まれました。

明治四十四年、目白の初等科にいって、五年間寮生活をしました。寮は最初の一、二年はムツ寮、三、四、五年は五寮でした。

私はまことに申し訳ないのですが、学習院は特殊の学校ということで、学習院からは東京帝大の法律科を受験できない。大いに迷った揚句、いろいろ先輩の方々おられたので、意を決して大正四年卒業と同時に一高を受けましたが見事に失敗しました。学習院にいれば高等科があり、何も好きこのんで外へ行く必要はないという空気があるので、我々の仲間は極めてのんきな人が多いし、私自身ものんきな方なので、受験勉強らしいものも余りせず、見事に失敗してしまった次第です。一年浪人して翌年には幸にはいれたので、学習院とは縁切りとなり申し訳ない結果となりました。

余談ですが、当時は学習院から私と同じように、どうしても東京帝大にはいりたいということで、他の高等学校へ移った先輩は沢山おられました。古くは塩谷温*2、大河内正敏*3とか、私どもの頃には日高第四郎*4、牛島某、成瀬雄吾*5というような、そうそうたる連中がくつわを並べて合格されました。

私の前年に土方某＊6、この人は失敗して、翌年私と一緒に受けて又失敗して、三度目に私と一緒に受かったというような人もあり、また私の次のクラスの青木光二さん、研究会の青木信光さん＊7のご次男＊8ですが、一度で受かってしまい、この年には三度目、二度目、一度目の三人が同時に一高へ入学したわけです。

こういう人たちで自櫻会という会を作りました。そのうちに制度が変って、無理して外の高校へ行く必要もなくなり、自櫻会もだんだんメンバーがいなくなって自然消滅しました。このようなわけで私は学習院の出身といっても、途中から失礼してしまったわけですが、しかし初等科に六年、中等科五年の生活は、本当になつかしく、また私の人間形成の上に、実に大きく役立っていることは申すまでもなく、今日でも大いにありがたく思っている次第です。

そこでまず初等科の林先生の思い出は沢山あります。この先生は本当に体当たりの教育をして下さって、私が悪いことをした時などは、叱るどころか、ご自分からまず泣きだされて、これには全く何も言えない感銘をうけました。私の一周り、六年下級の秋元君（埼玉銀行頭取）＊9も、やはり秋元先生が担任だったのですが、彼も先生の信頼を博していたのにもかかわらず、何かまずいことをやったらしいのですね、「私も先生に泣かれましたよ。」と言っておられました。林先生の奥の手といっては申しわけないのですが、身体をはって何とかせねばならないというお気持、こんなに信頼しているのにどうしてそんなことをしてくれたかという、そのお気持は実にありがたく思いました。教育というものは信頼関係であることをしみじみと体得しました。

中等科は設備はもちろん立派なものでしたが、施設よりも何よりも先生方が実に立派でした。怠け者には勿体ないような、今考えても勿体ないような立派な先生方、例えば鈴木大拙先生＊10などは私のクラスの英語の先生でしたが、英語以外でも、いわゆる後ろ姿で教育するという方で、口先であれこれいわれるよりはるかに感銘をうけました。

鈴木先生については思い出がありすぎて、何をお話したらよいか分りません。ただ一つだけ、こっけいだったのは、私のクラスに今村英武＊11という、お父さんが海軍で、その長男、初等科から一緒で、これほどの秀才は私には外に覚えがないくらいの人でした。この人が中等科卒業のときに御前講演をすることになったのですが、生憎病気で、その次にいた私が代りをおおせつかりました。この御前講演は英語でするので、鈴木先生には鍛えられました。ところで私は声が小さくて、通らない。そこで運動場に出て、鈴木先生ともう一人の英語のコーツ先生＊12がお二人が向うの方に居られて、私は一生懸命にロバート・ブルーストとかいう英国の忠臣の話をしたのですが、私の声が小さくて通らない。すると先生は業を煮やして「大きな声が出せぬものかいな」とどなりつけられました。果せる哉、実際の講演のときもやはり声が通らないので、うしろの方の人々にはよく聞こえなかったそうです。そういうことがあったので、翌年の御前講演は岡村君という人で、前年の失敗をくりかえさないように、これが大きなわめきたてるような声で、この講演を聞いた方はびっくりされたことと思います。

鈴木先生にはサーブ・オブ・ライフという本をていねいに教えていただきました。ロング・フエローの有名な詩で、現在を大切にしようということと、大いに勤労して待つことを学ぶということを、詩を説明しながら教えていただきました。これは私の生涯を通じての指針となりました。

次に何と申しましても乃木院長＊13の印象が最も残っておりますので、これから乃木さんのお話をいたします。

実は明治四十四年に中等科にいって、翌四十五年に乃木さんがなくなられたので、中等科で乃木さんに接したのは二年足らずでした。もちろん初等科にいた間にも、乃木さんはよく初等科に来られたようで、何か書かれたものを読むと、初等科生に対する訓辞も多少はあったようですが、何故か私は覚えておりません。乃木さんの印象の主たるものは中等科時代で、しかもそれは極めて短期間です。次のクラスの小山直彦*[14]、青木光一*[15]、青木蔚の諸君などが乃木院長に接したのは、一年にも足りなかったのでした。しかし期間の短いことが、人のふれあいの重要性を左右するものでないことを、私は乃木さんとの関係でつくづく思うのです。短い期間でも、一期一会と申しますが、それがまことに奇縁で、その人にとって生涯に非常に大きな影響を及ぼすことを、私は乃木さんとの関係でつくづく悟りました。

乃木さんが学習院のために、身命を投げうって奉仕されたことは皆さんご承知の通りです。院長にこられたのは明治四十年、戦争がすんで明治天皇が「学習院をお前に預ける」と乃木先生におおせられたそうです。「お前は人の子供をなくしたが、沢山の子供をやる」とも言われたそうですが、学習院の教育を頼むという意味だと思います。明治四十年から四十五年まで、その間は数年に過ぎませんが、その間に乃木さんのなさったことは、数限りなくありますが、要するに生徒の中へ飛びこんでいって教育するという態度で、特に寄宿舎制度があったので、私は寄宿舎生活を通じてその教えをうけました。

具体的な例としては剣道をやったり、水泳場で裸になって学生と一緒に泳ぐ、年長の学生には馬術で遠出をされるというように、本当にあらゆる手段を通じて教育をなさいました。

生徒たちと寮生活を共にされたので、粗末な部屋に寮生を集めては豊かな漢学の素養に基いたいろいろの話をされました。そして書を書いて私どもに下さいました。東郷さん*[16]などは沢山書きましたが、乃木さんは不思議に余り書いておられません。書をいただいたのは遺族か戦傷者、それに若い学習院生徒です。関係のないお偉方が、学習院の先生を通じて何か書いていただこうとしましたが、「私は汗はかくが、字は書かない」と言って断られました。それで乃木さんの書は少いのです。私どもは院長の寝泊りされていた総寮にあった購買部で扇子などを買って、院長のご機嫌の良いときに書いていただきました。誰かが「今日はご機嫌がいいぞ」と言うと、皆でかけつけるという具合でした。

たしか明治四十四年の暮か、四十五年の正月、日付は忘れましたが、貧弱な扇子を買って持っていきました。ご機嫌が良い日で、置いていきなさい、と言われて置いてきました。やがてお呼びだしがあって、行ってみると書いてありました。乃木さんは必ず自分の書いたものを読ませて、とても読めないのがふつうなので、そこでご自分で読み、更に意味を説明して下さいました。

私のいただいたのはこの扇子で、簡単な文字が少ないので、やはり読めませんでした。これはこう読むのです。

「直とは是を是とし、非を非とし、敢えて自ら欺かざるの謂いなり」

乃木さんのご説明では、山鹿素行先生の「中朝事実」*17の中にある文句だそうで、乃木さんは山鹿素行を非常に尊敬しておられて、中でも中朝事実を高く評価しておられました。中朝事実からは他の方にも書いておられますが、特に今上天皇（昭和天皇）に対しては最後のお別れの際、つまり殉死なさる直前に、ご自分で朱で書き込みをなさったものを差しあげたということでした。乃木さんが中朝事実や山鹿素行先生を如何に高く評価したおられたかが分ります。

私はこれをいただいて大そう喜んで、中学一年の子供のことですから深い意味は分りませんでしたが、実は私の父*18が数十年裁判官をしていて、丁度このときは大審院判事をやっていた頃と思いますが、休みの日に寮から東中野の家に帰って父に見せましたら非常に喜んで、この言葉には一般にも通じるが、特に裁判官にはうってつけの言葉だ、と自分がいただいたように大喜びでした。私の父が永年裁判官をしている人間であったことを、乃木さんが知っておられたかどうかは、はっきり分りませんが、その後に文献その他によると、乃木さんは生徒個々のことを、特にそのバックグラウンドである家庭のことを非常によく知っておられたようです。私の父が数十年裁判一筋に生きてきた人間であることも、恐らく知っておられたであろうことが想像されます。私も裁判官の家に育ちましたので、自然に子供の頃から、裁判や司法に興味を持っていたことは事実です。初等科を卒業するとき、林先生から「お前たちは将来何になるか、若しきめたものがあったら、参考のために、卒業の紀念写真の裏に書いてくれ」と言われまして、私は裁判官になるという大それたことを書きました。近衛秀麿君*19は同級でしたが、海軍大将と書きました。そのときは本当にそう思っていたらしいのですが、その後中等科にいってからだんだんベートーベンなどにとりつかれて、あのような立派な音楽家になりました。私は何となく裁判官を考えておりましたが、まさか本当になれるかどうか分りませんでした。もっとも一高に移ったのも、結局は東京帝大で法律を勉強せねばいかんということであったと思います。

しかし乃木さんからこの扇子をいただいてからは、何となく是を是とし、非を非として、自分を欺かない。自分自身に恥じない行いをするという「直」という言葉は終始私の脳裏から離れないで、私の学生生活、その後の裁判官の生活を通じてずっと生き続けました。幸にして最後には最高裁判官の席を汚して、曲りなりにもお役に立つような形になりましたが、その間まずい裁判もありましたし、いろいろご迷惑もかけておりますが、公正を貫いてきたという点では一応全うしたと思っております。

いただいた扇子が私には忘れられません。しかもこれをいただいたすぐあと、明治四十五年七月三十日に明治天皇は崩御され、乃木さんも相次いで九月十三日に天皇のあとを追われたのでした。九月十三日天皇の御柩が大内山を出て青山通りを行く、その時に乃木さんは夫人とともに殉死されました。翌日の朝早く東中野の自宅に帰って乃木さんが自殺されたことを伝えたところ、早朝で父母ともにまだ就寝中でしたので、父は大変びっくりして、母は腰がたたないと言っておりました。

以上は十三日のことですが、さかのぼって九月六日に学習院では毎年始業式が行われます。夏休みがすんで又勉強せねばならない、怠けぐせがついているのを気をひきしめるためで、新任の先生の紹介などもそのとき行われておりましたが、この年の九月六日の始業式は非常に感銘深いものでありました。

乃木さんは天皇崩御の七月三十日から九月十三日まで、宮中でのお通夜に皆出席されて、その間全くひげをお剃りにならなかったので、講堂へはいってこられたときには、真白なひげにおおわれていて―自刃される前、夫人とご一緒の写真が残っておりますが、あの写真の通りの白いひげのお顔で―いつもと違って正装をしてこられました。そのときの訓辞は「諸君は大いに勉強しなさい。我々老人はやがて去る。あとは若い君たちががんばってもらいたい。勉強するのは自分のためではなく、国のため、君のためである。そのために何をやるかは自分が決めねばならない」というような趣旨ですが、話される態度といい、その内容といい、また訓辞のあと先生方の席へ行かれて、諸先生の手をとらんばかりにして、宜しくと言われている光景をみて、非常な感銘をうけました。書かれたものによれば、正堂から一度外に出て、又はいってこられて先生方の席へ行き、一人一人にあいさつされた、とあります。考えてみれば、これが先生や生徒に対する遺言でありました。

側近の人たちは自刃をうすうす感じとっていたようです。頭をはたらかせればきっと気がついたと思われます。私は扇子をいただいたことや、マン・ツー・マンの体当り的な薫陶をうけたことや、殊に始業式の場景が今もって印象強く思い出されます。

乃木さんについてはまだ申し上げたいこともありますが、以上を以て終りにいたします。

あともう少し時間を頂戴してもう一つお話いたします。

大正三年十一月二十五日、私どもが中等科四年の当時、学習院の輔仁会*[20]に夏目漱石先生*[21]をお招きして講演を聴きましたが、非常な感銘をうけて、未だに忘れられません。

そのときの講演は「私の個人主義」という題で、岩波茂雄氏が主宰した夏目漱石全集の第九巻九九九ページから三〇ページにわたって、全文がそっくりのっています。その要旨は、ご自分の経験を詳しく語って、何故文学を本業とするに至ったか、松山中学—熊本の五高—ロンドンに至るその間の悩みを克明且つざっくばらんに語って、最後にロンドンに行って、今まで見失っていた自分を反省して、結局文学が自分の生き甲斐であることを知り、そのときの喜びを詳しく述べられました。

そしてまず自分の個性を尊重する。自分の個性を自己本位に、徹底的に探して、それをあくまで守る。但しその代り他人の個性も同じように尊重せねばならない。学習院の生徒はいわゆる良家の子弟で、学校を出れば権力や金力の近くに位置することになるだろう。権力は他人の個性を押えつけて、自分の個性を押しつける危険があり、金力は他人の個性を誘惑して、やはり自分の個性を押しつける危険がある。したがって権力や金力には責任とか義務がつきもので、それらの伴わない権力や金力ほど恐ろしいものはない。権力や金力には責任を伴うことを自覚しなければいけない。要約すればある程度修養を積んだ人でなくしては、自分の個性を発展させる資格はない。また権力や金力を用いる資格はない、ということを述べられました。

夏目先生はご承知の通り文学者であり、有名な小説家ですが、その考え方は、当時中学生の私にはそれほどよく分りませんでしたが、その後になって、殊に最近は身にしみて、共感を覚えております。法律家をふくめて、権力とか、責任とか実に意味深長の言葉でありました。そのときは特に学習院の学生に聴いてもらおうという、非常に意欲的なものでありました。しかも驚いたことには、講演の最後に、今日話したことが分らなかったら、私の家に来てもらってもよいし、手紙で問うてもよい。君たちの納得するまで説明してあげる、ということを言われました。

実はちょっと前に、どこかの工業学校かどこかで話したところ、学生が非常に感心したような顔で聴いていたので、よく解ってくれたと思っていたら、あとである友人から、学生はちょっとも分らなかったと言っていたよ、どうせ君の話など分る筈ないよ、と言われてギャフンとなったことがあったそうです。

そのあとで学習院の生徒が何人かお宅にいったそうです。それに対して先生はちゃんとお答えになったそうです。

私は学習院を中等科五年でおさらばしましたが、その終りの頃に夏目先生のお話を聞けたことを大変ありがたく思っております。先生を引っ張ってきたのは多分白樺派―武者小路さん*22などはとっくに卒業されていましたが―の血筋を引いた人たちであったと思われます。学習院は軍人が多く、多少軍国主義的なものがないでもありませんでしたが、一方に別の派があって、その派の若い人たちが夏目先生を引っ張ってきたのでしょう。今顧みて大変面白く感じます。

私のお話はこれを以て終りにいたします。

講演のあとの雑談

水野　僕はご大葬のとき初等科一年で、青山御所の前に並んだことを覚えています。太鼓か何か音がしていました。

某　終ってから電車がまだ出ないので正堂に集まって、始発に乗って帰った。自転車に乗ってきたものもいた。

横田　中等科へいったとき、初等科からの同級生は近衛君。一年上級から児玉（旧姓広幡）*[23]、医学博士の北里*[24]、徳川チャイ（宗敬）*[25]などのそうそうたる諸君が十人ほど落第してきた。何か一種の学校騒動があったようです。池田君や三島君は外から中等科へはいってきた。

近衛君は音楽に極めて熱心でした。乃木さんから叱られたという話もありますが、実際は叱られたということはありません。友達が野球のバットを、近衛君がバイオリンをひいているとき投げつけた。それを川中島の武田信玄のように受けとめた、と近衛君自身が回顧録の中で*[26]書いています。犬養君*[27]が近衛君に同情してバックアップしていました。

三島君のボーイスカウト今は渡辺さんがやっていますね。土方君の築地小劇場、土方君は初めから旗幟鮮明でした。

児玉君は今学習院百年の委員長をしていますね。松方君も一緒です。実際私のクラスにはいい人が居ましたね。

「白樺」は明治四十三年に創刊されて、大正十二年まで続きました。したがって武者さんなどが卒業したあとで、むしろ私どもよりあとの人が主として続けたのです。また白樺はむしろ美術雑誌で、絵とか彫刻の写真での紹介が活発でした。

某　私は武者小路さんを招いて話を聴きましたよ。武者さんは、今日集まって僕の話を聴こうという連中は、ふだん僕の書いたものを読まない人たちだろうって言われちゃいましたよ。

＊注記

1　学習院初等科普通学／修身・国語・算術　助教授、在職期間：明治三八（一九〇五）年二月〜大正一四（一九二五）年。

2　明治一一（一八七八）年〜昭和三七（一九六二）年。大正・昭和時代の漢学者。明治三五年、東京帝国大学文科大学漢文学科卒業、恩賜銀時計拝受。学習院教授、東京帝国大学文科大学教授などを歴任。この間、中国文学研究のため、清とドイツに留学。昭和一四年に退官。東京帝国大学名誉教授となる。昭和一六年から同二三年まで東方文化学院理事。

3　明治一一（一八七八）年〜昭和二七（一九五二）年。子爵。貴族院議員（大正四年〜昭和五年、昭和一三年〜昭和二一年、研究会）。明治三六年東京帝国大学工科大学卒業。のち工学博士。明治四一年よりドイツ、オーストリアに留学。明治三六年以降は、東京帝国大学教授、海軍技師、海軍参与官、内閣調査局、企画庁参与、商工省統制局顧問、用紙標準化委員会会長など多数歴任。大正六年の第三回万国議院商事会議（ローマ）にも出席した。間部詮勝五男正質の長男。

4　明治二九（一八九六）年〜昭和五二（一九七七）年。昭和期の教育者、文部次官。大正一一年に京都帝国大学哲学科を卒業したのち、明治学院高等部、広島高等学校、第三高等学校、第一高等学校などの教授を務める。昭和二一年、文部省学校教育局長となり、その後国立教育研究所所長、文部事務次官を歴任。昭和二七年に国際基督教大学教授に就任し、定年退職後は学習院女子短大学長兼学習院副学長となる。そのほか、日本ユネスコ国内委員、民主教育協会副会長、教育課程審議会会長なども務めた。

5　明治二九（一八九六）年〜昭和六一（一九八六）年。学習院の初等科、中等科を経て、一高に進学。その後、大正一一年に東京帝国大学を卒業、三井銀行に入行。以後、第一火災海上保険社長、会長、相談役などを歴任した。

6　土方与志（本名、久敬）。明治三一（一八九八）〜昭和三一（一九五六）年。大正八年、学習院高等科から東京帝国大学文学部国文科に進学。大正一二年に演出研究のためドイツに留学。関東大震災をきっかけに帰国し、小山内薫らともに「築地小劇場」を建てた。その後、マルクス主義へと傾倒し、昭和八年にモスクワに行く。帰国後投獄されるが、昭和二一年日本共産党に入党するとともに演劇活動を再開した。

7　明治二（一八六九）年〜昭和二四（一九四九）年。子爵。貴族院議員（明治三〇年〜昭和二一年、研究会）。宗秩寮審議官、日本銀行監事、住宅営団監事などを歴任。のち国有財産調査会委員、鉄道会議議員なども務めた。日本銀行京都支店次長などを務めた蔚は、信光の四男。

8　正確には、青木信光の四男。

9　秋元順朝。明治三八（一九〇五）年〜昭和四二（一九六七）年。昭和三年東京帝国大学経済科を卒業。翌年大蔵省に入省し、主税局事務官、主税局関税課長、企画院調査官、総理大臣秘書官などを歴任。その後埼玉銀行頭取、全国地方銀行協会理事を務めた。

10　貞太郎。明治三（一八七〇）年〜昭和四一（一九六六）年。明治から昭和期の仏教哲学者。号は風流庵大拙。石川県生まれ。一八九二年に東京帝国大学文科大学哲学選科に入学、鎌倉円覚寺に参禅、今北洪川、釈宗演に師事し、大拙の道号を釈宗演から受ける。九五年に選科を卒業したのちに渡米し、一二年間アメリカに滞在。一九〇九年に帰国後は、「大乗起信論」「大乗仏教論」を英訳出版し、東京帝国大学文科大学講師、学習院大学教授を経て一九二一年から大谷大学教授。仏教、禅思想を広く世界に紹介した。

11　パリに留学して美学を志し、友達座などの演劇にも関わったが、昭和三年八月二八日に病気のため死去。

12　嘱託外国教師、イギリス人の「リチヤード、エルマ、コーツ」

13　乃木希典。嘉永二（一八四九）年～大正元（一九一二）年。明治期の陸軍軍人。長府藩士乃木十郎希次の第三子として江戸の毛利家上屋敷で生まれる。明治一八年陸軍少将。翌一九年から河上操六とともにドイツに留学、同二一年に帰国。明治二七年の日清戦争では、歩兵第一旅団長として旅順を攻略。翌二九年陸軍中将、男爵。明治三七年の日露戦争に際しては、第三軍司令官として旅順攻撃を指揮した。明治四〇年から第一〇代学習院院長を兼任、「尚武教育」による学習院改革を試みた。同年伯爵。大正元年九月一三日、明治天皇大喪の当日、自邸において妻静子とともに自刃。

14　一九二〇年に学習院高等科を卒業。京都帝国大学法学部を経て、大蔵省に入省、以後専売局財務局長などを歴任。一九四六年から日本銀行監事を務めた。同年には、学習院財団準備委員会委員に就任し、さらに一九五二年から一九七一年まで学校法人学習院常務理事を務めた。（『学習院アーカイブズレター』ｖｏｌ17、二〇二一年）。

15　青木信光次男。大正六年に一高に入学するも大正九年没。

16　東郷平八郎。弘化四（一八四七）年～昭和九（一九三四）年。海軍軍人。侯爵。薩摩藩士東郷吉左衛門の四男として生まれる。一七歳で薩英戦争に参加し、その後、阿波沖海戦、宮古湾海戦などで幕府軍と戦う。明治四年からイギリスに留学し、語学などを修めたあと、帰国後海軍中尉に任ぜられた。日清戦争に際しては、二度目となる浪速艦長を務め、豊島沖海戦で戦果をあげた。海軍大学校校長を経て、日露戦争の際には、常備艦隊司令長官として自ら主要作戦を指揮し、黄海海戦、日本海海戦でロシア艦隊に甚大な被害を与えた。明治三八年に海軍軍令部長、大正二年に元帥。同三年からは東宮御学問所総裁に就任した。

17　江戸前期の儒者・兵学者である山鹿素行の赤穂謫居中の漢文体の著。寛文九（一六六九）年一一月二四日に起筆し、一二月二七日に完稿。皇統と付録の二部からなり、一三章で構成される前者は、『日本書記』、『先代旧事本紀』、『古語拾遺』、『令義解』、『神皇正統記』、『本朝神社考』などを援用して、神代・古代の皇統と文物の淵源が述べられる。後者は、それらに対する問答が記載されている。本書において日本は、「中華」「中朝」「中国」などと記載され、「水土は万邦に卓爾として、人物は八紘に精秀なる」ゆえんが述べられる。

18 横田秀雄。明治・大正期の裁判官。文久二（一八六二）年〜昭和一三（一九三八）年。信濃国松代町に松代藩士横田数馬の長男として生まれる。明治一三年、司法省学校に入学したが、帝国大学と併合されたため、明治二一年に東京帝国大学法科大学仏法科を卒業、司法省に入省した。明治三四年に大審院判事となり、大正一二年に大審院長就任。裁判官のかたわら明治、法政など私立大学で民法を教授、大正一三年には明治大学学長に就任した（昭和九年まで）。

19 大正・昭和時代の指揮者、作曲家。明治三一（一八九八）年〜昭和四八（一九七三）年。貴族院議員（昭和七年〜昭和一二年、研究会）。公爵近衛篤麿の次男として生まれる。幼少期からバイオリンを末吉雄二、クローンに学ぶ。学習院高等科を経て東京帝国大学文学部に進み、「東京帝大オーケストラ」を創設。大正四年から一年間、山田耕筰に師事。大正一二年からパリ・ベルリンにおいて作曲、指揮を学ぶ。大正一四年に帰国し、山田耕筰らと日本交響楽協会を設立するが、翌年分裂し、自身で新交響楽団（N響）を主催。昭和二三年に芸術院会員。

20 明治二二年八月、学習院が麹町区三年町に移転してから、寄宿舎生の間に各種の小団体が組織されていた。当時の院長であった三浦梧楼は、それらの小団体を包括する組織の設立を寄宿舎生に勧め、それにより尋常中学科以上の生徒の諸活動の中心機関として明治二二年四月六日、学習院輔仁会が創立された。編纂部、演説部、運動部、英語部、仏語部、独語部の六部からなる。

21 漱石全集刊行会編『漱石全集』第九巻（漱石全集刊行会、一九二五年）の九九九頁に、「大正三年十一月二十五日学習院輔仁会に於て述　私の個人主義」と題した講演録が掲載されている。なお、同書奥付には、漱石全集刊行会の代表者として岩波茂雄の名が掲載されている。

22 武者小路実篤。明治一八（一八八五）年〜昭和五一（一九七六）年。貴族院議員（昭和二一年。勅選議員）。学習院初等科、中等科を経て、明治三九年学習院高等科を卒業し、東京帝国大学哲学科修了。明治四〇年から作家生活に入り、その後高等科時代から交流のある志賀直哉、くわえて有島武郎、里見弴、柳宗悦らと文芸雑誌「白樺」を創刊。のちに帝国芸術院会員等となる。

23　児玉幸多。学習院百年史編纂委員長。

24　北里柴三郎。明治・大正時代の細菌学者。男爵。嘉永五（一八五二）年〜昭和六（一九三一）年。貴族院議員（勅選、大正六年〜昭和六年、交友倶楽部）。肥後国に父惟信、母貞子の長男として生まれる。明治二年、熊本藩校時習館に入校するも、明治四年の廃藩置県により藩校が閉校となり、同年熊本の医学所病院に入学した。同病院においてオランダ人医師マンスフェルトの指導をうけ、明治五年に熊本医学校と改称された際には、塾監となる。明治七年にマンスフェルトの退校とともに上京し、明治八年東京医学校に入学、のち東京大学医学部と改称され、同大学を明治一六年に卒業した。明治一八年から渡欧し、細菌学のコッホに師事、破傷風病原菌の培養に成功した。明治二四年、医学博士の学位をうけ、翌年帰国。同年に設立された大日本私立衛生会伝染病研究所所長に就任。明治二七年には、香港で流行していたペストの調査に赴き、独立にペスト菌を発見した。大正三年に北里研究所を開設し、日本の細菌学発展に貢献した。

25　徳川宗敬。明治三〇（一八九七）年〜平成元（一九八九）年。伯爵。貴族院議員（昭和一四年〜昭和二二年、研究会）。御三家の一つである水戸徳川家に篤敬の二男として生まれる。夫人の幹子は、池田仲博の長女。大正一二年に東京帝国大学農学部を卒業し、のち農学博士。戦後は、参議院議員（緑風会）となる。そのほかにも、伊勢神宮大宮司、神社本庁統理など歴任。緑化運動に尽力した。

26　近衛秀麿が後年執筆した回想録『風雪夜話』（講談社、一九六八年）には、「しばしば海軍志望の同級生から音楽断念の戒告や鉄拳制裁を受けたり、野球のバットを川中島の信玄のようにバイオリンで受け止めたりいろいろな思い出がある。」（五一頁）とある。この述懐に続いて、犬養健は、自身の「幾人かの理解者や同情者」であり、「激励のことばをかけてくれた」と回想している（五一頁）

27　犬養健。明治二九（一八九六）年〜昭和三五（一九六〇）年。犬養毅の二男。学習院中等科、高等科を経て、東京帝国大学文科大学哲学科に入学し、大正八年に中退。作家生活に入った。昭和五年の総選挙で東京から立候補し（政友会）当選。父毅が死去してからは、父の地盤を引き継ぎ岡山に選挙区を移した。戦後、公職追放となるが、訴願の結果追放解除を認められ、昭和二三年七月に民主党に復党。第四次吉田内閣で法務大臣として入閣、第五次吉田内閣にも留任。昭和二九年の造船疑獄に際しては、法務大臣として検事総長に対する指揮権を発動した。

【解説】談話記録から見た貴族院・参議院の政治会派について

小林　和幸

はじめに

本書は、尚友倶楽部ならびに霞会館によって聴取・収集された旧貴族院関係者の回顧談・記録をまとめて刊行するものである。

本書に掲載する貴族院関係者へのインタビュー形式の聴取は、尚友倶楽部の水野勝邦氏が行ったものと、霞会館理事の花房孝太郎氏が委員長となり「貴族院及火曜会公正会調査委員会」（委員として大久保利謙、水野勝邦、永山盛綱、嘱託として海保勇三）によって昭和五一年から実施されたものがある。両方とも水野勝邦氏が聴取に関わったものである。水野氏はこれらの聴取を活用して、『貴族院の会派研究会史』＊1をはじめとする一連の貴族院研究を行ったと思われる。

さらに、尚友倶楽部により、水野氏の没後、大村泰敏・三島義温・清岡長和の三氏が行った広橋真光氏に対する聴取、三島義温・上田和子の二氏が行った池田徳真氏への聴取、大久保利謙・渡辺昭・三島義温・広瀬順晧・上田和子の五氏が行った吉井千代田氏の聴取も、本書に掲載している。

また、インタビュー形式以外であるが、黒田長禮氏・松平齋光氏・中山輔親の三氏については回顧録の形式のもの、山田長蔵氏ならびに岡部長景氏については水野氏らが聴取したものを記録としてまとめた形式のもの、横田正俊氏は尚友倶楽部での講演記録を掲載した。

聴取の対象は、貴族院議員経験者を中心に、貴族院事務局関係者、旧華族、学習院関係者などであり、貴族院や華族制度になんらかの関係を有するものである。

これらの聴取記録は、もちろん史料批判は必要であるが、当事者が語ったものとして、貴族院や華族制度を歴史的に考える際に貴重な史料となり得るものであることから、ここに刊行するにいたった。

また、本書所収のインタビューの内、以下に掲げる二三編は既に一度、平成二年九月に尚友倶楽部により『その頃を語る―旧貴族院議員懐旧談集』として刊行されているのであるが、私家版とされ、公刊されたものではないため、改めて掲載することとした。

『その頃を語る―旧貴族院議員懐旧談集』に掲載されている談話者は、以下の通りである。

岡部長景談、堀切善次郎談、秋田三一談、松本学談、中村貫之談、宮原旭談、内田敏雄談、坊城俊賢談、島津忠承談、池田宣政談、桂広太郎談、島津忠彦談、岩倉具栄談、徳川宗敬・近藤英明・海保勇三・宮坂完孝・河野義克談、向山均談、久松定武談、二条弼基談、久我通顕談、栗林徳一談、松平忠寿談、稲垣長賢談、黒田長禮記、松平齋光記、中山輔親記

これらの談話には、刊行時に尚友倶楽部調査室の上田和子氏による注が付されている。本書への転載にあたっては、上田氏の注については、原則としてそのまま使用することとし、新しく掲載した談話については、新たに毛利拓臣（宮内庁書陵部宮内公文書館研究員）が作成した注を付した。

上記の既刊分ならびに新規の掲載分についても、現在録音が残されているものはほとんどなく、今回、録音と対照できたものは限られている。したがって、本書では録音と余り時間を置かずに、水野勝邦氏、上田和子氏らによって筆耕された原稿を利用した。なお、松本学の聴取分については、前掲『その頃を

語る―旧貴族院議員懐旧談集』と水野勝邦編『貴族院における日本国憲法審議』（尚友倶楽部、一九七七年）に所収されており、両者の間に多くの異同があることが指摘されている*2。幸い松本学の録音は、残されており、今回は録音から改めて原稿を作成した。作成の過程で、『その頃を語る―旧貴族院議員懐旧談集』は、相当程度の省略・訂正が行われていることがわかったが、聴取者による校正による訂正の可能性もある。この点は読者にはお含みをいただければと思う。また、今回新規所収の土岐章については、筆耕はなかったが、音源を発見できたために掲載することが出来た。ただし、音源は劣化ならびに録音当時の環境により、聞き取りが難しい箇所が多かったため、確認が出来た戦前期の貴族院関係の部分のみを本書では掲載することとした。

本書掲載のそれぞれの談話からは、昭和期の貴族院の実相について、さまざまな状況が明らかになる。もちろんそれらは、談話者の主観に基づいており、利用に当たっては史料批判を行い、事実の確定を行わなければならないものであるが、当時の雰囲気を知る上では他に替えられない貴重なものと考える。以下、いくつか主に貴族院研究において参照すべきと思われる情報について、紹介しておきたい。

貴族院の会派「火曜会」「研究会」「公正会」について

以下、貴族院の有力会派に関する言及を検討する。質問者の水野勝邦氏は、貴族院の政治会派に関する研究を進めていたので、会派に関する情報は豊富である。

火曜会

まず、貴族院の公・侯爵議員をつとめた人物からは、公侯爵によって結成された「火曜会」についての情報が語られている。火曜会は、研究会の中心人物のひとりであり、貴族院議員としての活動を期待されていた近衛文麿が中心になって結成した公侯爵の会派である。昭和二年一一月、幹部と反幹部の内部対立を来していた研究会を脱した近衛は、公爵の一条実輝、侯爵の中御門経恭、四条隆愛、広幡忠隆、中山輔親らと共に公侯爵による新しい貴族院内団体の結成を企てたが、当初は社交団体に止まった。その後、昭和三年三月一四日多数の公侯爵議員の参加を得て、会派として火曜会の創設に至った。会員は、初めは二六名であったが次第に増加し四〇名を超える会派に成長する*3。

火曜会の成立事情については、中山輔親が詳しく語っている。

近衛公は研究会の筆頭常務や相談役や貴族院の全院委員長となり、水野子爵も近衛公の紹介で西園寺公を再三訪問された、がそれ以上進まず同志獲得も思うように行かず、遂に昭和二年近衛公来訪、今のままではロボットとして利用されるだけで同志も得られぬから此際研究会を退会したい、又無所属倶楽部も勅選組と細川侯とうまくいっていないようだから細川侯等と一緒になって世襲議員丈で交渉団体を作り、之を土台として政治活動をしたいと極めて緊張の顔で、君の意見を聞き度いとのことであった。私は先づ今迄貴族院改革の一つとして伯子男の各爵が夫々全員一致で行動することは不自然故改めよと云って来たので、採決は自由とし、交渉団体の資格を得る為めの集会でなければいけない、と云うや近衛公は勿論そうだと、更に私は研究会を出たり入たりした様に此度の新しい会が気に入らないから又出ると云うことでは近衛公の政治生命に汚点がつくと思うから、二三日考えたいと申した。かくて二日後近衛公と逢って①新会派の幹事は二条公と細川侯とする事、②二条公は性格穏和だから中御門侯（経恭）を入れて補強する事、③佐佐木侯には潤滑油の役をしてもらう為め入ってもらう、④其上に近衛が立って舵をとればよいと提案したら、近衛公は全面的に賛成された。近衛公は直に佐佐木侯を通じて細川侯等を、又中御門侯を介して研究会所属の一条公、廣幡侯（忠隆）、四條侯（隆徳）等を勧誘し大体の見込がついた。近衛公は珍らしく早朝来訪され又一つ頼みに来た、と云ふのは内諾丈では心配なので署名簿を造ろうと思ったが云い出し難いことなので、先づ君に署名してもらい之を突破口として他の人に署名してもらおうと思うのでと云われ、尤もと思い快く僭越乍ら近衛公の用意した署名簿に署名したら大変喜んで帰られた。……かくて昭和二年十一月十二日近衛公、一條公、四條侯、廣幡侯、中御門侯と私の六名が研究会を退会し、十一月廿九日（火曜日）社交団体として公爵五人、侯爵十六人が火曜会を作り、翌昭和三年一月廿五日議会交渉団体となり、近衛公、細川侯、中御門侯を幹事としてここに目出度く火曜会が出来、昭和二十二年五月二日貴族院の終る迄続き、其後浅野侯（長武）の提案で大禮服の衿の色、紫と紅とを併せて紫紅会と云う倶楽部が出来て旧公爵、旧侯爵が全部会員と云うことになった。かくして近衛公は火曜会を基盤として昭和六年一月副議長、昭和八年六月議長と順調に就任されたので陰乍ら私は喜んだのである。（本書一三五頁）

以上から、研究会脱会前後の事情がよくわかる。

なお、研究会側の幹部であった岡部長景は、近衛の研究会脱会については、「昭和三年に近衛文麿公が研究会を脱会して火曜会をつくった。その原因は公が何か水野さんにだまされた様に考えられ不満を抱かれたという。この脱会は事前に私達が内通しての芝居だというが、それは全く知らないことで、準備があったのではなく、全く寝耳に水の突如として起ったことである。あの時は近衛君らとたしか木戸邸において十一会の会合を開いた時、冗談を交えての会合中であったが、その席から、近衛君が『一寸と用がある』といって外出された。それが実は研究会脱会であった。裏松君にも何にも事前に話していない。余りの突然のことで裏松君はショックが大きかったらしく涙を流して憤慨した程であった」（本書二〇八頁）と、近衛の脱会が「寝耳に水」であったとしている。

火曜会の性格については、岩倉具栄は「政党というよりむしろ社交的団体でした」（本書一六頁）と述べており、同様なことを桂広太郎が「火曜会というのは研究会とか公正会とかいうようないわゆる政治家めいた雰囲気はなかった。ただ人数は多かったし、研究会と公正会の真中にいて全く castingvote の意味があって割と利害関係をもった方が少なかったですよ。だから公正なことが言えたんだと思いますよ。それから委員長とか、何かやる時にむつかしい問題は公正会とか研究会で、そうではないいわゆる名誉委員長だったんですね。随分委員長をやらされました」（本書五二頁）と語っている。二条弼基も「研究会と公正会はいろいろとやっていた様ですが、火曜会というのは超然としていたと思います。政治色はゼロですね。」（本書三七頁）としている。火曜会が、政党との関係など党派的色合いが薄いことを表現しているものであろう。また、島津忠承は「委員長は大体、火曜会の人がやるんです」（本書二六頁）としているが、貴族院の各種の特別委員会は、特別の場合を除き、原則として爵位が上位の議員が委員長、副委員長を務めるといった慣例が存在したため、公侯爵の集まりである火曜会所属議員が、結果として、それに当たることが多かったことを指している。

研究会

次に研究会についての所属議員の言及を見てみたい。尚友会という選挙母体を有し、特に子爵選挙で圧倒的な強さを誇る研究会は、子爵議員を中心に、伯爵議員や勅選議員や多額納税者議員を擁し、貴族院内の最大会派であった。尚友会により、子爵議員の当落を左右し得たために、議員候補の選出を行う幹部に権力が集中し、幹部の統制が強い会派であった。また、原敬によるいわゆる「両院縦断」以降、政党内閣との連絡も行われ、議会運営に大きな影響力を有した。

こうした研究会については、中山輔親が語るところでは、「当時貴族院は大体政府寄りの研究会に対し公正会其他が野党的立場をとり両者の対立が激しく、研究会を退会した勅選議員約一〇名が一時我々の無所属控室に入り大変賑やかだったが、大正十年十二月この控室に第二無所属会を設け翌十一年八月細川侯、佐佐木侯之に参加し反研究会の色濃い俱楽部となった。之に対し近衛公は同年九月来訪、二条公と三人で研究会に入り研究会の内部に同志を作る方がよい。寄らば大樹の陰と云うからと云われ私は直ちに賛意を表した。二条公は近衛公より年長で二三日遅れて承諾された。そこで直ちに研究会の実力者水野直子爵邸に行き入会を申込んだ処非常に喜ばれ、大正十一年九月十七日正式入会、私と近衛公は酒井忠正伯や水野子の御宅を再三訪問し又水野子爵も拙宅に度々来られ意思の疎通を図った。」（本書一三五頁）と語っている。

また、岡部長景は、「貴族院における研究会は多数を制して力は非常なものであって、小川平吉君など大臣達が研究会の事務所に見えたし、黒木（三次）伯の飯倉かにあった家にもよくやってこられた。原敬総理も自ら研究会の事務所にこられていた様である。この様に研究会の存在は強大ではあったが、一面青木、水野による指示で右へならえの大勢がありそれではいかんという不満もあった。曽我祐邦や大河内輝耕君らはその先鋒であった。しかし曽我君は利口ではあったが味方は少く、輝耕君はよく意見は述べるが実行力はなく、結局研究会の改革はできなかった」（本書二〇六頁）と述べている。研究会の幹部統制には不満や反発もあったが、その改革は容易でなかったことがよくわかる。多額納税者議員で研究会員の秋田三一は、「私のときは政友系ではあるけれど、固まった政友系［交友俱楽部カ］と競争しているくらいで、革新的な部分が考え方にも相当加ったということです。ですから、同成会ですか、政友会の古いところへ入るのは余りいさぎよしとしなかった。研究会は無色というか中立的なものであり、しかも勢力は相当あるということで他にああいう会派はあまりありませんので、お世話になった方がいいだろうと。田部（長右衛門）さんとか橋本（辰二郎）さんとかも皆研究会でしたから、多額としては研究会が多いのは自然のことでした。」（本書三九〇頁）と述べている。研究会は、政友会系や民政党系などの多額納税者議員を包含したために、かえって政党色が薄れ、「無色」「中立」的な性格となったものと思われる。またこのことは、政党系の勢力とも協調する際に有効であった。

公正会

また、男爵を中心とした「公正会」については、小原謙太郎が「公正会ではもう少し意見が強いですから。とにかく何かという時に勝手な行動をとらないで一つの方針でやるようにと、議決か何かの時には大体打ち合わせて……反対でもすると次の時に出られないのです。」（本書三七頁）と会派統制があったとしている。公正会も「協同会」という男爵議員選挙母体を持っていたので、研究会のように会の幹部の意向が次の選挙候補者選定に影響力をもったのである。また、小原は「私の記憶ではあらかじめ相談して各自が個々にはやらなかったように覚えているけど、私は役員にはならなかったので、内田さんとは違いますでしょうが。私の当時は、やはり公正会としての政治的な方向づけをして、それに従って行動してはいました。戦争末期と戦後とに分けると、末期時分はまだまだ幹部の意志というものは強かった。我々出たての者は、自分の意見で相談するけれども勝手には行動できなかったように記憶しています。なかなか面倒なように覚えています。しかし憲法改正頃は委員会なんかに出てしゃべりましたね」（本書二六三頁）とも回顧している。島津忠彦は、男爵選挙について「当時は男爵議員の大御所という様な方々の御機嫌をうかがわないと、候補者の中にいれてもらえませんでしたので、私は岳父の甘露寺（受長）に頼みまして有力者のところへお百度をふみました。岩倉男爵（道倶）、黒田男爵（長和）、東久世男爵（秀雄）という様な方々です。結局、互選なので、連名投票なんですが、全部投票しなければならないということはないんです」（本書二六七頁）と語っている。

なお、公正会は、研究会の会派統制に反対であったので「一人一党主義」を標榜したが、その点について、水野勝邦が「公正会は一人一党という色彩が強く見えるのですが……職業軍人とか、銀行マンだとか、一つの特殊技能というか、その社会の成功者の集まりだったように見えるのですが……」（本書二六八頁）という問いに対し、島津は「それも一つの見方かもしれませんが、入会した以上は議員歴の多い先輩、先に当選して何回と改選期を通った方々が力を持っている。総会などでも発言するのはほとんど議員歴の多い先輩です。社会的に成功した、いわゆる偉い人たちはほとんど発言しない。大体欠席が多く、本当は議員ではないという感じでした。毎日出てくるのは若い連中で、もう顔ぶれがきまっていました。社会的に名を成した人は出て来ないんです。専門家とかそういうのは余り関係がなく、皆さん意見はお述べになるけれど、決に対しては力がないんですよ。今、おっしゃる様に、そうそうたる人がいるんですが、大倉喜七郎氏など殆ど出ておられません。まあそういう点を考えますと、一人一党必ずしもそうではないと言えますね。そうして黒田さんや岩倉さんというような議員歴の多い先輩が活躍されており、次にまめに動かれた東久世さんや、少し間をおいて松田（正之）さんも相当力がありました」（本書二六八頁）と答えている。

坊城俊賢は、「（公正会には）序列があった。私は公正会で一席ぶったりしたので幹事にさせられました。公正会は現役の議員の集りで、協同会は選挙母体、昭和会館は男爵の集りで議員もいるが議員でない人もいるんです。又男爵ばかりじゃない勅選議員も四人位いたと思います。河田烈とか松村義一とか。

公正会は幹事というのはあるが、幹事長というのはないのです。なぜかというと『長』という字のつくのは誰もやらない。お互いにそういう一つの約束があったんです。だから幹事は七人いてその中の年寄が長になるのですが、決して幹事長とは言わない。皆同格なんです。それでたしか途中で改選がありましたが、もうすぐ解散になるのだからとひきつづいてやらされました。今園（國貞）さんが大将で、私は小使いでした。何をするかというと、朝、例えば八時四十分から総会を開くというと、私は八時前に来て、衆議院をずっと調べて歩くんです。今園さんが「これから幹事会を開きます。」とやると、この法案が衆議院ではこうなって、もう一週間かかるが、これは明日こちらへ来る、とかそういう報告をするのです。そうして今度はそれに対して貴族院の委員の手当てをします。誰を委員にするか、とか考えなくてはならない。幹事としてそんなことをやっていて、相当忙しかったんです」（本書二九三頁）と述べている。

宮原旭は、公正会の幹部につき「黒田さんはゴルフをやるから色が黒くて目が光っていて余り話をされない。見かけは非常にこわそうにみえるが、ちゃんとした指導をして下さる。岩倉さんは、パッパと非常に気軽に色々の話をして下さる、よくしゃべる面白い方です。信頼性があり、公正会をまとめるにはいい人物でした。あの方達の下で東久世（秀雄）さんあたりがいろいろ画策をされていました。あのとき十二人も欠員が出てたのは、園田武彦さんとか、井田磐楠さんとか菊池（武夫）さんとか軍部と一緒になって大いに右翼的なことをしゃべったというので岩倉さん達から×をつけられて、井田さんは残ったが、他は五、六人首になっちゃったんだそうです。公正会は一人一党だから表面はしゃべってもかまわない筈なんですが……。ただこのいきさつはあとからきいたのでくわしく知りませんが、いろいろ面白いことがあったようです。」（本書三一四頁）と述べている。

また、宮原も「一人一党主義」について、「我々の公正会一人一党というのは、賛成、反対は自分の意志で黒票でも白票でもいいんです。最後の堂々巡りのとき反対なら黒票入れたって構わない。その点については私は非常に感心しました。そういうわけで、我々だけが我慢して坐っている。ただその法案が通るときだけ立つか坐るかを考えればよい、まあそういうようにしてずっとすましてきたわけです。研究会は全部幹部が決めて、黒白間違えていれたら次の選挙は首ということで、皆むきになって気を配っていましたね」（本書三一五頁）としている。同様に、向山均は「当時の公正会は、岩倉道倶さんと黒田長和さんが主として牛耳っておられました。中間幹部として高崎（弓彦）さん、小幹部として松田（正之）さんなど十人位ずつおられました。幹部がおられるといっても余り束縛されなかったし、フリートーキングを時々やりました。研究会に比べて公正会はずっと微力でしたが、自由でした。研究会は議員の数も多かったし、実力者も多い立派な団体でしたが」（本書三二六頁）と議員の自由意志が反映したと述べている。

公正会は、幹部やベテラン議員の影響力は強く、一般議員の発言等は、制限されていたが、採決の際の自由度は比較的あったということであろう。幹部の指導はあるものの、公正会は「一人一党主義」を標榜していたので、決議拘束は必ずしも厳密には行われなかったのであろうと思われる。

戦後、参議院の「緑風会」について

戦後の参議院の会派「緑風会」については、久松定武が「参議院に出ました時は、郷里の方からしきりに出てくれと言われたんです。出てから私は、緑風会にはいりました。緑風会は勅選議員の外、貴族院にいた人が中心になってつくったもので、山本勇造さんが春の緑のやわらかさと温かい空気をその政党に加味してやっていきたい、と緑風会と名づけられたのです。それで、その当時の政府を助けていこうというのが主だったんです。私は今でもああいう会があるといいと思いますが、貴族院と衆議院とは格段の差があったように思います。今の上院というのか参議院は衆議院と同じように政党だけに支配されているということ、昔は勅選議員のようにあらゆる面で第一人者の識者が入っておったというので非常に権威があった。私はやはりああいう制度があってもいいのではないかという感じを今でももっております。」（本書一七二頁）と語っている。また、島津忠彦は、「私は最初、緑風会鹿児島地区から出ましたが、ああいうのが理想的だったからです。第一回の選挙後二、三年は首位をしめていたんですが、段々政党がくいこんで来て、三年後の選挙のときは緑風会では当選圏内に入らないのです。それでやむなく自由党から出ました。緑風会はギリ貧でとうとう解消しましたね。緑風会が強力であれば、今のようにぶざまな政治はやらなかったと思うのですが」（本書二七六頁）と述べている。参議院でも国民の直接選挙が行われたため、選挙組織を有する政党には、選挙での対抗が難しく、結局解散に追い込まれていく。

この緑風会については、『緑風会十八年史』の編集主幹を務めた野島貞一郎と徳川宗敬らの談話が詳しく語っている。たとえば野島は、「戦後すぐだったものですから、『緑風会』の構成は、一つは、徳川先生やなんかのように貴族院から来られた者、それから山本勇造さんとか、田中耕太郎さんのように勅選の方、それから戦時統制経済の統制会の親玉、藤井丙午さんとか、帆足計さんとか、農器具の宿谷さんとか、水産の木下さんとか、そういうふうに戦時中の統制経済のキャップがその傘下の業界代表として、参議院に出ていらっしゃいましたですね。」（本書四五五頁）としており、また「一つは、「緑風会」というのは、昔の勅選のノスタルジアなんですよね。それで優秀なる頭脳を集めて、一種の批判勢力としていようと。それから先ず政権をとるということを初めから否定しましたから。どうしても政党的にはなりえないわけですね」（本書四六六頁）と、その性格を評していることも興味深い。

緑風会は「勅選のノスタルジア」との感慨は、緑風会所属議員に共通したものであったかも知れない。貴族院の非政党主義を懐かしみ、政党が衆議院、参議院の両院を左右する政治状況のなかで、参議院の非政党化を模索するものであり、政党化の原因として参議院の選挙制度への批判は、談話の中でしばしば語られている。

おわりに

以上、本書掲載の談話の中から、火曜会・研究会・公正会、ならびに戦後参議院の緑風会という政治会派に関する言及について検討してきた。このほかにも、本書掲載の貴族院議員談話が関わった時期には、貴族院に交友倶楽部・同和会・同成会などの会派が存在した。いずれも勅選議員を中心に多額納税者議員が参加した会派である。交友倶楽部については、侯爵議員の久我通顕が言及している。久我は、昭和一一年に貴族院議員に就任し、火曜会に所属したが、第七五議会（昭和一四年一二月開会）から政友会系の交友倶楽部に所属した。久我は交友倶楽部の中心人物が勅選議員の川村竹治であったと述べている（本書二二四頁）。本書の談話では、同和会や同成会については充分には言及されていない。

また、本書掲載の談話中では、戦時下の貴族院に関する言及が興味深く、坊城俊賢は、東条内閣打倒運動としての政治運動であった「十四会」について語っている（本書二九六頁）。また、戦後の貴族院については、日本国憲法制定過程への言及も多い。そこでは、ＧＨＱの意向が強く反映されたことに対する見解や、日本国憲法審議期の貴族院における小委員会についての近藤英明の言及（本書四三二頁）など、興味深い記述がある。なお、本書掲載の談話は、戦後二〇年から三〇年が経過した後に語ったものであり、戦前の貴族院については記憶が相当程度曖昧になっている可能性はある。また、昭和戦前期から戦後の新憲法審議の時期に関する話題に集中する傾向もある。そのような制約はあるものの、当事者の記録として、後世の参考とすべきものであろう。

いずれにしても、本書が充分に諸資料と照らし合わされて、今後の貴族院研究、日本近現代史研究に裨益することを願うものである。

注

＊１　明治大正篇ならびに昭和篇（一九八〇年、尚友倶楽部刊）、二〇一九年に、芙蓉書房出版から復刻刊行。

＊２　原口大輔「解説　戦時下の松本学とその活動」（尚友倶楽部、原口大輔、西山直志編『松本学日記』、芙蓉書房出版、二〇二二年）。

＊３　花房﨑太郎『貴族院各会派の沿革』（一九四二年一二月）。

編者
一般社団法人 尚友倶楽部
1928年（昭和3年）設立の公益事業団体。旧貴族院の会派「研究会」所属議員により、相互の親睦、公益への奉仕のため設立。戦後、純然たる公益法人として再出発し、学術研究助成、日本近代史関係資料の調査・研究・公刊、国際公益事業、社会福祉事業の支援などに取り組んでいる。「尚友叢書」既刊51冊、「尚友ブックレット」既刊39冊。

小林 和幸（こばやし かずゆき）
1961年長野県生まれ。青山学院大学大学院文学研究科博士後期課程満期退学後、同大学文学部助手、宮内庁書陵部主任研究官、駒澤大学文学部助教授などを経て、2006年より青山学院大学文学部教授。博士(歴史学)。
主な著書：『明治立憲政治と貴族院』（吉川弘文館、2002年）、『谷干城―憂国の明治人』（中央公論新社、2011年）、『国民主義の時代』（角川選書、2017年）、『近現代日本 選択の瞬間』（編著、有志舎、2016年）、『明治史講義』テーマ編（編著、ちくま新書、2018年）、『明治史研究の最前線』（編著、筑摩選書、2020年）、『東京10大学の150年史』（編著、筑摩選書、2023年）、『葛藤と模索の明治』（編著、有志舎、2023年）、『山県有朋関係文書』（共編、山川出版社、2005～2008年）、『木戸孝允関係文書』（共編、東京大学出版会、2005年～）、『原田熊雄関係文書』（共編、同成社、2020年）など。

貴族院関係者談話筆記《きぞくいんかんけいしゃだんわひっき》

2024年9月6日　第1刷発行

編　者
一般社団法人尚友倶楽部《しょうゆうくらぶ》

小林《こばやし》 和幸《かずゆき》

発行所
㈱芙蓉書房出版
（代表 奥村侑生市）
〒162-0805東京都新宿区矢来町113-1　神楽坂升本ビル4階
TEL 03-5579-8295　FAX 03-5579-8786
http://www.fuyoshobo.co.jp

印刷・製本／モリモト印刷

ISBN978-4-8295-0886-2